Holger Afflerbach
Das entfesselte Meer

Zu diesem Buch

Jahrtausendelang begann für die Menschen an den Ufern des Atlantik das Ende der Welt. Ein mystischer Ort, bevölkert von Ungeheuern und Göttern, schien er den Menschen für alle Zeit versperrt. Aber seit dem Zeitalter der Entdecker wurde der Atlantik zu einer Bühne, auf der Weltgeschichte spielt. Holger Afflerbach schildert die atemberaubenden Entdeckungsfahrten, erzählt von Abenteurern und Piraten, von Seekriegen und der Suche nach Schätzen, von Auswanderern und Ozeanriesen. Dabei spannt er einen kulturgeschichtlichen Bogen von den Anfängen in der Antike bis in die heutige Zeit. Und er macht deutlich, wie sich der Atlantik von einer Grenze zwischen den Kontinenten zum Transitmeer entwickelt hat, durch das die Welt zusammenwächst.

Holger Afflerbach, geboren 1960 in Düsseldorf, studierte Geschichte in Düsseldorf und Neapel und war Stipendiat der Alexander-von-Humboldt-Stiftung. Auf die Habilitation in Düsseldorf folgte eine Mitarbeit an der Bayerischen Akademie der Wissenschaften und ein Forschungsaufenthalt in Großbritannien. Seit 2002 lehrt er deutsche Geschichte an der Emory University in Atlanta, USA. Sein Hauptarbeitsgebiet ist die europäische Geschichte des 19. und 20. Jahrhunderts mit Schwerpunkt in der Außenpolitik- und Militärgeschichte.

Holger Afflerbach
Das entfesselte Meer
Die Geschichte des Atlantik

Mit 62 Abbildungen, davon 26 in Farbe

Ein **MALIK** Buch
Piper München Zürich

Ungekürzte Taschenbuchausgabe
November 2003
© 2001 Piper Verlag GmbH, München,
erschienen im Verlagsprogramm Malik
Umschlagkonzept: Büro Hamburg
Umschlaggestaltung: Birgit Kohlhaas
Fotos Umschlagvorderseite: Peter Klingbell (aus: »Die Flying P-Liner«,
Deutsches Schiffahrtsmuseum) und Alan Villiers
Satz: EDV-Fotosatz Huber / Verlagsservice G. Pfeifer, Germering
Druck und Bindung: Clausen & Bosse, Leck
Printed in Germany   ISBN 3-492-23989-7

www.piper.de

Inhalt

Einleitung ~~~~~~~~~~~~~~~~~~~~~~~~~~ 9

Geographie und Benennung des Atlantik ~~~~~~~ 21

Der Atlantik in der Antike: das Ende der Welt? ~~~~ 27

Das Zeitalter der Wikinger ~~~~~~~~~~~~~~~ 59

Das Zeitalter der Mythen:
der Atlantische Ozean im Mittelalter ~~~~~~~~~~ 89

Das Zeitalter der Entdeckungen: die Portugiesen ~~~~ 118

Die Westfahrt des Kolumbus und die
Entdeckung Amerikas ~~~~~~~~~~~~~~~~~ 158

Das Entstehen einer atlantischen Welt (1500–1800) ~~ 188

Die arktische Zone des Atlantik: die Suche
nach der Nordwest- und der Nordostpassage ~~~~~ 235

Der Atlantik wird zum Weltmeer:
das 19. und frühe 20. Jahrhundert ~~~~~~~~~~~ 250

Der Atlantik im Zeitalter der Weltkriege ~~~~~~~ 289

Der Atlantik als Transitmeer der
Weltgesellschaft (1919–2000) ~~~~~~~~~~~~~~ 303

Ausblick: der Atlantik und die Globalisierung ~~~~~ 324

Anmerkungen ~~~~~~~~~~~~~~~~~~~~~~~ 328

Bildnachweis ~~~~~~~~~~~~~~~~~~~~~~~~ 352

Personenregister ~~~~~~~~~~~~~~~~~~~~~ 354

*De los atamientos de la mar océana,
que estaban cerrados con cadenas tan
fuertes, te dio las llaves.*
Christóbal Colón, Isla de Janahica,
7 de Julio 1503

*Die Bande des Ozeanischen Meeres,
die mit so starken Ketten geschlossen
waren, du öffnetest sie mit dem
Schlüssel, den Gott dir gab.*
Christoph Kolumbus, auf Jamaica,
7. Juli 1503

Einleitung

Vom Ende der Welt zum Weltmeer

Am 12. Oktober 1492, einem Freitag, landete Christoph Kolumbus auf Guanahani, einer Insel der Bahamas. An diesem Tag endete – so will es die traditionelle Einteilung historischer Epochen – das Mittelalter, und die Neuzeit begann. So absurd es auch scheint, Zeitenwechsel an ein derart präzises Datum zu knüpfen – die Tat des Kolumbus und die zeitgleichen portugiesischen Entdeckungen im Atlantik, die 1498 in der Indienfahrt Vasco da Gamas gipfelten, hatten einen so tiefgreifenden gesellschaftlichen und kulturellen Wandel zur Folge, daß sie tatsächlich in ein neues Zeitalter führten: Die bisherige Grenze der bekannten Welt, der Atlantische Ozean, war überwunden. Und damit eröffneten sich neue Horizonte, materiell, kulturell, ideell.

Der Atlantische Ozean, zuerst Barriere, dann Transitmeer, spielt hierbei eine Schlüsselrolle. Das Thema ist gewaltig und besitzt eine Fülle und Spannbreite an Einzelaspekten. Wieviel Forschung allein in Teilfragen geleistet werden kann, zeigen die Werke des großen französischen Historikers Fernand Braudel, der über zwanzig Jahre an drei umfangreichen Bänden über »Das Mittelmeer und die mediterrane Welt in der Epoche Philipps II.« geschrieben hat[1]; sein Landsmann Pierre Chaunu verfaßte sogar

Einleitung

zwölf Bände über den spanischen Amerikahandel von 1504 bis 1650 mit dem Titel »Séville et l'Atlantique 1601 à 1650«[2]. Wie umfangreich müßte erst eine Geschichte des Atlantik sein, die den Zeitraum von der Antike bis in die Gegenwart in ähnlicher Gründlichkeit behandeln wollte!

Die wichtigste Begrenzung meiner Studie liegt in der Konzentration auf die europäische Sicht des Atlantik. Das ist sachlich naheliegend, weil hier der Ausgangspunkt für die zu schildernde Entwicklung liegt: wie sich nämlich der Atlantische Ozean vom Ende der Welt, von der Grenze des Bekannten und Erreichbaren, hin zum Transitmeer einer von Europa geschaffenen und lange dominierten globalen Mischkultur entwickelt hat. Dazu sollen, in der gebotenen Kürze, die gewaltigen geistigen und materiellen Umbrüche angesprochen werden, die sich an diesen Prozeß knüpften.

Die Entwicklung von der europäisch-mediterranen zur Weltkultur – das wird der rote Faden meiner Darstellung sein. Den Umbruch soll ein Zitat verdeutlichen. Schon Sokrates war der Ansicht, daß die Erde sehr groß sei und daß »wir ... nur einen kleinen Teil von ihr innehaben und um das (Mittel-)Meer wohnen wie Ameisen oder Frösche um einen Teich, während noch viele andere an vielen anderen Orten ähnlich wohnen«[3]. Zur Zeit des Sokrates war das so und sollte noch für die nächsten 1700 Jahre so bleiben. Die Hochkultur des Mittelmeerraums herrschte weitgehend unabhängig neben der persischen, indischen, chinesischen, amerikanischen und einer ganzen Reihe anderer Kulturen, die untereinander wenig oder gar keine Verbindung hatten. Benachbarte Kulturen handelten miteinander oder bekriegten sich, wie die Perser und Griechen, Parther und Römer, Sassaniden und Byzantiner, die Araber und das christliche Europa. Die fernerliegenden Kulturen unterhielten – wenn auch meist über mehrere Zwischenstationen – Handelsverbindungen. Deshalb hatten die Europäer und die Inder und Chinesen seit der Antike Kenntnis voneinander, wenn auch anfangs nur sehr vage. Die amerikanischen Kulturen waren dagegen von den anderen ganz isoliert und hatten keine nachweisbare Verbindung.

Diese Parallelität der Kulturen in Europa, Asien, Afrika, Amerika, Australien und Ozeanien endet im ausgehenden fünfzehnten Jahrhundert mit dem Zeitalter der Entdeckungen. Nun kamen alle Kulturen miteinander in Berührung, näherten sich durch regelmäßige Verbindungen einander an, unterjochten sich gegenseitig, tauschten sich aber auch aus und vermischten sich. Jetzt vergrößerten sich die Kulturräume und erweiterte sich die Kenntnis von anderen Ländern in einem stetigen Prozeß, der schon in vorgeschichtlicher Zeit begonnen hatte. Hier sei nur auf die allmähliche Erschließung des Mittelmeerraums in der Antike oder auf die Entdeckung der nordatlantischen Küsten durch die Wikinger verwiesen. Einen globalen, dauerhaften Charakter erreichte diese Verbindung zwischen den Kulturen erst mit dem Zeitalter der Entdeckungen, als alle Weltmeere systematisch befahren wurden. Die Westfahrt des Kolumbus von 1492 und die Fahrten der Portugiesen nach Asien markieren den Beginn einer epochalen Entwicklung, die bis heute nicht zum Abschluß gekommen ist und das politische und private Leben aller Bewohner dieses Planeten tiefgreifend beeinflußt hat – nämlich die immer weitergehende Verschmelzung der damals bekannten Siedlungsräume zu einer Weltgesellschaft und zu einer Weltkultur. Die Geschichte der von Europa ausgehenden Entdeckungen ist eine der größten und folgenreichsten Entwicklungen der Menschheitsgeschichte. Der vielbeschworene Prozeß der »Globalisierung« – keineswegs erst eine Folge der industriellen Revolution oder gar der Computerisierung und des World Wide Web – wurde durch die systematische Beschiffung des Atlantik in südlicher und westlicher Richtung von Europa aus in Gang gesetzt.

Im folgenden soll die Geschichte der Entdeckung und Befahrung des Atlantischen Ozeans dargestellt werden. Als der Sprung über den Atlantik in südlicher und westlicher Richtung Ende des fünfzehnten Jahrhunderts geschafft war, wurden nach und nach alle übrigen Weltmeere befahren und erfolgte schließlich auch die Umsegelung der Erde durch Magellan innerhalb weniger Jahrzehnte. Die Entwicklung des geographischen Raums »Atlantischer Ozean« von der Grenze der Welt, als die er in der Frühantike, aber auch bei den Arabern galt, hin zum Transitmeer der globalen Gesellschaft ging der Verschmelzung der bisher isolierten Kulturräume Europas, Asiens und Amerikas zu einer Weltgesellschaft voran.

Die Entdeckung und Befahrung des Atlantischen Ozeans war nicht nur ungeheuer folgenreich, sondern auch die Geschichte eines der größten kollektiven Abenteuer der Menschheit: Es war eine Geschichte, in der unvorstellbarer Mut, Entdeckungs- und Unternehmungsgeist, kühne Spekulation und planende Berechnung, aber auch Machthunger, Gier, Raub und Mord eine Rolle spielten. Es war eine Geschichte von Seeleuten, die ihr Leben auf unbekannten Meeren riskierten, von Wissenschaftlern, die versuchten, sich ein Bild vom Atlantik, von seiner Größe und Ausdehnung zu machen und die oft widersprüchlichen Informationen zu einem schlüssigen Ganzen zusammenzusetzen, von Konquistadoren, Sklavenhändlern und Auswanderern und schließlich von Völkern, deren Leben durch den Zusammenprall mit anderen Kulturen vollständig verändert wurde. Im folgenden werde ich aus europäischer Perspektive schildern, wie sich der Atlantik von einer unüberwindlichen Grenze der Welt in einen Verbindungsraum zu anderen Erdteilen gewandelt hat.

Der Fluch des Raumes

Im allgemeinen werden die natürlichen Faktoren, die auf das menschliche Sein wirken, in unseren historischen Betrachtungen, die meist auf das von Menschen Gemachte und von Menschen zu Verantwortende blicken, zu wenig bedacht. Fernand Braudel hat das kritisiert und in seiner Geschichte des Mittelmeers zur Ära Philipps II. das Konzept der französischen Historikerschule der »Annales« dargelegt: Nach seiner Ansicht besteht Geschichte aus drei großen Dimensionen: einmal aus den fast unveränderlichen, »ewigen« Faktoren wie Klima, Geographie, Landschaft, Jahreszeiten etc. (das Konzept der *longue durée*); dann aus den langsamen

Prozessen der das menschliche (Alltags-)Leben prägenden Sozialgeschichte und schließlich der kurzlebigen Ereignisgeschichte oder, wie Braudel sagt, der »Geschichte kurzer, rascher und nervöser Schwankungen«[4]. Braudel will hingegen zeigen, daß »Geschichte« ein allmählicher, komplexer Prozeß ist, der eben nicht nur aus »Haupt- und Staatsaktionen« besteht, sondern auch aus der Veränderung geographischer Räume und Horizonte, wirtschaftlicher Zusammenhänge, gesellschaftlicher Strukturen und politischer Systeme. Braudel hat wesentlich dazu beigetragen, diese Erkenntnis in der Geschichtswissenschaft so zu verankern, daß sie uns heute schon selbstverständlich scheint. Gerade beim Thema »Atlantischer Ozean« kommt es besonders auf eine Vernetzung lang- und mittelfristiger Faktoren an, während die ebenfalls wichtige politische Geschichte etwas im Hintergrund stehen muß.

Vorab sollen einige grundsätzliche Bemerkungen die ständige Wiederholung immer gleicher Argumente überflüssig machen. Da ist zunächst die Frage, warum die großen, die Globalisierung auslösenden Entdeckungen erst Ende des 15. Jahrhunderts gemacht wurden und nicht schon viel früher. Wie kommt es zum Beispiel, daß die Mittelmeervölker in der Antike nicht einmal Skandinavien und den Küstenverlauf der Ostsee genau kannten, obwohl die Römer nicht allzuweit davon entfernt am Rhein standen?

In der fehlenden Technik den Grund zu sehen befriedigt in diesem wie in vielen anderen Fällen wenig. Die Polynesier haben immerhin mit primitiven Einbäumen Tausende von Seemeilen im Pazifik zurückgelegt. Außerdem haben Surfer, Ruderer und Gummibootfahrer in unserer Zeit immer wieder riskiert, über den Atlantik zu fahren, und Einhandsegler haben mit 10-m-Booten die Erde umrundet. Die Schiffahrt über den Atlantik wäre seit der Antike möglich gewesen. Thor Heyerdahl hat sogar mit einem nachgebauten altägyptischen Papyrusboot eine Atlantiküberquerung gewagt. Und selbst wenn der riskante Vorstoß Richtung Westen in die unbekannten, scheinbar unendlichen

Einleitung

Wasserwüsten des Atlantik unterblieb, konnten die eurasischen Kulturen doch die Küsten entlangfahren und hätten schon in der Antike die Umrisse von drei Kontinenten präzise kennen können.

In unsystematischer und lückenhafter Weise ist dies, wie noch darzustellen sein wird, sogar geschehen. Aber das Hauptproblem war dabei keine technische Frage, sondern eine ökonomische. Hier muß die grundsätzliche Frage nach dem Warum anders gestellt werden, nämlich nicht, warum nicht auf Entdeckungsfahrt gegangen wurde oder zumindest nicht systematisch und kontinuierlich, bis alles bekannt war, sondern warum man es überhaupt hätte machen sollen. Die Antwort ist einfach: Raum war in der Vormoderne kein Segen, sondern ein Fluch – Braudel nennt ihn sogar den »Feind Nummer Eins«[5]. Die zu entdeckenden Gebiete waren großenteils unter ökonomischen Gesichtspunkten uninteressant. Es gab keinen Gegenwert zu dem hohen Aufwand und den unkalkulierbaren Gefahren der Entdeckungsreisen.

Der Zusammenhang von Entdeckungen und ökonomischen Erwägungen soll an einem Beispiel aus der Gegenwart, aus der Raumfahrt, verdeutlicht werden. Es wäre technisch längst möglich, Menschen zum Mars zu fliegen oder Hunderte von unbemannten Raumsonden zum Jupiter und Saturn zu schicken. Dies geschieht aber, wenn überhaupt, nur in geringem Umfang, weil dem die astronomischen Kosten entgegenstehen. Zwar ist ein wissenschaftliches Interesse durchaus vorhanden; doch ökonomisch ist dies derzeit nutzlos. Es ist in erster Linie rein wissenschaftlich interessant zu erfahren, wie die Atmosphäre des Saturnmondes Titan beschaffen ist oder ob es auf dem Jupitermond Europa einen zugefrorenen Ozean gibt. Der praktische Nutzen dieser Erkenntnis ist für die Gegenwart und die absehbare Zukunft überaus gering; und ob Titan oder Europa in 500 Jahren für die Menschheit ökonomisch interessant sein werden, weiß heute niemand. Es scheint aber nicht sehr wahrscheinlich, und wenn doch, dann könnte die Erschließung von einer dann wahrscheinlich technisch weit fortgeschrittenen Zivilisation besser und müheloser durchgeführt werden als von der unsrigen. Der Weltraum ist heute ein ökonomisch nutzloser, riesiger Raum, die Distanzen sind gewaltig, schwer und aufwendig zu überwinden. Und alles, was es im Weltall in erreichbarer Nähe zu finden gibt, haben wir auch und besser auf der Erde, zum Beispiel Wasser, das ja vor kurzem vergeblich auf dem Mond gesucht wurde, und Rohstoffe aller Art. Ähnliche Argumente könnten auch für die Erforschung des Meeresbodens geltend gemacht werden, der immerhin etwa 71 % der Fläche der Erde ausmacht und noch immer in weiten Teilen eine *terra incognita* darstellt. Aber wozu braucht man ihn derzeit, wenn man einmal absieht vom punktuellen Abbau wertvoller Rohstoffe im Kontinentalschelf?

Dasselbe Problem stellte sich den frühen Kulturen mit dem Atlantik. Wozu sollte man riesige Wasserflächen durchfahren und die Risiken der Reise ins Unbekannte auf sich nehmen, wenn niemand wußte, was einen am fremden Ufer – wenn es denn überhaupt eines gab! – erwartete. Nicht nur Ängste vor der Natur und vor feindlichen Bewohnern waren aussschlaggebend, sondern in erster Linie das Fehlen ökonomischer Anreize. Die vormodernen Gesellschaften waren keine Überflußgesellschaften; sie mußten ständig mit Problemen wie Massenarmut, Hunger und Seuchen fertig werden. Viel weniger als heute konnte man es sich da leisten, für Expeditionen aus purem Wissensdrang beträchtliche Summen auszugeben.

Weite Entfernungen und große Räume waren vor dem Einsetzen der Industrialisierung sogar ein Fluch. Ihre Überwindung war kostspielig und langwierig, der Seetransport außerdem von Imponderabilien wie Wind und Wetter abhängig. Die Schiffe waren nach heutigen Begriffen klein und sehr unkomfortabel, überall lauerte die Gefahr der Piraterie. Denn große Räume lückenlos zu überwachen wurde erst im Zeitalter des Dampfschiffs und des Telegraphen möglich. Die Dauer von Seereisen war wegen ihrer Wetterabhängigkeit schwer zu berechnen. Braudel hat gezeigt, wie unterschiedlich lang in der frühen Neuzeit Reisen über die europäischen Meere gedauert haben. Dieselbe Route – etwa von Alexandria nach Venedig – wurde manchmal in 17, manchmal in 89 Tagen zurückgelegt, und die errechnete »Normalzeit« lag in diesem Fall bei 55 Tagen.[6] Charakteristisch für die Seereisen mit

Segelschiffen waren die Unberechenbarkeit der Reisedauer und die enormen Schwankungen zwischen Minimal- und Maximaldauer. Erst nach Erfindung des Dampfantriebs wurden Seereisen kalkulierbarer. Doch haben die Naturgewalten ihre Unberechenbarkeit nicht vollständig verloren. Wer zu schnell fährt, riskiert noch heute sein Schiff, wie der Untergang der »Titanic«, der »Andrea Doria«, der »Harold of Free Enterprise« oder der »Estonia« gezeigt hat.

Die Vielgestaltigkeit vormoderner Atlantikvorstellungen

Eine weitere Vorbemerkung sei der spekulativen Geschichte gewidmet. Alte Kartenzeichner neigten gelegentlich dazu, in Gebiete, die ihnen noch unbekannt waren, hypothetische Landlinien einzuzeichnen und sie mit ebenso hypothetischen Bewohnern, mit Monstern, Menschenfressern und Einfüßlern, mit Zyklopen und Amazonen zu bevölkern. Andere waren nüchterner und ließen weg, was sie nicht kannten. Diese Karten waren weniger pittoresk, hatten dafür aber eine viel größere Verläßlichkeit und Vertrauenswürdigkeit. Dieses nüchterne Verfahren – zuzugeben, daß es eine *terra incognita* gibt, über die man nichts weiß – soll auch in dieser Darstellung der Geschichte des Atlantik zur Anwendung kommen. Es wird viel gerätselt über die Mythen der alten Weltkulturen, über einen gemeinsamen Ursprung der mittelamerikanischen und der altägyptischen Kultur, über das Epos der Sintflut, über die antike Kenntnis von der östlichen und sogar der westlichen Küste Südamerikas. Wo die exakte Wissenschaft aufhört, blüht eine oftmals verbissene, rechthaberische Mystik, die leider ihre Theorien gelegentlich auch zur besten Sendezeit im Fernsehen verbreitet. Diese häufig ins Esoterische abgleitenden Spekulationen haben Platons Atlantis-Erzählung zu ihrem Lieblingskind gemacht.[7] Meist laufen diese Theorien darauf hinaus, daß ein hochentwickeltes atlantisches Inselreich etwa 10000 vor Christus im Meer versunken sei. Dieses Inselreich wird an allen möglichen Orten vermutet, bei den Azoren, in der Nordsee, gelegentlich

Frühe Atlantikvorstellungen

Meeresungeheuer auf einer alten Seekarte, Holzschnitt aus Sebastian Münsters »Cosmographia universalis«, 1550

auch im Mittelmeer (obwohl Platon sagt, es habe außerhalb der »Säulen des Herkules« gelegen, das heißt jenseits von Gibraltar). Diese atlantische Kultur, deren Lokalisierung, ja deren Existenz überaus strittig ist, soll aber – so lauten die meisten dieser Thesen – ihre Spuren hinterlassen haben. Hier wird mit den Parallelitäten zwischen den Kulturen argumentiert, beispielsweise im Pyramidenbau und in den Formen der Plastiken in Ägypten und in Mittelamerika. Doch Beweise gibt es nicht. Mangels schriftlicher Quellen hat hier die Archäologie das letzte Wort, und solange sie keine eindeutigen Beweise liefert, kann man auch nichts berichten. Die aktuelle Ur- und Frühgeschichtsforschung spricht übrigens dafür, daß es hier nichts zu erzählen gibt, selbst wenn es irgendwo ein Atlantis gegeben haben sollte.[8] In dieser Geschichte des Atlantik werden Spekulationen keinen Platz finden, hier werden nur nachprüfbare Tatsachen berichtet. Notabene gilt dies ausschließlich für mein Bemühen, keine neuen Mythen produzieren oder weitergeben zu wollen. Etwas anderes ist die unbestreitbare Tatsache, daß Mythen und Sagen eine gewaltige Rolle in der Entdeckungsgeschichte spielten und oftmals Antriebsfeder für große Expeditionen waren, wie ich später eingehend schildern werde.

Die bis heute anhaltende Neigung zu Spekulationen wird auch begünstigt von der Uneinheitlichkeit und Widersprüchlichkeit der Überlieferungen. Bis weit in die Neuzeit hinein gab es kein wirklich verbindliches, einheitliches Bild vom Atlantik. Damit sind nicht nur die unterschiedlichen Vorstellungen voneinander unabhängiger Kulturen gemeint, wie etwa der Indianerkulturen, der Wikinger und der Mittelmeervölker, sondern auch die Unterschiede innerhalb der einzelnen Kulturen selbst. Um das oben erwähnte Beispiel aufzugreifen: Zwar war in römischer Zeit die Geographie Skandinaviens im Mittelmeerraum fast unbekannt; die an der Nordsee lebenden Seefahrer waren jedoch mit ihrer Region gut vertraut. Und griechische Philosophen hatten ein anderes Atlantikbild als zeitgleich lebende bretonische Fischer, skandinavische Seeleute oder nordafrikanische Händler. Sie hatten alle unterschiedliche Ideen und Vorstellungen, was den Atlantik anging. Dies betrifft auch die Frage nach dem Ende der Welt und wo es zu finden sei. Die Empiriker wußten: Wo sie waren, war es jedenfalls nicht; doch konnte es leicht woanders sein. Vermutlich waren die schon in der Antike als extrem abergläubisch bekannten Seeleute leichtgläubig, wenn ihnen jemand versicherte, er wüßte, wo das Ende der Welt sei – anders als die meisten Wissenschaftler, die nicht ihr Leben riskieren mußten, um geographische Theorien zu überprüfen. Der Raum für Unsicherheit und Phantasien, auch für Widersprüche von Theorie und Empirie war größer als heute.

Warum kann man Salzwasser nicht trinken?

Last, but not least ein Wort zum Hauptproblem bei der Fahrt über die Ozeane: Salzwasser kann man nicht trinken, und dem Seefahrer, auf Milliarden von Kubikmetern Wasser treibend, droht immer die Gefahr des Verdurstens. Warum aber kann man Salzwasser nicht trinken? Der französische Arzt Alain Bompard versuchte das uralte Erfahrungswissen der Menschheit, daß Salz-

Warum kann man Salzwasser nicht trinken?

Dreimaster »Captain Miranda« aus Uruguay

Einleitung

wasser nicht trinkbar ist, zu widerlegen. Er überquerte 1952 mit einem Dingi ohne Wasservorräte den Atlantik und trank teils Salzwasser, teils Süßwasser, das er aus gefangenen Fischen herauspreßte.[9] Zwar überlebte Bompard überraschenderweise diese 95tägige Tortur und glaubte damit den Beweis erbracht zu haben. Trotzdem gelten seine Ergebnisse heute eher als ein Zeichen seiner unverwüstlichen Konstitution denn als wissenschaftlicher Nachweis. Das Trinken von Salzwasser mindert, so ergibt eine Studie der britischen Marine, die Überlebenschancen um das Zehnfache.[10]

Doch warum ist das Trinken von Salzwasser so gefährlich? Ein Liter Meerwasser enthält durchschnittlich 27,3 g Kochsalz, 7,4 g andere Substanzen (Magnesiumchlorid, Magnesiumsulfat, Kalziumsulfat, Kaliumchlorid und Kalziumkarbonat) und 965,3 g Wasser.[11] Um diese Salze wieder ausscheiden zu können, entziehen die Nieren dem Körper mehr Wasser, als er mit dem Meerwasser aufnimmt. Der paradoxe Effekt ist also, daß man noch schneller verdurstet, wenn man Salzwasser trinkt. Es ist immer wieder vorgekommen, daß verzweifelte Schiffbrüchige Salzwasser tranken. Die Folgen waren meist Erbrechen und Durchfall, dann, nach etwa zwei Tagen, Halluzinationen – Hirnzellen reagieren am schnellsten auf Wassermangel – und ein meist tödlicher Zusammenbruch. Auch sonst ist der Ozean, der Quell des Lebens, in vielfacher Hinsicht eine dem Menschen feindliche und gefährliche Umwelt. Und die berechtigte Angst vor seiner Größe und seinen realen Gefahren wurde lange verstärkt durch die Furcht vor fiktiven Bedrohungen, vor Seeungeheuern, gigantischen Walfischen, schiffeverschlingenden Riesenkraken und sagenhaften Monstern. Auch diese Mythen trugen wesentlich dazu bei, den Atlantik für Tausende von Jahren zu einer scheinbar unüberwindlichen Grenze der Welt zu machen.

Geographie und Benennung des Atlantik

∽∽∽

Der Begriff »Atlantischer Ozean« ist wohlvertraut und anscheinend nicht weiter erklärungsbedürftig. Doch was genau ist der Atlantik, und seit wann heißt er so?

Das Wort »Ozean« ist wahrscheinlich griechischen Ursprungs. In der griechischen Antike herrschte – wie man beispielsweise bei Homer nachlesen kann – die Vorstellung von einem Weltmeer, das die *oikumene,* die Weltinsel des eurasischen Kontinents und Afrikas, rings umspülte. Bei Homer[12] ist der *okeanos* der Vater aller Quellen, der Flüsse und der Meere; die Gottheit ist ein Sohn des Himmelsgottes Uranos und der Erdgöttin Gaia.

Der Geographiehistoriker Richard Hennig äußerte in den 1920er Jahren die Vermutung, das Wort Ozean, lat. *okeanus,* gr. Ὠκεανός, käme in Wahrheit aus dem Phönizischen *Bahr ma' uk',* was »Meer des Umkreises« heißt.[13] Vielleicht ist das Wort aber auch indogermanischen Urspungs. *Acáyana* heißt im Altindischen »der Umlagernde«; der *okeanos* ist demnach der Weltstrom, der die Kontinente umlagert. Mag nun das Wort aus dem Semitischen oder Indogermanischen stammen, die inhaltliche Aussage ist identisch: die Vorstellung von einer Weltinsel, die von einem einheitlichen Weltmeer, dem *okeanos,* umschlungen wird. Einen Atlantischen Ozean in unserem Sinne gab es für Griechen und Römer nicht; es gab dort einen Ὠκεανός βόρειος (nördlichen Ozean) und einen Ὠκεανός 'εσπεριος (westlichen Ozean); es gab ein *mare britannicum*, ein *mare occidentale*, einen *oceanus occidentalis* – und auch ein *mare atlanticum*, das den Abschnitt bezeichnete, der der marokkanischen Küste und dem Atlasgebirge vorgelagert war. Der Name *mare atlanticum* war also ursprünglich nur eine von vielen Bezeichnungen, der nur einen kleinen Teil dessen umfaßte, was wir heute als Atlantik verstehen, vor allem die Gewässer vor der marokkanischen Atlantikküste. Das macht deutlich, daß diese Bezeichnung eine ausgesprochen mediterrane Sicht auf das westliche Meer widerspiegelt. Das Meer auf der östlichen Seite Afrikas – heute der Indische Ozean – hieß meist das äthiopische oder eritreische Meer, aber auch schon gelegentlich der Ὠκεανός ἰνδός.

Vor der Entdeckung Amerikas konnte es freilich auch keine Vorstellung vom Atlantik im heutigen Sinne geben. Zeitweise überwog die Ansicht, es gebe einen zusammenhängenden Ozean, der die heutigen drei Ozeane umfaßte. Der griechische Geograph Eratosthenes – er wird unten noch näher behandelt – nannte sogar alle Weltmeere Atlantischer Ozean, um deren Zusammenhang unmißverständlich herauszustellen. Und noch in der Frühphase der Entdeckungen herrschte eine geradezu babylonische Namensvielfalt für das westliche Meer. Die Spanier bezeichneten den Nordatlantik beispielsweise als *Mar del Nort* – nicht zu verwechseln mit unserer Nordsee – und den heutigen Südatlantik als *oceanus aethiopicus*.

Auf einer Windkarte des britischen Astronomen Edmund Halley finden wir sogar drei Bezeichnungen für den heutigen Atlantischen Ozean: *North Sea, Atlantick Ocean, Aethiopick Ocean*.

Gerhard Mercator (1512–94) verwendete in seiner Karte von 1569 den Namen *oceanus atlanticus*, der sich parallel zu dem Namen Amerika für den neuentdeckten Kontinent etablierte. Doch hatte Mercator ihn nur für die nördliche Hemisphäre benutzt. Erst Bernhard Varen (Varenius) (1622–50) sprach 1650 in seiner »Geographia generalis«[14] vom Atlantik, wie wir ihn heute kennen, als dem Weltmeer, das östlich von Europa und Afrika, westlich vom amerikanischen Doppelkontinent begrenzt wird. Auf Varen geht auch die Einteilung in Nord- und Südatlantik zurück,

Geographie des Atlantik

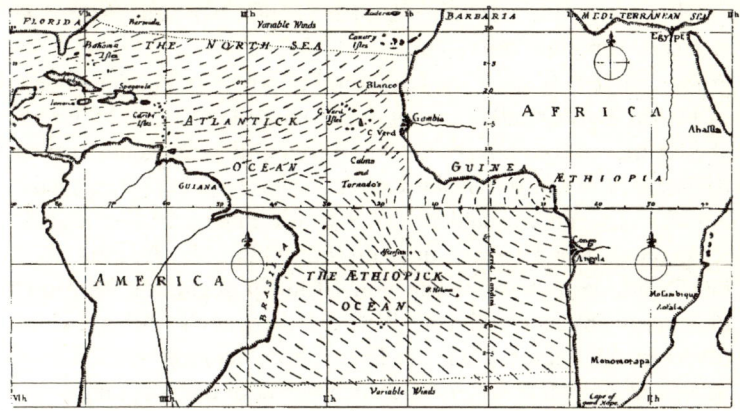

Älteste erhaltene Windkarte des Atlantik, von Edmund Halley, 1688

die Grenzlinie verläuft über den Äquator. Eine 1845 eingesetzte Kommission der Londoner Geographischen Gesellschaft hat schließlich in ihren 1893 veröffentlichten Ergebnissen den Namen »Atlantik« in der von Varen definierten Form übernommen.[15] Die heutige Bezeichnung für den Atlantik ist also in ihrer universalen Gültigkeit gerade erst gute hundert Jahre alt.

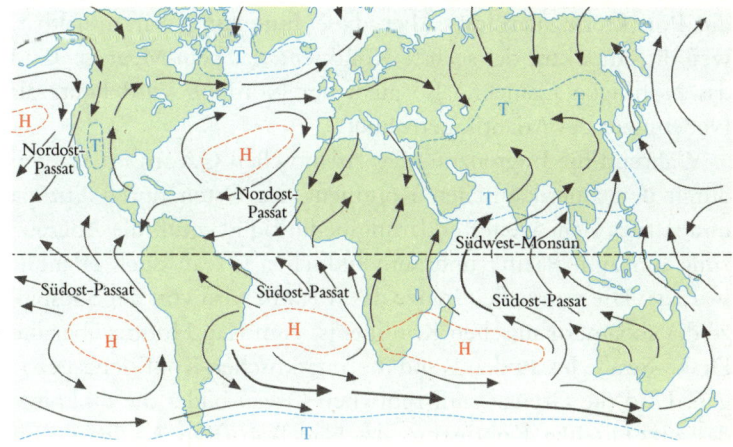

Moderne Windkarte des Atlantik (Sommer)

Geographie des Atlantik

Die Geographie des Atlantik ist bekannt: Er ist ein S-förmiges Riesental mit einer durchschnittlichen Tiefe von ca. 3800 m. Seine größte Länge beträgt 21 300 km (vom Luitpold-Land in der Antarktis bis zur Beringstraße)[16], seine stark schwankende durchschnittliche Breite ca. 5500 km. Er ist, wie Alfred Lothar Wegener erstmals nachgewiesen hat, durch die Kontinentaldrift und das Zerbrechen des Urkontinents entstanden; damit wurde eine ganze Reihe anderer geologischer Theorien über die Entstehung des Atlantik abgelöst.[17] Eine komplexe Vielfalt von Gründen begünstigt klimatisch die Nordhalbkugel und vor allem die europäische Atlantikküste; das hängt mit Faktoren wie der Erdrotation, dem unterschiedlichen Salzgehalt des Meerwassers und auch der Lage der Kontinente zusammen. Hier soll das Stichwort Golfstrom, der Geschwindigkeiten von bis zu 200 km pro Tag erreicht, genügen. Vom Äquator kommende warme Wasser und Winde werden, unter anderem durch die Corioliskraft, die ablenkende Kraft der Erdrotation, beschleunigt. Es entstehen kontinuierliche Strömungen, die das Klima des Atlantik prägen und auch die Windverhältnisse bestimmen.[18]

Früher wurden den fünf Kontinenten auch fünf Ozeane zugeordnet, neben dem Atlantischen, Pazifischen und Indischen Ozean wurden dazu auch das Nördliche und Südliche Eismeer gerechnet. Die Nord- und Südgrenze des Atlantik wurde damals durch die Polarkreise markiert. Aber diese Einteilung war unhaltbar, weil die Antarktis, der sechste Kontinent, gar kein Meer ist. Und das Nördliche Eismeer, also auch der Nordpol, wird heute als Nebenmeer des Atlantik gerechnet.

Während die Begrenzung des Atlantischen Ozeans im Westen durch den amerikanischen Kontinent, im Osten durch Europa und Afrika nicht weiter erklärungsbedürftig ist, muß die Abgrenzung hin zum Pazifik und zum Indischen Ozean doch erläutert werden: Die westliche Grenze des Atlantik wird von der Südspitze des südamerikanischen Kontinents, vom Kap Hoorn, über die Drake-Straße bis an den Rand des antarktischen Kontinents gezogen. Und die Grenze zum Indischen Ozean bildet die Südspitze des afrikanischen Kontinents, das Nadelkap (Kap Agulhas), von dem aus ebenfalls eine Linie bis zur Antarktis gezogen wird. Die

Geographie des Atlantik

Die Weltkarte des Pîrî Reîs, vor 1513. Sie zeigt die Ostküste Nord- und Südamerikas, die Iberische Halbinsel und die Westküste Afrikas

Südgrenze zwischen Atlantik und Pazifik läßt sich geologisch halbwegs begründen, die zwischen dem Atlantischen und dem Indischen Ozean gar nicht. In Wahrheit sind die Weltmeere eins, und die antike Vorstellung vom kontinenteumschlingenden *okeanos* beschreibt die Realität besser als unsere von den drei Ozeanen. Trotzdem gibt es systematische Gründe dafür, irgendwo eine Trennlinie zu ziehen. Im Norden findet der Atlantik seine Grenze in den Landmassen des amerikanischen und asiatischen Kontinents, geht also über den Nordpol hinweg bis zur Beringstraße. Dies ist zumindest geologisch der Fall. Ob diese Begrenzungen nun sinnvoll sind oder nicht, ob es sinnvoller wäre, ein unabhängiges nördliches Eismeer beizubehalten oder die Randmeere grundsätzlich gesondert zu rechnen, soll hier keine Rolle spielen, und die gültigen Benennungen sollen als gegeben hingenommen werden.

Geographie des Atlantik

Die Oberfläche des Atlantik beträgt 106 200 000 qkm[19]; dies sind 29 % der Gesamtmeeresfläche der Erde. Dabei sind aber alle Nebenmeere des Atlantik (das Nördliche Polarbecken, das europäische Nordmeer, das Hudson-Meer, der St. Lorenz-Golf, die Westindischen Gewässer und der Golf von Mexiko, die Ostsee, die Nordsee, die Britischen Gewässer, das Mittelmeer und das Schwarze Meer) eingerechnet. Der offene oder »eigentliche« Atlantik umfaßt hingegen »nur« 82 218 000 qkm[20]; das sind 77,4 % dieser Fläche. Und dieser offene Atlantik soll im folgenden unser zentrales Thema sein.

Der Atlantik in der Antike: das Ende der Welt?

∽∽∽

Die Anfänge der Schiffahrt auf dem Atlantik

Nicht der offene Atlantik, wohl aber die Randmeere und Küstengewässer wurden schon in frühgeschichtlichen Zeiten befahren. Die Anfänge der Schiffahrt lassen sich bis in die Steinzeit zurückverfolgen. So wurde zum Beispiel ein aus Tierknochen geschnitzter Spant eines Bootes aus dem 10. Jahrtausend vor Christus gefunden. Die ersten Boote dürften Fellboote gewesen sein, wie sie noch von den Kelten bis in die römische Zeit hinein benutzt wurden, und aus großen Baumstämmen gefertigte Einbäume. Wahrscheinlich wurden aber bereits in der Jungsteinzeit Schiffe aus Holzplanken gebaut.[21] Sichere Hinweise auf einen Seeverkehr im Mittelmeer, der bereits Kreta erreichte, gibt es aus dem 5. Jahrtausend vor Christus. Erste Abbildungen stammen von Schiffen aus dem Ägypten des vierten vorchristlichen Jahrtausends, die bereits besegelt waren. Das älteste erhaltene Schiff wurde bei der Cheopspyramide gefunden: Das 43 m lange Nilschiff wurde um 2500 v. Chr. gebaut.

Die Seefahrt in den Randgewässern des Atlantik läßt sich weit in die vorgeschichtliche Zeit hinein zurückverfolgen. Hier könnten beispielsweise die Guanchen erwähnt werden, die Ureinwohner der Kanaren, die entweder aus Nordafrika oder von der Iberischen Halbinsel aus eingewandert sind, dann aber über Jahrtausende weitgehend isoliert blieben. Der offene Atlantik war allerdings, soweit wir wissen, in dieser Zeit und auch in der griechisch-römischen Antike tatsächlich das Ende der Welt, die westliche Grenze des bekannten eigenen Kosmos. Er wurde in den Randgewässern zwar befahren, aber seine Gegenküsten blieben unbekannt, und ebenso seine tatsächliche Gestalt und Ausdehnung, sein Klima, seine Windverhältnisse und die Gefahren, die dem Seefahrer drohten. Bis zum Beginn der Neuzeit blieb der Atlantik eine äußerst wirksame Barriere, vor allem weil es für die Fahrt übers Meer keine zwingenden ökonomischen Interessen gab. Wurde aber der Atlantik wirklich für das Ende der Welt gehalten? Schüchterte er die antiken Seefahrer durch seine schiere Größe ein, oder waren es eher objektive Grenzen des nautischen Könnens, die davon abhielten, das Meer zu überqueren? Welche Rolle spielten Sagen und Mythen? Verbreitet waren abschreckende Vorstellungen wie die Idee vom Ende der Welt, einem gewaltigen Wasserfall am Ende der Erdscheibe oder von unheimlichen, gefährlichen Strömungen, welche die Schiffe mit sich reißen, von einem Dämmermeer im äußersten Westen, einem Lebermeer am Äquator, in dem die Schiffe steckenblieben und verbrannten. Gerüchte von fabelhaften, gewaltigen Seeungeheuern kursierten, von unheimlichen Bewohnern unbekannter Landstriche. Schon in der Antike waren die Seeleute abergläubisch und versuchten sich durch Götterbilder auf den Schiffen, durch kultische Zeremonien, durch große, auf den Schiffsrumpf gemalte Augen vor dem Zorn der Götter und den von ihnen beherrschten Naturgewalten zu schützen. Vom 11. November bis zum 10. März wurde das Mittelmeer für den Verkehr geschlossen (*mare clausum*), die Wiedereröffnung wurde mit einem Schiffsopfer begangen.[22] Die Seefahrt war gefährlich und Schiffbruch ein unvermeidliches Übel. Verlustraten von 25 % bei Hochseereisen galten als normal. Der Philosoph Seneca zählte Schiffbruch neben Krieg, Verbannung und Krankheit zu den Unbilden des Lebens[23], und der Seefahrer galt als Nachbar des Todes.[24] Und wer schon im Mittelmeer, dessen Küstenlinien in der Antike sehr gut bekannt waren,

Die Anfänge der Schiffahrt auf dem Atlantik

solchen Respekt vor den Naturgewalten des Meeres hatte, vertraute sich kaum den unendlichen Weiten des Atlantik an, um dort gefährliche Fahrten zu unbekannten und vielleicht unerreichbaren Zielen zu unternehmen. Dies bedeutete, wie Tacitus schrieb, die Götter herauszufordern.[25]

Fahrten zu bekannten, näheren Zielen wurden hingegen schon sehr früh unternommen. Die Fahrten entlang der europäischen Atlantikküsten von Portugal bis Norwegen setzten am Ende der letzten Eiszeit vor ca. 10000 Jahren ein. Der dramatische klimatische Umbruch sorgte auch dafür, daß sich die gesamte Geographie, die Fauna und Flora der Küstenregionen vollständig veränderten – und zwar zum Besseren. Aus Eiswüsten wurde öde Tundra, aus dieser entstand Wald; aus Land wurde Meer, aus Meer Land. Durch die Schmelze der ungeheuren Gletscher von gewaltigen Gewichten befreit, hoben sich manche Landmassen, wie etwa Teile Schottlands, andere senkten sich, wie etwa die heutige Kanalzone und die Nordsee. Länder stiegen aus dem Meer empor, andere wurden überflutet. Gegen 7500 vor Christus wurde Britannien, das bislang mit dem Festland zusammengehangen hatte, zu einer Insel, und die Nordsee entstand. Dies war auch der Moment, an dem spätestens die Seefahrt in diesen Gewässern eingesetzt haben muß. Denn es gibt letztlich, wie die archäologischen Funde – Töpferwaren, Waffen, Siedlungsformen oder Überbleibsel von Begräbnisriten – beweisen, keine wirklichen Unterschiede in der Kulturentwicklung auf dem Kontinent und in Britannien. Dies ist nur mit kontinuierlichem Handel und Austausch zu erklären. Der britische Archäologe Barry Cunliffe, der sich intensiv mit diesen Fragen auseinandergesetzt hat, ist sogar der Meinung, es habe sich eine atlantische Mentalität herausgebildet, und zwar in den portugiesischen, spanischen, französischen, britischen und norwegischen Küstenregionen. Diese seien durch die gemeinsamen Erfahrungen und Erfordernisse des Lebens an den Ufern des Ozeans geprägt gewesen. Die Küstenbewohner hätten untereinander mehr gemein gehabt als mit den jeweiligen Regionen des Landesinnern. Das knüpft an die Theorien Fernand Braudels über die prägende Kraft der »ewigen«

Faktoren an. Und daher ist auch die Annahme plausibel, daß benachbarte Küstenregionen desselben Ozeans von ähnlichen Strukturen und Problemen geprägt werden. Ob aber diese »atlantische Mentalität« auch ein Zusammengehörigkeitsgefühl herbeiführte, ist fraglich, obwohl Cunliffe vermutet, daß es in dieser atlantischen Küstenregion in vorchristlicher Zeit bereits einen keltisch dominierten einheitlichen Handelsraum gab. Durch römische Quellen, etwa durch Caesars »De bello Gallico«, sind wir über keltische Schiffstypen, über Frachter, Kriegsschiffe und Fischerboote, die teilweise bis in die römische Zeit hinein gebaut wurden, unterrichtet. Ein großes Problem ist jedoch, daß wir ansonsten über diese keltischen Kulturen sehr viel weniger wissen als über die Kulturen des Mittelmeers. Unsere Kenntnisse nehmen erst in dem Augenblick zu, da sich diese Handelsräume, der keltische und der mittelmeerische, immer mehr zu vernetzen begannen. Dies geschah spätestens in der Bronzezeit etwa ab dem 3. Jahrtausend v. Chr. Die sich entwickelnden mittelmeerischen Kulturen brauchten Rohstoffe, vor allem Zinn (Bronze = 90 % Kupfer und 10 % Zinn), das nur an bestimmen Orten zu finden war, wie etwa in Spanien und in Britannien. Die ägyptische Bronze hatte nur wenig Zinn (3–5 %). Das schon seit 2500 v. Christus abgebaute Zinn war wahrscheinlich auch der Hauptgrund für die im zweiten vorchristlichen Jahrtausend einsetzenden Handelsfahrten Richtung Atlantik. Das Metall spielte dieselbe Rolle des ökonomischen Motivs, die die Gewürze später beim Beginn der portugiesischen und spanischen Entdeckungsfahrten spielten. Eine dauerhafte Anbindung der atlantischen Randgewässer an die mittelmeerischen Hochkulturen wurde jedenfalls schon relativ früh, spätestens im Verlauf des zweiten vorchristlichen Jahrtausends, zumindest über den Zwischenhandel hergestellt. Seit ca. 1100 vor Christus fuhren die Phönizier nach Gades/Tartessos in Spanien, wo außerordentlich ergiebige Bergwerke Zinn, Silber und andere Metalle lieferten; der Reichtum der Tartessier war in der Frühantike legendär. Noch im 7. Jahrhundert wurde laut Überlieferung der Grieche Kolaios, den ungünstige Winde in den Atlantik getrieben hatten und der daraufhin in Tartessos landete, durch diese

Fahrt zum reichen Mann. Zinn war einer der Hauptartikel des sich ausweitenden Seehandels auf den europäischen Randmeeren des Atlantik, der Biskaya, dem Kanal und der Nordsee. Und das spätere Britannien wurde den Mittelmeervölkern als »Zinninsel« bekannt; über seine Geographie gab es aber lange nur äußerst vage Vorstellungen. Dies lag daran, daß die Phönizier den Atlantikhandel zu monopolisieren suchten und die Straße von Gibraltar dreifach versperrten: Erstens verhängten sie eine Seeblockade, die – mit kurzen Unterbrechungen – von ca. 530 bis 206 v. Chr. aufrechterhalten wurde; Zuwiderhandelnden soll die Todesstrafe gedroht haben. Zweitens hielten die Phönizier systematisch ihre Kenntnisse über den Atlantik geheim; ihre Kapitäne versenkten lieber ihre Schiffe, als geographische Kenntnisse preiszugeben. Und drittens wurden Schauergeschichten über das dahinterliegende Meer verbreitet, von Meerungeheuern und von einem Weltstrudel. Bis zur Niederlage im Zweiten Punischen Krieg erwies sich diese Strategie als effektiv; erst dann wurde die europäische Atlantikküste wirksam in den hellenistischen Kosmos integriert. Die Invasion Caesars in Britannien blieb zunächst Episode; doch unter Claudius wurde der Südteil Britanniens von den Römern erobert. Zur Zeit des Kaisers Augustus unternahmen die Römer dann – parallel mit ihrem Vordringen in Germanien – Flottenvorstöße in die Deutsche Bucht und bis zum Skagerrak.

Wußte Homer vom Atlantik?

Doch wie wurde der Atlantik zuvor wahrgenommen? Frühe Zeugnisse geographischer Kenntnisse spiegeln sich in Sage und Dichtung der Griechen, in der Argonautensage und in Homers »Odyssee«. Während die Argonautensage eindeutig die Entdeckung des Schwarzen Meers zum Inhalt hat, spielt die »Odyssee« im Westen. Doch wohin genau führten die Irrfahrten des Odysseus? Tatsächlich sind Homers Angaben schwer zu lokalisieren, und es gab und gibt unzählige Versuche, die geschilderten Orte in der Wirklichkeit zu orten. Halbwegs Einigkeit herrscht darüber, die Zyklopen als Vulkane zu deuten und auf Sizilien anzusiedeln. Auch die Äolischen Inseln sind als Schauplatz einigermaßen sicher identifiziert. Doch wo liegt Ogygia, die Insel der Nymphe Kalypso? Wo wohnten die glücklichen Lotophagen, wo die menschenfressenden Laistrygonen und wo die Phäaken?

Hier gibt es zwei vorherrschende Interpretationen, die mittelmeerische und die atlantische. Die erste geht davon aus, daß sich die Fahrten des Odysseus im Mittelmeerbecken abgespielt haben und Sizilien und Malta die westliche Grenzlinie seiner Fahrten – und die Grenze der geographischen Wahrnehmung Homers – bildeten. Die zweite Interpretation sagt jedoch, daß die Reise des Odysseus bis in den Atlantik hinausführte; sie kann zur Begründung ihrer These auf die von Homer angegebenen Entfernungen von bis zu 18 Tagereisen ohne Landberührung verweisen, die auch bei langsamen Fahrzeugen im östlichen Mittelmeer kaum zu finden sind. Für die Geschichte des Atlantik wäre diese Interpretation bedeutsam, weil sich dann in der homerischen Dichtung Kenntnisse der Griechen des achten vorchristlichen Jahrhunderts über den westlichen Ozean widerspiegeln würden. Der westlichste Punkt, den Odysseus erreichte, nämlich die Insel der Kalypso, Ogygia, ist nach der mittelmeerischen Interpretation Malta, nach der atlantischen Madeira.[26] Für die einen ist das Land der Phäaken die Insel Kerkyra, für die anderen Tartessos in Südwestspanien. Die Frage ist interessant und auch relevant für das griechische Weltbild des achten vorchristlichen Jahrhunderts; dennoch ist größere Präzision in der Verortung der »Odyssee« wohl nicht zu erreichen. Schon in der Antike – beispielsweise im zweiten vorchristlichen Jahrhundert – wurde von dem hellenistischen Geographen Eratosthenes eingewendet, Homer könne dichterische Freiheit für sich in Anspruch genommen haben; seine Epen seien eben doch in erster Linie literarische Fiktion, und deshalb seien alle Versuche, den einzelnen Schauplätzen der »Odyssee« konkrete Landschaften zuzuordnen, sinnlos.[27] Die Annahme, daß Homer seine Dichtung an bestimmten, realen Schauplätzen, von deren Existenz er wußte, angesiedelt hat und der größere Teil der beschriebenen Orte keine reine Phantasie war, ist indes sehr wahrscheinlich. Eines ist aber charakteristisch für das sich wandelnde Weltbild der Antike: wie sich nämlich im Lauf der Zeit die Homer-Rezeption und -Interpretation verändern. Mit zunehmenden geographischen Kenntnissen wurden die exotischen Schauplätze der »Odyssee« in hellenistischer und römischer Zeit an immer entfernteren Orten und schließlich auch im Atlantik vermutet.

Phönizische und griechische Entdeckungsfahrten auf dem Atlantik

Um aus der Welt der Dichtung in die prosaische des Handels zu wechseln: Die Phönizier, besonders die Karthager befuhren den Ozean tatsächlich und nachweisbar – und zwar in südlicher, westlicher und nördlicher Richtung. Die frühesten Fahrten gingen zunächst nach Spanien, nach Tartessos, wegen des Zinns, später dann aus dem gleichen Grund nach Britannien. Fahrten der Phönizier in den Süden, die schließlich sogar bis in die tropische Zone Afrikas führten, dienten dem Tausch von Gold. Herodot hat eine Beschreibung des schwierigen, durch wechselseitige Furcht geprägten Goldhandels zwischen den Phöniziern und den Bewohnern des tropischen Afrika hinterlassen: »Die Karthager laden ihre Waren an einem bestimmten Punkt der Küste aus und reihen sie dort ordentlich am Rand des Ufers auf. Dann kehren sie auf ihre Schiffe zurück und geben den Eingeborenen Rauchsignale. Daraufhin erscheinen diese, legen das Gold, das sie als Tauschmittel bestimmt haben, neben die Waren und verschwinden wieder. Nun besehen sich die Karthager ihrerseits das Angebot. Wenn es ihnen als ausreichend erscheint, ziehen sie sich mit dem Gold zurück und fahren ab. Andernfalls geht der Handel noch solange nach der gleichen Methode hin und her, bis die Punier zufrieden sind. Man tut sich dabei keinerlei Unrecht. Die einen rühren nicht an das Gold, bevor es dem Wert ihrer Ware entspricht, die anderen nicht an die Ware, bevor die Karthager das Gold genommen haben.«[28] Diese Erzählung Herodots zeigt das große Mißtrauen, das schon fast 2000 Jahre vor den europäischen Entdeckungsreisen das Zusammentreffen der unterschiedlichen Kulturen beherrschte.

Doch schon vorher hatten einige aufsehenerregende phönizische Expeditionen die europäische Kenntnis vom atlantischen Raum erweitert. Die spektakulärste war eine Umrundung Afrikas, über die uns Herodot berichtet.[29] Auftraggeber war der Pharao Necho (601–595 v. Chr.). Er hatte zunächst einen Kanal vom Nil zum Roten Meer graben lassen wollen, um so dem Schiffsverkehr die später durch einen ähnlichen Kanal, sehr viel später durch den Suezkanal realisierte Möglichkeit des Ost-West-Verkehrs zwischen Asien und Europa, zwischen Mittelmeer und Indischem Ozean zu geben. Als Necho dieses Bauprojekt einstellte, gab er einer phönizischen Mannschaft den Auftrag, Afrika zu umsegeln, und zwar von Ost nach West. Die Südausdehnung Afrikas wurde in der Antike erheblich unterschätzt; dies erklärt auch die Annahme, daß die Umsegelung vielleicht eine Alternative zum Kanalbau bieten könne. Nach Herodots Bericht segelte diese Expedition im Sommer, ging dann an Land, baute Getreide an und erntete, segelte wieder, ging nochmals im Herbst an Land, baute Getreide an, erntete erneut, fuhr dann im dritten Jahr durch die Straße von Gibraltar ins Mittelmeer ein und kehrte erfolgreich nach Hause zurück. Seit dieser Zeit ist strittig, ob dieser Expedition wirklich die Umsegelung Afrikas gelungen ist. Einiges spricht dafür, so zum Beispiel die Strömungs- und Windverhältnisse, die im Indischen und im Atlantischen Ozean eine Ost-West-Umrundung Afrikas leichter machen als eine in umgekehrter Richtung, wie sie später die Portugiesen unternahmen. Dann der Bericht an sich: Warum sollte er erfunden sein, wo er doch, auch in den Zeitangaben, durchaus realistisch ist? Warum sollte es einer zähen und entschlossenen Mannschaft nicht gelungen sein, innerhalb von drei Jahren Afrika zu umrunden? Und schließlich ein drittes Faktum, das für das Gelingen spricht, das Herodot jedoch ausdrücklich für unglaubwürdig hielt: Die Fahrtteilnehmer berichteten, sie hätten bei der Umrundung Afrikas »die Sonne zur Rechten« gehabt. Was bedeutet dies? Nichts weniger, als daß die

Phönizische und griechische Entdeckungsfahrten

Sonne aus dem Norden schien. Für Herodot ein Ding der Unmöglichkeit, für uns hingegen der sichere Beweis, daß die Phönizier die Südhalbkugel der Erde erreicht hatten.

Mehr ist über diese nautische Großtat leider nicht bekannt. Ihr sind aber andere Expeditionen an die Seite zu stellen, besonders die des Hanno, welche die westafrikanische Küste entlang wahrscheinlich bis nach Kamerun führte.[30] Die Quelle hierfür ist die fehlerhafte griechische Abschrift einer karthagischen Inschrift im Baal-Tempel Karthagos, und sie wird durch Berichte von Plinius und Pomponius Mela gestützt. Um 525 – spätestens 450 v. Chr. – wurde der Suffet Hanno[31], ein hoher punischer Beamter, mit dem Auftrag ausgeschickt, die afrikanische Atlantikküste zu erforschen und Ansiedlungen zu gründen. Die Wahrscheinlichkeit spricht zwar dafür, daß es sich in Wahrheit um mehrere Expeditionen handelte. Doch in der einzigen erhaltenen Quelle wird sie als eine einzige Fahrt geschildert. Nach dieser Aussage segelte Hanno mit 60 Fünfzigruderern und 30000 Männern und Frauen sowie Proviant und sonstigem Zubehör ab, das wahrscheinlich auf weiteren Schiffen (reinen Seglern?) verstaut war. Sie gründeten eine Reihe von Ansiedlungen und kamen dann zu einer Insel namens Kerne, die zu lokalisieren bis heute nicht zweifelsfrei gelungen ist; möglicherweise ist sie inzwischen verlandet. Hanno gab an, daß Kerne genauso weit von Gibraltar entfernt war wie Karthago, die Insel wird vor der marokkanischen Küste vermutet. Die Karthager gelangten dann in Gegenden, wo es Flußpferde gab, hohe waldbedeckte Berge und wohlriechende Bäume. Die Verständigung mit den Einheimischen war hier, obwohl nordafrikanische Dolmetscher im Troß dabei waren, nicht mehr möglich. Den Endpunkt fand die Expedition an einem Ort, wo ein gewaltiger Berg zu sehen war, ein Vulkan, der gerade ausgebrochen war, so daß sich Lavaströme ins Meer ergossen. Die feurigen Eruptionen dieses Berges, den die vielleicht verdorbene griechische Übersetzung des punischen Textes »Götterwagen« nennt – möglich wäre auch »Götterwohnung« –, waren bei der Weiterfahrt vier Tage lang zu sehen. Bei einer erneuten Landung fingen die Karthager Gorillas, die sie für Waldmenschen hielten, und töteten drei Weibchen. Dann kehrten sie um, da ihre Vorräte verbraucht waren.

Die Forschung war sich lange über die Ausdeutung dieses Berichts uneinig. Eher vorsichtig urteilende Historiker glaubten, Hanno sei nicht weit über Marokko hinausgekommen. Doch heute herrscht die Ansicht vor, daß die Beschreibungen kaum einen anderen Schluß zulassen als den, daß Hanno bis nach Kamerun, bis zum Kamerun-Berg gekommen war. Dieser Berg mit seinen 4000 m Höhe ist der einzige an der westafrikanischen Küste, auf den die beschriebene ungeheure Größe und der vulkanische Charakter zutreffen. In vielen anderen Lokalisierungen hat die Archäologie das letzte Wort; Reste phönizischer Ansiedlungen sind vor der marokkanischen Küste, so etwa bei Mogador, auch schon gefunden worden. Jedoch bleibt festzustellen, daß dieser Vorstoß der Phönizier ins tropische Afrika ebensowenig bleibende Folgen hatte wie 1500 Jahre später die Landung der Wikinger in Amerika. Der Vorstoß blieb eine Episode, und obwohl die Phönizier regelmäßige Handelsbeziehungen zum tropischen Afrika unterhielten, wurde diese Region nicht wirklich in den europäischen Kosmos integriert. Die phönizischen Entdeckungen mußten von den Portugiesen 2000 Jahre später von neuem gemacht werden.

Der Gedanke an eine Umfahrung Afrikas sollte in der Antike noch länger lebendig bleiben. Xerxes gab Sataspes, einem Edelmann, der ein junges Mädchen geschändet hatte, um 470 v. Chr. den Auftrag, Afrika zu umrunden. Aber er scheiterte und kehrte, wahrscheinlich noch vor dem Erreichen des tropischen Afrika, wieder um.[32] Auch Alexander der Große hatte den Plan, Afrika umfahren zu lassen, sein früher Tod verhinderte jedoch die Umsetzung. Und ein Privatmann, Eudoxos von Kyzikos, versuchte zwischen 112 und 105 v. Chr. zweimal unter Einsatz seines Lebens und seines Vermögens, Afrika zu umrunden; der Ausgang des Versuchs ist nicht bekannt.[33] In der Antike wurden alle Hinweise auf eine Umschiffbarkeit Afrikas sorgfältig registriert, so etwa als Schiffstrümmer im Roten Meer gesichtet und als Reste eines aus einem Hafen im heutigen Spanien ausgelaufenen Schiffes identifiziert wurden. Bezeichnend ist auch, daß Plinius d. Ä. glaubte, Hanno habe den Auftrag gehabt, mit seiner Expedition Afrika zu umrunden. Last but not least: Der vermutlich am Ende des ersten Jahrhunderts verfaßte »Periplus Maris Erythraei« – eine Routenbeschreibung des Roten Meeres und des Weges nach Indien – kannte zwar die ostafrikanische Küste nur bis Azania (= wahrscheinlich Sansibar), folgerte aber: »Denn jenseits von diesen Punkten wendet sich der bis jetzt noch unerforschte Ozean nach Westen, der sich längs den Südküsten von Äthiopien, Libyen und Afrika erstreckt und sich schließlich mit dem westlichen Meer vereinigt.«[34] Der unbekannte Autor dieses »Periplus«, wahrscheinlich ein in Ägypten lebender griechischer Kaufmann, glaubte also, es gebe einen Seeweg um Afrika herum. Letztlich konnten aber Griechen und Römer den phönizischen Entdeckungen in Afrika nichts mehr hinzufügen, im Gegenteil. Ende des 2. Jahrhunderts sollten sogar – wie noch zu schildern sein wird – die bisherigen Erkenntnisse über die Gestalt der afrikanischen Küsten eine beträchtliche Verfälschung erfahren.

Doch führten die phönizischen Vorstöße im Atlantik nicht nur nach Süden, sondern auch nach Westen. Sie brachten ihnen sichere Kenntnisse über die Atlantikinseln, die Kanaren und Madeira. Die glücklichen klimatischen Verhältnisse trugen diesen Inseln in der Antike den Namen »Insulae Fortunatae« ein. Angeblich verbot die karthagische Führung die Auswanderung dorthin aus Angst, daß zu viele gehen würden. In Wahrheit dürfte Karthago gar nicht genug Menschen gehabt haben, um diese Inseln zu bevölkern. Die archäologischen Funde sprechen dafür, daß die Phönizier auf den Inseln eine Notstation für abgetriebene Schiffe unterhielten, daß sie die Inseln aber nicht systematisch kolonisierten. Noch in römischer Zeit gab es sporadische Pläne, auf den »Inseln der Seligen« zu siedeln.[35]

Der Bericht über eine weitere phönizische Expedition in den Nordatlantik, entlang der spanischen und gallischen Küste bis nach Britannien, die von einem Seemann namens Himilkon angeführt wurde, ist verlorengegangen bzw. nur in Bruchstücken erhalten, deren Authentizität unsicher ist.[36] Wahrscheinlich betonte er sehr die Schwierigkeiten der Navigation in diesen Gewässern und beschrieb Windstillen, Unmassen von Algen und geringe Wassertiefen – ein Zeichen dafür, daß er dicht an der Küste entlangfuhr, wo sich Ebbe und Flut stärker auswirkten als im Mittelmeer.

Ebenfalls nur in verfälschenden Bruchstücken, deren Authentizität allerdings sicherer scheint, ist der Reisebericht eines Griechen erhalten, der die Kenntnisse der Mittelmeerkulturen über den europäischen Nordwesten schlagartig erweiterte. Vorab möchte ich erklären, daß es nicht nur einen phönizischen, sondern auch einen griechischen Handel mit Britannien gab, der aber, wegen der karthagischen Sperre, vielleicht auch wegen des langen und schwierigen Seewegs um die iberische Halbinsel herum, auf dem Landweg durch Gallien abgewickelt wurde und seinen mediterranen Endpunkt in der griechischen Siedlung Marseilles fand. Und hier waren die Auftraggeber einer Expedition zu suchen, die den Seemann und Astronomen Pytheas um 330 v. Chr. auf eine Nordlandfahrt schickten. Ob er die Sperre von Gibraltar per Schiff durchbrach oder auf dem Landweg zum Atlantik reiste und sich dort einschiffte, ist unklar; wahrscheinlicher ist letzteres: Er landete in Britannien und umsegelte es. Die von ihm gemessenen Distanzen führten indes, bei im Grundsatz richtiger Beschreibung der dreieckigen Form, zu weit übertriebenen Annahmen über die Größe der Insel. Dann reiste Pytheas noch auf eine nördlich von Britannien gelegene Insel namens Thule, die zu lokalisieren Stoff für Jahrhunderte, ja Jahrtausende gelehrter Debatten gab. Im frühen Mittelalter wurde nach der Entdeckung Islands allgemein angenommen, hier sei die Insel des Pytheas zu finden. Doch das Island der Antike war, anders als das Thule des Pytheas, noch nicht besiedelt. Blieb also das mittlere Norwegen, wo auch die von Pytheas geschilderte, nur dreistündige Sommernacht zu finden ist. Bei der fehlenden Kenntnis des Ostseeraums ist auch die Charakterisierung Norwegens als Insel leicht erklärlich. Pytheas, dessen Originalbericht verloren ist und nur durch andere, wie den in augusteischer Zeit schreibenden Geographen Strabo, überliefert wurde, stellte bereits einen Zusammenhang zwischen Ebbe und Flut und dem Mond her. Die Ergebnisse des Pytheas-Berichts wurden jedoch später in der Antike mit großer Skepsis und Unglauben aufgenommen. Strabo hielt Pytheas für ein »großes Lügenmaul«, dessen Angaben er genüßlich zerpflückte. So hatte Pytheas über eine »Meerlunge« – wahrscheinlich ein Wattenmeer – und das geographische Ende der Welt berichtet; dies hielt Strabo für lächerliche Erfindungen. Wie es sich tatsächlich verhielt, ob Pytheas ein genialer Berichterstatter oder ein Scharlatan war, muß offenbleiben, da sein Werk »Über den Ozean« (»Peri okeanou«) leider verloren ist.[37]

Immerhin war Pytheas derjenige, der mit seinen Nachrichten über Thule die ersten, wenn auch unklaren Vorstellungen von Skandinavien ins Bewußtsein des mittelmeerischen Europa brachte, und vor allem von Britannien, dessen Inselcharakter er zweifelsfrei nachgewiesen hatte. Später wurde Britannien dann von den Römern besetzt. Caesars erster Landung war noch kein dauernder Erfolg beschieden, jedoch führte die zweite Landung unter Claudius dazu, daß England unter römische Herrschaft geriet und ein Teil des *orbis romanus* wurde. Die Ausdehnungswelle im Atlantik hatte damit einen ersten Höhepunkt erreicht. Weitere Entdeckungen oder Eroberungen wurden nicht gemacht, und auch Irland, von dessen Existenz man wußte, nicht erobert. Die Vorstöße nach Norden, in die Deutsche Bucht und Richtung Skagerrak, blieben folgenlos; jedoch wurde angenommen, es gäbe zur See eine Nordostverbindung nach Indien. Das erklärt eine Episode, aus der ansonsten ganz andere Schlußfolgerungen hätten gezogen werden müssen: Ein Germanenstamm nahm Schiffbrüchige gefangen, deren Aussehen offenbar nicht europäisch war; ein Suebenfürst – vielleicht war es Ariovist – übergab sie dann den Römern. Es handelte sich, wie schließlich angenommen wurde, um »Inder«, die sich zum Zwecke des Handels auf See begeben hatten, durch ungünstige Winde nördlich abgetrieben wurden und schließlich auf germanischem Gebiet gelandet waren. So berichtete Plinius; doch wir wissen heute, daß diese Erklärung eine geographische Unmöglichkeit ist, da die »Nordostpassage« zwischen Europa und Ostasien zwar existiert, aber nicht wirklich befahrbar ist. Woher kamen dann diese »Inder«? Es müssen wohl Eskimos oder Indianer gewesen sein. Es ist immerhin von kulturhistorischem Interesse, daß der Irrtum des Kolumbus von 1492, nämlich die Verwechselung von »Indern« und »Indianern« (= »Amerikanern«), schon auf eine mindestens 1500jährige Tradition zurückblicken kann.[38]

Schiffahrtstechnik der Antike

Die antiken Schiffe, die zu Atlantikfahrten genutzt wurden, verdienen eine nähere Schilderung. Es gibt zwei Gruppen von Quellen: einmal die archäologischen Funde auf dem Meeresgrund, die zwar sehr aussagekräftig sind, aber nur bedingt nutzbar; die antiken Wracks sind doch sehr stark zerstört und in ihren oberen Teilen meist unrettbar verloren. Immerhin geben die erhaltenen Bodenpartien Aufschluß über Bauweise, Größe und Konstruktion. Zum anderen gibt es die Quellen der Darstellungen der bildenden Kunst. So informiert ein in Nordafrika entdecktes Mosaik, mit dem ein antiker Nautikfan sein Haus geschmückt hat, über die damals gebauten Schiffstypen.[39]

Auch im Atlantik, in Großbritannien, waren römische Flotteneinheiten stationiert. Jedoch waren Galeeren, die typischen Kriegsschiffe, für ozeanische Fahrten nicht wirklich geeignet. Die große Mannschaft kostete Platz, vor allem wegen der mitzuführenden Verpflegung, so daß die Nutzlast und die Reichweite gering waren.

Das griechisch-römische Frachtschiff hingegen war meist ein reiner Segler.[40] Die Fracht bestand oft aus Amphoren, dem »Einweg-Container« der Antike. Der Nachteil der Amphore war ihr hohes Eigengewicht; deshalb wurde sie später durch das Faß abgelöst. Der häufigste Typ dieser Frachtschiffe faßte neben der Ladung und zahlreichen Deckspassagieren etwa 10 000 Amphoren. Das Ladegewicht wird mit 300 bis 450 Tonnen berechnet und erreichte damit Größenordnungen, die denen der frühen Neuzeit entsprachen. Diese Schiffe waren zwischen 30 und 50 m lang.[41]

Schiffahrtstechnik der Antike

Verschiedene Schiffstypen im Mosaik von Althiburus (teilweise beschädigt), 140 Meilen südwestlich von Tunesien, 3. Jhdt. n.Chr.

Die Besegelung dieser Schiffe bestand meist aus einem Großmast, an dem eine lange Rah befestigt war. Die Segel konnten je nach Windverhältnissen verändert, vergrößert oder verkleinert werden. Allerdings war die Leistungsfähigkeit der Besegelung begrenzt. Rahsegel sind sehr wirksam bei Rückenwind, Seitenwinde hingegen können sie nur bedingt nutzen.[42] Das Unvermögen antiker Schiffe, hart am Wind zu segeln, erklärt die oftmals langen Reisezeiten. Je nach Wind erreichten die antiken Segler, nach einer neuzeitlichen Berechnung antiker Quellenangaben, auf ihren Fahrten Durchschnittsgeschwindigkeiten von 1,5 bis 6 kn.[43]

Nach diesem kurzen Abriß über die antike Schiffahrtsschule bleibt für uns die Frage: Inwieweit waren die griechischen, phönizischen und römischen Schiffe für die Befahrung des Atlantik geeignet?

In der Antike haben alle Schiffe aller Typen – Kriegsschiffe, also Galeeren, und auch Segelfrachter – die Randgewässer des Atlantik befahren. Die antiken Segelschiffe waren, anders als die Galeeren, auch für längere Fahrten geeignet und in vielerlei Hinsicht technisch entwickelter und mit mehr Komfort für die Besatzung ausgestattet als manches frühneuzeitliche Schiff. Allerdings bezog sich das nicht auf die Fähigkeit, Winde gut ausnutzen zu können. Griechische und römische Fahrzeuge waren – zumindest ist dies der derzeitige Stand der Forschung – erheblich windabhängiger als neuzeitliche Segler.

Bleibt noch das wichtige Problem der Orientierung auf See. In der Antike gab es wahrscheinlich – es gibt hier allerdings auch Gegenstimmen – keinen Kompaß. Die Position auf See wurde durch die Berechnung der zurückgelegten Entfernungen und in Küstengewässern durch Ausloten der Tiefe geschätzt. Antike Seefahrer verfügten über eine sehr gute Kenntnis des Sternenhimmels. Schon Homer läßt Odysseus bei Nacht navigieren und sich an den Sternen orientieren. Die genaue Kenntnis des Sternenhimmels gehörte auch später, im Mittelalter und in der frühen Neuzeit, in einem viel größeren Umfang als heute zur Allgemeinbildung. Viele detaillierte astronomische Beschreibungen, die dies dokumentieren, finden sich beispielsweise in Dantes »Göttlicher Komödie«. Die astronomische Orientierung bei Nacht – etwa durch Bestimmung des Polarsterns und der Messung, wie weit er überm Horizont stand – erlaubte die Berechnung des Breitengrads. Der Längengrad freilich war auf diese Weise nicht zu bestimmen, und Messungen waren daher chronisch ungenau. Deshalb sind auch die Ost-West-Proportionen aller antiken und mittelalterlichen Karten oft sehr viel fehlerhafter als die Breitengradangaben. Als astronomische Meßinstrumente hatten die antiken Seefahrer den Astrolab, ein Instrument zur Messung von Sternhöhen, und den Gnomon, eine Art Sonnenuhr.

Insgesamt trifft die Aussage, die antike Schiffahrt hätte sich auf Küstenschifferei beschränkt, nicht den Kern. Innerhalb des Mittelmeers navigierten die Griechen und Römer auf offener See; auch befuhren sie die Randgewässer des Atlantischen und des Indischen Ozeans; wo sie bereits den Monsum zu nutzen verstanden. Segelhandbücher, die »Periplus« (»Umsegelungen«), enthielten Angaben über Winde, Strömungen und Häfen und erleichterten die Orientierung. Doch die antiken Seeleute waren darauf bedacht, das Schicksal und die Natur nicht übermäßig herauszufordern. Daß, wie erwähnt, das Mittelmeer im Winter für den Schiffsverkehr geschlossen wurde, lag wohl hauptsächlich an den Winterstürmen. Aber eine Rolle dürfte auch gespielt haben, daß bei bedecktem Winterhimmel die astronomische Navigation gefährlich eingeschränkt war. Um so schwächer dürfte die Neigung gewesen sein, den Atlantik zu befahren, besonders weil an mehreren Stellen, etwa an der nordafrikanischen Küste, starke Strömungen die Schiffe von der Küste in unbekannte Fernen abzutreiben drohten.

Die antike Wissenschaft und das Meer: die Atlantikvorstellungen bei Sokrates, Aristoteles, Eratosthenes, Marinus von Tyros und Ptolemäus

Der seemännischen Erfahrung in der antiken Seefahrt muß aber noch die Wissenschaft, die Geographie, gegenübergestellt werden. Sie versuchte, in engem Verbund mit der Astronomie, in immer neuen Modellen die bruchstückhaften empirischen Daten zu einem schlüssigen Gesamtbild der Gestalt der Erde zu formen. Neben den erwähnten Seeleuten und Entdeckern, wie Pytheas von Marseille, Hanno der Karthager oder Eudoxos von Kyzikos, sind auch die griechisch-hellenistisch-römischen Geographen und Wissenschaftler von Hekataios und Anaximander über Aristoteles und Eratosthenes hin zu Marinus von Tyros und Claudius Ptolemäus zu erwähnen. Sie prägten das Atlantikbild ihrer und der folgenden Epochen mindestens ebenso nachhaltig wie die Empiriker. Denn die Seeleute lieferten die Daten, die Wissenschaftler aber die Interpretation. Sie dachten darüber nach, ob die Erde eine Scheibe oder eine Kugel sei und wie groß diese Kugel sein könne. Sie spekulierten darüber, wie groß die Kontinente und die Meere seien, wie weit es von Spanien nach Indien in Westrichtung sein könne, ob eine Westfahrt und damit eine Umsegelung der Erde möglich sei. Deshalb müssen nicht nur die praktischen seemännischen Taten, sondern auch die theoretischen Betrachtungen von Wissenschaftlern und Philosophen in Athen, Kleinasien und in Alexandria einbezogen werden.

Die ersten überlieferten geographischen Vorstellungen der Griechen orientierten sich an denen der Babylonier: Die Erde wurde als flache Scheibe interpretiert, manchmal sogar mit einem erhöhten Rand, gewissermaßen wie ein Suppenteller, damit nichts herauslaufen konnte. Damit stand auch fest, daß es ein Weltende geben mußte, einen grauenhaften Abgrund, den man nicht überschreiten konnte. Und dieser Abgrund mußte irgendwo im Ozean sein. Die Frage nach der Natur des Ozeans, des

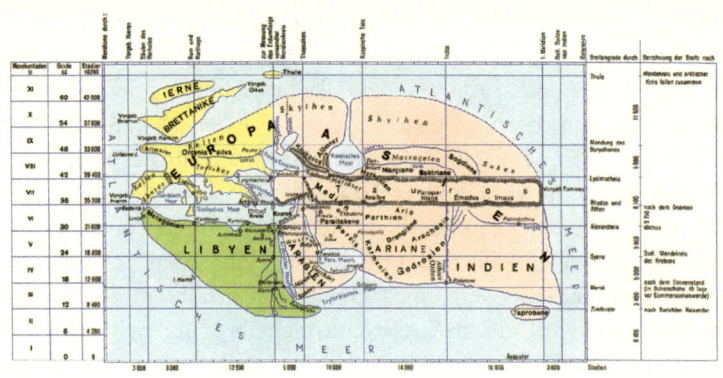

Die Erde nach Eratosthenes (ca. 285–205 v.Chr.)

Weltmeers, war deshalb eng verbunden mit der Frage nach der Gestalt der Erde. Im klassischen Griechenland fand eine wissenschaftliche Diskussion statt, die von populären Darstellungen gern, aber fälschlich in die Zeit des Kolumbus versetzt wird: die Frage, ob die Erde eine Kugel oder eine Scheibe sei.

Da die Frage nach der Gestalt des Weltmeers aufs engste mit der Frage nach der Gestalt der Erde und des Universums verknüpft ist, verwundert es nicht, daß viele griechische Philosophen sich zu diesen Problemen geäußert haben und auf diese Weise, wenn auch oft nur indirekt, ihre Ansichten über den Atlantik darlegten; und das, obwohl sie in vielen Fällen keine Seefahrer waren und das Weltmeer niemals gesehen hatten. Ihre aufs Ganze gerichteten Hypothesen waren eng verbunden mit den Problemen der Berechnung und vor allem der Erklärung der Planetenbahnen sowie der Spekulationen über die Gestalt der Erde und des Universums.

Der Wandel der Anschauungen soll durch die Theorien einiger führender Vertreter von Geographie und Astronomie verdeutlicht werden. Anaximander von Milet (610–545 v. Chr.) war der Ansicht, die Erde habe eine zylindrische Form im Größenverhältnis 1:3, sie sei freischwebend, und die Sonne und die Sterne umkreisten die Erde. Sein Landsmann Anaximenes von Milet (585–525 v. Chr.) glaubte hingegen in Anlehnung an babylonische Vorstellungen, die Erde sei eine flache Scheibe mit erhöhtem Rand, die samt den Meeren auf einem Luftmeer schwebe. Er hielt die Sonne, den Mond und die Sterne ebenfalls für flache Körper. Noch Demokrit von Abdera (460–400 v. Chr.), der immerhin schon glaubte, daß es unendlich viele Welten gebe und daß die Materie aus vielen kleinsten, unteilbaren Teilen, den Atomen, bestehe, hielt die Erde für eine Scheibe mit erhöhtem Rand. Die Vorstellung der Erde als kreisrunde Scheibe fand sich auch bei Hekataios (geb. ca. 560 v. Chr.), der dem auch eine Weltbeschreibung anfügte. Die Ansicht von der Scheibenform vertrat wahrscheinlich auch Heraklit von Ephesos (540–476 v. Chr.).

Sokrates (470–399 v. Chr.) war hingegen der Ansicht, die Erde sei eine freischwebende Kugel. Er überschätzte ihren Umfang allerdings gewaltig.[44] Auch Aristoteles (384–322 v. Chr.) hielt die Erde für eine Kugel und schätzte ihren Umfang überraschend genau auf etwa 40000 km. Er hing der Lehre von den vier Elementen Wasser, Feuer, Erde und Luft an und glaubte, die Erdkugel sei von Wasser umgeben. Luft und Feuer streben nach oben. Die *quinta essentia* sei der Äther, das Weltall, das die Erde kugelförmig umgebe. Die Erde sei rechtsdrehend. Für uns ganz besonders interessant sind die Gründe, die Aristoteles für die Kugelgestalt der Erde anführt. Dazu gehören die Beobachtungen der Mondphasen, die er als Schattenbildung der Erde charakterisierte, wenn diese zwischen Mond und Sonne gerate; immer zeigten sich nämlich dabei die Umrisse einer Kugel.[45] Plinius führte später in seiner »Naturalis Historia« klassische Beweise für die Kugelform der Erde an, darunter beispielsweise, daß von einem am Horizont auftauchenden Schiff zuerst der Mast zu sehen sei und dann erst der Rumpf.[46]

Ebenso heftig diskutiert wurde die Frage, ob die Erde um die Sonne oder umgekehrt kreise. Philolaos von Kroton (ca. 400 v. Chr.) glaubte, die Erde kreise um die Sonne. Heraklides Ponticus (385–310 v. Chr.) nahm an, die Erde drehe sich, Merkur und Venus kreisten um die Sonne, diese wiederum um die Erde. Und

Aristarch von Samos (310-230 v. Chr.) vertrat ein heliozentrisches Weltbild. Er nahm an, der Fixsternhimmel sei sehr weit entfernt und die Sonne ca. 300mal größer als die Erde. Dabei unterschätzte er die Größe der Sonne und die Entfernung zwischen Sonne und Erde allerdings gewaltig.[47] Auch hatte er schon Einsicht in die Neigung der Erdbahn und die Drehung um ihre Achse. Der Heliozentrik folgte als letzter Seneca. Die Mehrheitsmeinung blieb aber, daß die Erde im Mittelpunkt des Universums stehe. Für die Vorstellung vom Atlantik war es zwar sekundär, ob die Erde um die Sonne kreiste oder umgekehrt, äußerst wichtig war aber, daß sich in der hellenistischen Ära die Vorstellung von der Kugelgestalt der Erde in der Wissenschaft mehrheitlich durchsetzte und sich die wissenschaftliche Diskussion nun um astronomische Fragen drehte. Strittig war aber noch die – für die vermuteten Ausmaße des westlichen Ozeans wichtige – Größe der Erdkugel. Darauf kommen wir später zurück.

Die Annahme von der Kugelgestalt der Erde war sehr wichtig für das Bild, das sich die Griechen und Römer vom westlichen Ozean machten. Wenn sie glaubten, die Erde sei eine Kugel, dann war nämlich der Ozean nicht das Ende der Welt. Doch sogleich gab es eine neue Trennlinie: die Lehre von den Klimazonen. Parmenides war der Urheber dieser Idee, in der Aristoteles ihm folgte. Die Theorie besagte, daß die Erde in fünf Klimazonen aufgeteilt war. Im Norden und Süden gab es die unbewohnbaren Polarzonen und dann den Äquatorialgürtel, der wegen der Hitze der direkten Sonneneinstrahlung ebenfalls für unbewohnbar gehalten wurde. Diese Ansicht war naheliegend. Die Polarzonen sind ja tatsächlich unbewohnbar. Und die Beobachtung, daß die bekannte Welt im Süden in einer Wüste endete und es zum Äquator hin immer wärmer wurde, führte zu der durchaus logischen, wenn auch falschen Schlußfolgerung, daß es dort schließlich unerträglich heiß würde. Hellenistische Gelehrte zerbrachen sich den Kopf über den Ursprung des Nils. Wo sollten die Überschwemmungen herkommen, wenn nicht durch Schneeschmelze? Wo aber sollte in diesen heißen Gegenden Schnee liegen? Diese Ansicht von der Unbewohnbarkeit der Äquatorialzone wurde be-

Der Atlantik in der Antike

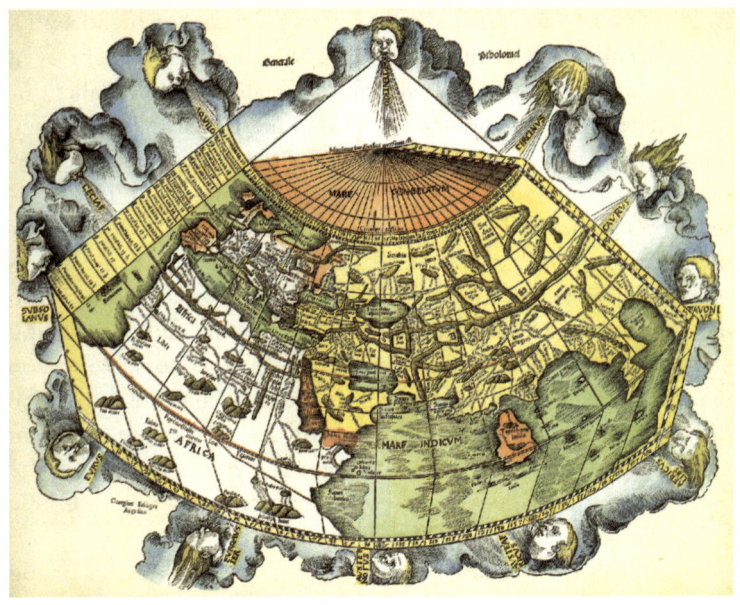

Das Ptolomäische Erdkugelschema, 2. Jahrhundert, bearbeitet von Martin Waldseemüller, 1520

reits in der Antike vielfach empirisch widerlegt, schon durch die phönizischen Afrikafahrten oder den Handel in den Tropen. Auch in klassischer Zeit schoben Expeditionen nach Norden wie nach Süden die Grenzen der angeblich unbewohnbaren Erdzonen immer weiter hinaus. Die Klimazonenlehre wurde deshalb schon in antiker Zeit von der Wissenschaft fallengelassen, lebte aber unbeirrt in der arabischen und mittelalterlichen Geographie fort.[48] Für den Atlantik hatte die Klimazonenlehre des Parmenides und des Aristoteles zur Folge, daß die Meere in der Äquatorialzone wegen der übergroßen Hitze als nicht beschiffbar galten. Ein hypothetisches Ende der Welt, ein Abgrund am Rand der Erdscheibe, wurde von der Weltgrenze einer unheimlichen, glühendheißen Zone abgelöst. Diese Vorstellung hielt sich zäh, und die Angst vor einem »Lebermeer«, in dem das Wasser dickflüssig wurde und verdunstete, Schiffe steckenbleiben und verbrennen würden, wurde erst durch die portugiesischen Entdeckungen falsifiziert, ebenso wie die Idee, es gäbe Gegenden, die *inhabitabilis propter calorem*, wegen ihrer Hitze unbewohnbar seien.

Den Spekulationen über die Klimazonen gesellten sich andere über die Gestaltung der Erdoberfläche hinzu. Für Homer, Hekataios und Eratosthenes war die Welt eine Weltinsel, die allseitig vom Ozean umspült wurde. Die phönizischen Fahrten hatten nachgewiesen – vorausgesetzt, man glaubte den Berichten –, daß Lybien, also Afrika, eine Halbinsel war. Für den Zusammenhang der Weltmeere sprach auch, wie Eratosthenes betonte, das an allen ozeanischen Küsten zu beobachtende Phänomen von Ebbe und Flut.

Doch wurden diese Vorstellungen variiert durch die pythagoreische und später von den Stoikern übernommene Annahme einer symmetrischen Aufteilung der Erdoberfläche, die durch einen horizontalen, äquatorialen und einen vertikalen Ozean in insgesamt vier verschiedene bewohnbare Gebiete geschieden war: in die eigene Welt, die der Antiöken auf der entgegengesetzten Seite der Nordhalbkugel, der Periöken auf der Südhalbkugel in der eigenen Breite und der Antipoden, der Gegenfüßler, auf entgegengesetzter Länge und Breite.[49]

Es handelte sich dabei um Annahmen, die aus den Symmetrieerwägungen der Pythagoreer resultierten. Für Pythagoras von Samos (570–500 v. Chr.) hatten Zahlen und Harmonie die Schlüsselrolle in der Erklärung der Welt. Diese Vorstellungen konnten zwar durch Expeditionen und tatsächliche Erfahrungen widerlegt werden; auch kritisierten Freunde empirischer Überprüfbarkeit, wie etwa Strabo oder Polybios, derartige haltlose Spekulationen.[50] Andererseits hatte die uns abstrus scheinende Vorstellung, das Land auf der Erdkugel müsse aus Gründen des Gleichgewichts symmetrisch verteilt sein, noch bis ins 18. Jahrhundert hinein Konjunktur. Noch 1770 versuchte Alexander Dalrymple (1737–1808) die Existenz eines bislang unbekannten Südkontinents dadurch nachzuweisen, daß er auf das Landmassendefizit auf der Südhalbkugel hinwies.[51] James Cook wurde zu einer systematischen Suche nach einer großen *terra australis* nicht zuletzt deshalb ausgeschickt, um Dalrymples Vermutung, daß es in der Südsee aus Symmetriegründen ein ausreichendes, bislang unbekanntes Gegenstück zu den Kontinenten der Nordhalbkugel geben müsse, zu überprüfen und diese bislang unbekannten Länder zu finden.

Im zweiten nachchristlichen Jahrhundert nahmen die Weltmeervorstellungen der Antike dann eine völlig neue Wendung: Die landläufige Idee von der rings von Meer umspülten Weltinsel wurde aufgegeben. Statt dessen wurden die Weltmeere als rings von Land umringte Binnenseen interpretiert. Verantwortlich für diese Interpretation war vor allem der im zweiten nachchristlichen Jahrhundert forschende Geograph und Astronom Claudius Ptolemäus, nach dem das »ptolemäische Weltbild« – meist astronomisch verstanden als die Idee, die Erde stehe im Zentrum des Universums – benannt worden ist. Über die Gründe, wie es zu dieser neuen Interpretation der Verteilung von Land und Meer auf unserem Planeten gekommen ist, kann nur spekuliert werden. Eine Ursache könnte sein, daß alle Meere, die in der Antike vollständig umsegelt worden waren, sich als Binnengewässer herausgestellt hatten: das Mittelmeer, das Schwarze Meer und das Kaspische Meer. Anderslautende Informationen, wie die von Herodot berichtete Afrika-Umrundung, wurden wahrscheinlich als Legenden abgetan; schließlich hatten auch die ersten Entdeckungsreisenden auf dem Kaspischen Meer fälschlich berichtet, dieses hinge mit dem Weltmeer zusammen und sei ein großer Meerbusen. Was lag bei diesem Stand des Wissens näher, als zu glauben, daß auch die anderen Meere ringsum von Land umschlossen seien, zumal die noch nicht erforschten afrikanischen Küstenlinien sich in südlicher Richtung endlos ausdehnten? Für die Geographen des 2. Jahrhunderts nach Christus, nämlich Marinus von Tyros und Ptolemäus, war der Indische Ozean ein Binnenmeer. Für die afrikanische Westküste nahmen sie – was ja für den damals bekannten Teil tatsächlich zutrifft – einen südwestlichen Verlauf an. Der Atlantische Ozean war für Ptolemäus ebenfalls ein, wenn auch sehr großes, Binnenmeer; anders als beim Indischen Ozean spekulierte er allerdings nicht über die genauen Küstenlinien. Übrigens findet sich schon bei Aristoteles eine Stelle, die so interpretiert werden kann, daß er an eine Landverbindung zwischen Afrika und Indien glaubte, nämlich wenn er das Argument anführt, in beiden Erdteilen gebe es ähnliche Tiere wie beispielsweise die Elefanten.[52]

All diese Vermutungen über die Verteilung von Land und Meer auf der Erdkugel, über Klimazonen und über die Binnenseestruktur der Weltmeere waren falsch, aber plausible und logische Schlußfolgerungen, die das damalige Wissen über die Erde in einen scheinbar stimmigen Interpretationszusammenhang brachten. Selbst die Legende von dem »Lebermeer« in der Äquatorgegend konnte sich auf reale Beobachtungen stützen, aus denen dann allerdings falsche Schlüsse gezogen wurden: die schwer zu befahrende atlantische Saharaküste, die durch Sandverwehungen, durch weit ins Meer hinausreichende Untiefen und Sandbänke geprägt ist. Hier mußte sich über weite Strecken der Eindruck einer trostlosen, sonnenverbrannten Einöde geradezu aufdrängen. Und es ist nachvollziehbar, daß man glaubte, die Schiffe würden in dem immer dickflüssigeren Wasser irgendwann steckenbleiben und verbrennen. Auch war es einleuchtend zu glauben, es werde zum Äquator hin fortwährend heißer und heißer. Diese Annahmen waren zwar unzutreffend und konnten von den Bewohnern dieser Gebiete und von den wenigen Kaufleuten, die diese Gegenden zumindest vom Hörensagen kannten, leicht als falsch entlarvt werden. Doch war der Informationsaustausch zwischen den Zentren der griechisch-römischen Welt und jenen Gegenden weit jenseits des eigenen Kosmos nicht genug entwickelt, und so war das Wissen über diese entfernten Gegenden ungenau und mit Mythen durchmischt.

Eine weitere bedeutsame Frage war, für wie breit die antiken Geographen den Ozean schätzten, der sich zwischen Europas Westküste und Asiens Ostküste erstreckte. Handelte es sich dabei um mehr als unbeweisbare und aus der Luft gegriffene Spekulationen? Tatsächlich gab es Schätzungen antiker Geographen, die auf seriösen Grundlagen basierten. Sie versuchten die Breite des Atlantik auf demselben Weg zu ermitteln, den auch Kolumbus später nutzte, den der indirekten Berechnung. Dies war möglich, seit sich die Vorstellung von der Kugelgestalt der Erde gegen die älteren Modelle der Erdscheibe weitgehend durchgesetzt hatte.[53] Die indirekte Berechnung erfolgte nach der Formel: Erdumfang minus Ausdehnung des lange als Weltinsel gedachten eurasischen Kontinents = Ost-West-Ausdehnung des dazwischenliegenden Weltmeeres. Allerdings arbeitete diese Gleichung mit zwei Größen, der des Erdumfangs und der der Ost-West-Ausdehnung des eurasischen Kontinents, und man wird sich fragen, wie die Wissenschaftler der Antike diese beiden Daten ermittelten?

Die Ausdehnung des eurasischen Kontinents wurde durch Auswertung von Reisebeschreibungen errechnet, denn schon in der Antike gab es einen regelmäßigen Handelsverkehr von Europa bis Hinterindien und vereinzelt sogar bis China. Und der Erdumfang wurde von den Griechen zunächst geschätzt – übrigens mit bemerkenswerter Genauigkeit. Aristoteles schätzte, wie erwähnt, den Erdumfang auf wenige hundert Kilometer genau, ohne daß wir wissen, wie er zu dem Ergebnis kam.[54] Später wurde der Erdumfang dann auf mathematischer Grundlage errechnet. Obwohl vielen Zeitgenossen der Versuch, den Erdumfang berechnen zu wollen, ein Ding der Unmöglichkeit schien – Cicero schrieb, er verstehe von diesen Erdmessungsversuchen nur den tausendsten Teil –, waren die Erdumfangsberechnungen im Grunde von genialer Einfachheit und geeignet, zumindest eine ungefähre Vorstellung von der Größe unseres Planeten zu ermitteln. Dies galt vor allem für die Erdmessung des Eratosthenes (246–164 v. Chr.), der die Unterschiede des Mittagsschattens von zwei auf demselben Längengrad vermuteten Orten in Ägypten – nämlich Syene (Assuan) und Alexandria – zur Grundlage seiner Berechnung nahm und aus den gemessenen Winkel- und Bogenangaben einen (gerundeten) Erdumfang von 252000 Stadien errechnete. Die Zahl wurde, wie bis heute üblich, durch 360 Grad geteilt. Da das »eratosthenische Stadium« 148,5 m maß (so ermittelte der Spezialist Heinrich Prell), ergab sich daraus ein Erdumfang von 37422 km.[55] Dies darf, wie alle folgenden, in Kilometer umgerechneten Angaben keinesfalls auf den Meter genau verstanden werden. Eratosthenes selbst hielt diese Zahl aufgrund unvermeidbarer Ungenauigkeiten des gewählten Meßverfahrens nur für einen bloßen

Näherungswert. Trotzdem handelte es sich um den wissenschaftlich seriösesten Schätzungsversuch der Antike, der dann durch eine weitere Berechnung des Poseidonius von Apamea (135-51/50 v. Chr.), diesmal auf astronomischer Grundlage, verändert wurde. Er setzte den Erdumfang auf nur 180000 Stadien fest, den Kontinentalumfang auf nur 70000 Stadien.[56] Da er allerdings ein anderes Stadienmaß, nämlich das babylonisch-persische, verwendete, das mit 198 m deutlich länger war als das eratosthenische, unterschied sich seine Schätzung weniger von der des Eratosthenes, als man denken sollte. Nach Schätzung des Poseidonius betrug der Erdumfang 35 640 km.[57] Was bis zum heutigen Tag in wissenschaftlichen Abhandlungen für ungeheure Verwirrung sorgt, waren die unterschiedlichen Stadienmaße; dies ist vielleicht auch eine der Ursachen dafür, daß sich in der Antike sehr viele verschiedene Schätzungen des Erdumfangs nachweisen lassen.[58]

Sowohl Eratosthenes als auch Poseidonius hielten die Erde für kleiner, als sie tatsächlich ist. Die Angaben des Poseidonius über den Erdumfang – nämlich besagte 35 640 km – wurden auch von den nach Eratosthenes wahrscheinlich bedeutendsten wissenschaftlichen Geographen des Altertums übernommen, den schon erwähnten Marinus von Tyros und Claudius Ptolemäus. Sie erstellten auf der Basis astronomischer Ortsberechnungen, unter Einteilung der Erde in ein Gradnetz und unter Berücksichtigung der Erdkrümmung, eine Kartengrundlage der damals bekannten Welt, wobei das Werk des Marinus von Tyros verloren und nur durch die in vieler Hinsicht als eine Verbesserung anzusehende »Geographia hyphägäsis« des Ptolemäus bekannt ist.[59] Damit sind wir bei der zweiten benötigten Größe für die Berechnung des Erdumfangs, nämlich der Ost-West-Ausdehnung der *oikumene* von Spanien bis zur östlichsten in der Antike bekannten Stadt, dem legendären und bis heute nicht genau lokalisierten Kattigara, das meist im Bereich des heutigen Singapur oder in Indochina vermutet wird. Ptolemäus setzte diese Ost-West-Ausdehnung des eurasischen Kontinents auf 180 Grad an und verbesserte damit Marinus von Tyros, der sie nach den Wegangaben von nach Asien gereisten Kaufleuten auf 225 Grad berechnet hatte.

Wie breit war nun aber das dazwischenliegende Meer, der Atlantik? Nach Ptolemäus hatte das Meer zwischen Spanien und Ostasien eine Ausdehnung von der Hälfte des Erdumfangs, nämlich etwa 180 Grad, eine Strecke, die am Äquator knapp 18 000 km betragen hätte, auf dem Breitengrad von Rhodos (etwa 40° N) hingegen, auf dem die antiken Geographen die größte Ost-West-Ausdehnung des eurasischen Kontinents vermuteten, jedoch nur etwa 80 Prozent dieses Umfangs, womit wir bei etwa 14 400 km wären. Poseidonius schätzte – nach Angaben von Strabo – den eurasischen Kontinent auf 70 000 Stadien und das dazwischenliegende Meer auf eine ebenso große Breite, also knapp 14 000 km.[60] Diese Schätzungen von Poseidonius und Ptolemäus von etwa 14 000 km ostwestlicher Entfernung zwischen Ostasien und Spanien basierten in beiden zugrundeliegenden Hauptannahmen, nämlich dem Erdumfang und der Ost-West-Ausdehnung des eurasischen Kontinents, auf unzureichenden Grundlagen und waren deshalb zwangsläufig fehlerhaft. Die Luftlinienentfernung zwischen Spanien und Japan beträgt in Wirklichkeit etwa 18 000 km. Marinus von Tyros errechnete aufgrund seiner übertriebenen Annahme der Ost-West-Ausdehnung des eurasischen Kontinents eine geringere Breite des Atlantik von nur etwa 10 700 km. Um die Angaben plastisch zu machen, könnte man sich den Atlantik auf einem hypothetischen Globus mit dem Weltbild beider Geographen vorstellen: Nach Ptolemäus und Poseidonius hätte die asiatische Ostküste mitten im Pazifik, nämlich etwa auf dem Längengrad Hawaiis, nach Marinus immer noch westlich von Los Angeles und San Francisco gelegen.

Die antike Idee der Westfahrt über den Atlantik nach Indien

Hier sei noch einmal die Frage gestellt, ob der Atlantik in der Antike als Ende der Welt angesehen wurde, eine Frage, die wir durchaus ambivalent beantworten müssen. Die Phönizier hatten durch ihre Fahrten bewiesen, daß es südlich kein Weltende gab. Die Frage der westlichen Grenze war offen. Aber eines schien sicher: Der Ozean war riesengroß. Dies war die dominierende Ansicht der antiken wissenschaftlichen Geographie, auch wenn die genauen Dimensionen strittig waren, und diese Ansicht hielt sich bis ins Mittelalter. Diese Erkenntnis mußte jede Idee, den Atlantik in Ost-West-Richtung zu überqueren und nach Ostasien zu gelangen, für undurchführbar erklären. Selbst nach den niedrigsten Schätzungen von ca. 11000 km war der Atlantik dafür noch zu groß. Strabo zitierte die Worte des Eratosthenes, daß man von Spanien nach Indien fahren könne, wenn nicht die Breite des Atlantik hinderlich wäre; diese Ansicht entsprach dem wissenschaftlichen Stand der Antike. Und er fügte die hellsichtige Bemerkung an, daß man unterwegs außerdem noch auf eine andere *oikumene,* also einen anderen Kontinent stoßen könnte.[61] Über die Vorstellungen der griechischen, phönizischen und römischen Seeleute, also derer, die das Experiment einer Westfahrt hätten durchführen müssen, wissen wir wenig; es ist aber äußerst unwahrscheinlich, daß eine antike Schiffsbesatzung von dem lebensgefährlichen Auftrag einer Atlantiküberquerung begeistert gewesen wäre. Zu der Endlosigkeit des unbekannten Meeres gesellten sich die Ängste vor ebenso unbekannten Gefahren.

In der Antike wurde der Atlantik für ein viel breiteres Meer gehalten, als er es in Wirklichkeit ist. Und doch bleibt, wenn die antiken Atlantikvorstellungen insgesamt genommen werden, ein für die Zukunft und auch für die spätere Westfahrt des Kolumbus sehr wichtiges Faktum übrig: nämlich die in der antiken Wissenschaft und Philosophie weithin verbreitete Ansicht, daß der Atlantik im Prinzip überquerbar, auf diesem Wege Ostasien prinzipiell zu erreichen sei und daß der Überfahrt »nur« die Weite des Meeres entgegenstehe.

Eine römische Überlieferung möchte ich noch erwähnen, die oftmals falsche Vorstellungen über das antike Atlantikbild hervorgerufen hat. Seneca hatte in seinem Werk über die »Naturlehre« den Satz gebraucht, ein Schiff könne bei günstigem Wind in wenigen Tagen von Spanien nach Indien segeln. Dieser Satz hatte eine ungeahnte Langzeitwirkung, da er noch in mittelalterlichen Kompendien gern verwendet wurde und auch dem Kolumbus bekannt war. Er soll deshalb hier wörtlich zitiert werden: »Wie weit ist es nun von den westlichsten Küsten Spaniens bis nach Indien? Eine Reise von wenigen Tagen, wenn das Schiff guten Wind hat.«[62] Das sagte auch Kolumbus – und zitierte Seneca. War der Römer also Urheber der Westfahrtpläne des Kolumbus? Sicher nicht, die Bemerkung steht nämlich in der *praefatio* der »Naturales Quaestiones« des Philosophen im Zusammenhang mit einer Betrachtung über die Winzigkeit der Welt und des Menschen. Die Menschen hätten Ähnlichkeit mit Ameisen, die ein Blumenbeet in Provinzen unterteilen würden, die Erde sei winzig, und auch der Atlantik, das scheinbar endlose Meer, sei so klein, daß man in sehr wenigen Tagen bei gutem Wind hinübersegeln könne. Die schnellsten Planeten jedoch würden Jahrzehnte für ihre Bahn brauchen. Seneca hatte mit dieser *praefatio* seine Leser ermahnen wollen, sich die Kleinheit der Welt und die Größe des Alls vor Augen zu führen.[63] Ähnlich argumentierte Plinius, der in seiner »Naturalis Historia« die Erde als bloßen »Punkt« im Kosmos bezeichnete und wenig später ihren Umfang auf umgerechnet über 46000 km schätzte.[64] Senecas Bemerkung über den Atlantik gehört in diesen Zusammenhang und darf auch nicht aus ihm herausgelöst werden. Bestimmt war es nicht die Absicht des Philosophen, hier eine konkrete Segelanweisung zur Überquerung des Atlantik zu geben. Was Seneca damit bildhaft sagen wollte, war: Die Weite des Atlantik ist winzig im Vergleich zu den kosmischen Entfernungen.[65]

Nach alledem ist die Frage nach einer Westfahrt in der Antike eindeutig zu beantworten. Neben dem prinzipiellen Desinteresse an weiten, unerforschten Gebieten war die Strecke schlichtweg zu lang. Selbst wenn der Westweg über den Atlantik nur für gut halb so weit wie der Ostweg nach Indien gehalten wurde, wie etwa von Strabo, war die Strecke noch riesig – viel zu weit, als daß dieses Wagnis leichthin unternommen worden wäre. Der antiken Schifffahrt fehlten für die Atlantikquerung wesentliche nautische und schiffbauliche Voraussetzungen, die erst am Ende des Mittelalters verfügbar waren, vor allem der Kompaß, hochseetaugliche und wendige mehrmastige Segelschiffe sowie, besonders wichtig, die auf praktischer Erfahrung basierenden Kenntnisse der meteorologischen

Die antike Idee der Westfahrt über den Atlantik nach Indien

und windmäßigen Verhältnisse im Atlantik. Eine antike Atlantiküberquerung wäre ein Hasardspiel mit verschwindend kleinen Chancen auf Wiederkehr gewesen. Es ist vielleicht vorgekommen, daß einzelne Schiffe nach Amerika abgetrieben sind und nicht mehr zurückkamen – wie erwähnt landeten Eskimos oder Indianer in Europa; ein Ereignis, das sich im Mittelalter noch zweimal wiederholen sollte. Hier ist die Altamerikanistik gefragt, ob es in den Indianerkulturen ähnliche Berichte von vorkolumbianischen Landungen oder Strandungen europäischer Schiffe gibt. Tatsächlich wird hier schon seit Jahrzehnten intensiv geforscht, ohne daß bislang wirklich zweifelsfrei überzeugende Beweise vorliegen.

Der Verzicht auf die Westfahrt war keine Frage des fehlenden Muts griechischer, römischer und phönizischer Nautiker, seemännische Bravour gab es auch in der Antike. Hier sei erneut an die Entdeckung der küstenfernen Atlantikinseln, Madeiras, der Azoren und Kanaren oder an die Umfahrung Afrikas erinnert. Es gab zwar keinen antiken Kolumbus, wohl aber mehrere Vasco da Gamas.[66] Und es bleibt ein weiteres, wesentliches Faktum festzuhalten: Daß es keinen antiken Kolumbus gab, der die Westfahrt über den Atlantik nach Indien versuchte, lag nicht nur an der großen Weite des unbekannten Meeres oder an der unzureichenden Technik, sondern auch daran, daß es keinen ökonomischen Anreiz für den Versuch gab, anders als im Fall des Kolumbus, den die von Marco Polo beschriebenen Reichtümer Ostasiens lockten. Auch die hellenistischen Kulturen und die Römer interessierten sich sehr für die Luxusgüter Asiens, hatten aber gefahrlosere und erprobtere Wege, um sich diese zu verschaffen: Jährlich fuhren in der frühen Kaiserzeit etwa 120 Schiffe aus dem Roten Meer nach Indien und brachten von dort – gegen Bezahlung in Edelmetallen – Gewürze und Seide mit. Plinius beklagte den Abfluß von 100 Millionen Sesterzen jährlich durch diesen Handel.[67] Als in der Spätantike der Asienfernhandel schließlich zum Erliegen kam, war auch die mediterrane urbane Gesellschaft, deren verfeinerte Bedürfnisse durch asiatische Luxusgüter befriedigt wurden, aufgrund der inneren und äußeren Krise des Römischen Reiches schwer angeschlagen und hatte andere Probleme, als Ersatz für den Indienhandel zu suchen. Außerdem hatten Mönche in der justinianischen Ära – ein frühes Beispiel erfolgreicher »Industriespionage« – die Seidenraupe eingeschmuggelt, so daß sich eine europäische Seidenindustrie, zunächst in Griechenland, etablieren konnte.

Die rechte Zeit für die Westfahrtidee war deshalb erst im späten Mittelalter gekommen, als der inzwischen wiederaufgenommene Ostasienhandel immer nachhaltiger durch das Vordringen der Türken gestört wurde und auch die weiterentwickelte Nautik die Atlantikschiffahrt erleichterte. In der Antike gab es, wie dargestellt, keine konkreten Westfahrtpläne und, wenn überhaupt, nur kurze Vorstöße in den westlichen Atlantik hinein.[68] Kolumbus erinnerte zwar immer wieder an die antiken Autoritäten, neben Seneca ausdrücklich an Aristoteles und Plinius, an Claudius Ptolemäus, Strabo und Marinus von Tyros,[69] aber nur, um seine in Wahrheit feststehenden Ideen zu begründen und zu untermauern. Der Genuese war ein Entdecker *sui generis* und ein Kind seiner Zeit, aber kein verspäteter Vollstrecker antiker Ideen.

Als Fazit möchte ich festhalten: Die hellenistisch-römischen Kulturen des Mittelmeerraums erreichten eine Vernetzung durch ihren Handel mit den Indern, vereinzelt sogar mit den Chinesen, die erst im späten Mittelalter wieder erreicht und erst in der frühen Neuzeit übertroffen wurde. Nach Westen hin traf dies weniger zu. Der Atlantik war – in der Optik der griechisch-römischen Kultur – bloßer Fortsatz und Randmeer des Mittelmeers. Im Süden blieben Marokko und im Norden Britannien und Germanien die Grenzen des bekannten Kosmos, auch wenn diese bisweilen von einzelnen Forschungsreisenden und sicher oft vom lokalen Handel, etwa zwischen Britannien und Skandinavien oder zwischen Nord- und Schwarzafrika, überschritten wurden. Nach Westen hin war der Atlantik in der Antike aber eine hermetische Grenze und tatsächlich das Ende der Welt.

Das Zeitalter der Wikinger

∽∽∽

Die Wikinger »entdecken« Europa

Der nächste ganz große Schritt in der Ausweitung der europäischen Kenntnisse vom Atlantik ging von Skandinavien aus. In der klassischen Antike war das, was wir heute als Nordeuropa bezeichnen, nicht wirklich in den europäischen Kosmos eingebunden. Zwar gab es schon seit dem zweiten vorchristlichen Jahrtausend Handelsbeziehungen der Skandinavier zu den umliegenden europäischen Regionen, nach Germanien und Britannien, aber reguläre Beziehungen in den Norden, etwa seitens der Römer, fehlten. Die Flottenoperationen der augusteischen Zeit bis zum Skagerrak waren Episode geblieben. Die antike Welt wußte zwar durch Pytheas von »Thule«, aber doch kaum mehr, als daß dieses, wie Seneca sagte, »das letzte der Länder« sei. Auch die Vorstellungen von den Polarregionen, von dem gefrorenen Meer, waren rudimentär und ungenau. Die Grenze der Bewohnbarkeit wurde im allgemeinen viel zu weit südlich angesetzt. In der antiken Kartographie wurde Skandinavien für eine Insel gehalten; so bezeichnete beispielsweise der ältere Plinius das südliche Schweden als »Scatinavia«. Der ungefähre Verlauf der südlichen Ostseeküste war vage bekannt; sie galt bei Ptolemäus gleichzeitig auch als Nordgrenze des Kontinents. Die äußerst geringen Kenntnisse des Ostseeraums spiegeln sich in der »Germania« des Tacitus wieder; auch er glaubte, daß der Ozean Germanien nach Norden hin abschließe, daß Skandinavien eine Insel sei und dahinter nur noch ein träges Meer liege, das den Erdkreis abrunde. Der Beweis dafür schien ihm, daß die Sonne dort nicht wirklich untergehe. Tacitus schloß daraus: »Nur bis dahin geht – und das darf man glauben – die Welt.«[70]

Nach dem Zusammenbruch des Weströmischen Reiches nahmen die geographischen Kenntnisse über den Norden eher ab, auch wenn Skandinavien als Ausgangspunkt vieler germanischer Völkerbewegungen beispielsweise von dem ostgotischen Chronisten Jordanes im 6. Jahrhundert als »vagina nationum« bezeichnet wurde. Noch der Biograph Karls des Großen, Einhard, hatte nur ungenaue Vorstellungen von der Ostsee und bezeichnete sie als »einen Meerbusen von unbekannter Ausdehnung«, der sich vom westlichen Ozean gegen Osten erstrecke, mit einer Breite, die nirgends über 100000 Schritte hinausgehe und an vielen Stellen noch geringer sei.[71]

Aus diesem Halbdunkel wurden Skandinavien und der Ostseeraum in den nächsten 200 Jahren herausgerissen. Allerdings waren es nicht die Mittelmeervölker, die Skandinavien entdeckten; vielmehr entdeckten die Skandinavier Europa, und das auf eine äußerst brutale Art. Und der Atlantik war das Meer, über das sie die Verbindung herstellten.

Die Ursachen der großen skandinavischen maritimen Wanderbewegung waren vielfältig. Schon im Frühmittelalter wurde behauptet, die Überbevölkerung in Skandinavien und eine Verschlechterung des Klimas hätten die Wanderung ausgelöst, aber das trifft die Realität nur zum Teil. Nur in bestimmten norwegischen Regionen sind eindeutige Anzeichen für Überbevölkerung gefunden worden.

An der maritimen Expansion nahmen die drei nordischen Völker, die Dänen, Norweger und Schweden, teil, die sich zwar zusammengehörig fühlten, aber sich damals auch schon als unterschiedlich sahen. Norweger und Dänen wurden vor allem im Westen, im Atlantik und an seinen Küsten aktiv, während sich die Schweden dem Ostseeraum und dem russischen Raum zuwandten. Die Bezeichnung »Wikinger« galt für alle drei Völker. Aber was bedeutet der Name? »Wikinger« ist ein altnordischer Ausdruck und wurde von den Skandinaviern selbst verwendet; die Herkunft ist jedoch unklar. Vielleicht kommt das Wort von »vig« = Kampf« oder von »vígja« = »einen Abstecher machen«. Das Wort »Wikinger« hieß jedenfalls soviel wie »Seekrieger auf langer Fahrt, Pirat«. Und dies trifft den Kern der Sache: Die Wikinger waren Händler und Räuber.[72]

Die Hauptursache der Wikingerzüge lag in einem Wohlstandsgefälle, denn das karolingische Europa und der Mittelmeerraum waren viel wohlhabender als Skandinavien. Das damalige Europa war für die Skandinavier wie ein gut ausgestatteter Selbstbedienungsladen, in dem sie sich holen konnten, was ihnen gefiel, ohne auf effektive Gegenwehr zu stoßen. Und es lag durchaus in der Mentalität der bis um die Jahrtausendwende noch heidnischen Skandinavier, dieses Gefälle bedenkenlos für sich auszunutzen. Die Wikinger waren ungeheuer zäh und anspruchslos; ihre soldatische Tüchtigkeit, ihr Mut und Stolz, ihre Verachtung für weniger starke und kampfwillige Völker waren ebenso ausgeprägt wie ihre Gier und Grausamkeit. Christliche wie arabische Quellen berichten angewidert von der Brutalität und Unzivilisiertheit der heidnischen Wikinger. Die jährlichen Plünderungsfahrten wurden ihnen schnell zur gesellschaftlich akzeptierten Gewohnheit. Und für Männer – das Mindestalter lag bei zwölf Jahren – nahmen diese Fahrten den Charakter eines Initiationsritus an.

Doch waren die Wikingerfahrten nicht ausschließlich Plünderungsfahrten, vielmehr dürfte meist sogar Handel das primäre Motiv gewesen sein. In der Forschung ist umstritten, ob bei diesen Fahrten mehr gehandelt oder mehr geplündert wurde. Nach manchen Schätzungen waren nur fünf Prozent reine Raubzüge, der überwältigende Rest aber Handelsfahrten. Doch bei der gewaltigen Spannbreite der Wikingerzüge vom Nordkap bis Marokko, von Neufundland bis zum Kaspischen Meer ist es fraglich, ob diese Schätzung richtig ist und ob nicht vielmehr die meisten Fahrten beiden Zwecken dienten. Organisierte jahrelange

*Das Osebergschiff im Wikingermuseum auf Bygdøy/Oslo.
Gebaut 815, entdeckt 1904 in einem Grabhügel in
Vestfold/Norwegen*

Plünderungsfahrten mit Dutzenden, manchmal sogar Hunderten von Schiffen und Tausenden von Teilnehmern waren auf dem Höhepunkt der Wikingerzeit im 9. und 10. Jahrhundert nicht selten.[73]

Daß die Wikinger zu den Entdeckern wie zur Geißel Europas werden konnten, lag an ihrer militärischen Überlegenheit: Ihre Langboote, die berühmten Wikingerschiffe, waren zwar nicht gedeckt und für Hochseeschiffe recht klein und äußerst unkomfortabel, dafür aber schnell. Man hat eine Durchschnittsgeschwindigkeit von 3,5 bis 4 kn errechnet,[74] aber bei gutem Wind konnten sie auch 10 kn erreichen. Über die Wikingerschiffe sind wir gut informiert, da sie in Skandinavien und England Fürsten als Grabbeigabe mitgegeben wurden und eine Reihe von ihnen ausgegraben und wiederhergestellt ist. Wie sahen diese Schiffe aus?

Die Wikinger »entdecken« Europa

Ein Wikingerschiff in voller Fahrt, um 1000

Das 1903 ausgegrabene Oseberg-Schiff war ein reines Kriegsschiff. Es hatte eine Länge von 21,50 m und eine Breite von 5,10 m, die Tragkraft betrug ca. 11 Tonnen. Die Besatzung dieses Schiffes bestand aus 35 Mann;[75] diese Zahl – 30 bis 35 Mann – nennen auch die schriftlichen Quellen oft als Besatzungsgröße. Das Oseberg-Schiff war relativ schmal, das Verhältnis von Länge zu Breite betrug 4,2:1. Ein anderes, ähnliches Schiff hatte bei ähnlichen Abmessungen – einer Länge von 23 m, einer Breite von 5,20 m und einem Gewicht von 32 t einen Tiefgang von 0,85 m; der Freibord[76] betrug 1,15 m. An Bord waren 16 Ruderpaare und die Vorrichtungen für 64 Schilde.[77] Andere Kriegsschiffe hatten sogar ein Länge-Breite-Verhältnis von 7:1; das heißt, sie waren sehr lang und schmal, was der Geschwindigkeit zugutekam. Die größten bekannten Wikingerschiffe hatten Platz für 120 Ruderer, die größte ihrer Flotten umfaßte 250 Schiffe.[78]

Der Ruderantrieb war bei diesen Schiffen – so behauptet die Forschung – der primäre Antrieb, das Segel die Ergänzung. Die reinen Handelsschiffe waren hingegen bauchiger, da es bei ihnen weniger auf Geschwindigkeit als auf Zuladung ankam, die bei den Kriegsschiffen nicht sehr groß war. Die Wikingerschiffe segelten bei Tag; sie hatten keine Feuerstelle, und sie übernachteten in Buchten; deshalb wird der Name »Wikinger« gelegentlich auch auf »vik« = »Bucht« zurückgeführt. Bei den Schiffen, die den offenen Atlantik befuhren, galt dies natürlich nicht; hier wird das Segel auch mehr als nur eine unterstützende Rolle gespielt haben. Es ist im übrigen bezeichnend, daß die Wikingerfahrten erst zu dem Zeitpunkt ihre – aus heutiger Sicht – historische Bedeutsamkeit bekamen, als die bisher nur durch Ruderkraft angetriebenen Boote ein Segel erhielten; das geschah im 5./6., in Nordskandinavien sogar erst im 7. Jahrhundert.[79] Erst dann wurden die Boote langstreckentauglich. Sie waren Kielschiffe und wurden aus sich überlappenden Planken zusammengesetzt. Eines ihrer Charakteristika war der geringe Tiefgang; das machte sie nicht nur überaus schnell, es befähigte sie auch dazu, in Flüsse einzulaufen und diese hinaufzurudern, was ihnen ihre Überfälle sehr erleichterte. Manche dieser Schiffe wurden sehr lange eingesetzt. So läßt sich etwa der Lebenslauf eines Schiffes über fast 20 Jahre und drei Vinlandfahrten hindurch in den Quellen nachvollziehen.

Die Wikinger waren hervorragende Seeleute. Die Quellen zeigen, daß sie im Unterschied zu vielen antiken Seefahrern keine Furcht vor dem Weltmeer hatten. Dabei waren die Schiffsverluste auch bei ihnen hoch, und manchmal kam über ein Drittel der Schiffe nicht am Zielort an. Isländische Chroniken zeugen davon, daß die gelehrten Normannen, in diesem Punkt an der antiken Überlieferung festhaltend, an die Kugelgestalt der Erde glaubten.[80] Die Angstvorstellung von einem Weltstrudel (*ginnungagap*), in dem sie den Ursprung der Wasserbewegungen, der Strömungen und der Gezeiten sahen und der wegen der dortigen Eisdrift gelegentlich in der Gegend von Grönland vermutet wurde, minderte nur selten ihren Tatendrang.[81] Ein großer Unterschied zu späteren Entdeckungsfahrten war, daß die Wikinger Frauen mit auf lange Fahrten nahmen. Jedoch scheint das Klima an Bord dadurch nicht besser geworden zu sein. Immerhin berichten manche Quellen von Streit zwischen den verheirateten und den unverheirateten Männern um die wenigen Frauen. Auch waren diese bisweilen aktiv in Gewalttätigkeiten verstrickt. So ließ die streitsüchtige Freydis, eine Tochter Eriks des Roten, sogar eine ganze Schiffsbesatzung töten, um sich in den Besitz ihres Schiffes zu setzen. Fünf dazugehörige Frauen brachte sie, da ihre Männer sich weigerten, sogar eigenhändig um.

Schon untereinander waren die Normannen gewalttätig, aber noch mehr gegen andere. Von Skandinavien gingen maritime Überfälle schon im 6. Jahrhundert aus, wahrscheinlich sogar noch früher.[82] Der Anfang des eigentlichen Zeitalters der Wikinger wird jedoch mit der norwegischen Plünderung der englischen Abtei Lindisfarne am 8. Juni 793 angesetzt. Trotz aller vorangegangenen Überfälle wirkte erst dieser wie ein Fanal, das in den Augen der Zeitgenossen ein gelegentliches Übel in eine allgegenwärtige Gefahr verwandelte, der man hilflos ausgeliefert war. Die Wikinger wurden zur Geißel, die Europa mit Unterbrechungen bis in die Mitte des 11. Jahrhunderts hinein heimsuchte. Vorrangig betroffen waren England, Irland, Friesland und das Westfrankenreich, aber auch der Mittelmeerraum und Nordafrika blieben von den Plünderungsfahrten nicht verschont. Ab 790 überfielen die Wikinger Großbritannien und das Frankenreich. In der Regierungszeit Ludwigs des Frommen nahmen ihre Raubzüge einen regelmäßigen Charakter an: Sie kamen im Frühjahr und fuhren im Herbst wieder nach Hause. Das Frankenreich war dieser Bedrohung nicht gewachsen. Es hatte keine Flotte und konnte sich gegen die wie aus dem Nichts auftauchenden Wikinger nicht wehren. Ein Großteil der Wirren der späten Karolingerzeit war auf die normannische Bedrohung zurückzuführen. Zuerst waren nur die Küsten bedroht, dann landeten die Wikinger in großen Unternehmungen ganze Heere, die tief ins Landesinnere hinein vorstießen. Paris mußte zweimal von den normannischen Belagerern freigekauft werden, um der Plünderung zu entgehen. Olaf Tryggvasson erpreßte 991 in Britannien das »Danegeld« (»*Danae-*

gaeld«), mit dem sich die Engländer von der dänischen Drohung freikaufen mußten.

Unter den Raubzügen litten die Bevölkerung, die manchmal in die Sklaverei verschleppt wurde, aber auch Kirchen und Klöster, die wegen ihrer Kunstgegenstände für die Normannen besonders interessant waren. In einem weiteren Schritt kam es zur normannischen Landnahme; dabei wirkten die Herrscher der bedrohten Gebiete oftmals mit, indem sie den Wikingern Land übergaben. Die spektakulärste dieser Aktionen war die Belehnung des Normannen Rollo durch Karl den Einfältigen mit der (deshalb so genannten) Normandie im Jahre 903. Die Normannen besiedelten aber nicht nur die Bretagne, sondern auch Sizilien, England und Irland, sie ließen sich in Polen und Rußland nieder, sie kämpften in Byzanz und gegen die Araber. Plünderungsfahrten führten die Nordmänner nach Portugal, Spanien, Nordafrika und in den Mittelmeerraum; auch durch Osteuropa unternahmen sie Streifzüge (Waräger). Im Jahre 862 wurden die »Rus«, schwedische Wikinger, für fast 200 Jahre zu Herren Rußlands.[83] Die größte und einheitlichste politische Macht übten die Wikinger unter Knut dem Großen (1016–35) aus; sein Reich umfaßte Dänemark, England und Norwegen.

Charakteristisch für die eigentliche Zeit der Wikingerfahrten waren die hohe Mobilität, die Abenteuer- und Streitlust, die Mischung aus Piraterie und Kommerz. Die wesentliche langfristige Wirkung der normannischen Invasion war, daß die Skandinavier, wenn auch auf blutrünstige, brutale Weise, an Europa herangeführt und dann, nachdem sie das Christentum übernommen hatten, zu einem Teil desselben wurden. Das Zusammenwachsen der Mittelmeerkulturen und des nordeuropäischen Raums war ein wesentlicher Schritt hin zu dem Europa, wie wir es heute verstehen. Daraufhin weitete sich der mittelalterliche Handel – hier wären die Hanse zu erwähnen, aber auch die italienischen Seerepubliken – ganz selbstverständlich auf drei europäische Nebenmeere des Atlantik aus, nicht nur das Mittelmeer, sondern auch die Nord- und Ostsee und schließlich auch auf den westlichen Atlantik vom Nordkap bis Marokko.

Noch in einer anderen Hinsicht war das Auftauchen der Wikinger für die Europäer eine denkwürdige Erfahrung: Sie erlebten damals am eigenen Leib, was ihre Nachkommen in den folgenden Jahrhunderten immer wieder anderen Erdteilen aufzwangen: Scheinbar aus dem Nichts kamen militärisch überlegene Eindringlinge mit Schiffen, trieben Handel, raubten, mordeten und versklavten, schließlich aber siedelten und kolonisierten sie. Der Atlantik war das Meer, über das die Normannen kamen, um die Länder Europas heimzusuchen.

Die Normannen in Island, Grönland und Nordamerika

Die historische Bedeutung der Wikinger beschränkte sich jedoch nicht auf die Integration Skandinaviens in Europa und auf die Öffnung der europäischen Perspektive auf den Nordatlantik. Sie holten auch nach Westen aus und entdeckten den bislang unbekannten nordwestatlantischen Raum – bis hin nach Grönland und Nordamerika.

Den Verlauf der normannischen Entdeckungen darf man sich als eine Kettenreaktion vorstellen. Normannische Schiffe stachen in See, hatten andere Ziele, drifteten nach Westen ab, sichteten Land, das dann, meist von späteren Expeditionen, gezielt angefahren, erforscht und besiedelt und schließlich der Ausgangspunkt für neue, zunächst ähnlich zufällig ablaufende Entdeckungsfahrten wurde. Auch die Wikinger steuerten nicht auf Verdacht in die Weiten des Atlantik hinein, sondern verbanden sehr präzise Absichten mit ihren Westfahrten.

Deshalb waren die ersten normannischen Entdeckungen die Nordsee- und Nordatlantikinseln, die Orkneys, die Hebriden, die Shetlands und die Faröer. Hier verdrängten sie irische Einsiedler, christliche Mönche, die aus religiösen Gründen die Einsamkeit abgelegener Inseln gesucht hatten.[84] Um das Jahr 860 entdeckten die Wikinger Island; auch hier vertrieben sie friedliche irische Mönche, die – wie die Quellen berichten – in ihrer panischen

Flucht vor den rauhen heidnischen Gesellen sogar ihre liturgischen Geräte und Bücher zurückließen.[85] Der Norweger Gardar Svavarsson umfuhr als erster im Jahre 860 die Insel; sie wurde zehn Jahre später von Floki Vilgerdarson wegen des melancholischen Anblicks ihrer zugefrorenen Nordküste »Eisland« getauft. Die isländischen Quellen, vor allem das »Landnamaōk«, berichten sehr gut über die Etappen der Besiedlung. Der erste wirkliche »Landnehmer« war Ingolfr Arnarson, der 874 bei Rejkjavik, der »Rauch-« oder »Nebelbucht«, siedelte. Die Einwanderer kamen aus Norwegen, ein Achtel aus Britannien; allerdings kamen von dort auch Norweger, die aber irisch-keltische Frauen mitbrachten oder ihrerseits Söhne von Irinnen waren. Schätzungen gehen von 20000 bis 70000 Einwanderern aus. Ein wesentlicher Grund für diese hohe Zahl von Siedlern war, daß sie der erstarkenden staatlichen Ordnung Norwegens, also unter anderem auch der Steuerpflicht, entkommen und sich auf Island ihre angestammte Freiheit erhalten wollten. Die Einwanderer durften sich auf der unbewohnten Insel großen Grundbesitz sichern, und zwar so viel, wie ein Mann an einem Tag umwandern konnte. Die Siedlungsstruktur bestand aus Einzelgehöften, nicht aus Dörfern. Anfängliche Versuche, Getreide anzubauen, wurden rasch aufgegeben, und die Landwirtschaft beschränkte sich auf Viehzucht. Auch wurde der vorhandene Wald bald gerodet, so daß Island von da an auf Holzeinfuhren angewiesen war. Um 1000 wurde Island auf Betreiben des norwegischen Königs und durch Schiedsspruch christlich. Auch in den folgenden Jahrhunderten blieben die kulturellen, wirtschaftlichen und persönlichen Verbindungen nach Norwegen sehr eng, aber erst im 13. Jahrhundert wurde Island Teil des norwegischen Staates.

Die Besiedlung Islands war der Ausgangspunkt für eine weitere normannische Expansion Richtung Westen – nach Grönland. Erik der Rote entdeckte 981[85] Grönland und besiedelte es drei Jahre später. Doch spätestens hier stellt sich die Frage nach dem Sinn dieser Expansion. Was hatte Erik ausgerechnet in das unwirtliche Grönland geführt? Früher spekulierten die Historiker darüber, ob das Klima um das Jahr 1000 dort milder gewesen sei.

Doch heute geht man davon aus, daß es keine großen Unterschiede zu den heutigen Verhältnissen gab. Grönland bot gute Weide- und Jagdgründe, reichhaltiges sibirisches Treibholz, großen Fischreichtum und den Reiz der Walroßjagd; die Zähne der Walrösser lieferten das begehrte Elfenbein. Außerdem gab es keine Probleme mit Einheimischen, da Grönland unbesiedelt war. Zwar fanden die ersten Siedler dort Spuren menschlicher Besiedlung, darunter Bootsreste und Steingeräte; doch das Land war menschenleer.[87] Die Eskimos sollten erst im 14. Jahrhundert nach Grönland zurückkehren.

Doch der wahre Grund für die Auswanderung nach Grönland war nicht in der Schönheit und Fruchtbarkeit des neuentdeckten Landes zu finden. Die Quellen berichten, daß die Streitsucht und Gewalttätigkeit Eriks, verbunden mit altgermanischer Freiheitsliebe, die Hauptursache seiner Expedition war. Eriks Lebenslauf liest sich wie ein Fahndungsblatt der Polizei: Er stammte eigentlich aus Norwegen; von dort war er in die Verbannung gegangen, weil sein Vater in einen Totschlag verwickelt worden war. In Island geriet Erik mit seinen Nachbarn in einen Streit, der in mehreren Totschlägen gipfelte; er wurde daraufhin für drei Jahre verbannt. Doch wohin sollte er gehen? Zurück nach Norwegen konnte er nicht, in Island bleiben konnte er auch nicht; die Ereignisse hatten gezeigt, daß er nicht fähig war, sich irgendwo reibungslos einzuordnen. Erik der Rote suchte deshalb eine eigene Herrschaft. Doch wo? Alte Isländer erzählten, daß ein gewisser Gunnbjörn kurz nach der Entdeckung Islands die Insel umfahren und »im Westmeer einen Gletscher« gesehen sowie die nach ihm benannten »Gunnbjörn-Schären« gefunden habe.[87] Das war etwa um 870 gewesen und lag somit gute 90 Jahre zurück. Diese Nachricht veranlaßte Erik den Roten, in westlicher Richtung nach neuem Land zu suchen – und er fand es. Drei Jahre befuhr er die neuentdeckten Küsten auf der Suche nach einem geeigneten Siedlungsplatz. Offenbar fand er das Ergebnis wenig zufriedenstellend, da das Land doch sehr karg war. Um trotzdem Leute zu finden, die mit ihm dort leben wollten, erfand er die Legende vom grünen Land. Tatsächlich ist, wie die Quellen berichten, die

Benennung Grönlands eine Art PR-Gag. Im »Landnamabók« steht: »In jenem Sommer fuhr Erik aus, um das Land zu besiedeln, das er gefunden hatte und das er Grönland nannte, weil er sagte, es würde sehr anlocken, wenn das Land schön benannt würde...« Auch in einer anderen, einer isländischen Quelle steht es ähnlich: »Er gab dem Lande einen Namen und nannte es Grünland, indem er meinte, es würde die Leute locken, dorthin zu ziehen, wenn das Land einen schönen Namen hätte.«[89] Das wiederum bedeutet, daß Erik der Rote wohl wußte, daß dieses neue Land nicht gerade ein Paradies war. Ackerbau war nicht möglich, aber immerhin gab es Weidegründe und Jagdmöglichkeiten; auch wird es, vor der Ankunft der Wikinger, in Grönland vielleicht Birken und andere, meist kümmerliche Bäume gegeben haben. Auf jeden Fall war Eriks Strategie erfolgreich: Etwa 500 Männer und Frauen schifften sich, wahrscheinlich mit Vieh und Ausrüstung, ein, um ihm nach Grönland zu folgen. Doch schon die Hinreise gestaltete sich verlustreich: Von 24 Schiffen kamen nur 14 an, die anderen scheiterten oder kehrten um.

Eigentlich ist das Erstaunlichste an der Geschichte Grönlands, daß die Ansiedlung einen dauernden Erfolg hatte: Die Einwanderer blieben, und bis ins 11. Jahrhundert hinein kam aus Norwegen und Island noch mehr Zuzug. In den Siedlungen Estribygd (soviel wie: Ostsiedlung) und Vestribygd (Westsiedlung) wohnten in der Blütezeit der Kolonie 3000 bis 5000 Menschen. Seit 1126 gab es sogar ein eigenes Bistum, nämlich in Gardar, das dem Erzbistum Trondheim unterstellt war.

Doch starben die normannischen Kolonien in Grönland gegen Ende des Mittelalters oder in der frühen Neuzeit aus. Der Bischofssitz war seit 1377 verwaist. Zwar wurden noch viele Geistliche zum Bischof von Grönland ernannt, sie traten aber ihre Stellung nicht mehr an und begnügten sich mit dem ehrenden Titel und ihrem bisherigen Amt, etwa als Pfarrer in Witzenhausen oder Köslin.[90] Die Grönländer hatten sich 1261 freiwillig dem norwegischen König unterstellt; im Gegenzug versprach er ihnen, jährlich zwei Schiffe nach Grönland zu schicken. Der Handel mit Grönland wurde von der Krone 1294 monopolisiert;[91] wer mit

Grönland Handel treiben wollte, mußte in Bergen, dem Grönlandhafen, eine hohe Gebühr zahlen. Ein Hauptausfuhrartikel Grönlands war das Elfenbein der Walroßzähne. Bis zum Ende des 15. Jahrhunderts fuhr tatsächlich, wenn auch in immer länger werdenden Abständen, ein Schiff von Dänemark nach Grönland, die »Knarre«, und tauschte dort Eisen und Getreide gegen Walroß- und Narwalzähne. Dann blieben diese Fahrten aus.[92] Aus dem Fernbleiben der »Knarre« hat die Geschichtsschreibung früher darauf geschlossen, daß die Grönlandsiedlung zu diesem Zeitpunkt ausgestorben war – jedoch zu Unrecht. Wahrscheinlich hatten sich englische und hansische Händler in dieses bisher vom dänischen Staat monopolisierte Geschäft hineingedrängt und den Grönlandhandel übernommen. Verbindungen zu Europa blieben erhalten und sind schon deshalb sicher belegt, weil in normannischen Gräbern auf Grönland viele gut erhaltene Bekleidungsstücke gefunden wurden, die der europäischen Mode des späten 15. Jahrhunderts entsprachen.

Was aber war dann der Grund für den Niedergang der Ansiedlungen auf Grönland? Es gab und gibt zu dieser Frage sehr unterschiedliche Antworten. Eine Erklärung sieht die Ursache in einer Klimaverschlechterung am Ende des Mittelalters, verbunden mit der Erschöpfung und Versandung des Landes als Folge der Besiedlung. Naturkatastrophen sind als Erklärung ebenfalls nicht auszuschließen; ein Teil des Siedlungslandes liegt heute unter Wasser, ohne daß man weiß, was zu dieser Absenkung geführt und wann sie stattgefunden hat. Eine andere, überzeugendere Erklärungslinie führt an, daß die Produkte des Landes, nämlich Elfenbein und Pelze, nicht mehr gefragt waren. Denn Elfenbein wurde aus Afrika bezogen, und Pelze wurden durch die Hanse aus Rußland (Hanse, Nowgorod) importiert. Die Erklärung wäre demnach, daß die Kolonien allmählich ihre ökonomische Grundlage verloren hatten, der Handel stagnierte und die Grönländer nicht mehr die lebensnotwendigen Nahrungsmittel eintauschen konnten. Die Einwohner begannen mit einer langsamen, allmählichen Rückwanderung, und Grönland geriet in Vergessenheit. Hinzu kam, daß Eskimos, die sich schon vor den Wikingern sporadisch in Grönland aufgehalten hatten, nach Grönland zurückkehrten; vielleicht gab es auch Konflikte zwischen den Volksgruppen. Andere Forscher vermuten, daß Überfälle europäischer, vor allem englischer Piraten im 15. Jahrhundert die Kolonie vernichtet hätten.

In der ersten Hälfte des 20. Jahrhunderts gab es noch eine andere, sehr populäre Theorie, die von der Annahme ausging, die Normannen auf Grönland seien wegen Degenerations- und Entartungserscheinungen ausgestorben. Skelettfunde auf grönländischen Friedhöfen hatten ergeben, daß die Menschen auf Grönland sehr klein waren, die Männer nur 160 bis 162 cm groß, die Frauen 140 bis 145 cm. Die Hälfte der Toten sei nicht einmal 30 Jahre alt geworden. An den Skeletten fielen kleine Schädel und bei den Frauen verkrümmte, geburtsunfähige Becken auf. Die letzten Grönländer waren – so lautete der Befund des untersuchenden Mediziners, Fr.C.C. Hansen, und der seiner Interpretation folgenden Historiker, wie etwa Joachim Blüthgen – mißgestaltete, lebensunfähige Zwerge.[93] Die Ursache dieser gefährlichen Degeneration sah die Forschung in der schlechten einseitigen Ernährung, in Vitaminmangel, verbunden mit inzestuösen Fehlentwicklungen, und minderwertigen Jagdwaffen, da Eisen fehlte. Neuere Forschungen mit breiter angelegten Grabungen haben jedoch bewiesen, daß die auf den Friedhöfen gefundenen Skelette in ihrer Mehrheit ganz normal aussahen. Alternativ wurde erwogen, ob andere Mangelkrankheiten und Vitaminmangel, vielleicht auch Tuberkulose auf weniger spektakuläre Weise die Kolonie dezimiert haben könnten; auch eine Pockenepidemie wird als Grund erwogen. Schließlich wird vermutet, daß die Grönländer wegen einer Klimaverschlechterung nach Amerika ausgewandert seien, wo sie sich mit Indianer- und Eskimostämmen vermischt und ein neues Volk ausgesprochen europäisch wirkender, blonder und helläugiger Eskimos begründet hätten.[94]

Wann die grönländische Kolonie definitiv ausgestorben ist, bleibt unklar; einiges spricht dafür, daß es zu Beginn der Neuzeit, Ende des 15. bis Anfang des 16. Jahrhunderts, geschehen ist. Tatsächlich könnten alle oder viele der genannten Faktoren in Kom-

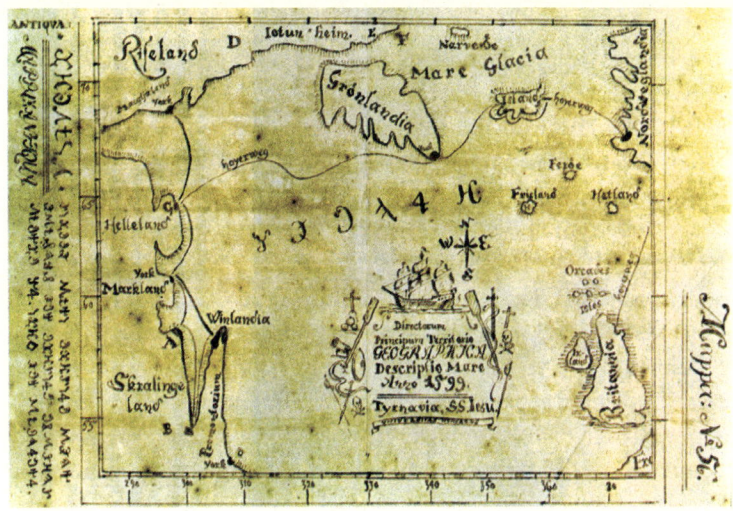

Karte über die normannischen Vinlandfahrten

bination zum Untergang der schließlich nicht sehr großen Ansiedlungen beigetragen haben. Außerdem war die Kolonie so klein, daß die spätmittelalterlichen Pestepidemien oder die Pocken einen letztlich nicht wiedergutzumachenden Aderlaß zur Folge gehabt haben könnten.

Grönland war im geographischen Bewußtsein der nordeuropäischen Völker präsent, ohne ausgesprochen sensationell zu wirken; dafür bot das Land nicht genug. Eine Entdeckung jedoch, die von Grönland aus gemacht wurde, war bis in die Gegenwart hinein Gegenstand großen öffentlichen Interesses und erbitterter wissenschaftlicher Kontroversen. Es geht um die Fahrten der grönländischen Wikinger nach »Vinland« und die genaue Lokalisierung dieses »Vinlands« auf dem Territorium des heutigen Kanada, wahrscheinlich in Neufundland. Allgemeines Interesse finden diese Fahrten deshalb, weil es hier um den Entdeckerruhm geht: Wer hat Amerika entdeckt, Kolumbus oder die Wikinger? Wo auch immer »Vinland« lag, eines ist unbestritten: Die Wikinger waren in Amerika. Ebenso unbestritten ist jedoch auch, daß ihre Entdeckungen keine weitreichenden Folgen hatten.

Doch zunächst soll erzählt werden, was die Quellen hergeben. Diese enthalten, was die Interpretation nicht einfacher macht, in vielen Details voneinander abweichende Angaben. Die nordische Überlieferung umfaßt mehrere in ihrem Charakter unterschiedliche Quellen. Sie besteht erstens aus der sachlichen Geschichtserzählung, dem *bók*; dann aus den *sagas,* die eine Familienchronik oder eine Art Biographie einer herausragenden Einzelperson zum Inhalt haben. Die *sagas* schildern zwar tatsächliche historische Begebenheiten, aber subjektiv und literarisch geprägt, und lassen beispielsweise das weg, was nicht unbedingt zum Leben des Helden oder der Familie gehört; manchmal integrieren sie auch die Taten anderer in ihre eigene Darstellung, ohne diese zu nennen. Experten vergleichen diese *sagas* noch am ehesten mit dem heutigen historischen Roman. Isländische und grönländische *sagas* sind nun die wichtigsten Quellen, die uns über die Vinlandfahrten unterrichten. Das erklärt auch die sachlichen Unterschiede: In den isländischen *sagas* wird nicht oder nur am Rande erwähnt, was in den grönländischen *sagas* steht, da dies das Leben ihrer eigenen Helden nur am Rande betrifft, und umgekehrt. Gelegentlich kommt es auch zur eindeutig falschen Zuordnung von Entdeckerleistungen. Die *sagas* mit ihrer spezifisch isländischen oder grönländischen Sicht sind die Hauptquelle für die Vinlandfahrten, und im folgenden sollen die – in vielen Fällen nicht auf einen gemeinsamen Nenner zu bringenden – Quellen so wiedergegeben werden, wie es in der Forschung für plausibel gehalten wird.[95]

Nach Aussage dieser Quellen war der erste Wikinger, der das amerikanische Festland sah, ein gewisser Bjarni Herjolffson, der im Sommer 986 von Island zu seinem Vater nach Grönland segeln wollte. Die Fahrt war riskant, da der Sommer so gut wie zu Ende war und Bjarni noch nie zuvor in Grönland gewesen war. Bjarni hatte zwar Beschreibungen und Segelanweisungen, wie er dorthin gelangen konnte, und doch scheint ihm nicht ganz wohl in seiner Haut gewesen zu sein. Er sagte zu seiner Mannschaft: »Unweise wird unsre Fahrt alle dünken, da keiner von uns im grönländischen Meer gewesen ist.« Doch waren seine Leute einverstanden, und so stachen sie in See. Nach drei Tagen verloren sie die isländischen Gipfel außer Sicht. Am vierten Tag ging der Wind auf Nord, und Nebel kam auf – eine häufige Erscheinung in diesen Gewässern, die in dem Temperaturunterschied von Wasser und Luft ihre Erklärung findet. Sie trieben nach Südwesten ab, und zwar, so steht es in der Quelle, »viele Tage« lang. Sie verloren vollständig die Orientierung – ein weiterer Beweis dafür, daß die Wikinger noch keinen Kompaß kannten.[96] Als sie die Sonne wieder sahen, hißten sie die Segel und sahen nach einem weiteren Tag ihrer Fahrt endlich Land.

Bjarni sagte jedoch sofort, daß dieses Land überhaupt nicht aussehe wie beschrieben und also nicht Grönland sein könne. Er untersagte die Landung, befahl aber, näher an die Küste heranzufahren. Sie war flach und mit Wald bewachsen. Sie ließen, so heißt es in der Quelle, das Land backbords liegen und kehrten ihm das Heck – segelten also nordwärts. Nach zwei Tagen sahen sie erneut Land. Doch erneut erklärte Bjarni, daß das nicht Grönland sein könne; »denn in Grönland, sagt man, sind große Gletscher«. Das Land war wiederum flach und waldbestanden. Die Besatzung wollte landen, um Holz und Trinkwasser an Bord zu nehmen, doch Bjarni untersagte es erneut. Sie segelten weitere drei Tage nach Nordost und sahen wieder Land. Das Land war hoch und mit Bergen und Gletschern bedeckt. Bjarni wollte auch hier nicht landen, »denn dieses Land scheint mir unvorteilhaft zu sein«. Nach vier Tagen sahen sie schließlich eine Küste, die Bjarni mit Hoffnung erfüllte: »Dies Land gleicht dem, was mir von Grönland berichtet worden ist. Hier wollen wir landen.« Und tatsächlich legten sie bei einer Landzunge an, in deren Nähe Herjulf, der Vater Bjarnis, lebte.

Das Verhalten von Bjarni und seine Weigerung, an den neuentdeckten Küsten zu landen und sie näher zu untersuchen, wurde in der Literatur als »mangelnde Entdeckerfreude« getadelt. Die Quellen berichten auch, daß sich seine Umgebung, der er von den Ländern erzählte, über seinen geringen Entdeckerelan lustig gemacht und ihn spöttisch gefragt habe, warum er denn nicht gelandet und ob er denn gar nicht neugierig gewesen sei. Doch war Bjarnis Handlungsweise gut verständlich, weil die Landung an unbekannten Küsten immer ein gewisses Risiko darstellt und zeitaufwendig ist. Und Zeit hatte Bjarni nicht; er wollte noch vor dem Einsetzen der Herbststürme Grönland erreichen und nicht irgendwo an unbekannten Küsten den Winter verbringen müssen.

Bjarni war Seemann und nur zufällig Entdecker geworden. Aber seine Zuhörer empfanden seine Nachrichten von dem unbekannten Land im Westen als sensationell. Wo war er gewesen? Diese Frage wird bis heute in der historischen Literatur eifrig diskutiert. Wahrscheinlich wurde er in der Dänemarkstraße zwischen Island und Grönland vom Nebel überrascht. Dann trieb er ab; die Strömung geht in diesen Gewässern nach Süden, Richtung Labrador. Da die Quelle aber nicht die genaue Zahl der Tage nennt, die er abtrieb, wäre jeder exakte Lokalisierungsversuch der von ihm gesichteten Küsten reine Kaffeesatzleserei. Wahrscheinlich sichtete er die Ostküste des heutigen Kanada, die Labradorküste hat in ihrem südlichen Teil Wald, im nördlichen Tundra. Das unfruchtbare Land, das sie dann entdeckten, kann aber nicht dort gelegen haben, da es in Labrador keine Gletscher gibt. Die Beschreibung paßt hingegen sehr gut auf den Bereich der heutigen Baffin-Insel. Bjarni und seine Crew hatten also als erste Europäer im Spätsommer des Jahres 986 den amerikanischen Kontinent gesehen, und sie waren auch zurückgekehrt und hatten davon berichtet. Doch sie waren nicht gelandet.

Es ist nicht verwunderlich, daß schnell der Wunsch aufkam, die neu gesichteten Länder näher zu untersuchen. Vierzehn Jahre später, im Jahr 1000 – die Datierung ist umstritten –, rüstete Leif, der Sohn Eriks des Roten, eine Expedition aus. 35 Mann schifften sich ein, darunter ein deutschstämmiger Mann namens Tyrkir. Zuerst fanden sie die unfreundliche Küste, die Bjarni als letzte gesichtet hatte, bevor er nach Grönland segelte, und landeten dort. Die Beschreibung des Landes war trostlos: »Es war alles wie ein flacher Stein, vom Strand bis zu den Gletschern, und das Land schien ihnen jedes Reizes bar zu sein.« Leif taufte das Land »Helluland«, das heißt Flachsteinland; andere Quellen erwähnen, daß

Die Normannen in Island, Grönland und Nordamerika

Die steinige Insel Baffin Island in den Northwest Territories/Kanada, die die Wikinger Helluland (Steinland) nannten

dort große, flache Steine zu finden waren, auf denen zwei Mann, Fußsohle an Fußsohle, liegen konnten. Dann segelten sie weiter und fanden eine neue Küste, an der sie landeten. »Dieses Land war flach und waldbewachsen. Weiße Sandflächen breiteten sich aus, und die Küste fiel nicht schroff gegen das Meer ab.« Seinem Aussehen gemäß taufte Leif das Land »Markland«, das heißt Waldland. Nach weiteren zwei Tagen Segeln in südwestlicher Richtung fanden sie Land und eine Insel, die nördlich davon lag, und segelten in den Sund hinein, blieben dort jedoch bei Ebbe stecken. Sie landeten an der Küste und beschlossen, dort zu überwintern. Diesen Platz, an dem sie sich große Hütten erbauten, beschrieb die Quelle als sehr erfreulich: »Weder im Fluß noch im See fehlte es an Lachsen. Größere Lachse hatten sie nie gesehen. Das Land war so gut, daß sie kein Stallfutter für das Vieh im Winter nötig zu haben glaubten. Dort gab es keinen Frost im Winter, und wenig welkte dort das Gras. Tag und Nacht waren nicht so verschieden lang wie in Grönland oder Island; am kürzesten Tag ging die Sonne im *eykt*-Punkt unter und im Punkte *dagmal* auf.«[97] Doch damit hatten sich die Attraktionen des neu gefundenen Landes noch nicht erschöpft. Bei einer näheren Erkundung ging der deutschstämmige Tyrkir verloren, er wurde gesucht und schließlich gefunden. Doch war er nicht ganz bei sich und offenbar betrunken. Er rollte die Augen und sprach lange Deutsch. Schließlich sammelte er sich und berichtete, er habe Reben und Weintrauben gefunden. Als Leif Zweifel anmeldete, verwies Tyrkir auf seine deutsche Herkunft; er sei in einer Gegend aufgewachsen, »wo es weder an Trauben noch an Reben fehlt«. Dieser Vorfall bewog Leif, dem Land den Namen »Vinland«, also Weinland, zu geben. Eine andere Quelle berichtet auch von wildwachsendem Weizen.[98]

Erneut stellten sich zahlreiche Historiker die Frage, wo dieser Ort wohl gewesen sein könnte. Doch die erwähnten Fakten machten die Lokalisierung schwierig. Und außerdem wies die gesamte Erzählung märchenhafte Elemente auf, die beispielsweise den Polarforscher Nansen dazu bewogen haben, die gesamte Vinland-Erzählung für eine Fabel zu halten.[99] Am wenigsten glaubhaft war, daß Tyrkir vom Genuß der Trauben betrunken wurde.[100] Schließlich berichtet die Quelle noch, Leif habe »Weinbäume« fällen und auf das Schiff verladen lassen – eine weitere Absurdität.

Doch wo waren diese Wikinger gelandet? Wo hatte Leif überwintert? Normalerweise hat in der Weltgeschichte die Frage der Lokalisierung einiger primitiver, längst verfallener Hütten nur im Zusammenhang mit dem Leben von Religionsstiftern und Heiligen ein solches Interesse gefunden und zu derart erbitterten Kontroversen geführt. Eine schier unendliche Literatur versuchte die unterschiedlichen Angaben der Quelle zu verorten. Um zunächst mit den weniger strittigen Angaben »Helluland« und »Markland« anzufangen: Das erstere wird – nicht durchgängig, aber doch mehrheitlich und überzeugend – als Baffin-Island gedeutet, das zweite als Teil der Küste Labradors, die reich bewaldet ist.

Doch wo war Vinland? Hier gingen die Interpretationen weit auseinander. Folgende Angaben der Quelle ließen eine Lokalisierung möglich scheinen: Es gab wildwachsenden Wein und Weizen, große Lachse, kaum Winterfrost, der kürzeste Tag des Winters war etwa acht Stunden lang. Jede einzelne dieser Angaben war, für sich genommen, nicht unwahrscheinlich. Das Problem bestand darin, die einzelnen Angaben zu einem schlüssigen Gesamtbild zu formen. In Nordamerika gab es 30 verschiedene Sorten wildwachsenden Weins, auch ist der Lachsreichtum in vielen Flüssen Kanadas legendär. Die Südgrenze des Lachsvorkommens und die Nordgrenze des wilden Weins überlappten sich nur in einem relativ schmalen Sektor der nordamerikanischen Küste. Der nördlichste Punkt, an dem wildwachsender Wein zu finden war, war die Miramichi-Bai in Neubraunschweig;[101] in der Nähe liegt eine Bucht, die noch heute Baie du Vin heißt und schon durch diesen Namen Assoziationen weckt. Noch schwieriger wurde es, den fehlenden Winterfrost in das Bild zu integrieren; hier mußte schon bis Boston oder noch weiter nach Süden gegangen werden. Die astronomische Angabe wiederum, die scheinbar den Breitengrad wiedergab, ist zum Gegenstand unzähliger Interpretationsversuche geworden. Einerseits war die genaue Bedeutung der Begriffe *eygt* und *dagmal* schon in der frühen Neuzeit verlorengegangen; zum anderen wurde diese Angabe mit einer astronomischen Exaktheit interpretiert, die den Wikingern nicht zu eigen hat sein können.[102]

So wurde gesucht und vermutet: Vinland sollte an der Pistolet-Bai in Neufundland liegen – dies war die nördlichste Vermutung –; in der Passamaquoddy-Bai in Neubraunschweig, am Cape Cod, an der Mt. Hope Bai in Rhode Island, bei Boston in Massachusetts (dies war das Untersuchungsergebnis des dänischen Gelehrten Rafn und dominierte lange die Vinland-Forschungen), an der Mündung des Hudson Rivers, an der Cheasepeake-Bai, oder – dies war die südlichste Annahme – in Florida![103] Aus den zahlreichen Vinland-Interpretationen schälten sich zwei Hauptvarianten heraus: Von den angegebenen, zur See zurückgelegten Entfernungen und der geographischen Beschreibung her wurde Vinland in Neufundland vermutet, und zwar schon von Thormod Torfaeus im Jahre 1705.[104] Diese Interpretation hatte auch

Squash-Berries (schwedisch: Vinbär, lateinisch: Viburnum Pauciflorum), die im nördlichen Neufundland vorkommen.

für sich, daß die Wikinger schwerlich Tausende von Meilen die Küsten entlangsegelten, bevor sie die Ansiedlung versuchten; denn sie wollten ja die Verbindung zu ihrer Basis in Grönland aufrechterhalten. Von den angegebenen klimatischen Verhältnissen, dem wildwachsenden Wein und Weizen her wurde hingegen ein weiter südlich gelegener Standort, meist in der Gegend von Neubraunschweig im heutigen Kanada, manchmal auch in Massachusetts vermutet.

Da in beiden Fällen etwas nicht paßte, wurden die Quellen in ein Prokrustesbett gespannt und viel Eifer darauf verwendet, nicht konvenierende Aussagen kunstvoll wegzuinterpretieren oder notfalls auch wegzuschlagen. So behaupteten die Anhänger eines eher nördlich gelegenen Landeplatzes, »Vinland« habe nicht Weinland, sondern »Vínland« geheißen, und das bedeute »Weideland« und nicht Weinland. Zwar gab es eine eindeutige Quellenaussage. Der Geograph Adam von Bremen erklärt den Namen »Vinland« in seiner um 1075 verfaßten Chronik damit, daß »dort wildwachsende Reben gedeihen, die den trefflichsten Wein tragen; auch ungesätes Getreide soll es dort im Überfluß geben«.[105] Sehr überzeugend ist diese Deutung deshalb nicht. Andere behaupteten, die Wikinger, die keine Trauben kannten, hätten in Neufundland reich wachsende Waldbeeren oder Preiselbeeren für Weintrauben gehalten.[106] Es wurde auch darauf verwiesen, daß die Johannisbeere in Schweden auch heute noch *vinbär*, also Weinbeere, heißt.[107] Dafür würde die gesamte, doch groteske Geschichte mit Tyrkir sprechen und die übrigen Widersprüche, die die Quellen gerade in bezug auf den wilden Wein aufweisen. Wirklich befriedigend ist dies natürlich ebensowenig wie die Erklärung von Tyrkirs Rauschzustand mit der Einnahme von Beeren, die ein Halluzinogen enthielten.[108] Die Anhänger eines Landeplatzes, der den angegebenen klimatischen Verhältnissen entsprach, mußten dann wiederum mit dem Problem nichtpassender Entfernungsangaben fertigwerden, wie zum Beispiel der Aussage, Vinland liege nur zwei Tagereisen von Markland entfernt, und daß dieses in Labrador zu suchen war, wird von niemandem ernstlich bestritten.

Die Interpretation der schriftlichen Quellen war an einem toten Punkt angekommen, und die Archäologie bekam nun das Wort. 1960 bereiste Helge Ingstad, der davon ausging, daß Vinland in Neufundland gelegen habe, mögliche Landeplätze und erkundigte sich bei den Einheimischen nach Ruinen.[109] An der Nordspitze Neufundlands, in L'Anse aux Meadows, wurde er fündig: Es gab Gebäudereste, und Ausgrabungen legten die Reste mehrerer normannischer Langhäuser und einer Schmiede frei; es fanden sich auch eine Bronzespange und ein Spinnrad aus Speckstein. Die Untersuchung von Holzresten in der Feuerstelle erlaubte eine Datierung, die um das Jahr 1000 lag. Auch die Landschaft paßte in etwa auf die Beschreibung der Quellen. Daß es sich bei dem Fund um eine Wikingersiedlung handelte, gilt als sicher. Doch ist Neufundland deshalb auch Vinland? Die Wahrscheinlichkeit spricht zwar dafür, allerdings kann es trotzdem sein, daß die Normannen mehrere Siedlungen in Nordamerika errichtet haben und Neufundland in Wahrheit zum »Markland« der Quellen gehörte. Die Interpretation, daß Neufundland Vinland war, weist einige nicht wegzudiskutierende Schwächen auf: Es gibt keinen wilden Wein – obwohl Farley Mowat, Vinlandforscher und selbst Neufundländer, die einigermaßen überraschende, aber mit frühneuzeitlichen Quellen abgesicherte Behauptung erhebt, diesen habe es früher auf Neufundland gegeben,[110] und keinen wildwachsenden Weizen, und die Winter in Neufundland sind streng und frostig. Dieser letzte Punkt könnte eine Erklärung dadurch finden, daß die erste Überwinterung in einem extrem milden und untypischen Winter stattgefunden hatte; spätere Expeditionen nach Leifsbudir berichten von Kälte und großer Nahrungsmittelknappheit.

Es gab aber, nach schriftlichen Überlieferungen, noch mindestens eine weitere Ansiedlung der Wikinger in Nordamerika, auch wenn die Archäologie noch nichts hat finden können. Die verschiedenen Quellen berichten von insgesamt fünf Vinlandfahrten, die, im Unterschied zu Bjarni Herjolffson, wirklich landeten. Nach dem Entdecker Leif kam sein Bruder Thorvald, doch geriet diese Expedition mit den Eingeborenen in Streit. Thorvald starb durch einen Pfeil und wurde in Vinland begraben. Eine weitere Expedition seines Bruders Thorstein, der die Leiche bergen wollte, mißglückte; sie fand Vinland nicht und kehrte nach Grönland zurück. Die vierte Reise unternahm Thorfinn Karlsefni mit seiner Frau Gutrid, die fünfte und letzte, von der die Quellen berichten, die Isländer Helgi und Finnbogi mit Leifs Schwester Freydis. Diese Reisen fanden im Abstand weniger Jahre statt, die letzte wahrscheinlich um 1010.

Von diesen Reisen soll nur die des Thorfinn Karlsefni noch näher beleuchtet werden, weil sie zwei für die Geschichte des Atlantik wichtige Generalthemen anklingen läßt: den Kontakt zwischen Eingeborenen und Wikingern und das relativ rasche Ende der Vinlandfahrten. Thorfinn Karlsefni, nach Aussage der Quelle[111] ein schwerreicher Mann, wurde von seiner Frau Gutrid überredet, eine Vinlandexpedition auszurichten. An dieser nahmen 60 Männer und fünf Frauen teil; sie führten auch Vieh mit sich, denn sie wollten in Vinland dauernd siedeln. Leif lieh ihnen seine Hütten. Nach dem ersten Winter tauchten Eingeborene bei ihnen auf, die – nach einer Quelle – Pelzwerk gegen wikingische Milchspeisen eintauschten. Nach einer anderen Quelle verlief die Begegnung mit den Eingeborenen anders: »An einem Morgen früh, als sie sich umblickten, sahen sie eine große Menge von Hautbooten, und auf diesen wurden Stangen geschwenkt. Das sah ebenso aus wie beim Korndreschen. Man schwenkte die Stangen in der Richtung des Sonnenlaufes. Da fragte Karlsefni: ›Was mag das bedeuten?‹ Snorri Thorbrandssohn antwortete ihm: ›Es kann sein, daß dies ein Friedenszeichen ist. Wir wollen einen weißen Schild nehmen und ihnen entgegentragen.‹« Die Ankommenden wurden von den Wikingern *skraelingjar* (Skrälinger) genannt; bis heute ist unklar, ob es sich um Eskimos oder Indianer handelte, da sie den Namen für beide Volksgruppen verwendeten. Der Begriff »Skrälinger« war wenig schmeichelhaft; er bedeutete soviel wie »Menschlein«, »Feigling« oder »Schwächling«. Auch war die Beschreibung des Äußeren dieser Skrälinger nicht sehr einladend. Die Quelle notierte: »Es waren dunkle Männer, sie sahen häßlich aus und trugen ihr Haar unschön auf dem Kopf. Große Augen hatten sie und breite Gesichter.« Offenbar hielten die Wikinger nicht viel von den Skrälingern und fanden sie extrem unzivilisiert; sie spotteten über die Primitivität ihrer Lebensumstände, da sie nicht in Häusern, sondern in Erdlöchern lebten.

Dieser erste nachweisbare Kontakt zwischen der alten und der neuen Welt hatte manche Gemeinsamkeit mit den Begegnungen der Kolumbus-Ära: Die Eingeborenen hatten ein Faible für europäische Produkte. Hier war es neben den Milchspeisen vor allem rotes Tuch, das eingetauscht wurde gegen Pelze, zuerst große Stücke, dann immer kleinere Streifen, da den Wikingern das rote Tuch langsam ausging; die Skrälinger banden sich diese roten Tücher um den Kopf. Der anfangs friedliche Handel wurde jäh von dem Ausbruch eines Stiers unterbrochen, der die Eingeborenen derart erschreckte, daß sie sich fluchtartig zurückzogen und erst nach drei Wochen wiederkamen – jetzt aber in feindlicher Absicht. Es kam zum Kampf. Die Wikinger fühlten sich der gewaltigen Übermacht der Skrälinger, die mit Schleudern ausgerüstet waren, nicht gewachsen, zumal diese völlig ungewohnte Kampfweisen zeigten und mit großen Steinen warfen. Sie zogen sich hastig zurück, konnten sich dann aber behaupten. Bereits zuvor hatten die Skrälinger Interesse an den Eisenwaffen der Wikinger geäußert; Thorfinn hatte aber seinen Männern klugerweise den Handel mit ihren Waffen verboten. In dem Kampf kam es nun zu einer bezeichnenden Szene für diesen »Zusammenprall der Kulturen«. Die Quelle berichtet: »Die Skrälinger fanden auch einen toten Wikinger, und eine Axt lag neben ihm. Einer von ihnen nahm die Axt auf und hieb mit ihr in einen Baum, darauf tat das einer nach dem anderen. Die Axt schien ihnen etwas Wertvolles zu sein, weil sie gut schnitt. Darauf nahm sie einer, hieb auf einen Stein, und die Axt zersprang. Da erschien sie ihnen zu nichts mehr nütze, weil sie dem Stein nicht standhielt, und sie warfen sie weg.«

Wo diese Kämpfe stattfanden, ist nicht ganz klar. Karlsefni hatte sich nach der ersten Überwinterung südwärts zu einem Ort begeben, den er »I Hopi« nannte und wo erneut von wildwachsenden Weizenfeldern und Weinstöcken auf den Anhöhen berichtet wurde, von dem Fischreichtum der Bäche und den guten Überwinterungsmöglichkeiten. Der erste Winter der Expedition war dagegen eine schwere Prüfung gewesen und entsprach dem Klima, das tatsächlich auf Neufundland herrschte. Die Quelle berichtet: »Man überwinterte dort; es war ein harter Winter und wenig Vorrat vom Sommer her übriggeblieben. Die Jagd war nicht ergiebig, und um das Essen stand es schlecht.« Die Wikinger konnten einen Wal einer ihnen unbekannten Art erlegen, der sich jedoch als ungenießbar erwies. Mit Mühe und Not kamen sie über den Winter. Ein heidnischer Teilnehmer der Expedition namens Thorhall klagte, man hätte ihm Wein versprochen, doch sei das Land rauh und unwirtlich. Er fuhr wieder nach Hause, während Karlsefni weiter nach Süden vordrang, um dort in »I Hopi« das »Vinland« aufzufinden. Daraus könnte der Eindruck entstehen, daß die Vinlandexpeditionen vielleicht nicht alle an derselben Küste überwintert haben; dies würde die unterschiedlichen Beschreibungen erklären. Doch auch die besseren Lebensverhältnisse weiter südlich konnten die Wikinger nicht zum Bleiben bewegen. »Karlsefni und seine Leute meinten nun, das Land sei zwar gut zur Besiedlung, aber es würde immer Unfrieden und Angst vor den früheren Bewohnern darauf lasten. Darauf machten sie alles für den Abzug fertig und brachen in ihr Land auf.« Die Wikinger hatten vor den Skrälingern, vor allem vor ihrer gewaltigen Überlegenheit, einen gehörigen Respekt. Die Quelle berichtet auch, daß sie im Kampf geradezu panisch und kopflos den Rückzug angetreten hätten. Die Überlegenheit der mit Eisenwaffen ausgerüsteten Wikinger über die noch in der Steinzeit lebenden Skrälinger war eben nicht groß genug, um eine Ansiedlung durchzusetzen. Auch war die Bevölkerungsbasis des grönländischen Mutterlandes dafür bei weitem nicht ausreichend. Hinzu kam die überdehnte Entfernung, welche die Verbindung der Kolonisten mit Grönland, Island und vor allem Norwegen selbst sehr erschwerte.

Auf dieser Expedition wurde der erste Europäer in Amerika geboren: Thorfinns Frau Gutrid brachte einen Knaben zur Welt, den sie Snorri tauften und der drei Jahre alt war, als sie nach Europa zurückkehrten. Snorri, der erste Euro-Amerikaner, beschloß seine Tage auf Island.

Die Vinlandfahrten der Wikinger sind in den folgenden Jahrhunderten zunächst halb und schließlich ganz vergessen worden. Immerhin berichtete eine isländische Quelle darüber, daß der grönländische Bischof Eirik Gnupson 1121 nach Vinland gefahren sei; daran sind zahllose Vermutungen über einen Missionsauftrag oder die seelsorgerische Betreuung von in Vinland lebenden Normannen geknüpft worden.[112] Sicher ist hingegen, daß die Grönländer in den folgenden Jahrhunderten gewohnheitsmäßig ihren Holzbedarf in Markland, also wahrscheinlich im südlichen Labrador, deckten.[113] Eine regelrechte Besiedlung Vinlands oder Marklands hat offenbar nicht stattgefunden. Die letzte Erwähnung Vinlands in den Quellen stammt etwa von 1150, die Marklands von 1347 – danach schweigen die Quellen vollkommen über die transozeanischen Gebiete. Und auch als Amerika von Kolumbus entdeckt wurde, kam zunächst niemand auf den Gedanken, die Normannen könnten ihm bei der Entdeckung zuvorgekommen sein. Vinland wurde als unabhängige Insel interpretiert, und erst allmählich kam die Idee auf, daß Vinland vielleicht zum amerikanischen Länderkomplex gehören könnte. Arngrim Jönssön äußerte 1610 die Vermutung, Vinland könne »eine Insel in dem neuen Amerika« gewesen sein,[114] und Montanus brachte 1671 den Gedanken auf,[115] dem der isländische, in Dänemark lebende Historiker Thormod Torfaeus (1636–1719) zum Durchbruch verhalf. Der königliche Archivar wertete systematisch alte isländische Chroniken aus und vertrat in seiner 1705 erschienenen Schrift »Historia Vinlandiae Antiquae« die Ansicht, die Vinlandfahrten der Wikinger hätten dem nordamerikanischen Kontinent gegolten. Er suchte Vinland mit denselben Mitteln zu lokalisieren, die oben angesprochen wurden. Hierbei spielten auch politische Motive eine Rolle; Torfaeus glaubte, daß Dänemark infolge dieser wikingischen Entdeckungen einen Herrschaftsanspruch auf Teile Kanadas ableiten könne.[116] Er vermutete Vinland übrigens in Neufundland.[117]

Später wurde die Ankunft der Wikinger in der neuen Welt zu einem wahren Kultthema. Schon im 19. Jahrhundert wurden Wikingerschiffe nachgebaut, um mit ihnen die Fahrten nachzuvollziehen, und Leif Erikson wurde am 29. Oktober 1887 in Boston ein Denkmal geweiht.[118] Überall in den USA und Kanada wurden Überbleibsel der Wikinger gesucht und auch gefunden. Hier soll nur der berühmte »Kensington-Stein« erwähnt werden, ein in Minnesota gefundener Runenstein, der jedoch als Fälschung entlarvt wurde. Auch der sogenannte Newport-Tower, der lange als normannischer Kirchenbau des 14. Jahrhunderts galt, ist inzwischen als frühneuzeitliches, wahrscheinlich englisches Gebäude erkannt worden. Dieses Wikingerfieber hält aber doch bis in die Gegenwart an. Neben dem Streit der Gelehrten über die Wikinger schwingt dabei vielleicht – dies soll aber nur als Hypothese formuliert werden – noch ein weiteres Argument mit. Die skandinavischen Forscher wollten den Anteil ihrer Länder an den Entdeckungen gebührend berücksichtigt sehen, und möglicherweise war es manchem nordeuropäischen und nordamerikanischen Historiker und Politiker sympathischer zu glauben, der neue Kontinent sei von nordischen Seefahrern statt von Kolumbus und den katholischen Spaniern erstmals entdeckt worden.

Insgesamt waren die Vinlandfahrten der Wikinger zwar ein Symbol großen Mutes und hervorragender seemännischer Geschicklichkeit, denn die Wikingerschiffe waren seegängig und schnell, aber doch äußerst unbequeme Fahrzeuge für Transatlantiküberquerungen, noch dazu in subpolaren Gewässern. Aber von diesen Entdeckungen im westlichen Atlantik ging – ähnlich wie bei der Landung der Phönizier im tropischen Afrika – kein Epochenwechsel und auch keine Umwälzung bisheriger geographischer Vorstellungen aus. Sie blieben Episode, und es entstand keine andauernde Verbindung zwischen den Kontinenten. Für solche Entdeckungen war die Zeit noch nicht reif; zu weit waren diese Länder von Europa entfernt, zu wenige Menschen interessierten sich dafür, dorthin auszuwandern, und zu gering schienen die ökonomischen Vorteile dieser Regionen. Nur die Grönländer und vielleicht vereinzelt Isländer fuhren in den folgenden Jahrhunderten nach Markland, um Holz zu holen. So blieb von dem guten Vinland, wie es bei Adam von Bremen hieß, vom baumreichen Markland und vom unfruchtbaren Helluland eine vage Erinnerung von weiten Landstrichen im Westen. Sogar der Verkehr mit dem Zwischenglied Grönland schlief im Laufe des Mittelalters langsam ein, und hier gab es immerhin eine größere europäische Kolonie. Daß die normannischen Entdeckungen an der nordwestlichen Peripherie des Atlantik keine dauerhaften Folgen hatten, zeigte sich auch daran, daß alle die von Wikingern befahrenen nordamerikanischen Küsten ihre heutigen Namen erst in der frühen Neuzeit erhalten haben: Labrador, Baffin-Island, Hudson-Bay, Neufundland. Nicht ohne Grund sind die normannischen Namen ausgestorben und ist sogar ihre genaue Lokalisierung bis heute strittig.

Immerhin aber war es den Wikingern gelungen, Skandinavien, das im mittelmeerischen Europa fast unbekannt war, und damit einen wesentlichen Teil des östlichen Nordatlantik in den europäischen Kulturraum zu integrieren. Das war eine für die europäische und atlantische Geschichte gleichermaßen bedeutsame Leistung. Wie zögerlich und lückenhaft selbst der skandinavische Orbit dem mittelalterlichen Europa bekannt wurde, sollen abschließend noch die Geschichten von zwei Entdeckungstaten zeigen. Im 9. Jahrhundert wollte der britische König Alfred (871–901) die Geheimnisse der skandinavischen Geographie genauer erkunden und schickte einen Normannen namens Ottar Richtung Nordkap, einen anderen namens Wulfstan in die Ostsee. Ottar gelangte bis ins Weiße Meer, Wulfstan vielleicht in den finnischen Busen; aus beiden Berichten glaubte Alfred schließen zu können, sie hätten dasselbe Meer erreicht und die Inselnatur Skandinaviens bewiesen.[119] Auch eine weitere dänische Expedition, die sich im Jahre 1080 zum Ziel gesetzt hatte, die Ostsee zu umfahren, aber an Piraten scheiterte, brachte keine klaren Erkenntnisse.[120] Falsche Vorstellungen über die Geographie Skandinaviens hielten sich hartnäckig das gesamte Mittelalter hindurch, und in der frühen Neuzeit kamen neue Irrtümer hinzu, als vermutet wurde, Grönland sei eine langgestreckte Halbinsel, die mit Skandinavien und Spitzbergen zusammenhinge, und damit ein Teil des festländischen Europas. Weitere geographische Spekulationen aus dem frühen Mittelalter besagten, daß Vinland eine langgestreckte, sich in Nord-Süd-Richtung erstreckende Halbinsel sei, die südlich mit Afrika zusammenhinge. Hier verschaffte sich vielleicht die ptolemäische Vorstellung von der Binnenmeerstruktur der Ozeane Geltung.[121] Jenseits dieser Irrtümer muß jedoch als bleibende Leistung der Wikinger festgehalten werden, daß sie mit ihren Fahrten entscheidend dazu beigetragen haben, große und bis dahin völlig unbekannte Teile des Nordatlantik sichtbar werden zu lassen.

Das Zeitalter der Mythen:
der Atlantische Ozean im Mittelalter

*Warum Europa die Welt entdeckte –
und nicht China oder die islamischen Länder*

Fernand Braudel hat die Frage gestellt, warum die großen Entdeckungen, die am Ende des Mittelalters die Welt erschlossen, von Europa ausgegangen sind – und nicht von den Chinesen und auch nicht von den Arabern.[122] Eine Hauptursache dafür sah er in der Geographie; die Europäer als Bewohner einer an der Peripherie des damaligen Welthandels gelegenen und nicht sehr wohlhabenden Halbinsel hätten als einzige einen wirklichen Grund gehabt, sich auf Entdeckungsfahrt zu begeben. Zwar fühlte sich die christlich-europäische Kultur den anderen Kulturen keinesfalls unterlegen und wurde schon im Mittelalter von dem aggressiven Sendungsbewußtsein beseelt, das später auch das Zeitalter der Entdeckungen kennzeichnen sollte. ökonomisch gesehen war Europa aber das Schlußlicht und sowohl Chinesen als auch Arabern an Wohlstand unterlegen. Das Welthandelssystem bewegte sich in Antike und Mittelalter auf der Ost-West-Achse von Mittelmeer und Indischem Ozean, die, verbunden über das Rote Meer, verkehrsmäßig eine Einheit bildeten. Weder Chinesen noch Araber hatten einen wirklichen Grund für intensive Entdeckungsfahrten. Die Chinesen besaßen zwar schon im Hochmittelalter große

Dschunken, deren Seetüchtigkeit grösser war als die der abendländischen Schiffstypen; sie hatten vier bis sechs Masten und sogar schon ein Schottsystem, das ihre Sinksicherheit erhöhte. Auch verfügten sie zeitweise über eine grosse Flotte von bis zu 3000 Kriegsschiffen. Zwischen 1405 und 1433 nutzten sie ihre Macht, um sieben grosse Expeditionen zu unternehmen. Unter der Führung des Eunuchen Tsch'eng Hwo erreichten diese Flottenverbände, die teilweise 20000 bis 30000 Mann an Bord hatten und aus über 60 grossen Dschunken bestanden, die malaiischen Inseln, Ceylon, Sumatra, Indien, Hormuz und schliesslich sogar die Küsten Arabiens und Abessiniens.[123] Sie kamen bis Mekka und brachten aus Ostafrika eine lebende Giraffe mit.[124] Doch wurde dem Kaiser 1426 eine Denkschrift präsentiert, in der er gebeten wurde, auf die Expeditionen in die »sterilen fernen Länder« zu verzichten und »dem Volk eine Periode der Ruhe« zu gönnen. Die Expeditionen Richtung Westen wurden tatsächlich eingestellt, nicht so sehr aus Einsicht und eigenem Entschluss, sondern weil innere Schwierigkeiten und Nomadeneinfälle die Aufmerksamkeit der Chinesen in Anspruch nahmen.

Was wäre geschehen, wenn die Chinesen diese Unternehmungen energisch fortgesetzt hätten? Wären dann die weltweiten Entdeckungen von China ausgegangen? Bis in die Gewässer Ostafrikas und Arabiens waren die Chinesen mit ihrer grossen Flottenmacht ja schon vorgestossen. Und trotzdem ist es unwahrscheinlich, dass sie den Atlantik entdeckt hätten – nicht aus technischen Gründen, sondern weil ihnen jeder vernünftige Grund dafür fehlte. Den Indischen Ozean zu erforschen machte aus chinesischer Perspektive Sinn, aber Afrika zu umfahren keinen. Ausserdem hätten die Chinesen gegen den muslimischen Widerstand schwerlich den Anschluss an die europäische Welt gewinnen können. Wozu auch? Handelskontakte mit Europa existierten auch so, teilweise in der Mongolenzeit auf direktem Weg, nämlich über Land, teilweise und vor allem über den arabischen Zwischenhandel. Übermässig interessant war das damalige Europa für den chinesischen Handel ohnehin nicht. Auch die chinesischen Handelskontakte mit Ostafrika blieben ohne tiefgreifende

Folgen. Spannender ist die Frage, was geschehen wäre, wenn sich der chinesische Entdeckungsdrang nicht nach Westen, sondern nach Osten, Richtung Pazifik gerichtet hätte, wenn die amerikanische Westküste von den Chinesen entdeckt, erobert und besiedelt worden wäre, so daß der Doppelkontinent in den asiatischen und nicht in den europäischen Kulturkreis eingebunden worden wäre. In dem Fall hätte die Geschichte des atlantischen Raums, ja sogar der ganzen Welt einen vollständig anderen Verlauf genommen. Es reicht hier festzustellen, daß der chinesischen Kultur das expansive Element fehlte, das sie dazu hätte bewegen können, auf andere Erdteile auszugreifen.

Auch die Araber hatten keinen Grund, zu atlantischen Entdeckungsfahrten aufzubrechen, obwohl sie direkte Anrainer dieses Ozeans waren. Sie hatten nach ihren Siegen gegen Perser und Oströmer im 7. und 8. Jahrhundert, nach der Unterwerfung Nordafrikas und nach der 711 erfolgten Landung in Spanien – Gibraltar wurde nach dem muslimischen Eroberer Felsen des Tariq (»Gibl al Tariq«) genannt – und nach der Zerstörung des dortigen Westgotenreichs ein Reich geschaffen, das von Indien bis zur marokkanischen und iberischen Atlantikküste, vom Atlantik im äußersten Westen ihres Machtbereichs bis hin zum Pazifischen Ozean reichte. Das Zentrum ihres Reiches bildeten die Südküsten des Mittelmeers, das Rote Meer und der Norden des Indischen Ozeans. Sie kontrollierten über Jahrhunderte hinweg den Handel zwischen Europa einerseits, Indien und China andererseits. Am Atlantik waren die Araber jedoch desinteressiert; ihnen fehlte fast jede Ambition, ihn zu erforschen. Der westliche Ozean erfüllte sie mit einer geradezu abergläubischen Furcht; sie nannten ihn nicht nur das »Meer des Westens«, sondern auch das *bahr az-zulumat* – das »Meer der Finsternis«.[125] Er war für sie, wie schon für die Römer, ein ausgesprochenes Randmeer, auf dem Forschungsfahrten zu unternehmen keinen Sinn zu machen schien.[126] Wohin sollten diese gehen, was war bei Fahrten über den Atlantik zu gewinnen? Die Europäer waren Glaubensfeinde, und die zentralafrikanischen Regionen, die über See von Marokko aus hätten erreicht werden können, wurden durch Karawanen auf dem Landweg erschlossen. Arabische Fahrten im Atlantik wurden nur selten unternommen. Es ist ein Bericht des arabischen Geographen Al-Idrisi (ca. 1100–1165) erhalten, in dem er behauptet, acht arabische Reisende hätten – wahrscheinlich kurz nach 1100 – vom damals noch muslimischen Lissabon aus den Atlantik befahren, »um zu erforschen, was es an Neuem und an Besonderem gäbe und um an seine Grenzen zu gelangen«. Sie wurden auf einer Insel gefangengenommen, wahrscheinlich, so vermutete bereits Alexander von Humboldt, auf den Kanaren. Der König der Insel verlachte sie wegen ihres Versuchs, die Grenzen des Ozeans zu erforschen, Monate könne man auf ihm fahren, ohne etwas anderes als zunehmende Dunkelheit zu finden. Dann wurden sie an die marokkanische Atlantikküste zurückgebracht. Charakteristisch ist, daß Al-Idrisi diese Episode erwähnt und keinerlei Verständnis für diesen Entdeckungsdrang erkennen läßt; er nennt die Reisenden »habgierige Phantasten«.[127] Dieses Wort sollte in Erinnerung bleiben. Tatsächlich läßt sich die Charakterisierung als »habgierige Phantasten« auf viele der späteren Entdecker anwenden, und wahrscheinlich war auch diese muslimische Expedition nicht nur aus Wissensdurst, sondern in der Hoffnung auf Reichtümer und Beute in See gestochen.

Die Abneigung Al-Idrisis gegen diese Entdeckungsfahrt war typisch für das Verhältnis des islamischen Kulturkreises zum Atlantik. Für die Araber war der westliche Ozean, ebenso wie für die antiken Mittelmeerkulturen, das Ende der Welt. Auch ansonsten waren sie getreue Wahrer antiker Traditionen. Sie glaubten an die Klimazonenlehre, obwohl sie es aus eigener Erfahrung, aus ihren Handelskontakten mit der tropischen Zone Afrikas, besser hätten wissen können, und sie nahmen an, daß der Äquatorialgürtel der Erde nicht bewohnbar sei. Ihre Kenntnisse über den afrikanischen Küstenverlauf waren begrenzt. Was hingegen die Geographie der Erde anging, waren sie fortschrittlicher. Sie glaubten – auch darin der antiken Überlieferung folgend – an die Kugelgestalt des Planeten. Weil die Araber mit den überlieferten antiken Stadienmaßen nichts anfangen konnten,[128] ließ Kalif Abd'Allah al-Ma'mun ar-Rashid (813–833) die eratosthenische Erdmessung wiederholen; durch exaktere Vermessung der Erdbasis wurde die Präzision der Berechnungen erhöht. Ihr Ergebnis – ein Erdumfang von 40 392 km – unterscheidet sich nur um knapp 400 km von dem heute errechneten Wert.[129] Die arabischen Erdmessungen wurden übrigens im Spätmittelalter auch im Abendland bekannt.[130] Wie noch zu zeigen sein wird, hatten diese Angaben, obwohl sie umstritten waren, großen Einfluß auf das beginnende Zeitalter der Entdeckungen. Die arabischen Geographen wie Al-Idrisi glaubten – auch darin der antiken Überlieferung folgend –, daß zwischen der europäischen und afrikanischen Atlantikküste und Ostasien ein einheitliches Meer liege,[131] und die Schätzungen seiner Breite werden ähnlich wie die der antiken Geographen gelautet haben. Ihnen fehlte, noch viel mehr als den Römern, jeder Grund, über eine Westfahrt nachzudenken. Denn sie konnten über den Indischen Ozean, der in seinem nördlichen Teil über Jahrhunderte hinweg praktisch ein arabisches Binnenmeer darstellte, Ostasien viel besser erreichen; sie waren die Herrscher über den Seeweg nach Indien und zeitweise bis nach China. Die Gewässer und Küsten des Indischen Ozeans hatten die Araber recht gut erforscht, und charakteristischerweise gab es im späten Mittelalter Gerüchte, die Araber hätten das afrikanische Südkap umfahren.[132]

Die Araber hatten entdeckt, was in ihrer Reichweite zu entdecken war; der von ihnen und ihren Nachfolgern – Mamelucken und Türken – dominierte islamische Raum war groß genug, und es gab keinen Grund für weitere Entdeckungen im Westen außer rein wissenschaftlicher Neugier. Die islamische Welt genoß Vorteile und Profite des Mittlers zwischen dem ostasiatischen und dem europäischen Kulturraum.

Daß dann im späten Mittelalter die Entdeckungen im Atlantik von Europa ausgingen, die im weiteren Verlauf zu seiner Vorrangstellung in der Welt führten, lag zu einem wesentlichen Teil also in der Geographie begründet – in Faktoren, die Braudel der »longue durée« zurechnet. Doch dies war nicht alles. Die Entdeckungsfahrten begannen nicht zufällig im späten Mittelalter; ihnen war ein langer Prozeß vorausgegangen, in dem sich in

Europa das nautische Können, das ökonomische Bedürfnis und die Mentalität, die solche Entdeckungen und Eroberungen erforderten, herausgebildet hatten sowie die Fähigkeit, sich durch überlegene Technologie militärisch gegen ihre nichteuropäischen Widersacher durchsetzen zu können.

Die Entwicklung von Seehandel und Nautik im Mittelalter

Im Hochmittelalter bildete sich die für das Mittelalter typische europäische Handelsstruktur heraus: Im Süden lag das Mittelmeer als Zentrum des Handels, der von Genuesen und Venezianern beherrscht wurde, im Norden der Nord- und Ostseeraum, in dem die Hansestädte dominierten. Die Verbindung zwischen beiden Handelszentren bildete Flandern; der Stapelplatz von Nord- und Südeuropa, wo die Genuesen die Waren des Nordens abholten und die eigenen ablieferten. Brügge und Antwerpen verdankten dieser Funktion einen Teil ihres großen Reichtums.

In Nordeuropa wurden während des Mittelalters unterschiedliche Schiffstypen gebaut, von denen hier die drei wichtigsten vorgestellt werden: die Kogge, die Holk und der Kiel. Die Kogge, das typische Hanseschiff, hatte sich aus einem ursprünglich friesischen Wattfahrzeug mit flachem Boden entwickelt. Ihre Kennzeichen waren der gerade Kiel, der relativ steile Bug und das ebenfalls steile Heck. Meist einmastig, war die Kogge mit einem Rahsegel besegelt. Koggen waren relativ kleine Fahrzeuge.

Eine Kogge wurde 1962 in Bremen geborgen und stammte nach dendrochronologischen Untersuchungen aus dem Jahre 1380. Sie hatte eine Länge von 23,27 m, eine größte Breite von 7,62 m, eine Seitenhöhe von 4,26 m. Der Tiefgang betrug 1,25 m; wenn das Schiff die volle Zuladung von 80 bis 90 Tonnen an Bord hatte, wuchs der Tiefgang auf 2,25 m.[133]

Die Kogge ist trotz ihrer Weiterentwicklung im Mittelalter relativ leicht als solche zu erkennen und zu identifizieren. Dagegen war der andere frühmittelalterliche Schiffstyp, die Holk, einem

Die Entwicklung von Seehandel und Nautik im Mittelalter

Von oben nach unten:
Frühmittelalterliche Holk. Restaurierter Fund aus den Niederlanden, um 790
Holk-Darstellung auf einer karolingerzeitlichen Handelsmünze, nach 804
Holk mit Hecksteuerruder. Auf einem Taufstein, Kathedrale von Winchester,
um 1185

sehr großen Wandel unterworfen. Das Fahrzeug hat sich, wie die frühen Formen beweisen, aus Einbäumen entwickelt. Als frühmittelalterlicher Schwerlasttransporter mit großer Tragfähigkeit – es soll Schiffe mit einer Nutzlast von 350 bis 400 Tonnen gegeben haben[134] – hatte sie eine eigenartige, durchgebogene, fast an eine Bananenschale erinnernde Form, die auf Münzen gut zu erkennen ist.

Die eigenartige Form war auf die frühmittelalterliche Landetechnik zurückzuführen. Man fuhr mit dem Schiff einfach auf den Strand auf und entlud es dort. Im Spätmittelalter und in der frühen Neuzeit entwickelte sich die Holk jedoch zu einem großen Segelschiff weiter, das einen Kiel hatte und sich nicht wirklich von ihren portugiesischen und spanischen Parallelbauten unterschied.

Schließlich sind noch die Fahrzeuge zu erwähnen, die in Anlehnung an die Formen der Wikingerschiffe entwickelt und in Großbritannien als Kiel bezeichnet wurden. Diese Schiffstypen, Kogge, Holk und Kiel, beeinflußten sich natürlich gegenseitig. So bildeten sich im Laufe des Mittelalters praktisch neue Formen heraus, auch wenn die Fahrzeuge den alten Namen weitertrugen. Gemeinsam war ihnen die Rahbesegelung. Als wesentliche Neuerung ab dem 12. Jahrhundert war das Steuerruder nicht mehr seitlich rechts (»Steuerbord«), sondern mittig am Heck angebracht; über die rasche Verbreitung dieser technischen Innovation geben uns zahlreiche Siegel Auskunft.

Das Heckruder war ein erheblicher Fortschritt, da es nicht nur bequemer zu bedienen war, sondern auch erlaubte, besser gegen den Wind zu kreuzen.

Im Mittelmeerraum dagegen war der vorherrschende Schiffstyp die Galeere, ein langes, schlankes Schiff mit mehreren Reihen Ruderern nebeneinander. Sie war sehr personalintensiv, konnte aber eher nach Fahrplan segeln als die windabhängigen Nur-Segler. Vor allem im Krieg wurde verständlicherweise viel Wert auf die Unabhängigkeit von günstigen Winden gelegt. Die größeren Galeeren des Mittelmeers waren etwa 50 m lang, hatten einen geringen Tiefgang von etwa 1 m und ein ebenfalls geringes Freibord von ca. 1 m.[135] Ihr meist aus Tannenholz gefertigter Rumpf war von geradezu sprichwörtlicher Stabilität. Die bis zu 12 m langen Ruder waren auf einem Gestell außenbords angebracht und ausbalanciert. Jedes Ruder wurde von bis zu 9 Mann bedient, ein Schlagmann gab den Takt an. Die Galeeren hatten, wenn sie Kriegsschiffe waren, etwa 250 Ruderer und 150 Mann übrige Besatzung, große Galeeren sogar 500 Ruderer,[136] Handelsschiffe nur 200 Ruderknechte. Zwischen den Ruderbänken verlief mittschiffs ein erhöhter Gang vom Vor- zum Achterschiff; auf diesem gingen die Aufseher auf und ab, feuerten die Ruderer an und peitschten sie notfalls.

Der Dienst auf den Galeeren, vor allem auf den Kriegsschiffen im Mittelmeer, gehört zum Erschreckendsten, was die Geschichte der Seefahrt zu bieten hat, und wurde von vielen Überlebenden als wahre Hölle geschildert. Immerhin haben Marco Polo, Miguel de Cervantes oder der Protestant Jean de Bergerac zeitweise auf christlichen und muslimischen Galeeren als Kriegsgefangene oder Sträflinge rudern müssen.[137] Es fanden sich nur wenige Freiwillige für den Ruderdienst auf den Galeeren, die sogenannten *buenevoglie,* die dann kleine Vergünstigungen und Sold erhielten; oft kamen sie aus einem kriminellen Umfeld, oder sie waren flüchtige Verbrecher, die untertauchen mußten.[138] Die meisten Ruderer waren jedoch Sklaven oder, in späteren Zeiten, verurteilte Verbrecher. Noch heute ist der italienische Ausdruck für »ins Gefängnis gehen« »andare in galeera!« – »auf die Galeere kommen«. Die Ruderer waren mit dem Fuß an den Ruderbänken angekettet; nur im Winter wurden sie an Land und ins Gefängnis gebracht. Die Ruderbänke, auf denen sechs bis sieben Mann angekettet waren, hatten eine Länge von nur 10 Fuß, also etwa 3 Meter; sie waren von der Vorderbank nur 1,20 m entfernt.[139] In dieser äußersten Enge mußten die Sklaven rudern, essen, ihre Notdurft verrichten und schlafen. Wer zu schwach zum Rudern war, wurde, um die anderen nicht zu behindern, über Bord geworfen. Die Ruderer waren nur leicht bekleidet und übersät mit Flöhen, Wanzen und Läusen; das Ungeziefer verschonte auch die Besatzung und die Passagiere nicht, die ebenfalls in drangvoller

Enge hausen mußten. Galeeren waren berüchtigt für den auf ihnen herrschenden furchtbaren Gestank.

Das Rudern selbst war äußerst anstrengend. Der Rudervorgang war in drei *tempi* eingeteilt. Beim ersten *tempo* mußten die Galeerensklaven aufstehen, beim zweiten die Arme vorstrecken, beim dritten *tempo* das Ruder, das bis zu 5 Zentner schwer sein konnte,[140] – mit aller Kraft rückwärts ziehen, wobei sie sich auf die Bank fallen ließen. Das Maximum lag bei 22 Ruderschlägen in der Minute; eine gut ausgebildete Mannschaft konnte für kurze Strecken, etwa für einen Rammangriff, aber auch 26 Schläge erreichen. Der größte Raum zwischen zwei Schlägen betrug, je nach Länge des Ruders, ca. 10 m; damit lag die Höchstgeschwindigkeit einer Galeere bei ca. 15 km/h oder 8 kn. Die Durchschnittsleistung lag bei glatter See in der ersten Stunde Rudern bei 4,5 Seemeilen pro Stunde (sm); dies fiel dann bei rasch zunehmender Erschöpfung der Mannschaft immer weiter ab auf 2,5 bis 1,5 sm.[141]

Abgesehen von den unmenschlichen Arbeits- und Lebensbedingungen an Bord hatten Galeeren noch weitere Nachteile, vor allem den hohen Personaleinsatz, die begrenzte Reichweite und die eingeschränkte Hochseetauglichkeit. Wegen des geringen Freibords von nur einem Meter nahmen die Schiffe bei Stürmen viel Wasser und mußten unaufhörlich gelenzt werden, während die Rudersklaven, aus Angst vor Rebellionen durchgängig angekettet und beim Untergang des Schiffes rettungslos verloren, vor Todesangst schrien. Die Galeeren trugen auch Segel, nämlich »Lateinersegel«, und hatten einen oder mehrere Masten. Das Lateinersegel war aber umständlich und personalintensiv in der Bedienung, vor allem beim Kreuzen; das riesige Segel – die Rah war bei Einmastern praktisch so lang wie das gesamte Schiff – mußte beim Wenden eingeholt und an der anderen Mastseite wieder angebracht werden. Ein solches Lateinersegel brauchte 50 Mann Bedienung, wo bei einem gleichgroßen Rahsegler 25 ausreichten.

Das Rahsegel hatte darüberhinaus den Vorteil, daß es den in Fahrtrichtung wehenden Wind besser nutzen konnte. Für den

Die Entwicklung von Seehandel und Nautik im Mittelalter

*Ein genuesisches Segelschiff auf einem Bild des Malers
Danti Ignazio (1536–1586)*

Atlantik waren diese Galeeren als Schönwetterschiffe wegen ihres geringen Freibords und ihres geringeren Nutzlastanteils wenig geeignet. Trotzdem wurden sie von Genuesen und Venezianern für ihre Fahrten nach Flandern verwendet; in Brügge und Antwerpen ankerten italienische Galeeren neben Hansekoggen. Daß die Mittelmeermächte für ihre Schiffahrt so lange an der Galeere festhielten, läßt sich wahrscheinlich darauf zurückführen, daß sie eine halbwegs kalkulierbare Reisedauer hatte, anders als beim vollständig von den Launen der Winde abhängigen reinen Segelschiff. Noch bis ins 18. Jahrhundert hinein blieben die Galeeren in Gebrauch, und es kam bei Windstille vor, daß sie reinen Seglern tatsächlich überlegen waren.

Viele Kunstwerke zeigen die Herstellung mittelalterlicher Schiffe; Gemälde, aber auch Holzschnitte, darunter auch der Wandteppich von Bayeux, ein Gobelin, auf dem dargestellt ist, wie die normannische Invasionsflotte für die Landung in England im Jahre 1066 gebaut wurde. Der Holzbedarf für den Schiffsbau war enorm, deshalb war die Holzbeschaffung ein zunehmendes Problem. Um nur eine Zahl zu nennen: Für den Bau eines mittelgroßen Segelschiffs (einer Karacke[142]) benötigte man in der frühen Neuzeit 2500 bis 3000 gutgewachsene Eichen.[143]

Zwischen den Schiffen der Nord- und Ostsee und denen des Mittelmeers bestanden noch weitere Unterschiede. Im Norden wurden seit der Wikingerzeit die Planken dachziegelartig übereinander montiert, während die Schiffskonstrukteure im Mittelmeer zu einer anderen Bauweise übergingen: Die Planken wurden mit ihrer Schmalseite aneinanderliegend direkt übereinandergenagelt. Diese Bauweise wurde *kraveel* genannt. Die Schiffshaut wurde dadurch glatter und konnte besser abgedichtet werden; auch konnten bei großen Schiffen zur Erhöhung der Festigkeit zwei Reihen Planken übereinandergenagelt werden. Unterschiedliche Traditionen und Neuerungen im Schiffbau mündeten in die Entwicklung neuer Typen: Die Schiffbauer im Mittelmeer übernahmen im 12. Jahrhundert das Heckruder, die im Norden die kraveele Beplankung; die Schiffe bekamen schließlich mehrere Masten. Die Besegelung bestand aus einer Kombination der mittelmeeri-

Die Entwicklung von Seehandel und Nautik im Mittelalter

Nautische Instrumente im Mittelalter

schen und der atlantischen Segelarten: Die vorderen Masten trugen Rahsegel, oft nun zwei übereinander, der hintere Besanmast ein Lateinersegel. Die Galeeren hielten sich zwar noch bis ins 18. Jahrhundert hinein, jedoch wurde das Segelschiff mit seinen zahlreichen Vorteilen spätestens ab dem 15. Jahrhundert immer wichtiger – und zwar auch als Kriegsschiff.

Der Name der neuartigen Beplankung – *kraveel* – stammte übrigens von einem ursprünglich portugiesischen Schiffstyp, der sich aus einem bootartigen Fahrzeug hin zu dem typisch spätmittelalterlichen und frühneuzeitlichen Schiff der Entdeckungszeit, der Karavelle, entwickelt hatte. Die Karavelle war ein kleiner, wendiger Schiffstyp, der durch relativ geringen Tiefgang auch die Gefahren in den flachen Küstengewässern reduzierte. Die größeren Schiffstypen hießen bei den Genuesen Karacke (vermutlich eine Entlehnung aus dem Arabischen), bei den Spaniern Caraca und bei den Portugiesen Nao; in Mitteleuropa wurden die größeren Schiffe »Holk« genannt.[144]

Auch die Nautik machte Fortschritte. Eine wesentliche Neuerung war der Kompaß. Die früheste Erwähnung ist von 1180.[145]

Wahrscheinlich wurde er jedoch schon vorher erfunden, und als eminent nützliches nautisches Instrument verbreitete er sich rasch. Sehr bald wurden auch die typischen Abweichungen der Kompaßnadel von der geographischen Nordrichtung registriert und sogar versucht, diese für die Ortsbestimmung nutzbar zu machen. Weiterhin zu erwähnen sind Astrolabium, ein Instrument zur Positionsbestimmung von Himmelskörpern, und Jakobsstab, ein Vorläufer des Sextanten, mit dem man den Abstand zwischen dem sichtbaren waagerechten Horizont auf See (der Kimm) und dem eines Gestirns messen konnte. Beide Instrumente wurden für die Benutzung an Bord immer weiter verbessert.

Auch die Kartographie entwickelte sich weiter. Als typisches Beispiel für die mittelalterliche Rückständigkeit werden oft die sogenannten Radkarten genannt, Weltkarten, die in Klöstern hergestellt wurden, meist Jerusalem als Mittelpunkt hatten und gesüdet waren. Tatsächlich waren diese Karten mit ihren mit der Wirklichkeit kaum übereinstimmende Eintragungen ein deutlicher Rückfall im Vergleich zur hochstehenden antiken Kartographie vor allem des Ptolemäus.[145]

Diese Karten waren aber gar nicht für Navigationszwecke bestimmt. Parallel zu ihnen existierten ab dem 13. Jahrhundert auch sehr exakte Karten, die sogenannten Portulane, die auf Vermessungen basierten und sich bemühten, eine Küste so realistisch darzustellen, daß ein Seemann sich mit ihrer Hilfe orientieren konnte. So bildeten sich im Mittelalter zwei verschiedene Kartentypen heraus: Radkarten, die für Klöster und gelehrte Stätten gedacht waren, die mehr Symbolcharakter hatten, und die Portulane, bei denen die praktische Verwendbarkeit im Vordergrund stand.

Ein großes Zentrum der Kartenproduktion war Italien, aber auch auf Mallorca gab es bedeutende Kartenzeichner. So zeichnete beispielsweise Cresques Abraham, ein mallorquinischer Jude, den berühmten »Katalanischen Weltatlas« von 1375.[147]

Manchmal waren aber auch Mönche, wenn sie Gelehrte waren, die größten Kartenzeichner ihrer Epoche, so etwa der in der Nähe von Venedig lebende Fra Mauro. Im Jahre 1457 schuf er im Auftrag des portugiesischen Königs Alfonso V. eine Weltkarte;

Die Entwicklung von Seehandel und Nautik im Mittelalter

Portulankarte von Pietro Vesconte, 1318 (von Porto = Hafen). Kartographische Orientierungshilfe ab Ende des 13. Jahrhunderts mit großer Detailgenauigkeit durch ein feinmaschiges Liniennetz

von Zeitgenossen wurde er als »geographus incomparabilis« eingeschätzt. Er glaubte im Gegensatz zu der Autorität eines Ptolemäus nicht, daß der Indische Ozean ein Binnenmeer sei, und hielt alle Regionen der Erde für bewohnbar. Die spätmittelalterlichen Kartenzeichner arbeiteten sehr exakt. Die typischen Linien auf den Portulanen dienten dem Segeln nach Kompaß. Später entwickelten die Italiener auch komplexe Navigations- und Ortsbestimmungsverfahren, die auf guten Karten und Berechnungen der zurückgelegten Entfernungen basierten.[148]

Auch technische Verbesserungen wie Hafenbauten, Leuchtfeuer, die Markierung von Fahrwassern durch Bojen gehören zur

Katalanischer Weltatlas aus dem 14. Jahrhundert. Aufwendig gestaltete Portulankarte als Repräsentationsstück

nautischen Entwicklung dieser Epoche sowie Handelserleichterungen wie Wechselzahlung, was den Handelsverkehr sicherer machte, und die Anlage von Kontoreien und Handelskolonien.

Last but not least nahmen die seemännischen Erfahrungen mit dem Atlantik ab dem 14. Jahrhundert sprunghaft zu. Nachdem die Wikinger den Nordatlantik erschlossen hatten, mußten dann im Spätmittelalter die Atlantikinseln, die Kanaren und Madeira wiederentdeckt werden. Sie waren, wie erwähnt, der Antike als »insulae fortunatae« bekannt, dann aber in Vergessenheit geraten. Und die europäischen Seefahrer, vor allem die als Nautiker mit weitem Abstand führenden Italiener, aber auch die Portugiesen und Spanier begannen, die für die Befahrung des offenen Atlantik elementaren Regeln von Strömungen und Winden – das heißt den Kanarenstrom und die Passatwinde – kennenzulernen und zu nutzen.

Aus den Verbesserungen im Schiffbau, aus den Fortschritten in der Nautik, aus dem Anwachsen von Kenntnissen über die Meteorologie und die Strömungen des Atlantik wuchsen gegen Ende des Mittelalters die Chancen für eine erfolgreiche Befahrung des offenen Atlantik schlagartig an. Natürlich waren die mentalen Barrieren und der Schrecken, den das gewaltige Weltmeer verursachte, auch weiterhin groß. Doch die nautischen Verbesserungen und die zunehmende Erfahrung sorgten dafür, die Fahrt auf dem offenen Ozean aus einem unwägbaren in ein kalkulierbares Risiko zu verwandeln.

Die Besegelung des Atlantik wird ökonomisch interessant

Diese technischen Verbesserungen erleichterten zwar die systematische Erforschung des Ozeans, doch nun bedurfte es noch eines Anlasses, eines ökonomischen Anreizes. Daß die Befahrung des offenen Weltmeers im 14., ja sogar schon im späten 13. Jahrhundert begann und sich dann in den Jahrzehnten nach 1415 immer weiter steigerte und dann in den großen portugiesischen und spanischen Entdeckungen kulminierte, war keineswegs ein Zufall. Landwirtschaftliche Produktionen wurden zunehmend auf die Atlantikinseln ausgedehnt, und dabei wurden die bisherigen Praktiken mit übernommen. Im Mittelmeer und Schwarzen Meer, auf Zypern und auf der Krim hatten Genuesen und Venezianer eine Art von Kolonialreich gegründet. Dort handelten sie mit Getreide, dort fingen sie Sklaven, dort bauten sie Zuckerrohr an, das die Kreuzfahrer bei den Arabern im heiligen Land kennengelernt und dort auch schon angebaut hatten. Der Zuckeranbau wurde dann im 15. Jahrhundert auf die wiederentdeckten Atlantikinseln, auf die Kanaren und Madeira, übertragen. Er war extrem arbeitsintensiv, die geeigneten Arbeitskräfte waren nach damaliger Auffassung Sklaven. So war der Sklavenanteil auf manchen Inseln sehr hoch. Auf Mallorca beispielsweise waren im späten Mittelalter bis zu einem Drittel der Bevölkerung Sklaven.[149]

Auch die Galeerenflotten brauchten viele Sklaven. Beide Seiten, Muslime und Christen, veranstalteten vor allem dann in der frühen Neuzeit regelrechte Sklavenjagden in den Küstenregionen des Mittelmeers. Unterdrückung und Ausbeutung von Menschen und andere uns heute erschreckende Herrschaftsstrukturen, die später auch den Atlantikhandel charakterisierten, waren also nicht völlig neu, sondern wurden aus der europäisch-mediterranen in die atlantische Welt übertragen.[150]

Ein weiterer, noch größerer Anreiz waren die Gewinnspannen im Fernhandel, der sich im Mittelalter entlang der geschilderten Ost-West-Achse zwischen China und Europa herausbildete und den vor allem die Italiener, die Genuesen und Venezianer, kontrollierten. Das Abendland war an den Erzeugnissen des Orients brennend interessiert. Vor allem die Gewürze – Stefan Zweig begann seine Magellan-Biographie sogar mit dem Satz: »Am Anfang war das Gewürz« –, aber auch Seide waren die Hauptprodukte des Fernhandels. Bezahlt wurde mit Edelmetallen, aber auch Tucherzeugnissen. Der Handel wurde im Frühmittelalter über die Araber abgewickelt. Zur Zeit der Mongolenherrschaft war sogar eine Direktverbindung auf dem Landweg möglich. Von der Krim aus gelangten Kaufleute auf der Seidenstraße sicher und unbehelligt bis nach China. Dort gab es italienische Handelskolonien; der Florentiner Kaufmann Balducci Pegolotti gab in seinem um 1338 entstandenen Handbuch »La pratica della mercatura« Ratschläge für Kaufleute, die nach China reisen wollten.[151] Der bekannteste und weltgeschichtlich bedeutsamste mittelalterliche Ostasienreisende war jedoch der Venezianer Marco Polo. Er unternahm zwischen 1271 und 1295 eine ausgedehnte Reise nach China und Ostasien und diktierte 1298 in genuesischer Kriegsgefangenschaft seine Erinnerungen.

Als die Mamelucken in Ägypten die Herrschaft an sich rissen, bedeutete dies eine erste Einbuße an direkten europäischen Kontakten nach Asien. 1291 fiel Akkon, der letzte Stützpunkt der Kreuzfahrer im Heiligen Land. Der europäische Fernosthandel wurde aber auch durch einen Umschwung der Machtverhältnisse in China beeinträchtigt. Noch folgenreicher für den Fernhandel war jedoch das Vordringen der Türken seit dem 14. Jahrhundert; sie schafften es, den Direkthandel des Abendlandes mit Indern und Chinesen vollkommen auszuschalten.

Für die Geschichte des Atlantik waren die asiatischen Handelswege von erstrangiger Bedeutung. Die Europäer klagten schließlich schon in römischer Zeit über die enormen Aufschläge und Verteuerungen der Seide und der Gewürze durch die indischen und arabischen Zwischenhändler; immer wieder hatten sie darüber nachgedacht, wie sie den Handel direkt in ihre Hand bekommen und den teuren Zwischenhandel ausschalten könnten. Es ist kein Zufall, daß im Jahre 1291, also zur Zeit des Falls von Akkon, eine genuesische Expedition versuchte, um Afrika herum den Seeweg nach Indien zu finden. Die Brüder Ugolino und Vadino Vivaldi unternahmen, so notierte ein zeitgenössischer genuesischer Chronist, »eine Fahrt..., wie sie bis dahin noch kein anderer gewagt hatte: Sie rüsteten nämlich zwei Galeeren aufs trefflichste aus, versahen sie mit Wasser, Proviant und sonstigem Bedarf und sandten sie im Monat Mai [1291] in Richtung der Meerenge von Ceuta aus, damit sie durch den Ozean nach den Gestaden Indiens führen, um von dort gewinnversprechende Handelsgüter zu holen.«[152] Hinter Kap Juby an der marokkanischen Atlantikküste verlor sich ihre Spur. Doch wurde nach ihnen und ihren Nachkommen fast 150 Jahre lang gesucht. Ein Gerücht besagte, sie seien gestrandet und als Schiffbrüchige in Abessinien beim Priesterkönig Johannes inhaftiert worden. Dort versuchte man sie zu finden, doch vergeblich. Ihr Schicksal und die Gründe des Scheiterns dieser Expedition bleiben ungewiß. Eines zeigt die Expedition der Gebrüder Vivaldi aber überdeutlich: Der Grundgedanke, einen Seeweg nach Indien durch die Umfahrung Afrikas zu finden und den moslemischen Zwischenhandel damit auszuschalten, war zu dem Zeitpunkt, an dem er Wirklichkeit wurde, schon viele hundert Jahre alt.

Mythos und Phantasie – die Mentalität von Entdeckern und Eroberern

Wesentlich für die Geschichte des Atlantik ist auch die Mentalität, die sich im mittelalterlichen Europa herausbildete und das Zeitalter der Entdeckungen prägen sollte. Erfahrungswissen, der praktische Versuch, die kritische Beobachtung, das Experimentieren bekamen für den Menschen im Verhältnis zur Welt einen neuen, höheren Stellenwert als bisher. So hatte es schon der Philosoph William von Ockham zu Anfang des 14. Jahrhunderts gefordert. Diese neue, kritisch-rationale Denkhaltung löste die mittelalterliche Buchgelehrsamkeit ab, die deduktiv-logisch operierte und antike und religiöse Überlieferungen als feststehende Ausgangspunkte ihres Denkens nutzte. Alexander von Humboldt hat zu Recht darauf hingewiesen, daß dieser zunehmende Hang zur eigenen Überprüfung von Behauptungen eine wichtige, unverzichtbare Voraussetzung für das Zeitalter der Entdeckungen bildete.[153] Als noch bedeutsamer, weil ursprünglicher erwies sich die Parole »Um Gott und Gold«: Die Mentalität der Entdecker und Konquistadoren vereinte in sich so widersprüchliche, aber auch zusammengehörende Elemente wie große Religiosität und ein aggressives, militantes Sendungsbewußtsein, das schon die Kreuzzüge getragen hatte, die Verachtung der Fremden und den Haß auf die Muslime, die Gier nach Reichtum und Macht, den Willen zum Kampf und zum Sieg, aber auch die große Neugier, neue Länder und Sitten kennenlernen zu wollen.[154] Dieses letzte Argument der Neugier, das wohl sympathischste Motiv, wird oft auf den Humanismus zurückgeführt. Jedoch lassen sich ihre Wurzeln sehr gut bis ins Mittelalter zurückverfolgen, etwa zu den Mythen und Legenden, die zusammen mit materiellem und ideellem Gewinnstreben mehr als abstrakte Neugier den Tatendrang der Entdecker antrieben. Es ging im Zeitalter der Entdeckungen nicht darum, etwas Neues und Unbekanntes zu finden, vielmehr wurde meist etwas ganz Konkretes gesucht. Darunter waren oft auch Dinge, von denen wir heute wissen, daß sie nicht existierten. Doch gerade diese Mythen, denen die Entdecker nachjagten, waren oft viel verlockender als die meist graue und ernüchternde Realität. Sie konnten Seefahrer dazu bewegen, gewaltige Risiken und ungeheure Strapazen auf sich zu nehmen. Es waren die Phantasie und die Hoffnung, besser: phantastische Hoffnungen, die sich bei den Entdeckungsreisen in der frühen Neuzeit oft als sehr viel wirksamerer Antrieb als das exakte Wissen erwiesen.

Seefahrerlegenden über den Atlantik und Asien: mythische Inseln, Monster und die Reichtümer Indiens

Die mittelalterlichen und frühneuzeitlichen Mythen über fremde Länder und Meere sind derart zahlreich, daß jede Aufzählung ein Fragment bleiben und sich beschränken muß. Die älteste Seefahrerlegende des christlichen Europas stammt aus Irland. Nach dem Zusammenbruch des Weströmischen Reiches waren die Iren – Irland war im 5. Jahrhundert christianisiert worden – der Motor der Christianisierung, und die Religion war auch der Antrieb der irischen Entdeckungsfahrten. Das wesentliche Motiv der irischen Seefahrer waren nicht Handel und Profit, sondern die Spiritualität. Irische Mönche fuhren als Eremiten auf der Suche nach Einsamkeit aufs Meer hinaus, sie suchten unbesiedeltes Land und fanden dabei Island und andere Inseln der nördlichen Nordsee. Die Faröerinseln wurden von ihnen um 670 entdeckt. 150 Jahre später wurden sie dort aber von den Wikingern verdrängt, die zwischen 770 und 800 landeten, die Inseln aber selbst nicht vor dem Jahre 865 besiedelten. Island wurde von den Iren um das Jahr 795 herum erreicht; auch hieraus zogen sie sich wieder zurück, als die Wikinger kamen. Es gibt sagenhafte Spekulationen, daß irische Mönche sogar nach Amerika gelangt seien und dort ein Land gefunden haben sollen, das den Namen »Hrvitmannaland« trug, ein Land, in dem der Fama nach der Wein wild wuchs und das in der Nähe von »Vinland« vermutet wurde. Die Hinweise in den

Quellen, darunter von den Vinlandfahrern wiedergegebene Eingeborenenberichte von Männern in weißen Gewändern, die wie bei einer Prozession Fahnen trugen und sangen, sind jedoch zu spärlich und zu vieldeutig, um als zweifelsfreie Beweise zu gelten.

Doch geschichtsmächtiger als diese Berichte über irische Einsiedlermönche wurden die irischen Seefahrermythen, vor allem die Fahrten des heiligen Brendan. Der irische Nationalheilige Brendan war eine historische Persönlichkeit und lebte von 484 bis 577. Seine Taten wurden in der »Navigatio Sancti Brendanii« verherrlicht; die erhaltene Fassung ist aus dem 11. bis 12. Jahrhundert, in ihren Grundzügen aber wahrscheinlich 300 Jahre älter. In dem Text sind christliche und vorchristliche Motive und Mythen miteinander verschmolzen. Die dem heiligen Brendan zugeschriebenen Fahrten waren eine Mischung aus Realität und Phantasie; in den Bereich der letzteren gehörte die Landung auf einem riesigen Fisch, den Brendan und seine Mitfahrer für eine Insel hielten. Der heilige Brendan wurde zu einer Art irischem, christlichem und atlantischem Odysseus. Die ihm zugeschriebenen Fahrten ähneln der »Odyssee« in mehr als einer Hinsicht; auch hier bemühten sich spätere Jahrhunderte mit einem ans Groteske grenzenden Eifer, die beschriebenen Örtlichkeiten zu lokalisieren. Der Brendan-Mythos sollte das gesamte Mittelalter hindurch große Fernwirkungen haben: Immer wieder brachen vor allem britische Seefahrer auf, um die von Brendan besuchten Inseln im Atlantik zu finden, und auf fast allen mittelalterlichen, teilweise sogar noch auf frühneuzeitlichen Karten war eine Brendansinsel eingezeichnet. Die letzten Auswirkungen reichen bis in die Gegenwart: 1976/77 hat Timothy Severin von Irland aus den Atlantik in einem nachgebauten irischen Fellboot überquert, um die theoretische Möglichkeit einer Landung irischer Mönche auf dem amerikanischen Kontinent zu demonstrieren.[155]

Die Brendansinsel war jedoch nicht die einzige Phantominsel, nach der jahrhundertelang gesucht werden sollte. Auch die Insel »Brazil« spielte eine wichtige Rolle. Hierbei handelte es sich wahrscheinlich um einen altirischen Mythos, der darauf zurückzuführen war, daß vor der Küste Irlands gelegentlich Fata-Morgana-Erschei-

Seefahrerlegenden über den Atlantik und Asien

Der heilige Brendan landet mit seinem Boot auf einem riesigen Fisch

Das Zeitalter der Mythen: der Atlantische Ozean im Mittelalter

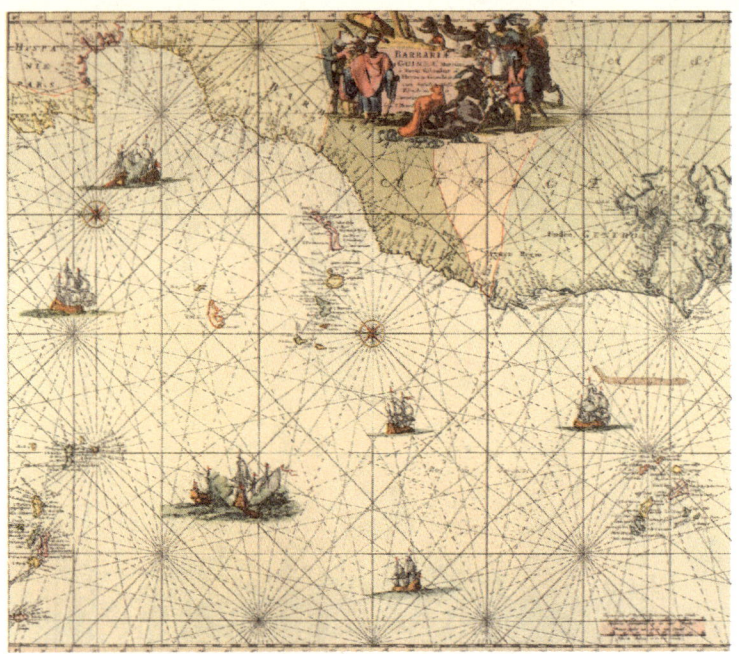

Spätmittelalterliche Seekarte des Atlantischen Ozeans vor der Küste Afrikas, der Straße von Gribraltar bis zum Cap Verde mit Inseln, um 1650

nungen zu sehen sind. Wer es schaffe, so hieß die Sage, auf diese paradiesische Geisterinsel ein Stück Eisen zu werfen, könne sie betreten und dort, mitten unter strahlend schönen Jungfrauen, ein wunderbares Leben führen. Der irische Name der Insel lautete »Hy breasail« (O' Brazil = Glückliche Insel); diese Namenserklärung ist schon deshalb plausibel, weil die Insel Brazil im Mittelalter immer im atlantischen Raum westlich von Irland gesucht und ebenso wie die Brendansinsel auf Karten verzeichnet wurde.[156] Der Mythos der Insel Brazil weitete sich auf überraschende Weise aus: In den romanischen Ländern wurde die Herkunft des Namens auf *brasile* = feuerfarbig zurückgeführt; und es wurde vermutet, daß es auf der Insel einen roten Farbstoff oder vielleicht ein rotfarbiges Holz, aus dem Färbemittel gewonnen werden könnten, gab. Diese Insel Brazil wurde, an wechselnden Orten, in mittelalterliche Atlantikkarten eingezeichnet; zwischen 1325 und 1571 sind nicht weniger als 27 verschiedene Einzeichnungen nachgewiesen![157]

Weitere mythische Inseln, deren Ursprung aber nicht in der irischen Mythologie, sondern wahrscheinlich in mißverstandenen Berichten über die portugiesische Eroberung Ceutas im Jahre 1415 lag, sind Antilia, das heute als *ante ilhas* = vor der (Halb)insel Ceuta gelegen, gedeutet wird, und die mythische Siebenstädte-Insel, an deren Existenz Alfons so fest glaubte, daß er sie im Jahre 1473 der Infantin Beatrice als Witwengeld aussetzte.[158]

Die Suche nach Phantominseln im Atlantik wurde gegen Ende des Mittelalters zur Initialzündung für atlantische Entdeckungsfahrten; in der Literatur wird, völlig zu Recht, für die zweite Hälfte des 15. Jahrhunderts von einem regelrechten »Inselfieber« gesprochen.[159]

Zu den Mythen gehörten aber auch verzerrt dargestellte Realitäten, wenn sich etwa ein Kranz von Legenden um einen wahren Kern gebildet hatte. Dazu zählen beispielsweise die Reichtümer Asiens, die es tatsächlich gab. Die Zeitgenossen erfuhren von ihnen durch die Erzählungen Marco Polos, den man aber ohnehin in seinen Schilderungen Chinas und Japans der Übertreibung bezichtigte; »Vater der Millionen« wurde er spöttisch genannt. Gleichwohl machten die Erzählungen von den goldgedeckten Dächern Cathays auf die Zeitgenossen tiefen Eindruck. Vor Marco Polo war der Geistliche Wilhelm von Rubruk in den Jahren 1253–55 zu den Mongolen gereist und hatte seine Eindrücke aufgezeichnet; China kannte er aber nur vom Hörensagen.[160] Beide, aber auch andere Reisende hatten über die asiatischen Verhältnisse wahrheitsgetreu berichtet. Schon dies heizte die Phantasie der mittelalterlichen Leser an; doch gleichermaßen wurden sie durch erfundene und fiktionale Texte gefesselt. Sie vertrauten den Erzählungen des »Alexanderromans«, einer spätantiken, ursprünglich griechischen Romanerzählung, in der das Leben Alexanders des Großen – allerdings mit zahllosen Hinzudichtungen, kruden Fabeln und einer chaotischen Verzerrung der historischen Realität – wiedergegeben wurde, über die Reichtümer Indiens; das

Buch soll das weitverbreitetste belletristische Werk des Mittelalters gewesen sein. Begeistert wurden auch die Reisen eines Herrn von Mandeville gelesen, der eine Art spätmittelalterlicher Münchhausen war. Vermutlich verbarg sich ein belgischer Arzt namens Jean du Bourgogne, der immerhin selbst bis nach Ägypten gelangt war, hinter dem Pseudonym Mandeville. Um 1350 hatte der belesene Fälscher aus verschiedensten Werken seinen fiktiven Reisebericht zusammengesetzt. Die Erde war immerhin auch bei Mandeville rund, und obwohl er viele haarsträubende Dinge berichtete – wie etwa von einem Magnetberg, den er mit eigenen Augen gesehen haben will –, war doch vieles auch zutreffend. Mandeville berichtete sogar von einer Fahrt über den Ozean von Ostasien nach Europa. Diese Behauptung war symptomatisch für die Atlantikvorstellungen des späten Mittelalters, die durchaus noch in antiker Tradition standen, indem sie ein einheitliches Weltmeer annahmen, das Ostasien und Europa trennte.

Vergleichsweise sachlich waren dagegen die zwischen dem 13. und 15. Jahrhundert entstandenen Kompendien geographischen Wissens, wie etwa die Werke Roger Bacons, Pierre d'Aillys »Imago Mundi« oder Aenaeas Piccolominis »Historia Rerum Ubicumque Gestarum«, die viel auf das antike Schrifttum zurückgriffen. In ihnen wurde der Atlantik in Anlehnung an Aristoteles und den Neuplatoniker Simplicius meist als schmales Meer interpretiert, es wurde jedoch eingeräumt, daß es über den Ozean viele widersprüchliche Informationen gebe und deshalb auch vieles unsicher bleiben müsse. Dazu kam dann noch der Einfluß religiöser und apokrypher Schriften. Welche Bedeutung diese Schriften und Legenden hatten, läßt sich befriedigend nur an einzelnen Personen nachweisen, wie wir später am Beispiel des Kolumbus zeigen werden. Aus der Antike und aus der jüdisch-christlichen Mythologie kam der Glaube an Fabelwesen wie Zyklopen, Amazonen, Einfüßler, Menschen ohne Kopf, die Völker Gog und Magog oder beispielsweise das im Alten Testament erwähnte Goldland Ophir.[161] Sogar das irdische Paradies war später das Ziel von Entdeckungsreisen. Dante hat es in seiner zu Beginn des

14. Jahrhunderts entstandenen »Divina Commedia« auf der anderen Hemisphäre angesiedelt, und Kolumbus hat es tatsächlich hartnäckig in Südamerika gesucht. Schließlich und endlich bleibt auch noch die Sage vom »Magnetberg« zu erwähnen, die an die erfundenen Abenteuer des Herzogs Ernst, des Stiefsohns Kaiser Konrads II., geknüpft wurde und die Schreckvorstellung eines riesigen magnetischen Berges verbreitete, der alles Metallische auf Schiffen anziehen und sie dann zum Verschwinden bringen würde. Diese Legende tauchte parallel zur Einführung des Kompasses auf und suchte auf populäre und schreckeinflößende Weise eine Erklärung für das irdische Magnetfeld zu liefern. Vermutet wurde der Magnetberg im hohen Norden und tiefen Süden und schließlich an den Polen. Auf spätmittelalterlichen Weltkarten wurde er dann sogar eingezeichnet. So heißt es in der Walspergerschen Weltkarte von 1448 über das Nordpolarmeer: »in hoc mari magno non est navigato propter magnetes«.[162] In manchen Schilderungen war der Magnetberg aus Diamantgestein; eine weitere Magnetvariante war ein Meer, dessen Grund aus Diamantgestein bestehe und Schiffe deshalb in die Tiefe ziehe. Späte Auswirkungen hatten diese Legenden noch in der Literatur des 19. Jahrhunderts; in Edgar Allen Poes »Die Abenteuer des Arthur Gordon Pym aus Nantucket« und in Jules Vernes »Eissphinx« spielt der am Pol angesiedelte sagenhafte Magnetberg eine wichtige Rolle.

Ein weiterer, für die Entdeckung des Atlantik sehr wichtiger Mythos war der vom sagenhaften »Priesterkönig Johannes«. Dieser mythische Herrscher wurde um die Mitte des 12. Jahrhunderts erstmals erwähnt. Otto von Freising, der Onkel Friedrich Barbarossas, berichtete in seiner Chronik, daß ein gewisser Johannes, »rex et sacerdos« und nestorianischer Christ, »im äußersten Osten zu Hause sei« und gegen die Muslime eine große Schlacht gewonnen habe. Diese sagenhafte Herrscherpersönlichkeit sollte vom 11. bis zum 15. Jahrhundert die Phantasie der Europäer gewaltig anregen.

Für das Abendland war die Existenz des Priesterkönigs und seiner Nachfolger eine Tatsache; Marco Polo und Wilhelm von Rubruk berichteten ebenso von ihm wie auch muslimische Quellen. Wahrscheinlich verbirgt sich hinter dem Gestrüpp späterer Hinzudichtungen ein wahrer Kern: Das Turkvolk der Kara-Kithai hatte unter ihrem Führer Yeliutashi in Innerasien ein gewaltiges, wenn auch kurzlebiges Reich aufgebaut. 1141 schlugen sie die Seldschuken bei Samarkand in einer gewaltigen Schlacht, in der 100 000 Mann gefallen sein sollen. Die Nachricht von der Schlacht drang ins Abendland; die Christen im Nahen Osten, in den Kreuzfahrerstaaten, verbanden mit ihr die unrealistische Hoffnung auf Hilfe gegen die Araber. Doch warum »Priesterkönig«? War Yeliutashi ein Christ? Auf die Frage, wie Yeliutashi in der Überlieferung zu dem Namen »Priesterkönig Johannes« oder »Presbyter Johannes« gekommen sein könnte, gibt es viele Vermutungen, die vor allem auf der Annahme von Übersetzungs- und Hörfehlern beruhen; aber keine davon überzeugt wirklich. Obwohl Marco Polo und Wilhelm von Rubruk berichteten, daß der Priesterkönig längst tot sei und sein Reich nicht mehr existiere, hielt sich der Mythos, der durch die freudige Nachricht von der gewaltigen Niederlage der Mohammedaner entstanden war, und wurde schließlich auf andere Realitäten übertragen. Vom äußersten Asien, wo ihn Otto von Freising zu Recht vermutet hatte, wanderte die Suche nach dem Priesterkönig, begünstigt durch die Vieldeutigkeit des Begriffs »Indien«, der oft für alle ostwärts gelegenen und exotischen Landstriche verwendet wurde, schließlich nach Afrika, wo es tatsächlich in Abessinien ein christliches Kaiserreich im Rücken der moslemischen Feinde gab.

Der Priesterkönig Johannes, der dann schließlich mit dem Negus identifiziert wurde, ist ein charakteristisches Beispiel für einen Mythos, der so mächtig war, daß er sich schließlich seine eigene Realität schuf. Und das Gleiche geschah mit den Wunderinseln. Eine Inselgruppe, nämlich die Antillen, wurde nach der Phantasieinsel Antilia benannt; die Amazonen fand man in Südamerika, und der Mythos der Insel Brasil eroberte sich zu Beginn des 16. Jahrhunderts das gewaltige südamerikanische Land, das heute diesen Namen trägt.

Am Ende des Mittelalters hatte sich ein Europa herausgebildet, das technisch in der Lage war, seinen Siegeszug über den Atlantik

Seefahrerlegenden über den Atlantik und Asien

anzutreten. Entscheidend war aber, daß sich auch der Wille dazu herausgebildet hatte. Typisch für das Zeitalter der Entdeckungen war der unverhältnismäßig große Stellenwert der geschilderten Mythen, in denen Fiktion und Wirklichkeit sich mischten und die die Entdecker beseelten. Sie gaben dem Zeitalter, allen voran natürlich Kolumbus, seinen donquichottesken Zug. Selbstgenügsamkeit und der Wunsch, sich auf die inneren Probleme zu konzentrieren – in der Art der Chinesen –, gab es in Europa zwar auch, aber Unternehmungslust, Neugier, Kreuzzugseifer und Gier nach Reichtum und Macht waren stärker. Um mit Al-Idrisi zu sprechen: Am Ende des Mittelalters war die Zeit gekommen, wo »habgierige Phantasten« den Atlantik, das bisherige Ende der Welt, befahren und damit den Lauf der Weltgeschichte ändern sollten.

Das Zeitalter der Entdeckungen: die Portugiesen

Heinrich der Seefahrer

Die beiden Höhepunkte des Zeitalters der Entdeckungen liegen dicht beieinander: 1492 landete Kolumbus in der Neuen Welt, 1498 Vasco da Gama in Indien. Die weltgeschichtlichen Folgen beider Entdeckungen waren ungeheuer tiefgreifend. Der Atlantik, bisher Barriere und Grenze des europäischen Kosmos, war nun in beiden Richtungen überwunden. Die Afrika-Umrundung der Portugiesen und die Westfahrt über den Atlantik im spanischen Auftrag werden meist in einem Atemzug genannt. Tatsächlich gehören sie eng zusammen, waren zeitlich nahe beieinander und waren Unternehmungen aus demselben Geist und getragen von derselben sozioökonomisch-technologischen Entwicklung des ausgehenden 15. Jahrhunderts. Und doch gibt es große Unterschiede. Das Unternehmen des Kolumbus war die kühne Tat eines einzelnen, die – auf fehlerhaften Grundannahmen basierend – durch den unvorhersehbaren Glücksfall, Amerika zu finden, Erfolg hatte. Bei der Entdeckung Amerikas stehen deshalb die Person des Genuesen und seine Weltsicht, seine Pläne, Kenntnisse und Motive im Vordergrund. Vasco da Gamas Ankunft in Calicut im Südosten Indiens war hingegen kein glücklicher, unerwarteter Zufall, sondern das Ergebnis von etwa achtzig Jahren systematischer portugiesischer Entdeckungstätigkeit. Die sich über mehrere Generationen hinweg erstreckende portugiesische Kollektivanstrengung hatte darum nicht nur einen, sondern viele Helden: die Kapitäne und Entdecker Gil Eanes, Nuno Tristão, Diego Cão, Bartholómeu Dias, Vasco da Gama und Pedro Alvarez Cabral, die Könige João I., Duarte, Pedro, João II. und Manuel; hinzuzurechnen sind die Helden der Schiffsbesatzungen, deren Namen wir meist nicht kennen, und schließlich der Mann, der am Ausgangspunkt dieser Entwicklung stand: Henrique el Navigador.

Heinrich der Seefahrer wird bis heute in Portugal als wichtigste Figur des portugiesischen Entdeckungszeitalters und vielleicht sogar der gesamten nationalen Geschichte verehrt. Dem Initiator der portugiesischen Entdeckungen ist das große Denkmal der Entdecker in Lissabon geweiht, und ihm wurden in der fast schon hagiographisch gefärbten portugiesischen Literatur die unterschiedlichsten Qualitäten als Schiffskonstrukteur, Kartenzeichner, Erfinder verschiedenster nautischer Verbesserungen und Akademiegründer zugeschrieben.

Die Chronisten seines Zeitalters wie Gomes Eanes de Zurara (ca. 1420–73/74), Damião de Góis (1502–74) oder João de Barros (1496/97?–1570) lobten seinen Verstand, seine niemals erlahmende Neugier, seine Durchsetzungskraft und Energie. Dabei ist zu berücksichtigen, daß der Prinz zu seinen Lebzeiten ihm nicht genehme Geschichtswerke aus dem Verkehr ziehen ließ, daß wir also nur über seine Selbststilisierung, über ein zensiertes und geschöntes Bild verfügen. Neuere Arbeiten gehen mit Heinrich denn auch sehr streng ins Gericht und sehen in ihm nicht mehr den aufgeklärten Helden des Entdeckungszeitalters, sondern eine »ganz und gar mittelalterliche Erscheinung«[163]. Und Teile der modernen Forschung[164] versuchen außerdem, der Personalisierung und Zuspitzung der portugiesischen Entdeckungsgeschichte auf Heinrich den Seefahrer gegenzusteuern, und heben mehr auf die gesellschaftlichen Strukturen ab, die eine überseeische Expansion begünstigten. Diese Historiker weisen auf das expansive Potential in der portugiesischen Gesellschaft hin, das Entdeckungsreisen begünstigte oder fast schon erzwang. Die Fahrten

Das Zeitalter der Entdeckungen: die Portugiesen

Das »Entdeckerdenkmal« in Lissabon

in den Atlantik hinein und entlang der Küste Afrikas waren, so würde das Fazit dieser Interpretation lauten, das Resultat einer fast von allein ablaufenden, unkontrollierbaren gesellschaftlichen Dynamik; Heinrichs Anteil an diesem Vorgang war nicht unbedeutend, aber begrenzt.

Wichtig war für den Beginn des Zeitalters der Entdeckungen der akute Goldmangel, der in Portugal und allgemein in Europa zu Beginn des 15. Jahrhunderts herrschte. Dies hatte bei dem gewaltigen Stellenwert dieses Edelmetalls im mittelalterlichen Zahlungsverkehr negative ökonomische Folgen. Die Suche nach Gold, nach afrikanischem Gold, ist tatsächlich eine der Hauptursachen für die ersten Entdeckungsreisen. Außerdem hatten die Fahrten in den Atlantik hinein schon im 14. Jahrhundert allmählich eingesetzt, und so waren, wie erwähnt, die Kanaren und Madeira von iberischen und italienischen Seefahrern bereits wiederentdeckt worden. Die Portugiesen hatten seit dem 14. Jahrhundert von den Italienern, vor allem den Genuesen, nautisch und kaufmännisch viel gelernt, sich als Schaltstelle zwischen Mittelmeer und Flandern in die großen europäischen Handelsströme eingebracht und von ihnen profitiert. Schon die portugiesischen Könige des 14. Jahrhunderts hatten viel getan, um Handel, Bürgertum, Schiffbau und Seefahrt zu begünstigen. Schließlich war in Portugal auch eine Zuckerindustrie entstanden, die rasch auf die Atlantikinseln ausgedehnt wurde und für die, wie auch sonst in der Landwirtschaft, Sklaven benötigt wurden. Hinzu kam noch eine die Expansion begünstigende Sozialstruktur. Am Ende der Reconquista bildete der vom ökonomischen Niedergang bedrohte Kleinadel innerhalb der portugiesischen Gesellschaft ein handlungsbereites, aggressives Potential, auf das die Krone zurückgreifen konnte und das sie schon aus Selbstschutz beschäftigen mußte. Schließlich trieb auch der Nahrungsmangel die Portugiesen auf die Suche nach neuen Anbauflächen für Getreide und nach Fischgründen. Und die portugiesische Industrie brauchte Leder, Häute, Lacke und Farben. Diese sozialen und ökonomischen Bedürfnisse begünstigten eine expansive Bewegung, zumal technisch, wie geschildert, Atlantikfahrten am Ende des Mittelalters erstmals wirklich möglich waren.

Und doch kann die historische Größe Heinrichs – im Sinne Jacob Burckhardts als historische Unersetzlichkeit und Einmaligkeit – durch diese Argumente nicht ernstlich in Frage gestellt werden. Denn wenn dieser Prinz nicht die systematische portugiesische Entdeckungstätigkeit in Gang gebracht hätte – und sei es auch aus absolut mittelalterlichen Motiven –, wer sonst hätte es getan? Und wenn die Initialzündung der portugiesischen Entdeckungen ausgeblieben wäre, woher hätte Europa dann den Impuls erhalten, der das Zeitalter der Entdeckungen einläutete? Wäre diese Epoche ohne Heinrich den Seefahrer nicht vielleicht ganz anders verlaufen, wären die Entdeckungen und die von ihnen ausgehende Globalisierung nicht erst viel später und unter ganz anderen historischen Umständen erfolgt? Zwar waren die sozialen, ökonomischen, technischen und speziell nautischen Voraussetzungen für eine überseeische Expansion im 15. Jahrhundert besser als je zuvor. Und doch bedurfte es des entscheidenden Impulses, der Bündelung und Fokussierung dieser expansiven Kräfte, und dies ging unbestreitbar von Heinrich dem Seefahrer aus.

Wer war Henrique el Navigador überhaupt? Der Prinz (1394–1460) war der vierte Sohn des Königs Johann (João) I., der von 1385 bis 1433 regierte, Bruder des Königs Duarte (1433–1438) und des Regenten Pedro (1439–1447) und Onkel des Königs Afonso V. (1438–1481). Der aussichtslose Platz in der Thronfolge gab ihm keine Chance, selbst König zu werden, und war ein mächtiges Motiv, seinen Ehrgeiz und seine Ruhmsucht in andere Felder zu lenken. Der ungewöhnlich zielstrebige Mann schuf sich nach und nach einen großen ökonomischen und politischen Handlungsspielraum. Er sprach auch in der Politik seines Landes, vor allem bei außenpolitischen und militärischen Fragen, ein gewichtiges Wort mit. Doch wann und warum plante er das, was ihn zur historisch erstrangigen Persönlichkeit machte, den Vorstoß über den Atlantik? Die Quellen wollen wissen, daß es eine Weltkarte, die ihm sein Bruder Pedro 1428 aus Venedig mitbrachte und die dann Jahrhunderte in portugiesischen Archiven schlummerte, heute aber verloren ist, und ein Exemplar von Marco Polos Reisebericht waren, die ihn auf den Gedanken einer Afrika-Umsegelung gebracht haben sollen.[165] Das allerdings war, wie aus der Chronologie deutlich wird, eine der vielen Legenden, die sich um die Figur Heinrichs des Seefahrers ranken.

Die Anfänge der portugiesischen Expansion in Afrika – nämlich die Eroberung der maurischen Festung Ceuta im Jahre 1415 – erinnern in Geist und Durchführung weniger an das beginnende Zeitalter der Entdeckungen als vielmehr an die Epoche der Reconquista und der Kreuzzüge. Die Stadt hatte zuvor als Stützpunkt muslimischer Piraten den Portugiesen viel Kummer gemacht. Auch war sie bedeutend als Endpunkt afrikanischer Karawanenwege, auf denen unter anderem Gold aus dem Inneren Afrikas herantransportiert wurde. Doch was sollte nun, nach der Einnahme, mit Ceuta geschehen? Manche rieten, die Festung wieder aufzugeben, da ihre Unterhaltung zu aufwendig sein und keinen wirklichen Nutzen bringen würde. Heinrich, der sich zusammen mit seinen Brüdern bei den Kämpfen durch Mut und Entschlossenheit ausgezeichnet und den Ritterschlag verdient hatte, war derjenige, der an Ceuta festhalten und gleichzeitig die afrikanische Expansion weitertreiben wollte. Er wollte den Kampf gegen die Ungläubigen weiterführen und dabei auch den Kastiliern zuvorkommen, die, vor allem auf den Kanaren, den Portugiesen erbitterte Konkurrenz machten.

Die Behauptung Ceutas brachte in den folgenden Jahren eher Nach- als Vorteile. Die Endpunkte der aus dem Inneren Afrikas kommenden Karawanenstraßen wurden von den Mauren verlegt, Ceuta wurde mehrfach von ihnen belagert, und Portugal, das damals etwa eine Million Einwohner hatte, dadurch in einen Krieg mit Marokko mit seinen zu dieser Zeit etwa sechs Millionen Einwohnern verstrickt. Heinrich selbst mußte schmerzliche Niederlagen hinnehmen, etwa als er 1437 erfolglos versuchte, Tanger zu erobern. Doch müssen die Eroberungen in Marokko eher als Fortsetzung der Reconquista und der Kreuzzüge gesehen werden. Der Anfang der Entdeckungsreisen wird überzeugend auf das Jahr 1419/20 datiert, als sich Henrique für mehrere Monate in Ceuta aufhielt. Dort sammelte er, so wird vermutet, Informationen über die aus dem tropischen Inneren Afrikas eintreffenden Goldtransporte; dort entwickelte er vielleicht auch die Idee, mit Schiffen in diese Gegenden vorzustoßen. Nach der Rückkehr aus Ceuta, inzwischen vom Papst zum Großmeister des Christusordens ernannt, beauftragte Henrique die erste Expedition, Richtung Süden in See zu stoßen – hin zur damaligen Südgrenze des bekannten Atlantik, zum Kap Nun und weiter südlich zum Kap Bojador. Gleichzeitig führte die zielgerichtete Expansion auch westwärts hinaus auf den offenen Ozean. Hier ging es um die Entdeckung und Inbesitznahme der Atlantikinseln, vor allem der Kanaren und Madeiras, das ab 1420 besiedelt wurde, dann auch der Azoren, die in den dreißiger Jahren entdeckt wurden. Heinrich wollte, so schrieb der Chronist Diogo Gomez um 1457, »Erkundungen über die entlegeneren Teile des Ozeans einziehen, ob [westlich] jenseits der Weltbeschreibung des Ptolemäus Inseln oder ein Festland zu finden seien«[166].

Es ging aber auch nach Süden, die afrikanische Küste entlang. Heinrich wollte die Ausdehnung und den Verlauf des afrikanischen Kontinents kennenlernen und ließ deshalb spätestens ab 1422 jährlich Schiffe in See stechen, die den Auftrag hatten, die noch unbekannten Küsten zu erforschen. Hier stellt sich die Frage nach den Zielen dieser Forschungsreisen. Wo wollte Heinrich hingelangen, was hoffte er zu finden? Bei dieser Frage scheiden sich die Geister vollständig. Die klassische portugiesische Interpretation der Absichten des Prinzen geht davon aus, daß Heinrich von Anfang an den gesamten afrikanischen Kontinent umrunden wollte, um nach Indien zu gelangen und den muslimischen Zwischenhandel auszuschalten. Nach dieser Lesart arbeiteten der Infant und seine Nachfolger seit 1422 mit bewundernswerter Stetigkeit an dem Generationenprojekt der systematischen Erforschung des Seewegs nach Indien. Diese Anstrengungen wurden dann gekrönt durch die Indienfahrt Vasco da Gamas 1498, die Fahrt des Pedro Alvarez Cabral 1500 und die Errichtung des portugiesischen Imperiums in Asien. Der österreichische Historiker Günther Hamann, der in einer großen Studie über die portugiesischen Entdeckungen ebenfalls diese Ansicht vertritt, sieht in Heinrich dem Seefahrer sogar den »Schöpfer jenes gigantischen Plans, der erstmals in der Geschichte unseren Planeten als eine Ganzheit in geographische und machtpolitische Kombinationen einbezogen hat«[167]. Die Quellen stützen diese Ansicht partiell. Der Chronist Damião de Góis war der Ansicht, Heinrich habe »den Seeweg nach dem Orientalischen Indien« finden wollen. Der Prinz, der die antiken Quellen gekannt habe, sei davon überzeugt gewesen, daß dieser bereits im Altertum befahren worden und nur in Vergessenheit geraten sei.[168] Der Infant las ohnehin viel, so Damião, habe aber zu allem Geschriebenen eine kritische Distanz gehabt: »Ihren Wahrheitsgehalt aber schätzte er ein, wie man von Menschen Geschriebenes einschätzt. Er glaubte zwar, aber zweifelte auch zugleich.« Man möchte dies für einen eindeutigen Quellenbeweis halten. Doch Damião schrieb etwa hundert Jahre nach den Ereignissen zu einem Zeitpunkt, an dem die Portugiesen schon nach Asien gelangt waren. Die Rückdatierung des Motivs,

Portrait, das wahrscheinlich Heinrich den Seefahrer zeigt, von Nuño Gonçalves (1470–1480)

den Seeweg nach Indien entdecken zu wollen, um damit den phänomenalen, Generationen überragenden Weitblick Heinrichs des Seefahrers besonders hervorzuheben, ist naheliegend. Eine Quelle, die noch zu Zeiten Heinrichs des Seefahrers erstellt wurde und daher viel mehr Glaubwürdigkeit besitzt, ist die päpstliche Bulle »Romanus Pontifex«. Sie basiert auf einer Eingabe Heinrichs von 1454, in der er sich alle Rechte an den bereits gemachten und noch zu machenden Entdeckungen übertragen ließ, und zwar »usque ad Indos«[169]. Indien war also, so scheint diese Urkunde zu belegen, von Anfang an das Ziel der henriqueanischen Entdeckungsfahrten. Und warum eigentlich nicht? Den Zeitgenossen waren nicht nur die schon mehrfach erwähnten Quellen über die antiken Versuche der Umrundung Afrikas bekannt; auch der

Versuch der Gebrüder Vivaldi, Afrika zu umrunden, war nicht vergessen. Schließlich war jahrzehntelang nach ihnen gesucht worden, und noch 1455 berichtete Antonietto Usodimare von angeblichen Nachfahren der Überlebenden im tropischen Afrika. Schließlich und endlich schrieb König Manuel I. (1495–1521) im Jahre 1502: »Der Infant Don Henrique, mein Oheim, begann mit der Entdeckung Guineas in der Absicht und mit dem Wunsche, von der Küste des genannten Landes Guinea aus Indien zu entdecken und aufzusuchen.«[170] Andere Historiker bezweifeln trotz dieser Indizien mit gutem Grund, daß Heinrich wirklich als 27jähriger den Plan der Umsegelung Afrikas gefaßt hatte, an dem er dann bis zu seinem Tod vierzig Jahre später festhielt. Für ihn habe, so lautet eine zurückhaltendere Interpretation, das Erreichen der Quellen des afrikanischen Goldes im Vordergrund gestanden – und die Suche nach dem Priesterkönig Johannes als Verbündeten gegen die Muslime. Die Absicht, nach Indien zu gelangen, sei hingegen erst in den 50er Jahren des 15. Jahrhunderts, gegen Ende seines Lebens, oder sogar erst von seinen Nachfolgern, vor allem König Johann II., zum Ziel erhoben worden. So schrieb Richard Hennig: »Vor Johann II. (1481–95) suchten die Portugiesen nur das Indien des Priesters Johannes.«[171] Selbst wenn dieser Auslegung nicht gefolgt wird: Die Suche nach dem Ursprung des afrikanischen Goldes und die nach dem Reich des Priesterkönigs Johannes im tropischen Afrika waren vielleicht nicht die einzigen, wohl aber die zentralen Motive, die das Entdeckungszeitalter in Portugal einläuteten. Die Portugiesen hingen der Chimäre des »Priesterkönigs« mit derselben Hartnäckigkeit an wie Kolumbus dem Traum vom goldreichen Cipangu (Japan). Alle portugiesischen Expeditionen, von den Anfängen bis ins 16. Jahrhundert hinein, hatten den Auftrag, Kontakt mit dem Priesterkönig aufzunehmen.[172]

Die Zeitgenossen berichten noch über weitere Motive Heinrichs. Sie schildern seine Kreuzfahrermentalität und seinen glühenden christlichen Glauben, der ihn seinem auf dem Sterbebett liegenden Vater versprechen ließ, stets gegen die Ungläubigen zu kämpfen – verbürgte Motive für die afrikanischen Erkundungsfahrten. Nicht unwichtig waren dem Infanten auch, so berichten die Quellen, die ökonomischen Vorteile, wie etwa die Suche nach dem afrikanischen Gold.[173] Auch seine ausgeprägte Ruhmsucht und der buchstäbliche Glaube an seinen Stern spielten eine Rolle, nicht verwunderlich im astrologiegläubigen 15. Jahrhundert.

Um die Person Heinrichs des Seefahrers haben sich Mythen und Legenden gebildet, auf die einige moderne Historiker fast schon allergisch reagieren. Die Mystifizierung Heinrichs dürfte damit zu tun haben, daß die portugiesische Geschichtsschreibung unter dem Schock von 1492 leidet und sich verpflichtet fühlt, die Entdeckungstaten ihres Landes hervorzuheben, damit sie nicht von Kolumbus völlig überschattet werden. Hier nur einige der bekannteren Legenden und die Wirklichkeit der Quellen: Heinrich der Seefahrer war kein Seefahrer; er hat in seinem Leben selbst nur einige relativ kurze Fahrten nach Marokko unternommen. Auch die angeblich von ihm gegründete Seefahrtakademie in Sagres, die systematisch Informationen über den Atlantik sammelte und für die internationale Fachleute herangezogen wurden, hat, so lautet der derzeitige Forschungsstand, in dieser Form nicht existiert.[174] Der einzige nachweisbar von Heinrich eingeladene Experte war Magister Jakobus, Kartenzeichner und Hersteller nautischer Instrumente und Sohn eines noch berühmteren Kartenzeichners aus Mallorca. Immerhin lud Heinrich gern Seefahrer zu sich ein, fragte sie nach ihren Erfahrungen und unterhielt sich nächtelang mit ihnen. Der Prinz war sehr wißbegierig und auch dankbar für die Produkte, die sie von ihren Expeditionen in ferne Länder mitbrachten. Aber daß er Schiffe entwickelte oder die Karavelle erfunden hat, ist eine Legende; immerhin aber wurde 1444 die erste in den Quellen genannte Karavelle bei seinen Forschungsfahrten eingesetzt. Es ist auch wenig wahrscheinlich, daß Heinrich selbst neue Navigationsmethoden oder Kartenprojektionen erdacht hat. Schließlich und endlich war er nicht allein mit seinem Vorhaben, sondern wurde von den regierenden Königen, von seinen Brüdern und Neffen unterstützt. Auch nahmen viele portugiesische und italienische Privatunternehmer Anteil an den Entdeckungsreisen; gegen Ende seines Lebens machten die von ihm organisierten Fahrten nur noch ein Drittel aller damaligen Reisen aus.

Der Prinz brannte auf Kunde von fernen, bisher unbekannten afrikanischen Ländern. Und doch muß man ihn sich eher denn als Gelehrten, der von humanistischer Neugier getrieben wurde, als Kreuzfahrer von unstillbarem Tatendrang und gleichzeitig als Manager eines weitgespannten Konzerns vorstellen. Der Prinz war nach dem König der zweitreichste Mann Portugals. Heinrich war seit 1420 Großmeister des Christusordens, das heißt der Nachfolgeorganisation des ehemaligen Templerordens in Portugal. Dies war die wichtigste seiner Funktionen, aber nicht die einzige; der ehrgeizige und umtriebige Mann suchte sich beharrlich immer neue eigene Betätigungsfelder. Sein Testament gibt Auskunft über die staunenswerte Vielzahl der von ihm kontrollierten Wirtschaftsunternehmungen und Herrschaften, die das Herzogtum Vizeu, die Herrschaft Covilha, die Bewirtschaftung der Atlantikinseln Madeira, Porto Santo und Deserta, Fischfangprivilegien an der Algarve, Seifenmanufakturen, Handelsmonopole an der afrikanischen Küste und noch vieles mehr umfaßte. Diese Akkumulation von Positionen und Unternehmungen hat dazu geführt, daß sogar vermutet wurde, der Prinz habe sich eine Art privaten afrikanisch-atlantischen Herrschaftsbereich schaffen wollen. Seine Hauptsorge galt dem Kampf gegen den Islam, seinem Wirtschaftsimperium und auch seinem unmittelbaren Herrschaftsbereich, den ihm die Könige auf den Atlantikinseln eingeräumt hatten. Und es galt Portugal, dessen Interessen er gegen alle Konkurrenz, vor allem die kastilische, durchzusetzen versuchte.

Heinrich und die portugiesischen Entdeckungsfahrten von Gil Eanes bis Vasco da Gama

Heinrich der Seefahrer war ein Mann, der vielen überkommenen Ansichten mißtraute und sie zu überprüfen bereit war. Er klopfte an eine Weltgrenze, an die er nicht glaubte, an die These von den

Klimazonen und der angeblich unbewohnbaren Äquatorialzone. Die antike Auffassung, die Äquatorzone sei »inhabitabilis propter calorem«, war im Mittelalter übernommen worden. Viele schriftliche Quellen, Kompendien und Karten zeugen davon, wie weit verbreitet dieser Glaube war. Vom Atlantik glaubten die Seeleute, er würde zum Äquator hin immer seichter, das Wasser dickflüssiger und unbefahrbarer. Und die Menschen würden schwarz wie die Mohren werden, sobald sie den Wendekreis des Krebses überschritten. Diese Angstvorstellungen beherrschten nicht nur die gebildeten Kartenzeichner, sondern ganz besonders die Seeleute, deren Auftrag es war, im Namen des Infanten diese Vorstellungen zu überprüfen. Zu Beginn des Entdeckungszeitalters waren die portugiesischen Seeleute weder geübte Hochseefahrer noch als besonders mutig bekannt. Der portugiesische Chronist Barros berichtete: »Da die portugiesischen Seeleute zu jener Zeit nicht gewohnt waren, sich so weit in die offene See hinauszuwagen, und die ganze Schiffahrt sich auf kurze Tagfahrten bei dauernder Landsicht beschränkte, gerieten sie, als sie anscheinend so weit von der Küste ihres Landes entfernt waren, in ... allgemeine Bestürzung...«[175] Mit derartig furchtsamen Besatzungen mußte Prinz Heinrich nun versuchen, dem Atlantik seine Geheimnisse zu entreißen. Das Weltmeer hielt bei der projektierten Fahrt nach Westen und Süden zwei nautische Herausforderungen bereit: bei Westfahrt die Angst vor der Endlosigkeit des Meeres, vor gewaltigen Strömungen und ungünstigen Winden, bei Südfahrt die Befürchtung, man könne der unbewohnbaren und unbefahrbaren Zone der Erde, der Äquatorzone, zu nahe kommen und dabei sein Leben verlieren.

Die entscheidende Klippe, sowohl für die portugiesische Seemannschaft als auch für die Klimazonentheorie, lag an der marokkanischen Atlantikküste. Die südliche Weltgrenze lag dort zunächst bei Kap Nun, das jedoch relativ rasch und unspektakulär in den 20er Jahren des 15. Jahrhunderts umrundet wurde. Doch als entscheidende Grenze und als Weltende baute sich nun das an der marokkanischen Atlantikküste gelegene Kap Bojador auf, wobei moderne Untersuchungen spätmittelalterlicher Karten zu dem

Schluß gelangen, daß damit das heutige Kap Juby bei Tarfaya gemeint war, das etwa 140 Seemeilen nördlich des heutigen Kap Boujdour an der Küste der Westsahara liegt.[176] Die Schiffahrt in diesen Gewässern ist wegen zahlloser Untiefen und Sandbänke tatsächlich schwierig, die noch viele Kilometer vor der Küste das Befahren erschweren. Doch niemand wollte auf das offene Meer ausweichen und außerhalb der Sichtweite des Landes navigieren. Der Infant Heinrich schickte elf Jahre lang seine Schiffe los mit dem Auftrag, Kap Bojador zu umrunden; doch die Kapitäne und Besatzungen scheiterten immer wieder an dieser Aufgabe. Das Problem war weniger ein nautisches als vielmehr ein psychologisches: Die Seeleute hatten Angst und konnten sich nicht überwinden, das, was für sie die Weltgrenze war, zu passieren. Der Chronist Zurara – er war ein Parteigänger des Prinzen und damit keine wirklich verläßliche Quelle – berichtet sehr eindrucksvoll davon, wie die Besatzungen über die Absichten des Infanten räsonnierten. Sie kannten die alten Sagen über das Weltende bei Kap Bojador, die vom Vater auf den Sohn weitervererbt worden waren. Diese Sagen waren zwar wahrscheinlich falsch, aber niemand wollte sein Leben einsetzen, um dies zu beweisen; es hätte ja sein können, daß sie doch stimmten. Der Wissensdurst des Infanten schien ihnen frevlerisch. »Was sollen wir die Grenzen überschreiten, die unsere Vorfahren aufgerichtet haben? Welchen Nutzen hat der Infant davon ...? Wir wären ja wie Selbstmörder!« Es gibt sicher gute Gründe dafür, daß noch kein anderer Fürst je ähnliches versucht hatte. »Das ist doch klar, sagten sie, jenseits des Kaps gibt es niemanden. Dort wohnt kein Mensch. Das Land ist nicht weniger sandig als die Wüsten von Libyen. Es gibt dort kein Wasser, auch keine Bäume oder grüne Pflanzen. Und das Meer ist so seicht, daß es eine Legua (1 port. Legua = 6197 m) vom Ufer kaum einen Faden (= ca. 2 m) tief ist. Die Gezeiten aber sind so stark, daß Schiffe, die das Kap passiert haben, niemals in der Lage sind, wieder zurückzukehren.«[177]

Die Furcht erwies sich als wirkungsvolles Hindernis: Der Infant entsandte dreizehnmal Schiffe; keinem von ihnen gelang die Umfahrung des Kaps. Doch nun zeigte sich die wahre Befähigung Heinrichs des Seefahrers: Er wurde nicht wütend, gab seinen Kapitänen eine zweite und eine dritte Chance und schaffte es, seine Besatzungen zu ermutigen und zu begeistern. Jene, die umkehrten, empfanden wachsende Scham; sie brachten dem Infanten dann meist einige gefangene Mauren als Sklaven mit, um ihr Versagen zu entschuldigen. Schließlich nahm Heinrich seinen Hofmann Gil Eanes – er war gerade ergebnislos von einem Versuch, das Kap zu umrunden, zurückgekehrt – in die Pflicht und sagte ihm: »Du kannst dort keiner Gefahr begegnen, die so groß wäre, daß die Hoffnung auf Belohnung sie nicht vergessen machen könnte. In der Tat, ich staune über diese Einbildungen und Chimären, von denen ihr alle besessen seid. Wenn diese Dinge auch nur das geringste Gewicht hätten, würde ich ja für euch eine Entschuldigung finden. Aber ich bin erstaunt, daß ihr [Vorstellungen] von einigen wenigen Seeleuten übernehmt, die nur die Seefahrt nach Flandern kennen und nach anderen Häfen, die sie anzulaufen pflegen. Sie kennen noch nicht einmal die Anwendung des Kompasses, oder sie wissen nicht, wie man eine Seekarte benutzt. Lasse dich also durch ihre Vorstellungen nicht von deiner Fahrt abhalten, denn mit Gottes Hilfe wirst du durch sie nur Ehre und Gewinn erzielen.«[178] Die deutliche Rede und wohl auch die Aussicht auf reiche Belohnung zeigten Erfolg. Eanes schwor, er werde das Kap bezwingen – und es glückte ihm. Er landete 1434 jenseits der Weltgrenze und fand dort keinen Unterschied zu den Ländern, die er kannte. Er brachte 38 gefangene Mauren als Beweis für die Bewohnbarkeit dieser Gegenden mit nach Portugal. Es war der vierzehnte Versuch gewesen, das Hindernis zu überwinden.[179] An der Barriere des heutzutage unbedeutenden Kap Bojador waren mehr Entdecker gescheitert als an jedem anderen Punkt der noch vor den portugiesischen Entdeckern liegenden afrikanischen Küsten. Und nun gingen die Entdeckungen in rascherem Tempo weiter, immer an der Küste entlang, die damals südlich des Kap Bojador schon als »Guinea« bezeichnet wurde. Jedes Schiff, das auslief, mußte über die bereits erforschten Küstenabschnitte hinausgreifen und neue Gebiete erforschen. Es fanden sich Spuren von Menschen, aber keine

Ansiedlungen. Eine weitere Etappe erreichte eine Bucht, die wie Mündung eines Flusses aussah, der, bezeichnend für die Ziele der Expeditionen, Rio do Ouro – Goldfluß – genannt wurde und diesen Namen bis heute trägt.

1441 fingen Nuño Tristão und Antão Gonçalves am weiter südlich gelegenen Kap Branco Hunderte von Mauren, um sie in Lagos als Sklaven zu verkaufen. Sie setzten damit nur eine Praxis fort, die im Mittelmeer und auch bei den Entdeckern bis dahin allgemein üblich war: Überfälle auf die Siedlungen der Muslime und deren Versklavung. Expeditionen hatten auch oft die Kanaren heimgesucht, um Guanchen zu fangen. Jedoch hatte der Import der Sklaven vom Rio do Ouro nach Portugal diesmal eine überraschende Nebenwirkung. Die Unternehmungen des Infanten waren keineswegs populär gewesen. Die Leute murrten, Heinrich verschwende mit der Besiedlung von Inseln und den Entdeckungsfahrten ihre Steuergelder; sie machten sich über seine Bestrebungen lustig und glaubten, das Ganze würde niemals etwas einbringen. Mit dem Verkauf dieser Sklaven schlug die Stimmung plötzlich um. Jetzt sah man, daß in den neuentdeckten Gebieten doch viel Geld verdient werden könne. Es entstand das Entdeckungsfieber, das in den folgenden Jahrzehnten immer weiter zunahm und angetrieben war von der Gier nach Reichtum, nach sozialem Aufstieg und Ruhm, auch wenn das mit der Versklavung von Menschen erkauft wurde. Das schlechte Gewissen blieb allerdings. Der Chronist Zurara schilderte, wie Lançarote, einer der ersten Sklavenfänger, im August 1444 in Lagos 235 Mauren verkaufte. Er berichtet von dem herzzerreißenden Anblick der Sklaven und entschuldigt sich beim Leser, daß er wegen des Elends und der Not der Ungläubigen, wegen des Schmerzes der Familien, die auseinandergerissen wurden, weinen mußte. Der Infant Heinrich, dem aufgrund seines Monopols ein Fünftel aus dem Handel zustand, wohnte der Szene hoch zu Roß bei. Er nahm seinen Anteil in Empfang, verschenkte ihn aber sofort weiter. Er blieb gelassen und tröstete sich damit, diese Ungläubigen für den wahren Glauben gewonnen und somit trotz des irdischen

Leidens doch ihre unsterblichen Seelen gerettet zu haben; den Sklavenfänger Lançarote schlug er sogar noch zum Ritter. Notabene: Hier begann nicht ein neues, dunkles Kapitel der europäischen Geschichte, vielmehr wurde ein altes fortgeschrieben. Die Sklaverei gab es schon vorher, und sie wurde ganz selbstverständlich auch in den neuentdeckten Gegenden etabliert. Auch in Afrika, der Heimat der Unglücklichen, gab es schon verschiedene einheimische Formen der Sklaverei; nun kam die europäische noch hinzu. Bis 1448 wurden 927 Sklaven in Afrika gefangen; etwa 50 Schiffe reisten in das Gebiet, und die meisten zur Sklavenjagd. Das Geschäft boomte. Zwischen 1486 und 1493 wurden bereits 3589 Sklaven erbeutet; der Trend ging steil nach oben.[180] Die Sklaverei wurde, dies wird noch zu schildern sein, ein wesentliches Element der atlantischen Ökonomie in der frühen Neuzeit.

Groß war das Staunen der Entdecker, als der Wüstengürtel allmählich überwunden wurde und trotz der größeren Nähe zum Äquator plötzlich zunehmende Vegetation zu beobachten war. 1444 erreichte Nuño Tristão das Mündungsgebiet des Senegalstroms und gelangte damit in die »Terra dos Negros«. Es war sensationell, als man die Heimat der ersten vollkommen schwarzen Menschen erreichte – die »Mohren«, die man aus Nordafrika kannte, waren ja braun.[181] Das »Cabo Verde«, also das »Grüne Kap«, das afrikanische Westkap, wurde 1444 von Dinis Dias erreicht; der Name spricht für sich und für den Wandel der bisherigen Vorstellungen von der *terra inhabitabilis propter calorem*.[182] Einer der wichtigsten Entdecker dieser unerwartet fruchtbaren und dichtbesiedelten afrikanischen Gebiete war Nuño Tristão. Er starb bei einem Eingeborenenüberfall mit fast seiner gesamten Mannschaft durch vergiftete Pfeile, woraufhin ein Schiffsjunge die Karavelle nach Portugal zurücksteuern mußte – mit insgesamt fünf Mann Besatzung. Der Infant Heinrich zeigte sich von seiner fürsorglichen Seite und setzte den Hinterbliebenen eine Rente aus.[183]

In diese Phase der portugiesischen Entdeckungen fallen auch die Reisen des Alvise Cadamosto (geb. 1432). Der gebürtige Venezianer hatte 1454, zweiundzwanzigjährig, Heinrich seine Dienste angeboten und zwei Reisen ins tropische Afrika, nämlich nach Gambia, unternommen. Wichtig ist er schon allein deshalb, weil er seine Eindrücke zu Papier gebracht hat und dabei großes Talent zum Schreiben bewies. Seine sehr lesenswerten »Navigazioni« geben Auskunft über den konkreten Ablauf einer portugiesischen Entdeckungsfahrt, vor allem aber Einblick in die Mentalität eines Entdeckers. Interessant sind schon die Motive, die ihn bewogen hatten, Venedig zu verlassen: »Mein Sinnen und Streben war zu jener Zeit einzig und allein darauf ausgerichtet, mich auf allen möglichen Wegen in der Welt umzusehen, nicht nur um Reichtümer zu erwerben, sondern auch um Erfahrungen und Wissen zu sammeln, was mir in späteren Jahren einen guten Ruf und Ehre einbringen konnte.«[184] Er schiffte sich, da er nicht viel Geld hatte, auf einer flämischen Galeere ein, die wegen stürmischen Wetters in der Nähe von Sagres in Portugal Station machen mußte. Dort hörte er von den portugiesischen Expeditionen in neue Länder, von deren merkwürdigen Bewohnern und auch von den fabelhaften Verdienstspannen des Afrikahandels, nämlich von sechs- bis zehnfachen Gewinnen auf das eingesetzte Kapital. Damit war sein Entschluß gefaßt: Er ließ sich eine Audienz bei Prinz Heinrich geben, und statt nach Flandern zu fahren, rüstete er ein Schiff für Afrika aus. Der Prinz stellte ihm die Karavelle gegen eine Gewinnbeteiligung von 50 %, dies war der übliche Satz, während die Ladung von einem portugiesischen Handelsmann bezahlt wurde.[185] Übrigens war die Einstellung von Italienern kein Einzelfall; ein großer Teil der portugiesischen Entdeckungsfahrten wurden von italienischen Seeleuten durchgeführt, und Genuesen bekleideten in Portugal schon seit mehr als hundert Jahren höchste Positionen.

Am 22. März 1455 stach Cadamosto in See. Zuerst landete er auf den Kanaren, dann ging es die Küste entlang bis nach Senegal und Gambia. Immer wieder berichtete Cadamosto über das fassungslose Staunen, das die Eingeborenen erfaßte, wenn sie die Weißen und ihre Schiffe sahen. Der Gebrauch des Segels war ihnen unbekannt. Cadamosto und den anderen europäischen Seeleuten ging, wegen der Geschwindigkeit, mit denen ihre

Schiffe von einem Tag zum anderen sich von Ort zu Ort bewegen konnten, deshalb mancherorts der Ruf voraus, Geister zu sein. Vor allem aber konnten die Mohren, wie Cadamosto die Eingeborenen nannte, nicht glauben, daß es Menschen mit solch einer Hautfarbe gebe. Auf einem Markt rieben sie mit Speichel an seiner Haut, um festzustellen, ob dieses Weiß vielleicht aufgetragene Farbe sei, und waren sehr verwundert, als dieser Versuch fehlschlug.

Cadamosto bemühte sich um ein friedliches Auskommen mit den Eingeborenen; er wollte mit ihnen keine Händel, sondern Handel treiben. Das hatte bisweilen Erfolg, etwa im Senegal, in Gambia hingegen keinen. Hier kam es zu Kämpfen, vor allem, als Cadamosto den Gambiafluß hinaufzufahren suchte. Die Weißen wurden hier, so erfuhr der Venezianer über Dolmetscher, für Menschenfresser gehalten; daraus resultierte die feindselige Haltung der Bevölkerung.

Immer wieder stellte Cadamosto Betrachtungen über die politische Ordnung der besuchten Landstriche an. So schilderte er die anarchische oder manchmal auch despotische Gesellschaftsstruktur bei den besuchten Völkerschaften. Manche Stämme zitterten vor ihren Fürsten, weil diese ihre Verwandten, ihre Frauen und Kinder bei kleinsten Verstößen als Sklaven verkauften. Der Venezianer beschreibt, wie bei Audienzen die Untertanen demütig vor ihren Fürsten krochen und sich fortwährend mit Staub bewarfen. Cadamosto empfand die Eingeborenen als sehr arm; sie seien schlechte Arbeiter, die nur gerade das erwirtschafteten, was sie selbst zum Leben brauchten. Von Vorratshaltung zu Handelszwecken wüßten sie nichts.

Besonders interessant waren die Unterhaltungen, die Cadamosto mit einem senegalesischen Fürsten namens Budomel führte. Sie sprachen über Religion, und Budomel zeigte sich belustigt, als der Venezianer mit den Muslimen seiner Umgebung in Streit geriet. Er selbst empfand die christliche Religion als gut, denn offenbar sei Gott sehr gnädig zu denen, die an ihn glaubten, und habe den Weißen großen Reichtum und ebensolche Geschicklichkeit verliehen. Doch empfand er seine muslimische Religion als gleich gut; im übrigen müsse Gott doch aus Gründen der Gerechtigkeit die armen Mohren im Jenseits besser stellen als die Weißen, denen er das Paradies ja schon im Diesseits gewährt habe. Cadamosto empfand diese Argumentation als Zeichen »eines regen Verstandes und einer guten Menschenkenntnis«.[186] Noch eines notierte der Venezianer: Die Eingeborenen, und zwar Männer und Frauen, waren »außerordentlich lüstern und unkeusch«[187]. Tatsächlich fragte Budomel – er hatte einen großen Harem – Cadamosto sogar nach potenzfördernden Mitteln, in der Hoffnung, daß die geschickten Weißen auch auf diesem Sektor etwas zu bieten haben würden.

Was diese Schilderungen des scharf beobachtenden Venezianers so wertvoll macht, sind nicht nur die Fakten oder die Kuriosa, sondern es ist auch sein Bemühen, die Dinge von zwei Seiten, nämlich von seiner eigenen und der der Eingeborenen, zu betrachten. Und seine Aufzeichnungen zeigen, daß die Angehörigen dieser unterschiedlichen Kulturen sehr wohl miteinander ins Gespräch kommen konnten. Trotz aller Unterschiede fanden sie eine gemeinsame Ebene des intellektuellen Austauschs, der sich nicht nur auf den Handel beschränkte. Daß dieser natürlich eine wichtige Rolle spielte, versteht sich von selbst. Cadamosto kaufte Budomel einige Sklaven ab und bekam sogar ein hübsches Mohrenmädchen als Dienerin geschenkt.

Bemerkenswert ist aber auch ein anderer Aspekt: In Cadamostos Schilderungen findet sich kein irgendwie gearteter Rassismus. Sorgsam notiert er die Unterschiede und beschreibt, was die Mohren besser und was sie schlechter konnten als die Europäer. Er beschreibt ihre technologische und ökonomische Unterlegenheit, auch bisweilen ihre Unerfahrenheit und Einfalt; aber er sieht die Ursache nicht in prinzipieller (»rassischer«) Unterlegenheit der Eingeborenen. Gelegentlich schreibt er ihnen sogar magische Kräfte zu. Dies ist ein Charakteristikum, das in vielen frühneuzeitlichen Reiseberichten wiederzufinden ist: das ethnographische Interesse, die Abwesenheit von Rassismus, dafür aber der feste Glaube an die Überlegenheit der eigenen Religion. Allerdings gibt es Indizien dafür, daß sich diese Einstellung schon im 16. Jahrhundert zu ändern begann beziehungsweise eine ganze Zeitlang verschiedene Ansichten zur Frage der ethnischen Gleichwertigkeit zu finden waren. Ein Beispiel dafür war, daß 1518 der Sohn eines zum Christentum übergetretenen kongolesischen Fürsten zum Bischof geweiht wurde; er sollte aber für lange Zeit der einzige bleiben.[188] Im selben Jahr finden sich aber auch Äußerungen wie die des Jesuiten Valignano, daß »alle die dunklen Rassen sehr dumm und lasterhaft sind« und von den Portugiesen »mit größter Verachtung behandelt« würden.[189] Das Problem des Rassismus nahm mit dem Sklavenhandel zu, auch und gerade als Rechtfertigungsideologie, und sollte in der Geschichte des Atlantik noch eine zentrale Rolle spielen.

Zurück zu Cadamosto. Es war charakteristisch, daß er seine Reise schließlich auf Druck der Besatzung abbrechen mußte. Nach einem Jahr wollten sie nun nach Hause zurück, und eine Verweigerung dieses Wunsches hätte nach seiner Ansicht eine Meuterei heraufbeschworen. Auch dies war ein Grundzug dieser Reisen, der sich in den folgenden Jahrzehnten noch mehrfach bemerkbar machen sollte: Die Mannschaft beugte sich nicht bedingungslos dem Kapitän, und dieser hatte noch nicht die despotische Machtstellung an Bord, die spätere Schiffsführer bisweilen beanspruchten.

Cadamosto unternahm 1456 eine zweite Fahrt nach Afrika, in deren Verlauf er die Kapverdischen Inseln entdeckte.[190] Diese wurden zwei Jahre später durch Antonio de Noli, ebenfalls ein Italiener, eingehender erforscht; er wurde dort der erste Gouverneur.[191] Inzwischen hatte auch die Inbesitznahme der Atlantikinseln Fortschritte gemacht. Die Expansion auf Porto Santo hatte zwar dadurch einen Rückschlag erlitten, daß die Nachfahren ausgesetzter Kaninchen sich rasant vermehrt und trotz aller Gegenmaßnahmen ganze Ernten vernichtet hatten; die Besiedlung mußte deshalb zeitweise wieder aufgegeben werden. Auf Madeira, das seit 1433 ein Lehen des Infanten Heinrich war,[192] führte der Versuch einer Brandrodung zu einem unkontrollierbaren Großfeuer. Die ersten Siedler überlebten nur unter Verlust ihrer gesamten Habe, indem sie tagelang im Wasser standen. Noch sieben, nach anderen Quellen sogar neun Jahre lang schwelte das Feuer an verschiedenen Stellen weiter, bevor es endgültig erlosch. Trotzdem wurde Madeira ein großer ökonomischer Erfolg, hier wurde Zucker, später dann Wein angebaut. Um die Kanaren, die schon seit dem 14. Jahrhundert besiedelt und 1344 vom Papst Kastilien zugesprochen worden waren, führte Heinrich einen jahrzehntelangen erbitterten Kampf mit den Guanchen und den Kastiliern, doch letztlich erfolglos. 19 Jahre nach seinem Tod wurden die Kanaren 1479 im Vertrag von Alcaçovas Spanien zugesprochen; Portugal erhielt dafür das zuvor von Kastilien angefochtene Monopol für die Nutzung der Küstengebiete von Kap Bojador bis nach Indien. Die Azoren wurden erst 1431/32 entdeckt und dann durch den Portugiesen Frei Gonçalo Velho besiedelt.[193]

Heinrich der Seefahrer kümmerte sich auch um die rechtliche Absicherung des entstehenden Imperiums. Man muß im Auge behalten, daß sich das kleine Portugal gegen viel stärkere Konkurrenten, vor allem gegen das an Bevölkerung um das Fünffache überlegene Kastilien oder gegen das zehnfach überlegene Frankreich behaupten mußte. Wie sollte das auf Dauer möglich sein? Heinrich wandte sich deshalb an den Papst, der dem Land wegen seiner ungewöhnlichen Bereitschaft, sich an Kreuzzügen zu beteiligen, besonders verbunden war. Die Päpste Nikolaus V. und Calixtus III. sprachen den Portugiesen in drei Bullen ein Monopol für die alleinige Nutzung der neuentdeckten Küsten zu. Vor allem die Bulle »Romanus Pontifex« von 1455 sicherte ihnen die Atlantikinseln, die alleinige wirtschaftliche Nutzung der neuentdeckten Länder, inklusive der Versklavung von Mohammedanern und Heiden, die Seefahrts-, Fischfang- und Handelsrechte zu. Bei Übertretung drohten anderen Seefahrern und ihren Auftraggebern Exkommunikation und Interdikt. Der Christusorden, dessen Großmeister Heinrich war, erhielt »quasi-bischöfliche« Rechte über die neuentdeckten Gebiete. Doch verließen sich die Portugiesen nicht nur auf dieses Monopol, sondern sicherten es auch mit Gewalt: Einem zuwiderhandelnden genuesischen Kaufmann sollen, wie einem gemeinen Dieb, beide Hände abgehackt worden sein![194]

Im November 1460 starb Heinrich der Seefahrer in Sagres. Zu diesem Zeitpunkt war Sierra Leone erreicht. In seinem Testament bat der Prinz seinen Haupterben, den König, die Entdeckungsreisen fortzusetzen. Und dies geschah zunächst auch. Pedro de Sintas entdeckte die Pfefferküste; dann trat eine Pause ein. Das Afrikageschäft wurde zwischen 1469 und 1474 an Fernão Gomes, einen wohlhabenden Bürger Lissabons, verpachtet. Er hatte dabei die Summe von 200 Milreis jährlich zu zahlen und verpflichtete sich, pro Jahr 100 Leguas (= 619 km) Küste neu zu entdecken. Offenbar lohnte sich das Geschäft für Gomes. Er war bereit, ein weiteres Pachtjahr 1474/75 mit 300 Milreis zu entgelten und für die vorangegangenen Jahre eine Nachzahlung zu leisten. Später, im Jahre 1514, als der Guineahandel erneut verpachtet wurde, betrug die Pachtsumme bereits das Fünffache.[195]

Auch in der prosaischen Zeit der Verpachtung, die sich in Wahrheit gar nicht so sehr von der Ära des Prinzen Heinrich unterschied, wurden die Entdeckungen erfolgreich vorangetrieben. Sie erreichten 1472 ihren südlichsten Punkt beim Kap Santa Catarina. Damit war die Küste des Golfs von Guinea fast vollständig bekannt. Übrigens hatte der Ostverlauf der afrikanischen Küste südlich von Kap Verde und vor allem dann im Golf von Guinea zunächst große Hoffnungen geweckt, das Ende des afrikanischen Kontinents erreicht zu haben, die dann aber enttäuscht wurden, als man feststellte, daß die Küste sich doch wieder in südlicher Richtung fortsetzte. Immerhin entdeckte Fernão do Poo 1472/73 die Inseln des Guineagolfs, São Tomé und Principe; sie wurden später wichtig wegen des Zuckeranbaus und auch wegen des Sklavenhandels.[196]

Neuen Schwung erhielt das Entdeckungsunternehmen, als der Kastilische Erbfolgekrieg (1475–79) vorbei war, der alle anderen Unternehmungen blockiert hatte. Diese neue Epoche wurde durch König João (Johann) II. (1481–95) geprägt. Nun wurde schnell klar, wohin die Portugiesen wollten: nach Indien, zu den Gewürzen! Zu Beginn der Regierungszeit Joãos II. wurde 1481 zur Sicherung des Goldhandels im heutigen Ghana zunächst ein großes Fort aus Fertigbauteilen errichtet, die zusammen mit Hunderten von Soldaten und Maurern auf einer Flotte von Lastkähnen aus Portugal herangeschafft worden waren. Diese Festung mit dem Namen Sao Jorge da Mina wurde ein Zentrum des afrikanischen Goldhandels. Von 1517 bis 1561 flossen allein von hier aus jährlich zwischen 150 und 450 kg Feingold nach Portugal. Guinea exportierte insgesamt, mit Lieferungen von anderen Orten, in den Jahren 1500 bis 1520 jährlich mindestens 700 kg Gold nach Europa. Dies war fast soviel, wie die Spanier aus Amerika herauspreßten: von 1503 bis 1540 durchschnittlich 904 kg pro Jahr.[197] Die Festung blieb portugiesisch bis ins Jahr 1637; dann wurde sie, inzwischen ohnehin heruntergekommen, von den Holländern erobert. Sie war, gemeinsam mit dem bereits 1448 errichteten Fort Arguim, das vor allem dem Sklavenhandel diente, die wichtigste portugiesische Station in Guinea.

Doch nun trieb João II. auch die Entdeckungsfahrten Richtung Indien mächtig voran. Wieviel fehlte denn noch auf dem Seeweg nach Indien? Der portugiesische König war ungeduldig und schickte sprachkundige Geheimagenten, vor allem den adligen Pero de Covilha, als Spione in den islamischen Machtbereich; er sollte möglichst viel über die ostafrikanischen und indischen Verkehrsverhältnisse in Erfahrung bringen. Diese Aufgabe erfüllte Covilha mit bewunderungswürdigem Erfolg, er gelangte bis nach Indien. Bei einer weiteren Erkundung, die ihn diesmal an den Hof des »Priesterkönigs Johannes« nach Abessinien führte, wurde er von diesem und dessen Nachfolgern aber festgehalten und mußte die weiteren 33 Jahre seines Lebens, wenn auch in allen Ehren, in Äthiopien verbringen.

Parallel dazu wollte João endlich auch das afrikanische Südkap erreichen und setzte deshalb die Entdeckungsfahrten beschleunigt fort. Die Strecken, die einzelne Expeditionen erforschen mußten, wurden nun sehr viel länger. Zunächst entsandte der König Diogo Cão; er entdeckte von 1482 bis 1484 das Kongogebiet und Angola. Eine zweite Fahrt, an der angeblich auch der Nürnberger Martin Behaim, der später den berühmten Globus angefertigt hat, teilgenommen haben soll, führte Cão 1485 bis in das heutige Namibia. Doch nun sollte das ersehnte Südkap von einer weiteren Expedition erschlossen werden. Ihr Führer wurde Bartholomeu Dias, ein erfahrener Kapitän aus einer adligen Entdeckerfamilie. Ihm wurden mehrere andere hochkarätige Nautiker sowie zwei Karavellen von 50 Tonnen und ein weiteres Schiff, das als Lebensmittelfrachter diente, unterstellt. Dias und seiner Besatzung gebührt das historische Verdienst, als erste Portugiesen Afrika umfahren und damit den Nachweis erbracht zu haben, daß Indien auf diesem Wege zu erreichen war.[198]

Die Expedition lichtete im Juli oder August 1487 in Lissabon die Anker und machte sich auf den langen Weg in die unbekannten Gewässer des Südatlantik. Ihr erstes Ziel waren die bereits von Cão erforschten Küstengebiete in der Kongozone. Dort ließen sie mehrere Eingeborene frei, die von der vorangegangenen Expedition nach Portugal gebracht worden waren. Nun sollten sie, beschenkt mit Gold, Silber und Gewürzen, für Portugal werben »und von der Macht und Großartigkeit des Königreiches Portugal berichten«. Die Portugiesen hofften, daß sich auf diese Weise die Nachricht von ihrer Landung bis zum »Priesterkönig Johannes« herumsprechen werde.

Nachdem der erste Teil des Auftrags erfüllt war, ließ Dias kurz vor dem Ende der bereits bekannten afrikanischen Küste – im Süden des heutigen Angola – das von seinem Bruder Pero Dias befehligte Frachtschiff als schwimmendes Proviantlager zurück und segelte mit den beiden Karavellen weiter. Die neubefahrenen Küstenstriche wurden von Dias karthographiert und an markanten Stellen mit steinernen Wappenpfeilern, den *padrãos*, versehen, die als Hoheitszeichen trotz ihres beträchtlichen Gewichts von je 500 Kilogramm von portugiesischen Expeditionen seit der Expedition des Diogo Cão mitgeführt wurden. Die sich in südöstlicher Richtung neigende Küste weckte Hoffnungen auf das baldige Südende des afrikanischen Kontinents. Dias legte aber eine gesunde Skepsis gegenüber allzu optimistischen Erwartungen an den Tag, da die vorangegangenen portugiesischen Expeditionen schon oft von größeren Buchten getäuscht worden waren und zu schnell an das

Erreichen des Südkaps geglaubt hatten. Er fuhr dicht an der Küste entlang und benannte die markanten Buchten, Vorgebirge und Inseln nach den Heiligen des jeweiligen Entdeckungstages oder nach besonderen Ereignissen. So erhielt beispielsweise eine große Bucht, in der stürmisches Wetter die Schiffe zum fünftägigen Kreuzen zwang, den Namen »Angra dos Voltas«, Bucht des Kreuzens (wahrscheinlich die heutige Alexander-Bay). Um nicht durch Wind und Strömung mit den Schiffen an Land gedrückt zu werden, mußte Dias schließlich Kurs aufs offene Meer nehmen. Am 6. Januar 1488 wurde ein Höhenzug gesichtet, der, entsprechend dem Datum, nach den Heiligen Drei Königen »Serra dos Reis« genannt wurde. Dann geriet die Küste außer Sicht. Dias ließ die Segel reffen; trotzdem wurden die Schiffe bei aufgepeitschter See und plötzlicher eisiger Kälte immer weiter nach Süden abgetrieben – wahrscheinlich bis zum 45. Grad südlicher Breite, vielleicht sogar schon in subpolare Zonen des Südatlantik.

Dias und seine Leute waren weit vom Kurs abgekommen – sehr weit. Sie befanden sich, ohne es zu wissen, bereits mehrere hundert Kilometer jenseits der ersehnten Südspitze und hatten das heutige Kap der Guten Hoffnung und das Nadelkap als südlichsten Punkt des Kontinents bereits hinter sich. Die historische Stunde, die Entdeckung des afrikanischen Südkaps, begann unfeierlich, aber äußerst dramatisch: Die Seeleute kämpften in einem dreizehntägigen Orkan verzweifelt um ihr Leben. Die kleinen Karavellen mußten mit dem abrupten Übergang von den bisher tropisch warmen in die eiskalten, stürmischen Gewässer des Südatlantik fertigwerden. Sie segelten in einer Gegend, die heute noch nach dem Breitengrad als »die brüllenden Vierziger« bezeichnet wird und als eines der am schwierigsten zu befahrenden Seegebiete der Welt gilt. Nicht umsonst erlangte das Meer am Südende des afrikanischen Kontinents, wo sich die gegensätzlichen Winde und Strömungen aus dem Atlantischen und Indischen Ozean treffen, bei den Seefahrern aller Nationen in den folgenden Jahrhunderten furchtbare Berühmtheit. Die Karavellen überstanden den Orkan. Als er nach knapp zwei Wochen so weit abgeflaut war, daß wieder ein normaler Kurs gesteuert werden konnte, glaubte Dias, durch Ostkurs bald wieder Fühlung mit der Küste gewinnen zu können. Doch die Küste tauchte auch nach Tagen nicht auf, und Dias begann Hoffnung zu schöpfen. Vielleicht war das lang gesuchte Südkap und damit Afrika umfahren, der Seeweg nach Indien frei! Er befahl Nordkurs. Und tatsächlich! Das Geschwader stieß in den ersten Februartagen des Jahres 1488 wieder auf Land – das südöstliche Kapland. Die Expedition des Dias hatte den Atlantik hinter sich gelassen und war bereits im Indischen Ozean angekommen. Sie landeten in einer Bucht, die wegen des Reichtums an Viehherden von Dias »Angra dos Vaqueiros«, Hirtenbucht, genannt wurde (die heutige Fish-Bay).

An Bord herrschte angesichts des nunmehr nordöstlichen Küstenverlaufs und der offensichtlich geglückten Umrundung des afrikanischen Kontinents die zuversichtlichste Stimmung. Niemand zweifelte noch daran, daß der Seeweg nach Indien frei war, das schlug sich auch in der späteren Benennung des Kaps als »Kap der Guten Hoffnung« nieder. Die Kontaktaufnahme mit den Eingeborenen – es handelte sich wahrscheinlich um Hottentotten – war jedoch mühselig, eine Verständigung nicht möglich. Dias versuchte ihnen die üblichen Geschenke zu machen, doch sie nahmen nichts an und flohen. Als die portugiesischen Seeleute Trinkwasser aufnehmen wollten, versuchten die Eingeborenen von einem Hügel aus, sie mit Steinwürfen zu hindern. Offenbar wurde die Lage so bedrohlich, daß Dias, trotz des ausdrücklichen Befehls Joãos II., auf Gewaltanwendung zu verzichten, mit einer Armbrust auf sie schießen lassen mußte, wobei ein Eingeborener getötet wurde.

Da die Küste weiter Richtung Nordosten verlief, wurde sich Dias beim Weitersegeln immer sicherer, auf dem richtigen Weg zum arabischen Golf und damit nach Indien zu sein. Auch war, wie die geographische Breite zeigte, die Distanz bis zum islamischen Machtbereich nicht mehr unüberwindlich. Trotz dieses positiven Verlaufs der Expedition begann im März 1488 die Stimmung der Mannschaft nachzulassen. Barros berichtet von der Erschöpfung der Matrosen nach dem furchtbaren Sturm, den die Schiffe am Kap überstanden hatten. Hinzu kam angesichts der

Das Zeitalter der Entdeckungen: die Portugiesen

Vasco da Gama, (1450–1524), berühmter portugiesischer Seefahrer, Holzstich um 1524

knapp gewordenen Vorräte die Angst der Seeleute, bei der Durchquerung unbekannter großer Meere verhungern zu müssen. Und außerdem lag das Versorgungsschiff inzwischen weit entfernt an der Küste Angolas. Die Mannschaft hatte genug; sie wollte nicht ihr Leben aufs Spiel setzen, sondern zurück nach Hause – im Gegensatz zu Dias, der nach Indien weitersegeln wollte.

Damit war der für Entdeckungsreisen typische Konflikt zwischen dem von seiner Aufgabe besessenen Kapitän und der an ihrem Leben hängenden Mannschaft ausgebrochen, den später auch Kolumbus, da Gama und Magellan ausfechten mußten. Doch anders als in den folgenden Jahrhunderten – dies zeigte sich hier erneut – hatte der Kapitän zu dieser Zeit noch nicht die despotische Machtstellung an Bord, die ihn zum Herrn über Leben und Tod der Besatzung machte. Die Schiffsmannschaften hatten noch das Recht, sich zu weigern, eine Reise zu unternehmen, die das Leben der Besatzung aufs Spiel zu setzen drohte; erst ihre Nachfolger mußten zum Mittel der Meuterei greifen. Dias hatte sogar, was dem damaligen Brauch bei Entdeckungsreisen entsprach, vom portugiesischen König die Order mitbekommen, sich in kritischen Situationen mit seinen erfahrensten Seeleuten zu beraten. Er vereidigte und befragte sie, was nun, bei unvoreingenommener Betrachtung, im Interesse der portugiesischen Krone am vernünftigsten sei. Die von Dias selbst protokollierte Antwort seiner Offiziere, Lotsen und Mannschaftsältesten war einhellig: Man müsse umkehren, noch nie sei eine Reise so lang gewesen, und schon jetzt habe man mehr entdeckt als alle anderen Expeditionen zuvor, und man könne dem João II. berichten, daß der Seeweg nach Asien frei sei. Das sei mehr als ausreichend. Außerdem sei ja auf der Rückfahrt noch das Kap zu erforschen, das man während des Sturmes umfahren habe. Dias beugte sich im wesentlichen diesen Argumenten, erbat sich aber noch einige Tage Zeit; sollte sich beim Weitersegeln keine auffällige Änderung im nordöstlichen Küstenverlauf ergeben, würde er der Umkehr zustimmen. Mit diesem Wunsch konnte er sich durchsetzen. Aber seine Hoffnung, die Mannschaft würde angesichts irgendeiner unverhofften Wendung der Dinge ihren Entdeckerehrgeiz wiederfinden, trog. Einige Tage später, nach der Entdeckung einer Flußmündung – sie erhielt nach dem Kapitän des zweiten Schiffes, der als erster an Land ging, den Namen »Rio Infante« (heute: Big Fish River) – flammten die Proteste der Mannschaft wieder auf. Dias beriet sich erneut – und gab schließlich nach. Das war für ihn sehr bitter, weil er zu Recht fest davon überzeugt war, beim Weitersegeln tatsächlich nach Indien zu gelangen und den portugiesischen Traum und seinen eigenen durch die Ankunft im Orient zu krönen. Doch mußte er seiner Mannschaft nachgeben.

Über das, was geschehen wäre, wenn Dias die Expedition fortgesetzt hätte, läßt sich nur spekulieren. Es spricht einiges dafür, daß Dias mit seiner Expedition Indien erreicht hätte. Der Seeweg war offen, und trotz der ungünstigen Strömungen in der Straße von Madagaskar ist es möglich, daß Dias als versierter Navigator nach Indien oder zumindest in den südarabischen Raum gelangt wäre. Allerdings wären die Probleme der Ernährung und vor allem des Vitaminmangels – Skorbut war damals eine zwangsläufige

Das Zeitalter der Entdeckungen: die Portugiesen

Fernao de Magalhaes, auch Magallanes, Magellan (1480–1521), portugiesischer Seefahrer und erster Weltumsegler, Kupferstich um 1763

Erscheinung auf längeren Fahrten – besonders auf der Rückreise sehr groß gewesen. Die auf den Erkenntnissen von Dias aufbauende Expedition Vasco da Gamas, der 1498 die Leistung seines Vorgängers mit der Landung in Indien vollendete, hat dann die Reise trotz besserer Ausrüstung – die Schiffe waren um ein beträchtliches größer als die des Dias – mit ungeheuren Verlusten beendet. An Skorbut starben zwei Drittel der Besatzung; von den etwa 160 Mann, die Lissabon verließen, kehrten nur 55 nach Portugal zurück. Dias schonte seine Leute – und gelangte nie nach Indien. Ein portugiesischer Historiker, Antonio Galvāo, schrieb im 16. Jahrhundert: »Dias sah das Land Indien, wie Moses das Gelobte Land, aber konnte es nicht betreten.«

Auch hier ist es interessant, einen Vergleich zu anderen Entdeckern zu ziehen, die in ähnlicher Lage rücksichtsloser waren. Die Situation, in der sich die Dias-Expedition im März 1488 befand, war derjenigen vergleichbar, in die zweiunddreißig Jahre später, im November 1520, Magellans Schiffe geraten sollten, nachdem sie die nach ihm benannte Meerenge gefunden hatten. Angesichts der vollkommen unzureichenden Vorräte wollten Magellans Offiziere und Mannschaften umkehren und das Vordringen in den unbekannten Ozean einer zweiten, besser ausgestatteten Expedition überlassen. Magellan zwang aber seinen Offizieren seinen Willen auf. Bei Todesstrafe verbot er, von Umkehr oder Lebensmittelmangel auf den Schiffen zu sprechen. Trotz unzureichender Proviantierung ging die Reise weiter, deren Ende Magellan ebenso wie der Großteil der Besatzung nicht mehr erleben sollte. Von seinen fünf Schiffen mit ursprünglich 277 Mann Besatzung kam nur noch eines in Spanien an – als halbes Wrack, bemannt mit 18 Mann. Aber Magellan lebt als derjenige weiter, der die erste Weltumsegelung geplant und durchgeführt hat. Dias hingegen hielt den Ruhm des Entdeckers des Seewegs nach Indien, den dann Vasco da Gama ernten sollte, schon in Händen, als ihn seine Mannschaft zur Umkehr zwang. Dias fehlte offenbar die fanatische Besessenheit da Gamas und Magellans, ein Ziel um jeden Preis erreichen zu wollen, das, besser vorbereitet, unter geringeren Opfern auch später würde erreicht werden können. Kurzum, Dias war, soweit die Quellen ein Urteil gestatten, zu vernünftig, um ein »Held« im Stile Magellans zu sein. Oder seine Offiziere und Mannschaft verstanden es besser als spätere Besatzungen, ihre Interessen zu verteidigen und ihren Kapitän zur Umkehr zu zwingen.

Dias wußte genau, daß die Umkehr für ihn selbst den Verzicht auf den Traum bedeutete, seine Entdeckung zu vervollständigen und nach Indien zu gelangen. Als die beiden Schiffe den letzten von ihnen aufgestellten Padrão passierten, kamen ihm das bisher Geleistete und der ihm versagte vollständige Erfolg schmerzlich zu Bewußtsein. Den Padrão betrachtend, überkam ihn nach dem Bericht Barros' ein solch großer Schmerz, »als ob er hier einen für immer verbannten Sohn zurücklassen müsse«. Der Verzicht auf Indien, der Verzicht auf den Ruhm, das erreicht zu haben, wonach ganz Portugal fieberte, überschattete für Dias die Freude am Erreichten.

Das Zeitalter der Entdeckungen: die Portugiesen

Blick auf den Hafen von Lissabon, 16. Jahrhundert

Auf der Rückfahrt entdeckte er dann das Kap, wo er einen Wappenpfeiler aufstellen ließ und mit Hilfe eines Astrolabiums die geographische Breite vermaß. In Angola fand er das Proviantschiff, von dessen neunköpfiger Besatzung nach Überfällen der Eingeborenen nur noch drei Seeleute am Leben waren; sie waren so entkräftet, daß einer von ihnen vor Freude über die Rückkehr des Geschwaders starb. Das morsch gewordene, stark wurmstichige Schiff mußte aufgegeben werden, nachdem die Vorräte übernommen worden waren. Dann machten sich die beiden Karavellen auf den langen Heimweg.

Sie wurden in Portugal bereits als überfällig angesehen. Besonders König João II. war durch das lange Ausbleiben der Dias-Expedition sehr beunruhigt. Offenbar rechnete er nicht mehr mit ihrer Rückkehr und hatte deshalb im März 1488 auf einen wiederholten

Heinrich und die portugiesischen Entdeckungsfahrten

Vorstoß des Kolumbus, die Westfahrt nach Indien zu unternehmen, sehr freundlich reagiert. Er lud ihn als »unseren besonderen Freund« aus Spanien an seinen Hof ein. Doch für Kolumbus zerschlug sich die Chance, in portugiesischem Auftrag über den Atlantik fahren zu können, an einem Dezembertag des Jahres 1488, als nach einer Reisedauer von 16 Monaten und 17 Tagen die langersehnten Karavellen des Dias in den Tejo einliefen.

Hier kreuzten sich die Lebenswege des Kolumbus und des Dias in vielleicht weltgeschichtlich bedeutsamer Weise, da João II. wegen des Erfolgs des Dias erneut jedes Interesse an den Plänen des Kolumbus verlor und dieser seine Entdeckung dann in spanischem Auftrag machte. Zwar war Dias nicht nach Indien selbst gekommen, hatte aber, woran nicht mehr gezweifelt wurde, nachgewiesen, daß Indien auf diesem Wege zu erreichen war. Für kühne Experimente wie das des Kolumbus bestand keine Notwendigkeit mehr. Doch wurde dieser deshalb nicht ungnädig behandelt. Er durfte der Konferenz beiwohnen, in der Dias dem König seine Reise und seine Entdeckungen detailliert erläuterte. Diese Information verdanken wir einer diesbezüglichen lateinischen Randbemerkung des Kolumbus, die er in seinem geographischen Lieblingsbuch, der »Imago Mundi« des Pierre d'Ailly, niederschrieb. So war der große Entdecker der Chronist des Triumphs eines anderen großen Entdeckers; er notierte stichwortartig: »Vermerk, daß im Dezember dieses Jahres 1488 in Lissabon Bartholomeus Didacus, Kapitän von drei Karavellen, landete, den der erlauchtigste König von Portugal nach Guinea geschickt hatte, um das Land zu erforschen. Er berichtete, er sei 600 Leguas (= 3718 km)[199] über den äußersten bisher bekannten Punkt hinausgesegelt, erst 450 Leguas (= 2788 km) nach Süd, dann 150 (= 929 km) nach Nord bis zu einem Kap, das von ihm Kap der Guten Hoffnung genannt wurde.... Wie durch das Astrolabium ermittelt wurde, liegt es unter 35 Grad südlicher Breite,[200] und seine Entfernung von Lissabon beträgt 3100 Leguas (= 19210 km). Diese Reise hat er (Dias) von Legua zu Legua auf einer Karte eingezeichnet und beschrieben, die er dem König vorweisen konnte. Bei allen diesen Vorgängen war ich selbst zugegen.«[201]

Nun galt es, dem afrikanischen Südkap, nach dem die Portugiesen seit 70 Jahren systematisch gesucht hatten, einen passenden Namen zu verleihen. Die ungeheure Freude und Erleichterung des Königs und seines Entdeckers, nach so vielen Anstrengungen endlich den Nachweis für den Seeweg nach Indien erbracht zu haben, spiegelt sich am besten in dem endgültigen Namen wider: Kap der Guten Hoffnung. Wer von beiden – Dias oder João II. – der Vater dieses Namens ist, kann nicht mit letzter Sicherheit entschieden werden, da sich die Quellen in dieser Frage widersprechen. Barros behauptet, der König habe es in »Kap der Guten Hoffnung« umbenannt, während Dias es »Sturmkap« habe nennen wollen; andere, darunter Perreira und auch Kolumbus, berichten, der Name stamme von Dias selbst. Nach Ansicht Günther Hamanns, der eine grundlegende Studie zu den portugiesischen Entdeckungen in Afrika verfaßt hat, ist es wahrscheinlich, daß Bartholomeu Dias dem König zwei verschiedene Benennungsvorschläge machte: Cabo Tormentoso, das Sturmkap, und Cabo de Boa Esperancia, das Kap der Guten Hoffnung.[202] Dieser Name schien dem König treffender. Allerdings geriet wegen der meteorologischen Verhältnisse in diesen Gewässern der erste Name bis heute nicht völlig in Vergessenheit.

Übrigens kreuzte sich, dies sei im Vorgriff erwähnt, im März 1493 erneut der Lebensweg des Dias mit dem des Kolumbus. Diesmal allerdings war Kolumbus der siegreich heimkehrende Entdecker, der mit seiner Flotte von seiner ersten Amerikafahrt heimkehrte und dabei vor der portugiesischen Küste auf das imposante Flaggschiff der portugiesischen Marine stieß. Dias, Erster Offizier des Schiffes, setzte mit einem Ruderboot zur Karavelle des Kolumbus über und forderte diesen auf, Bericht zu erstatten. Beide Entdecker gerieten daraufhin hart aneinander, da Kolumbus sich auf seine spanische Admiralswürde versteifte und sich weigerte, irgendwem Rechenschaft zu erstatten, geschweige denn, wie Dias das wollte, zum Rapport an Bord des portugiesischen Schiffes zu gehen. Dias gab nach und beschränkte sich auf eine Kontrolle der Papiere; der Rest des Zusammentreffens verlief daraufhin in entspannterer Atmosphäre.

Der Hintergrund des Zwistes lag in den unklaren Besitzrechten an den von Kolumbus neuentdeckten Gebieten. Es ist ein eigenartiger Zufall, daß der Entdecker des Seewegs nach Indien und der Entdecker Amerikas die ersten waren, die den spanisch-portugiesischen Streit über die Herrschaftsrechte im westlichen Atlantik vorwegnahmen.

Nach diesem Vorgriff kehren wir zur Geschichte der portugiesischen Expeditionen zurück. Dias war nicht nach Indien gelangt, aber es bestand kaum noch ein Zweifel, daß es der nächsten Fahrt gelingen werde, das Unternehmen abzuschließen. Zum Führer der neuen Expedition wurde aber nicht Dias, sondern Vasco da Gama ernannt. War João II. doch verstimmt, daß Dias seiner Besatzung nachgegeben hatte und nicht nach Indien gekommen war? Wir kennen die Gründe dafür nicht, daß Dias übergangen wurde; immerhin beteiligte er sich an der technischen Vorbereitung der Expedition und begleitete sie auf einem weiteren Schiff bis an die Goldküste. Das Geschwader Vasco da Gamas bestand aus vier Schiffen, darunter eine Karavelle und ein Proviantschiff, mit insgesamt 160 Mann Besatzung. Sie legten im Juli 1497 ab und überquerten den Atlantik in einer dreimonatigen Seereise ohne Landberührung, eine bis dahin noch nie dagewesene Leistung. Im November am Kap der Guten Hoffnung angelangt, tobten derartige Stürme, daß die Besatzung umkehren wollte und Vasco da Gama sie nur mit gotteslästerlichen Flüchen zum Weitermachen zwingen konnte. Sie umschifften das Kap und landeten Weihnachten 1497 östlich davon in einem Landstrich, der seit dieser Zeit Natal heißt. Im März 1498 liefen sie in Mozambique ein: Die Verbindung zum arabischen Raum war hergestellt! Zuerst freundlich aufgenommen – man hielt sie für Türken! –, wurden sie dann immer stärker befehdet. Durch Ausnutzung lokaler Rivalitäten gelang es dann, einen Lotsen zu finden, der ihnen half, nach Indien zu gelangen. Wahrscheinlich nutzten sie dabei den Monsun.

Über die Fahrt sind wir vergleichsweise gut unterrichtet, weil Alvaro Velho, ein Mitglied der Besatzung, einen »Roteiro« geschrieben hat, eine Art Bordtagebuch. Eine charakteristische Szene ereignete sich bei der Ankunft im indischen Calicut: Zwei

Das Zeitalter der Entdeckungen: die Portugiesen

Nachbau des Segelschiffes »Boa Esperanza«, mit dem die Portugiesen Brasilien entdeckten, im Hafen von Lissabon

Araber aus Tunis, die das Portugiesische beherrschten, begrüßten die Seeleute mit einem »Hol dich der Teufel! Wer hat dich hergebracht!«[203] Und sie beglückwünschten, wahrscheinlich aus einer Mischung aus Hohn und Zukunftsangst, die Portugiesen, in ein so reiches Land gelangt zu sein. Damit sollten sie recht behalten, wenn auch der erste Aufenthalt Vasco da Gamas teilweise ein Fiasko war. Die mitgebrachten Handelswaren erregten bei den Indern kein Interesse und wurden von den Moslems wegen ihrer Geringwertigkeit verspottet; es kam schließlich sogar zu Gewalttätigkeiten. Die Rückfahrt gestaltete sich sehr mühsam; diesmal nutzten die Schiffe nicht den Monsum und brauchten Monate, um den Indischen Ozean zu überqueren. So viele Besatzungsmitglieder starben an Skorbut, daß ein Schiff mangels Mannschaften aufgegeben werden mußte. Die historische Tat jedoch war vollbracht, Indien erreicht und auch die Rückkehr gelungen.

Die nächste Expedition war die des Pedro Alvarez Cabral im Jahre 1500. Er verfügte über 13 Schiffe und 1200 bis 1500 Mann Besatzung. Auch hier haben wir wieder einen »Roteiro«, der uns über den Verlauf der Fahrt unterrichtet.[204] Eines der Schiffe wurde übrigens von Bartholomeu Dias befehligt. Er sollte zunächst die Expedition des Cabral begleiten, dann aber nicht mit dieser nach Indien, sondern mit einem weiteren Schiff, das sein Bruder Pero kommandierte, nach Sofala in Ostafrika segeln, um die dortigen Verhältnisse zu erkunden und Handel zu treiben.

Die Expedition nahm einen sehr westlichen Kurs, um den Windstillen im Golf von Guinea zu entgehen. Durch Wind und Strömung abgedrängt, vielleicht auch absichtlich auf der Suche nach neuen Inseln weit westlich ausholend, sah das Geschwader am 22. April 1500 plötzlich Land. Die Portugiesen hielten es für eine neue Atlantikinsel und beschränkten sich darauf, die Küste oberflächlich zu erkunden. Immerhin schickten sie ein Schiff zurück nach Portugal, um dort von der Entdeckung der vermeintlichen Insel, die sie »Ilha de Vera Cruz« nannten, zu berichten. Was weder Dias noch Cabral ahnten: In Wahrheit hatte die Expedition des Cabral das südamerikanische Festland erreicht, das bald schon nach einer einheimischen Holzart und schließlich nach dem geschilderten Mythos vom Volke »Terra do Brasil« genannt wurde und diesen Namen bis heute beibehielt.

Die Weiterfahrt des Cabralschen Geschwaders stand buchstäblich unter einem Unstern. Am Himmel erschien ein großer Komet und begleitete die Schiffe tagelang. Auch das Wetter verschlechterte sich. Im Südatlantik, kurz vor dem Kap der Guten Hoffnung, geriet das Geschwader dann in ein verheerendes Unwetter. Barros schreibt: »Am 23. Mai [1500] zeigte sich nach Mittag eine schwarze Wolke wobei zugleich eine völlige Windstille eintrat. Auf einmal barst diese Wolke so plötzlich und mit solcher Gewalt, daß die Matrosen keine Zeit mehr hatten, die Segel zu reffen.« Im Sturm kenterten vier Schiffe, ohne daß ihnen geholfen werden konnte. Darunter war auch das des Bartholomeu Dias, der in den Fluten vor dem von ihm entdeckten Kap der Guten Hoffnung den Tod fand. Barros kommentiert sein Ende mit drastischen Worten: »Nachdem er im Verlauf seiner Entdeckungsfahrten und insbesondere am Kap der Guten Hoffnung so vielen Gefahren zur See getrotzt hatte, erlag er neben vielen anderen der Gewalt des Windes. Er wurde in den Abgrund des unermeßlichen Ozeans geschleudert, der sich an jenem Tage unter ihnen auftat, um den Fischen jenes Meeres menschliche Leichen als Futter zu reichen.«

Das Leben des Dias endete tragisch und gerade mit diesem klassischen Seemannstod anders als das der meisten anderen berühmten Entdecker. Kolumbus und da Gama starben später verbittert über den – tatsächlichen oder vermeintlichen – Undank ihrer Monarchen; Magellan und Cook wurden von Eingeborenen erschlagen; Dias dagegen sank im Sturm vor dem von ihm entdeckten Kap, das sich auf diese Weise, wie der portugiesische Nationaldichter Camões in den »Lusiaden« schrieb, für seine Entdeckung rächte. Und ist heute auch Dias weniger bekannt als Kolumbus, da Gama und Magellan, so lebt doch die Erinnerung an ihn im Mythos weiter. Die Sage, die die Verbundenheit des Seemanns mit dem Meer in schauerlicher Weise zeigt – die Sage vom Fliegenden Holländer –, weist deutliche Anklänge an das Leben des Dias auf. Schon in den zwanziger Jahren des letzten Jahrhunderts vertrat der Literaturwissenschaftler Engert diese

These,[205] Hamann, der das Leben des Entdeckers in seiner Studie über die portugiesischen Entdeckungsreisen mit viel Sympathie schildert, sieht in der Sage gar ein »mythologisches Denkmal« des Dias. Und wenn in der Holländersage auch verschiedene Legenden verschmolzen sein mögen – von Gespensterschiffen, Wikingern und holländischen Ostindienfahrern –, auf wen würde das Bild des Seemanns, der sich vermaß, das Kap der Guten Hoffnung zu umfahren, und wenn er auch ewig kreuzen müßte, besser passen als auf seinen Entdecker, der dieses Kap kreuzend im Sturm entdeckte und später in seinen Fluten starb?

Zurück zur Expedition des Cabral. Sie führte in den indischen Gewässern schon einen regelrechten Krieg, um sich ihren Platz im Gewürzhandel, mehr noch, auf Kosten der Moslems die Stellung des alleinigen Abnehmers, der den Markt dominiert, zu sichern. Doch die Verluste Cabrals durch Naturgewalten und Kämpfe waren hoch; von seinen 13 Schiffen kehrten nur sechs nach Portugal zurück.

Die zweite Indienfahrt des Vasco da Gama 1502 war hingegen ein voller ökonomischer Erfolg. Er war mit 22 Schiffen ausgelaufen und konnte diesmal gute Geschäfte machen. In der Folgezeit schreckten die Portugiesen vor keiner Brutalität zurück, um Inder und Moslems aus dem Gewürzhandel zu verdrängen: Sie bombardierten Städte, sie versenkten Passagierschiffe mit Hunderten von Moslems an Bord, darunter vielen Frauen und Kindern; Vasco da Gama ließ indischen Fischern Arme, Beine und Köpfe abschlagen – und das alles, um Terror zu verbreiten und um einen Gegner einzuschüchtern, der zahlenmäßig und in seinen Machtmitteln weit überlegen und technologisch nicht unterlegen war. Die portugiesischen Flotten wurden größer. Zwischen 1501 und 1505 wurden 81 Schiffe mit ca. 7000 Mann Besatzung nach Indien geschickt. Da nur dauernde Präsenz einen bleibenden Erfolg zu versprechen schien, wurde ein jeweils auf drei Jahre befristetes Vizekönigtum geschaffen, das Almeida als erster bekleidete und nach ihm Albuquerque (1509–15). Vor allem der letztere schuf durch Besetzung strategischer Häfen ein Stützpunktnetz, das von Ostafrika bis nach China reichte. Durch äußerste Tapferkeit, große Brutalität und unter Ausnutzung der Zerstrittenheit ihrer an sich weit überlegenen Gegner konnten die Portugiesen ein Imperium errichten und den Asienhandel an sich reißen. Der letzte Rest dieses portugiesischen Reiches in Asien, nämlich Macao, wurde erst 1999 an China zurückgegeben.

Doch dies gehört zur Geschichte Asiens und des Indischen Ozeans und soll deshalb hier nicht weiter Thema sein. Wichtig ist, daß die Voraussetzung der Entdeckung des Seewegs nach Indien die Befahrung des Atlantik und die Umrundung Afrikas war und daß dies für die europäische wie die Weltgeschichte weitreichende Folgen hatte. Damit wurde auch ein wesentlicher Schritt getan hin zur globalen Vernetzung des Handels zwischen den Kontinenten. Sie war für die bisherigen Zwischenhändler, für Inder, Araber, Türken und Italiener, ein Fiasko ohnegleichen – auf lange Sicht. Braudel hat nachgewiesen, daß der Niedergang des Mittelmeers als Handels- und Kulturraum nicht schlagartig erfolgte und nicht monokausal und einseitig aus dieser Tatsache hergeleitet werden kann. Auf längere Sicht jedoch sind die negativen ökonomischen Auswirkungen kaum zu übersehen. Es war verständlich, daß die Araber fluchten, als sie Vasco da Gamas Flotte in Calicut einlaufen sahen; ähnlich ablehnend und sehr besorgt äußerten sich arabische Quellen. Auch die Strukturen des Abendlands selbst, vor allem die Stellung der Italiener, veränderten sich. Girolamo Priuli, ein venezianischer Beamter, äußerte im Juli 1501 seine Sorgen um das Schicksal seiner Vaterstadt, als er von Cabrals Landung in Indien hörte, weil der Gewürzhandel nun über Lissabon gehen würde. Vor allem aber, schreibt er, seien in Venedig die Gewürze sehr teuer; wegen der zahllosen Steuern und Abgaben des Zwischenhandels koste dort ein Artikel, der am Ursprungsort einen Dukaten wert sei, im Endverkauf 60 bis 100 Dukaten. Diese Preise könnten die Portugiesen nun erheblich unterbieten. Die Perspektiven Venedigs sah er düster: »Und wenn der Warenhandel in Venedig zurückgeht, ist dies, wie wenn einem Kleinkind Milch und Nahrung entzogen werden. Deshalb sehe ich klar den Ruin der Stadt Venedig vor mir, weil der Handel schwindet und das

Geld, welches Venedigs Glanz und Ruhm hervorgebracht hat, dahinschmilzt.«[206]

Tatsächlich sank nach der Rückkehr der zweiten Expedition Vasco da Gamas nach Lissabon der europäische Pfefferpreis um die Hälfte. Den europäischen Zwischenhändlern, die dieser Entwicklung ohnmächtig zusehen mußten, mißfiel dies sehr, und Priuli berichtet, daß sie hofften, die Portugiesen würden infolge der erlittenen Schiffsverluste nicht auf ihre Kosten kommen, die Fahrten einstellen und keine Besatzungen für die äußerst risikoreichen Seefahrten mehr finden. Sie wünschten sich sogar, der Sultan werde einschreiten und den portugiesischen Handel unterbinden, da auch seine Einkünfte durch den Wegfall der Zölle gefährdet seien. Doch nichts von alledem konnte die Etablierung des portugiesischen Asienhandels unterbinden. Ein Jahrhundert später drängten sich die Holländer, dann die Franzosen und Briten in den asiatischen Direkthandel. Italiener, Türken, Inder – sie alle stiegen langsam, im Laufe der Jahrhunderte ab. Als Napoleon die Republik Venedig schließlich auflöste, war sie nur noch ein Schatten ihrer einstigen Größe.

Die direkte Verbindung zwischen Europa und Asien durch den Seeweg um das Kap der Guten Hoffnung war ein elementarer Schritt hin zur Globalisierung. Dies stellte die Verhältnisse innerhalb des Ost-West-Handels auf den Kopf, wechselte teilweise die Akteure und Profiteure aus und intensivierte den Austausch. Aber das System als solches wurde beibehalten: Europa lag nach wie vor als eine periphere Halbinsel am westlichen Rand des Welthandelssystems, aber es hatte den Handel selbst in die Hand genommen und die bisherigen Zwischenhändler entmachtet.

Parallel zu dieser Revolution innerhalb des bestehenden Systems jedoch erfolgte ein zweiter Schritt hin zur globalen Verschmelzung, der für Europa und den Atlantik noch viel tiefgreifendere Folgen haben sollte: Amerika wurde entdeckt, und Europa rückte vom Rand des bestehenden ins Zentrum eines sich völlig neu entwickelnden Welthandels. Das System selbst revolutionierte sich und bildete sich völlig neu aus. Und in seiner Mitte lag der Atlantik.

Die Westfahrt des Kolumbus und die Entdeckung Amerikas

∽∽∽

Auch die Entdeckung Amerikas hing eng mit den portugiesischen Entdeckungsfahrten zusammen. Denn diese gingen nicht nur die afrikanische Küste entlang in südlicher Richtung mit dem Ziel, die Reichtümer Indiens zu erreichen, sondern früh auch schon zu den Atlantikinseln im Westen. Als sich um 1470 herum herausstellte, daß die afrikanische Küste im Golf von Guinea ihren Ostverlauf aufgab und sich wieder nach Süden neigte, wurden die Portugiesen für einen Moment an ihrem Plan irre und begannen sich zu fragen, ob Asien auf der Westfahrt über den Ozean nicht vielleicht schneller und einfacher zu erreichen sei. König Alfons V. ließ durch seinen Ratgeber und Beichtvater, den Kanoniker Fernão Martins, Erkundigungen einziehen. Dieser wandte sich an den Florentiner Arzt und Naturgelehrten Toscanelli mit der Frage, was dieser von der Idee der Westfahrt halte. Toscanelli und Martins waren, so wird vermutet, miteinander befreundet; sie hatten gemeinsam das Testament des Nikolaus von Cues unterzeichnet und gehörten zur europäischen »scientific community«, wie man heute sagen würde. Toscanelli besaß Informationen aus erster Hand über China und Japan. Er hatte mehrfach mit Gesandten aus Ostasien zu tun gehabt. Toscanelli antwortete auf die portugiesische Anfrage am 25. Juni 1474 mit Enthusiasmus. Er bestätigte, daß die Westfahrt möglich sei, beschwor die Reichtümer

Ostasiens und nannte sogar die Inseln, auf denen man unterwegs Station machen könne, darunter auch das auf halbem Wege gelegene Antilia. Der alte Herr, damals schon 77 Jahre alt, legte auch eine Karte bei, die nicht erhalten ist, von der aber glaubwürdige Rekonstruktionen existieren.

Toscanelli, in seiner Heimatstadt Florenz als Initiator der Entdeckung Amerikas gepriesen und 1898 mit einem Denkmal geehrt, hielt die Fahrt über den Atlantik für kürzer als die über Guinea, um Afrika herum. Diese Auskünfte müssen aber, aus heutiger Sicht, als leichtfertig und schlecht begründet erscheinen. Denn 1474 wußte niemand genau, wie lang denn nun die Strecke um Afrika herum sein werde, auch Toscanelli nicht. Er war auch kein Spezialist für den Atlantik. Er schätzte die Entfernung Lissabon–Quinsay (China, Hangshou) auf ein Drittel des Erdumfangs oder 6500 italienische Meilen (1 italienische Meile betrug 1480 m), woraus sich eine Strecke von 9620 km[207] errechnen läßt – also eine erhebliche Unterschätzung der tatsächlichen Entfernung von etwa 20000 km. Toscanellis Reiseplan war demnach höchst fragwürdig: Er unterschätzte die Distanz um die Hälfte und empfahl auch noch die nicht existente Insel Antilia als Zwischenstation.

Sein Gedankengang vom einheitlichen Weltmeer war der gleiche, den bereits Griechen und Römer gehabt haben, und ähnlich erklären sich auch die Fehleinschätzungen der Entfernung. Überhaupt darf der Einfluß, den das Aufblühen des antiken Gedankenguts im Humanismus seit Anfang des 15. Jahrhunderts auf das beginnende Zeitalter der Entdeckungen nahm, nicht zu gering veranschlagt werden. Denn der Beginn der portugiesischen Entdeckungsfahrten fiel, anfangs vielleicht zufällig, mit der verstärkten Rezeption antiker Schriften zusammen, die aus dem unter dem Türkenansturm wankenden Oströmischen Kaiserreich in den lateinischen Westen gebracht wurden. Unter diesen Schriften war auch die Geographie des Ptolemäus, die um 1400 nach Italien gelangte und 1406 unter dem Titel »Cosmographia« von dem Florentiner Jacopo Angelo ins Lateinische übertragen worden war.[208] Bis in die Mitte des 16. Jahrhunderts hinein wurde Ptolemäus in Europa zur zentralen geographischen Autorität. Noch der Karto-

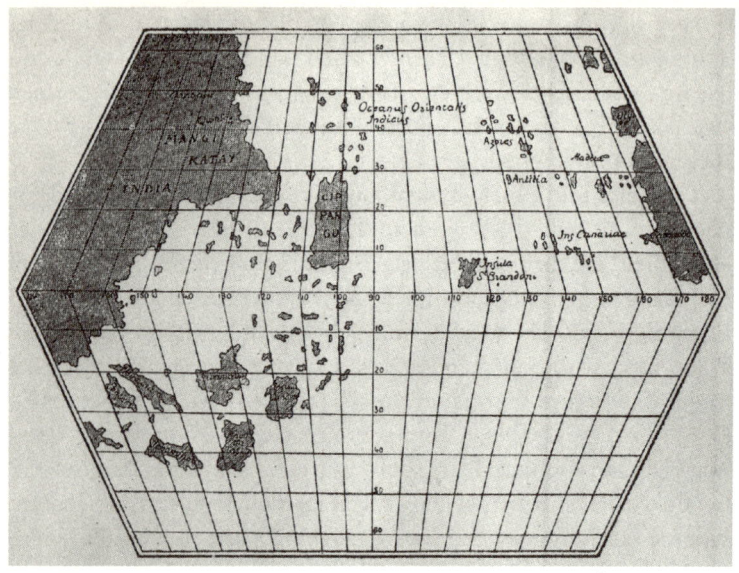

Reproduktion der Atlantikkarte Toscanellis, 1452. Paolo Toscanelli dal Pozzo (1397–1482) kam zu der Erkenntnis, daß Indien durch eine Seefahrt nach Westen zu erreichen sei.

graph Waldseemüller[209] – der den neuen Kontinent nach Amerigo Vespucci benannte – fügte 1513 die portugiesischen und spanischen Entdeckungen als »Tabulae Novae« dem Atlas des Ptolemäus einfach an, das heißt, die Geographie des Ptolemäus wurde lediglich ergänzt und seine offenkundigen Fehler berichtigt.[210]

Insofern war die Westfahrtidee, die Toscanelli so emphatisch begrüßte, als solche zwar neu, nicht aber die Gedanken, die ihr zugrunde lagen. Schon in der Antike hatte sich, wie geschildert, die Vorstellung durchgesetzt, daß Westeuropa und Ostasien durch ein einheitlichen Weltmeer getrennt seien, das theoretisch auch in Ost-West-Richtung befahren werden könne. Allerdings hatte die antike Wissenschaft diese Überfahrt für zu weit erklärt. Insofern überrascht der Optimismus Toscanellis doch, wenn man ihn etwa der Skepsis der antiken Geographen, wie Strabo und

Eratosthenes, gegenübergestellt.[211] Er wird teilweise erklärlich durch die falsche Umrechnung antiker Stadienmaße im Mittelalter und die Unterschätzung des Erdumfangs. Wie auch immer: Die Portugiesen verfolgten aus unbekannten Gründen den Gedanken der Westfahrt trotz der Empfehlungen Toscanellis nur halbherzig weiter. Mehrere Expeditionen in den westlichen Atlantik hinein wurden unternommen: mit einer wurden Dänen beauftragt, die andere – Fernão Teles erhielt 1474 eine Konzession, Inseln westlich von Guinea, die er entdecken würde, selbst regieren zu dürfen – suchte nach Land westlich der Azoren. Vielleicht wollten sie die Westfahrt nach dem gleichen Prinzip wie die bisherigen Erkundungen in Afrika durchführen, schrittweise und von Insel zu Insel, möglicherweise aus der Einsicht heraus, daß die Angaben über die Westfahrt und ihre Entfernungen äußerst fragwürdig und unsicher waren.

Doch eine derart vorsichtige Vorgehensweise war nicht nach dem Geschmack des Christoph Kolumbus, der in diesen Jahren die Bühne der Weltgeschichte betrat. Aber zunächst: Wer war Kolumbus, wo kam er her, wie kam er zur Kenntnis der Korrespondenz Toscanellis? Kolumbus war und ist eine Persönlichkeit, die viele Biographen gereizt hat, und um seine Person und seine Leistung ranken sich die unterschiedlichsten Interpretationen und Theorien. Schon um den Geburtsort des Entdeckers wird bis heute diskutiert, denn verschiedene Städte und Gemeinden Europas erheben auf diesen Rang Anspruch.

Die meisten Historiker sind sich seit Jahrhunderten einig darüber, daß Christoph Kolumbus zwischen 1449 und 1451 in Genua geboren wurde; seine Familie kann dort urkundlich nachgewiesen werden. Die Spekulationen über einen anderen Geburtsort konnten unter anderem deshalb entstehen, weil es in der Biographie des Kolumbus weiße Flecken und schwer zu erklärende Besonderheiten gibt, darunter die, daß er offenbar ein Mann ohne Muttersprache war. Er benutzte die italienische Sprache selten, nicht einmal in der Korrespondenz mit seinen Brüdern, und sprach Portugiesisch und Spanisch mit einem fremdartigen Akzent. Salvador de Madariaga, der eine faszinierende literarische, gelegentlich vielleicht zu phantasievolle Kolumbus-Biographie geschrieben hat, gibt dafür folgende Erklärung: Kolumbus war ein Nachfahre spanischer Juden, die etwa 80 bis 100 Jahre vor seiner Geburt vor Pogromen nach Genua geflohen waren, dort aber ihre spanische Muttersprache weitersprachen. Doch das Spanische hatte sich unterdes weiterentwickelt, so daß Kolumbus für kastilische Ohren ein eigenartiges, ein altertümliches Spanisch zu sprechen schien. Auch im Lateinischen machte Kolumbus, so behauptete Madariaga, die für einen Spanier typischen Fehler. Und viele andere Züge des Kolumbus, so seine manchmal besessene Frömmigkeit und seinen Mystizismus, erklärte er mit dem besonderen Eifer des spät Bekehrten, frei nach dem Spruch: »The lately converted are almost the worst.«

Ob diese These von der jüdischen Herkunft nun stimmt oder nicht – zentral für das Thema und die historische Bedeutung des Genuesen ist, wie er auf seine Idee der Westfahrt gekommen war und wie es ihm gelang, das Projekt gegen gewaltige Widerstände durchzusetzen. Unabdingbare Voraussetzung des späteren Erfolges war, daß Kolumbus schon früh zur See gefahren war und so entfernte Orte wie Guinea und angeblich sogar Island besucht hatte. Sein Bruder Bartholomeus war ein erfahrener Kartenzeichner, Kolumbus hingegen ein versierter Schiffsführer, und mehr als das: Als Nautiker war Kolumbus von überragendem Talent, ja ein Genie. Der zeitgenössische Kolumbus-Biograph Las Casas schrieb: »In der Kunst des Navigierens übertraf Christoph Kolumbus ohne Zweifel jeden seiner Zeitgenossen.«[212] Die Quellen zeigen, daß Las Casas nicht übertrieb. Der amerikanische Forscher Nunn hat nachgewiesen, daß Kolumbus die Wind- und Strömungsverhältnisse im Atlantik erstaunlich gut kannte und er souverän mit ihnen umging. Auch das Bordbuch des Kolumbus beweist, daß keiner seiner Kapitäne, die sämtlich erfahrene und hervorragende Seeleute waren, ihm nautisch das Wasser reichen konnte. Auch der – ansonsten gegenüber Kolumbus wenig wohlwollende – portugiesische Chronist Barros bestätigt, Kolumbus sei »ein erfahrener Mann, gewandt im Reden, gut beschlagen im Lateinischen und glänzend in allen Geschäften seines Berufes« ge-

Die Westfahrt des Kolumbus und die Entdeckung Amerikas

Portrait von Christoph Kolumbus. Nach einem Stich von J.M. Galván

wesen.²¹³ Die Tatsache, daß er redegewandt, ein überaus fähiger und erfahrener Nautiker war und den Atlantik sehr gut kannte, macht auch vieles in seiner Biographie verständlicher, etwa warum Kolumbus trotz seines Hochmuts und seiner Habgier, seiner irrlichternden Phantasie und seines schwierigen Charakters, weshalb Madariaga ihn mit Don Quijote verglichen hat, überhaupt ernstgenommen wurde. Insgesamt zeigte sich bei dem Genuesen eine eigentümliche Mischung aus Berechnung und Naivität, schlauem Realismus und weltfernem Phantastentum – aber all das wurde offenbar durch sein nautisches Genie und auch durch sein persönliches Charisma kompensiert. Schon in der Natur dieses Mannes lagen die Potentiale für ungewöhnlichen Erfolg und katastrophales Scheitern dicht beieinander. Aber er konnte etwas,

was andere nicht konnten – und deshalb wurden ihm schließlich die drei Schiffe anvertraut, mit denen er 1492 von Palos, einem kleinen Hafen bei Huelva, zu seiner Entdeckungsfahrt über den Atlantik aufbrach.

Doch bis dahin war es für Kolumbus ein weiter Weg gewesen. 1476 war er nach Portugal gekommen, und wenig später hatte er die Idee zur Westfahrt über den Atlantik, eine Idee, die damals unter Seefahrern und gerade in Portugal in der Luft lag. Vom König bis zum einfachen Seemann dachten viele darüber nach, wo die auf den Azoren angeschwemmten Leichen mit fremdartigen Gesichtern, die merkwürdigen bearbeiteten Holzstücke und die Reste exotischer, nie gesehener Pflanzen wohl herkommen könnten, und sie schlossen daraus auf ein neues, unentdecktes Land im westlichen Ozean. Vielleicht waren diese Gegenstände ja auch aus Asien angetrieben worden, zumindest aber von neuen, noch nicht entdeckten Inseln im Atlantik. Inselfieber und Entdeckungslust griffen immer weiter um sich. Natürlich wurde auch Kolumbus als Mensch voller Träume und überschäumender Phantasie von dieser Strömung angesteckt, dieser Neugier aufs Unbekannte, das er als Verheißung, nicht als Drohung empfand.

Doch ging Kolumbus systematisch, nicht nur impulsiv vor, um seinen sich allmählich entwickelnden Plan einer Westfahrt umzusetzen. Er studierte mit großem Eifer die Klassiker und nautische und kosmographische Nachschlagewerke, um deren Ansicht zur Gestalt des Atlantik kennenzulernen. Unter diesen waren die wichtigsten Werke Pierre d'Aillys »Imago mundi« (Louvain 1480–83), die »Historia rerum ubique gestarum« (Venedig 1477) von Pius II., die »Historia naturalis« des Plinius in einer italienischen Übersetzung von Landino (Venedig 1489), ein Exemplar von Marco Polos Reisebericht, die »Geographie« des Ptolemäus und die Viten des Plutarch. Die erhaltenen Bücher des Entdeckers zeugen von dem Eifer, mit denen er sie las; sie sind mit seinen Randbemerkungen (»postilles«) übersät. So finden sich 898, teilweise sehr lange Randbemerkungen in d'Aillys Kompendium, in Piccolominis »Historia« kaum weniger, nämlich 861, in Marco Polo 366; in Plinius 24; in den Plutarch-Viten 437.

Selbst wenn einige dieser Randbemerkungen, wie Gelehrte vermuten, von seinem Bruder Bartholomeus und von Las Casas waren – der Hauptteil stammte vom Entdecker selbst und spiegelt die gewaltige Leidenschaft wider, mit der der Genuese über seinen Büchern saß und ihren Inhalt förmlich in sich aufsaugte. Er lernte eine große Zahl von antiken und mittelalterlichen Schriftstellern aus ihren Texten oder indirekt über seine Nachschlagewerke kennen und wußte, was sie über den Atlantik geschrieben hatten.[214] Aber wenn auch Kolumbus sich auf diese Weise ein großes Wissen aneignete und rhetorisch geschickt wiedergeben konnte, war er doch alles andere als der Typ des bedächtig abwägenden Wissenschaftlers. Der Entdecker war, darin besteht Einigkeit, ein ebenso eifriger wie eigenwilliger Autodidakt, der aus seiner religiösen wie weltlichen Lektüre die ihm passenden Vorstellungen über den geringen Umfang des Atlantik herauszog – notfalls auch gegen den eigentlichen Sinn der Texte. Aus seiner Bibliothek geht klar hervor, wie sehr er in seinen Büchern systematisch nach Bestätigungen seiner Ansicht einer kurzen Distanz zwischen Spanien und Indien suchte, nicht nach kritischer Hinterfragung. Er wertete auch seine in der Ozeanfrage erheblich abwägender und skeptischer urteilenden Kompendien, etwa d'Aillys »Imago mundi«, nur sehr einseitig aus. Ich greife ein Beispiel von vielen heraus: In d'Aillys Kapitel über den Ozean griff Kolumbus in seinen Randbemerkungen einseitig alle Angaben über die Begrenztheit des Meeres auf, die seine Ansicht eines schmalen Atlantik stützten, obwohl d'Ailly auch die gegenteiligen Ansichten referierte und skeptisch resümierte, daß in dieser Frage keine Klarheit bestehe. Ohne Zweifel war Kolumbus bei seiner Lektüre nur darauf aus, seine Westfahrtidee zu stützen und dafür Argumente, aber keine Gegengründe zu sammeln. Auffällig ist auch, wie sorgfältig er alle Hinweise auf das Vorkommen von Gold, Edelsteinen und sonstigen Bodenschätzen notierte.

Kolumbus war kein kritischer, kein wissenschaftlicher Geist; nüchterne Leidenschaftslosigkeit hätte ihn aber auch kaum befähigt, der Entdecker dieses neuen Erdteils zu werden. Die apokryphe Esdras-Apokalypse mit ihrer Aussage, die Erde bestehe zu sechs Teilen aus Land und nur zu einem Teil aus Wasser, und die sich daraus ergebende Konsequenz eines nur schmalen Weltmeers beeinflußten den Genuesen wahrscheinlich mehr als alle antiken Schriftsteller zusammen. Kolumbus schrieb später: »All die Wissenschaften, auf die ich mich bezogen habe, hatten keinen Nutzen für mich, noch deren Autoritäten.« Oder er äußerte: »Ich sagte bereits, daß ich mich für die Durchführung des Unternehmens in Indien nicht der Vernunft noch der Mathematik oder Weltkarten bediente: Es erfüllte sich nur, was Jesaja sagte.«[215] Letztlich benutzte Kolumbus diese Quellentexte vor allem dazu, sich in schlafwandlerischer Sicherheit bestätigen zu lassen, im Westen fündig zu werden, eine Sicherheit, die schon seine Zeitgenossen verblüfft hat. Bartolomé de Las Casas schrieb, daß Kolumbus »in seinem Herzen die ganz sichere Zuversicht hegte, das zu finden, von dem er erklärte, er würde es finden – so als ob er es nur in seinen Koffer gesperrt hätte«[216]. Kolumbus traute sich im Vertrauen auf wissenschaftliche und religiöse Quellen und im Bewußtsein seiner ungewöhnlichen Leistungen und praktischen Erfahrungen als Navigator[217] zu, die von den Zeitgenossen diskutierte Westfahrt durchzuführen. Die antiken Vorstellungen dienten ihm, anders als vielen Humanisten der Epoche, vor allem auch als argumentative Stütze seiner Pläne.[218] Das aber war dringend notwendig. Denn es fiel Kolumbus nicht leicht, seine potentiellen Auftraggeber zu überzeugen. Vierzehn Jahre lang versuchte er, mit tatkräftiger Untersützung seines Bruders, des Kartenzeichners Bartholomeus Kolumbus, nacheinander und gleichzeitig den portugiesischen, den englischen, den französischen und den spanischen König für das Projekt zu interessieren, bis er dann schließlich nach der Eroberung Granadas am Jahresanfang 1492 die spanische Königin Isabel über deren Ratgeber Luis de Santagel für seinen Plan gewinnen konnte.

Die erste Adresse für den Plan – und dies nicht nur in der tatsächlichen zeitlichen Abfolge – war freilich der Hof in Lissabon gewesen. Hier jedoch wurden die Ideen des Kolumbus zweimal, 1484 und 1488, abgelehnt. Ein wichtiger Grund dafür waren wohl die afrikanischen Entdeckungen – die Westfahrtidee war allenfalls eine Alternative zu der geplanten Umrundung Afrikas und von den Erfolgen dieses Vorhabens abhängig. Und als Bartholomeu Dias 1488 das Kap der Guten Hoffnung entdeckt und umrundet hatte, schwand die Bereitschaft König Joãos, sich auf das Westfahrtprojekt einzulassen, gänzlich. Der Genuese war gleichwohl bei Hofe wohlgelitten und respektierte seinerseits den König als gekrönten Experten, der von Seefahrt mehr verstehe als alle anderen Monarchen Europas. Nur in der Westfahrtfrage, erklärte Kolumbus später, schien der sonst so informierte König mit »unerklärlicher Blindheit« geschlagen zu sein.

In populären Darstellungen kommt immer wieder die schon oft widerlegte These vor,[219] die Erde sei von den über die Westfahrt beratschlagenden und entscheidenden Gremien in Portugal und später auch in Spanien für eine Scheibe gehalten und deshalb das Westfahrtprojekt für undurchführbar erklärt worden. Dies ist jedoch eine Legende. Die Kugelgestalt der Erde stand in diesen Kreisen nicht zur Diskussion. Da spielten auch religiöse Vorstellungen eine untergeordnete Rolle,[220] obwohl dort oft auch hohe Geistliche vertreten waren, so in der »Junta dos Matematicos«[221], die mit der Prüfung der Ideen des Kolumbus beauftragt war. Salvador de Madariaga schrieb über die Besetzung dieser Kommission, in der auch der Bischof von Ceuta, Don Diego Ortiz, saß: »Es wäre oberflächlich zu glauben, daß am Hof des Königs von Portugal in jener Zeit irgend jemand die Theologie mit der Kosmographie vermengt hätte; der einzige, der es tat, war Colón [Kolumbus] selbst.«[222] Die Kommission lehnte den Plan des Kolumbus ab, weil er fehlerhaft war, und sie dies wußte. Die Portugiesen unterschätzten – wie fast alle europäischen Zeitgenossen – den Erdumfang und damit die Entfernung nach Ostasien, doch bei weitem nicht so wie Kolumbus. Dieser glaubte, die Erde habe nur einen Umfang von 20 400 Meilen, eine Angabe, auf die er höchstwahrscheinlich durch falsches Umrechnen der oben erwähnten arabischen Erdumfangsberechnungen auf italienische Entfernungsmaße gekommen war.[223] Sein Fehler lag darin, die arabischen mit den italienischen Meilen gleichzusetzen, obwohl diese um ein Viertel

Die Westfahrt des Kolumbus und die Entdeckung Amerikas

Der Behaim-Globus des aus Nürnberg stammenden Kaufmann Martin Behaim (1459–1507), 1492

länger sind (1980 m gegenüber 1480 m). Die Folge: Die sehr exakte arabische Schätzung von ca. 40 000 km wurde durch Kolumbus unwissentlich um ein Viertel reduziert, und deshalb hatte die Erde des Genuesen nur noch einen Umfang von 30 000 km. Hinzu kam auch noch, daß Kolumbus die West-Ost-Ausdehnung des asiatischen Kontinents gewaltig überschätzte. Er rechnete den Angaben des Ptolemäus noch die neu verfügbaren Daten Marco Polos und Mandevilles[224] hinzu und verlängerte den Kontinent nach Osten. Das Fazit seiner Rechnung war: Der Atlantik konnte nicht einmal 6000 km breit sein.[225]

Die Portugiesen rechneten zwar im Grundsatz ähnlich, allerdings hielten sie die Erde für größer[226] und die östliche Ausdehnung Asiens für geringer als Kolumbus. Sie nahmen an, daß der Atlantik fast doppelt so breit war, wie Kolumbus glaubte, nämlich etwa 10 000 km.[227] Darüber informieren uns die Toscanelli-Briefe und der in Nürnberg aufbewahrte Behaim-Globus.[228] Beide legen Zeugnis ab über die europäischen und besonders die portugiesischen Atlantikvorstellungen am Vorabend der kolumbianischen Entdeckungen[229].

Die Portugiesen ließen das Kolumbus-Projekt immerhin zweifach prüfen. Und der König schwankte. Hinterher, nach der Entdeckung Amerikas, bemühten sich alle portugiesischen Geschichtsschreiber im Bewußtsein eines kapitalen Fehlers, die Entscheidung ihres Königs verständlich zu machen. Der Chronist Barros etwa schrieb, João habe erkannt, »daß dieser Cristovao Colón ein Schwätzer war, der vor allem durch seine besonderen Fähigkeiten glänzen wollte. Außerdem schien er ihm ein Phantast, voll von eingebildeten Dingen über seine Insel Cipango; so schenkte er seinen Worten nur wenig Glauben.« Und doch hatte der König seine Kommission aus zwei jüdischen Leibärzten und Hofastrologen und einem Bischof beauftragt, den Plan des »Schwätzers« zu überprüfen. Auch ihr Urteil war, so Barros, vernichtend: »Diese kamen alle zu der Überzeugung, daß die Worte von Cristovao Colón müßiges Geschwätz seien; denn alles, was er vorbrachte, gründete sich auf eingebildete Dinge und auf das, was Marco Polo von der Insel Cipango schreibt.«[230] Die Meinung des Königs und das Urteil der Kommission sind hier zwar polemisch wiedergegeben, trotzdem dürften diese Argumente im Kern diejenigen sein, die man in Portugal gegen die Westfahrtpläne Toscanellis und des Kolumbus vorgebracht hatte. Kolumbus vertrat aber nicht nur völlig verkehrte Ansichten über die Erde und ihren Umfang, er wurde zudem im Lauf der Jahre und mit jeder Absage immer starrköpfiger und forderte immer mehr Rechte und Privilegien als Belohnung. So verlangte er die Erhebung in den Adelsstand, er wollte Admiral des Ozeanischen Meeres werden und Vizekönig der neuentdeckten Länder, und schließlich wollte er den zehnten Teil der Einkünfte erhalten. Als dann der Entdecker im März 1493 nach der Rückkehr von seiner ersten Amerikafahrt in Portugal Station machte und dem König seine Erfolge vorführte, bewahrte dieser nur mühsam die Fassung und glaubte Kolumbus aufs Wort, daß er Ostasien erreicht habe. Hinterher ließ er seinem Kummer über die verpaßte welthistorische Chance freien Lauf und machte sich bitterste Vorwürfe: »O Mensch von elendem

Die Westfahrt des Kolumbus und die Entdeckung Amerikas

Verstand! Warum hast Du Deinen Händen ein Unternehmen von so großer Bedeutung entschlüpfen lassen?«[231]

Dieses Bedauern über eine säkulare Fehlentscheidung hallt in der portugiesischen Historiographie bis heute nach. Doch nun war es zu spät, die Fahrt in spanischem Auftrag durchgeführt und Ostasien scheinbar erreicht. Übrigens waren gerade die bisherigen portugiesischen Entdeckungserfolge, neben dem Hochgefühl nach der endlich erfolgten Einnahme Granadas, wohl der tiefere Grund für die spanische Zusage an Kolumbus: Denn die Spanier waren 1492 im Vergleich zu den Portugiesen hoffnungslos ins Hintertreffen geraten. Daß die Berechnungen des Kolumbus wahrscheinlich nicht stimmten, wußten auch die Spanier; sie hatten sie schon 1486 von einer Kommission prüfen und widerlegen lassen. Aber was hatten sie zu verlieren?

Kolumbus erhielt schließlich die von ihm geforderten Privilegien, die Ernennung zum Admiral und die Erhebung in den Adelsstand, die Position eines Vizekönigs und Gouverneurs in den neuentdeckten Gebieten, den Zehnten aus allen daraus zu ziehenden Einkünften und anderes mehr. Dann ging es an das Zusammenstellen der Expedition. Kolumbus sollte drei Schiffe erhalten: Die »Niña«, eine kleine Karavelle von 60 *toneladas*, etwa 20 m lang und mit einem geringen Tiefgang von 1,5 m, war wohl sein bestes Schiff. Ursprünglich mit Lateinersegeln ausgerüstet, wurde sie vor der Atlantiküberquerung umgerüstet auf Rahsegel. Die »Pinta« war ebenfalls eine Karavelle und etwas größer als die »Niña«, sie machte indes anfangs erheblichen Kummer. Sie hatte Probleme mit dem Hecksteuer und war außerdem leck. Kolumbus versuchte deshalb, sie auf den Kanaren umzutauschen, und fuhr, nach gründlicher Reparatur, erst dann mit ihr weiter, als sich kein Ersatzschiff auftreiben ließ. Das dritte Schiff war das größte und deshalb auch das Flaggschiff. Es hieß »Santa Maria« und war keine Karavelle, sondern ein Naō von ca. 100 Tonnen Tragfähigkeit. Es war plumper, langsamer und schwieriger zu segeln als die beiden anderen Schiffe und lief in der Neuen Welt auch prompt auf Grund und mußte aufgegeben werden. Kolumbus hatte sich für die »Santa Maria« ohnehin nie erwärmen können und klagte mehrfach über ihre schlechten Seeeigenschaften.

Doch die Schiffe waren nur ein Teil des Problems, ein anderes war die Besatzung, deren Rekrutierung nur mühsam voranging. Zwar gab es in Palos genug erfahrene Seeleute, aber sie betrachteten das Projekt des Genuesen mit äußerster Skepsis und waren anfangs nicht bereit, sich ihm anzuvertrauen. Kolumbus wollte jedoch seine Schiffe mit Freiwilligen, nicht mit Zuchthäuslern bemannen. Erst als Martin Alonso Pinzon und sein Bruder, zwei erfahrene Kapitäne, sich von Kolumbus überzeugen ließen und bereit waren, selbst mitzufahren, änderte sich die Stimmung, und es fanden sich genügend Freiwillige, um die Schiffe zu bemannen. Die Lohnlisten sind fast vollständig erhalten; auf ihnen sind 87 Mann verzeichnet, von denen 40 auf der »Santa Maria«, etwa 25 auf jedem der kleineren Schiffe mitfuhren. Die Besatzung bestand fast vollständig aus Andalusiern, darunter waren vier freigelassene Sträflinge und vier Ausländer, unter ihnen ein konvertierter Jude namens Luis de Torres, der Hebräisch und Arabisch konnte und als Dolmetscher beim Großkhan dienen sollte. Erstaunlicherweise war auf dieser historischen ersten Fahrt des Kolumbus kein Geistlicher an Bord.

Am 3. August 1492 lief die Flotte des Kolumbus aus Palos aus. Sie hielt sich zunächst südwärts, in Richtung auf die Kanaren, wo Station gemacht und die »Pinta« repariert wurde; deren Schäden waren vielleicht sogar teilweise auf Sabotage zurückzuführen. Am 6. September 1492 begann dann die eigentliche Reise über den Atlantik. Die Seeleute waren in gedrückter Stimmung. Als das Land außer Sicht geriet, seufzten sie und begannen zu schluchzen. Ganz wohl war niemandem an Bord, und viele befürchteten offensichtlich, dies sei eine Fahrt ohne Wiederkehr. Um so erstaunlicher war die Haltung des Kolumbus. Ihn erschreckte – zumindest nach Aussage seines Bordtagebuches – keine der Gefahren, vor denen seine Seeleute zitterten. Er hatte vielmehr Angst um die Moral der Mannschaft und davor, sie könnte ihn von Furcht übermannt zur vorzeitigen Umkehr zwingen. Tatsächlich bemühte er sich mit allen Mitteln, sie bei der Überwindung der

Die Westfahrt des Kolumbus und die Entdeckung Amerikas

Kolorierter Holzschnitt der Santa Maria, *dem Schiff von Christoph Columbus, 1493*

historischen Weltgrenze des Atlantischen Ozeans zu beruhigen und zu ermutigen. Die Schiffe machten infolge des Passats gute Fahrt in westlicher Richtung; doch gerade die Stetigkeit des Windes weckte an Bord die Befürchtung, von hier käme man nie wieder zurück. Ein von Kolumbus im Bordtagebuch begrüßter Gegenwind zerstreute aber rechtzeitig diese Ängste. Dann wies der Genuese immer wieder auf im Wasser treibendes Gras – in der Sargassosee treibt viel Tang – als Zeichen für nahes Land hin; als solches dienten auch die Vögel, die auf dem Schiff Rast machten. Manche dieser Vögel, so notierte der Entdecker, kämen nach seiner Erfahrung nur in relativer Landnähe vor. Die bedeutsamste Maßnahme, mit der Kolumbus die Moral seiner Mannschaft hochhalten wollte, war das Verschweigen der tatsächlich zurückgelegten Entfernungen. Er führte vom Tag der Abfahrt an doppelt Buch und nannte systematisch zu niedrige Meilenzahlen, »damit meine Leute nicht den Mut verlieren«. Die Absicht war, die brüchige Moral seiner Mannschaft nicht mit der Angst vor einem langen Rückweg zu belasten. Obwohl die Reise problemlos verlief und die Schiffe sehr gute Fahrt machten, nahmen die Klagen über die Länge der Reise zu. Doch gelang es Kolumbus, seine Leute zu vertrösten und durch hohe Belohnungen für denjenigen, der als erster Land sehe, zu motivieren. In der Nacht vom 11. zum 12. Oktober 1492 geschah es: Es wurde Land gesichtet. Nach einer Fahrt von nur 35 Tagen landete Kolumbus auf der heute San Salvador genannten Karibikinsel, die von den Eingeborenen Guanahani genannt wurde und die Kolumbus für eine der zahllosen, von Marco Polo erwähnten ostasiatischen Inseln hielt.

Diese Fahrt war insgesamt problemlos verlaufen, sie war nicht übermäßig lang gewesen – bald sollten in Dauer und Entfernung noch ganz andere Strecken auf Schiffen zurückgelegt werden –, und niemand war auf dieser Reise gestorben. Die Überquerung des Atlantik und die Landung auf der Karibikinsel veränderten, in Verbindung mit der erfolgreichen Rückkehr, den Lauf der Weltgeschichte. Der Atlantische Ozean, seit Menschengedenken die Grenze der Welt, war überwunden, das Meer hatte sich als gut befahrbar erwiesen, die Barriere war gefallen, und zwar für immer. Vor dieser Bedeutung der Fahrt verblassen fast die konkreten Ereignisse der Entdeckungsreise, die Eindrücke von den Indianern, die Naturbeobachtungen des Kolumbus und seine Versuche, von den Eingeborenen zu erfahren, wie er zum großen Khan kommen könne, sowie seine Suche nach Gold und Edelsteinen. Doch war man wirklich in Asien angekommen? Wie man weiß, zweifelte Kolumbus nicht daran und starb 1506, nach drei weiteren Amerikafahrten, in dem Glauben, Ostasien erreicht zu haben.

Auch sonst zweifelte zunächst niemand. Die Eingeborenen, die auf die Europäer zugelaufen kamen, waren freundlich und so, wie man sich in Europa die Inder vorstellte: braun, aber nicht schwarz wie die Bewohner des Golfs von Guinea. Sie seien, so notierte Kolumbus, keine Ungeheuer, sondern »Leute von angenehmem Äußeren«[232]. Er hob ihre Friedfertigkeit, ihre Waffenlosigkeit, ja ihre Feigheit hervor; nur Indianer namens »Quaris« – später wurde Karib daraus – seien äußerst wild, gefährlich und äßen Menschenfleisch.[233] Was aber nicht ins Bild vom reichen und zivilisierten Asien paßte: Die Indianer waren nackt, primitiv und arm. Doch lagen vor der ostasiatischen Küste, so hatten Marco Polo und vor allem Mandeville berichtet, noch unzählige Inseln, und auf einer von diesen glaubte Kolumbus nun gelandet zu sein. Durch Zeichensprache erfuhr er von Inseln in der Nachbarschaft, unter anderem von einer großen Insel namens Couba, und hoffte, dabei handele es sich um das legendäre Cipangu. Bei den Fahrten entlang der Küste strandete die »Santa Maria« durch die Unachtsamkeit eines Schiffsjungen. Da die vierzig Mann Besatzung nicht alle auf den beiden anderen Schiffen Platz fanden, wurde aus der Not eine Tugend gemacht. Aus den Trümmern der »Santa Maria« wurde eine Siedlung errichtet, die erste spanische Siedlung in der Neuen Welt. Sie wurde »Navidad« genannt. Dann kehrte Kolumbus mit seinen beiden Schiffen zurück. Auf der Rückfahrt gerieten sie diesmal in einen gewaltigen Sturm. An ihrem Schicksal verzweifelnd, gelobten die Matrosen und auch der Entdecker aufwendige Wallfahrten, falls sie errettet würden. Für Kolumbus war die Vorstellung, mit dem Wissen um die neuen Länder unterzugehen, so unerträglich, daß er zwei Fässer mit Nachrichten von ihren Funden vorbereiten ließ, in der Hoffnung, wenigstens diese würden vielleicht den Orkan überstehen und nach Europa getrieben werden. Doch erwies sich diese Maßnahme als überflüssig; der Entdecker meisterte den Sturm und lief zunächst in Lissabon ein.

In Europa schlug die Nachricht von seinem Erfolg wie eine Bombe ein. João II. war zerknirscht, um so größer war die Freude bei den spanischen Majestäten. Kolumbus' Reise nach Barcelona glich einem Triumphzug. Als er dort, zusammen mit sechs Indianern, mit bunten Papageien und Gold, vor dem Thron kniete, erhoben sich Ferdinand und Isabella, das Königspaar, und ließen ihn sich neben sie setzen und berichten. Kolumbus erhielt alle Ehren und allen Lohn, die er sich ausbedungen hatte. Die Nachricht von seinen Taten verbreitete er auch mit der Veröffentlichung seines Reiseberichts über die Inseln, die er aufgefunden hatte.

Kolumbus hatte den Gipfel seines Ruhms erreicht, auf dem er sich aber nicht halten konnte. Noch dreimal – in den Jahren 1493–96, 1498–1500 und 1502–04 – fuhr er über den Atlantik nach Amerika. Doch waren die Fahrten für ihn Fehlschläge: Die zweite Reise, die mit 17 Schiffen und 1200 bis 1500 Mann Besatzung die größte Expedition war, erforschte die Küstenlinien der karibischen Inselwelt und entdeckte Jamaica. Außerdem wurden auf Haiti (»Hispaniola«) die – wenig später aufgegebene – Stadt Isabella und dann Santo Domingo gegründet, die von den heute noch existierenden europäischen Städtegründungen auf amerikanischem Boden die älteste ist. Doch schon kündigten sich Probleme mit den spanischen Siedlern und mit den Indianern an und Ernüchterung darüber, daß diese Gebiete bei weitem nicht so reich waren wie erhofft. Die dritte Reise mit acht Schiffen und 300 Mann – darunter, da sich nicht mehr genügend Freiwillige gemeldet hatten, auch freigelassene Strafgefangene und die ersten europäischen Aussiedlerinnen, nämlich 30 Frauen – berührte erstmals das südamerikanische Festland (»Paria«) und entdeckte die Insel Trinidad. Von dieser Reise kehrte Kolumbus, vom königlichen Kommissar Bobadilla abgesetzt und festgenommen, in Ketten heim. Sofort freigelassen, fuhr er zwei Jahre später erneut nach Amerika. Diese Reise – seine letzte – verlief besonders dramatisch. Kolumbus erkundete größere Teile der mittelamerikanischen Küste auf der Suche nach einer Durchfahrt, überstand heftige Orkane und mußte seine von Bohrwürmern befallenen und vollkommen seeuntüchtigen Schiffe – in den Quellen steht, die Schiffe seien schließlich löchrig wie Bienenwaben gewesen – in Jamaica auf den Strand setzen. Einer seiner Offiziere übernahm die lebensgefährliche Aufgabe, mit einem Kanu Hilfe aus Santo Domingo zu holen; der Genuese wartete inzwischen, bedroht von zunehmend feindseligen Eingeborenen, monatelang auf Unterstützung. Als er nach Spanien zurückkehrte, war er gesundheitlich und wahrscheinlich auch seelisch ein gebrochener Mann.

Das Lunatische, das Donquijoteske im Wesen des Kolumbus trat immer deutlicher zutage, je weniger sich seine Vorstellungswelt mit der realen verbinden ließ. Immer absurder wurde sein Festhalten an seiner Idee, in Ostasien zu sein. Er nahm Gleichklänge der geographischen Namen, etwa einen Hinweis der Indianer auf ein mächtiges Reich namens Magon – in Wahrheit wohl ein Hinweis auf die Mayas – begierig auf und vermutete dahinter die von Toscanelli erwähnte chinesische Provinz Mangi,[234] um nachzuweisen, daß er ganz in der Nähe Chinas sei. Er ließ am 12. Juni 1494 seine Schiffsbesatzung schwören, sie hätten asiatisches Festland erreicht, in Wahrheit waren sie auf Kuba gelandet.[235] Er suchte nach dem Großkhan und wußte nicht, daß dieser bereits 1369 durch die Ming-Dynastie abgelöst worden war. Er verstand das indianische Wort »carib« – eine Selbstbezeichnung der Indianer, die »die Starken« bedeutete und aus der sich der Name »Karibik« herleitet – als »Kanib« und dachte, es hieße »Untertanen des Khans«. Nicht unwichtig ist, daß dieser Begriff, als die Nachrichten von karibischen Menschenfressereien durch die Berichte Vespuccis und Cortes' im Abendland Verbreitung fanden, seine Bedeutung änderte; daher stammt das heutige Wort »Kannibalen«. Und schließlich verstieg sich der Entdecker in dem Glauben, an der Orinokomündung das irdische Paradies gefunden zu haben, und später entwarf er auch noch Pläne für die Befreiung Jerusalems. Mit derselben Unbeugsamkeit und demselben Hochmut, mit denen er auf seinen Privilegien bestand, stand Kolumbus aber auch ritterlich für den ausstehenden Sold seiner Besatzungen ein. Mit seiner Rolle als Vizekönig und Gouverneur der neuentdeckten Inseln war er allerdings überfordert; dies zeigte sich schon auf der zweiten Reise. Das mußte nicht unbedingt an der Regierungsunfähigkeit des Genuesen und seiner Brüder liegen, die ihn zu vertreten hatten, wenn er auf Entdeckungsfahrt oder in Spanien war, sondern lag auch an den Untertanen, die der Kolumbus-Biograph Jakobs als »einen Haufen von Abenteurern, die schnell reich werden und nicht arbeiten wollten«, beschrieben hat. Die ersten spanischen Siedler wären, so schrieb der zeitgenössische Historiker Oviedo, nur von Übermenschen oder Engeln regierbar gewesen.[236] Beides war Kolumbus nicht, und er war nicht einmal ein Spanier. Das scheint auch einer der Hauptgründe seines Scheiterns als Vizekönig gewesen zu sein, die spanischen Siedler wollten sich nicht von Ausländern regieren lassen. Hinzu kamen Probleme mit den Indianern; schon die Kolonie Navidad, wo die Überlebenden der »Santa Maria« auf die nächste Expedition warteten, war vollständig zugrunde gegangen. Die Siedler behandelten die Indianer schlecht, und Kolumbus wollte in Ermangelung reicher Goldfunde die Rentabilität seines Reiches durch Sklavenfang erhöhen, was ihm die Majestäten verboten. Schließlich mußte er als Vizekönig abgelöst werden und kehrte 1500 nach Spanien zurück. 1506 starb er krank und zutiefst verbittert in Valladolid in dem Glauben, Asien – wenn auch einen bislang unbekannten Teil Asiens – erreicht zu haben.

Doch dies war ein Irrtum, den die meisten Zeitgenossen teilten. Sie wußten es nicht besser und hielten lange das von Kolumbus aufgefundene Land zwar nicht für China oder Japan, aber doch für eine große, bis dahin unentdeckte Auswölbung Asiens. Die Spanier nannten die neuentdeckten Provinzen »Las Indias«; in dem Namen »Westindische Inseln« lebt der Irrtum bis heute fort. Auf seiner vierten Fahrt hatte Kolumbus einen Brief der Majestäten an Vasco da Gama mitgenommen, der 1502 das zweite Mal in Indien war; dies zeigt, daß auch zehn Jahre nach der Entdeckung immer noch der Irrglaube regierte.

Und doch regten sich, erst schüchtern, dann immer lebhafter, Zweifel. Der erste überlieferte Einwand dagegen, daß Kolumbus wirklich in Ostasien gelandet sei, wurde 1493 laut. Die Begründung war allerdings eine abstrakte, und doch die stichhaltigste, die damals überhaupt möglich war. Der italo-spanische Historiker Petrus Martyr wandte nämlich ein, daß die bewohnbare *oikumene* – also der eurasische Kontinent – nach Ptolemäus nur 180 Grad der Erde umfasse und Kolumbus deshalb in einer neuen Welt (»novus orbis«) gelandet sein müsse.[237] Martyr glaubte also nicht, daß Asien sich derart weit nach Osten erstrecken könne – und er hatte recht damit! Petrus Martyr hatte, als er den Genuesen als einen »novi orbis repertor«, als den Entdecker der Neuen Welt, bezeichnet hatte, das Wort erstmalig ausgesprochen, das dann soviel Furore machen sollte. Den Durchbruch verschaffte diesem Gedanken des »novus orbis«, der »Neuen Welt«, aber der in Florenz geborene Entdecker Amerigo Vespucci (1454–1512), der nach eigenen Angaben zwischen 1497 und 1505 vier – nach Ansicht der Forschung in Wahrheit jedoch nur zwei – ausgedehnte Fahrten die südamerikanische Küste entlang in südlicher Richtung machte und seinen Reisebericht unter dem Titel: »Mundus Novus« zwischen 1503 und 1507 veröffentlichte. Diese bald schon in mehrere Sprachen übersetzte und vielfach wiederaufgelegte Schrift weckte das Bewußtsein dafür, daß hier nicht Ostasien erreicht, sondern etwas völlig Neues, eine unbekannte Welt entdeckt worden war – mit all den Implikationen, die dies hatte: Waren die neu aufgefundenen Völkerschaften in Gottes Heilsplan erwähnt? Waren die Indianer überhaupt Menschen? Stammten sie auch von Noah ab? Warum waren sie in der Bibel nicht genannt? Oder hatte man es bisher überlesen, und es fanden sich doch Andeutungen, die erst jetzt richtig zu verstehen waren? Waren diese Länder reich, und welcher Nutzen ließ sich aus ihnen ziehen? Gab es dort Gold, Silber, Edelsteine und Gewürze? Wie groß waren diese Länder? Gab es eine Verbindung nach Asien auf dem See- oder auf dem Landwege? Hingen sie überhaupt

Die Westfahrt des Kolumbus und die Entdeckung Amerikas

Amerigo Vespucci (1451–1512), italienischer Seefahrer und Namenspatron für Amerika

mit Asien zusammen, waren sie also ein Teil des »Kontinents« im ursprünglichen Sinn des Wortes, nämlich von »continentes« = zusammenhängend? Oder waren sie von diesem losgelöst; ein Land für sich, eben ein »mundus novus«?

Zwei Humanisten und Kartographen in St. Dié in den Vogesen, Matthias Ringmann und Martin Waldseemüller, fiel ein Exemplar von Amerigo Vespuccis »Mundus Novus« in die Hände. Sie entschieden sich dafür, in diesen Ländern, ebenso wie Vespucci, einen neuen Kontinent zu sehen. Doch wie sollte er heißen? Ringmann, der die Einleitung schrieb, plädierte dafür, sie nach ihrem Entdecker »Amerige« zu benennen, und schrieb: »Ich wüßte nicht, warum jemand mit Recht etwas dagegen einwenden könnte, diesen Erdteil nach seinem Entdecker Americus, einem Mann von Einfallsreichtum und klugem Verstand, Amerige, nämlich Land des Americus, oder America zu nennen, denn auch Europa und Asien haben ihren Namen nach Frauen genommen.«[238] Diese Benennung in der 1507 erschienenen »Cosmographiae Introductio« beantwortet auch die Frage, warum der Kontinent, als er als solcher erkannt worden war, nicht etwa »Columbia« genannt wurde, sondern »America«. So groß waren die Verdienste des zweifellos sehr tüchtigen Amerigo Vespucci doch nicht, daß nach ihm ein Kontinent hätte benannt werden müssen. Es war einfach die Entscheidung Waldseemüllers und Ringmanns, das von ihnen für eine Insel gehaltene Südamerika nach seinem Entdecker zu benennen. Die Zusammenhänge mit Mittel- und Nordamerika und den Entdeckungen des Kolumbus waren ihnen nicht wirklich klar. Für diese These spricht auch, daß in späteren Ausgaben seines Kartenwerks Waldseemüller den Namen »America« wieder fallen ließ. Doch es war zu spät, und der Name hatte sich schon durchgesetzt. Gerhard Mercator übernahm 1538 die nur für Südamerika gedachte Bezeichnung dann für den gesamten Kontinent. Der wohlklingende Name trat seinen Siegeslauf an und verdrängte schließlich auch die spanische und wenig zweckmäßige Bezeichnung »Las Indias« vollständig.

Die Nachrichten von dem neuentdeckten Land im Westen lösten in Europa einen unvorstellbaren, wenn auch in Wellen verlaufenden Boom aus. In einer Quelle steht der bezeichnende Satz, daß jeder bis herab zum Schneider nun Entdecker werden wollte.[239] Und tatsächlich stachen nun von allen europäischen Atlantikhäfen aus Entdecker in See, vor allem aus Spanien und Portugal. Die wichtigsten seien hier erwähnt: Der Venezianer Giovanni Caboto segelte 1497 im englischen Auftrag nach Nordamerika und betrat dort, noch vor Kolumbus, der bis dahin nur auf Inseln gelandet war, das amerikanische Festland. Caboto hat eine rühmliche Erwähnung verdient, weil er eine Art zweiter Kolumbus war und ein Westfahrtprojekt auf der Nordroute propagierte. Kolumbus war ihm nur geringfügig zuvorgekommen und hat ihn für immer auf den zweiten Platz verdrängt. Und auf die kontrafaktische Frage: Was wäre gewesen, wenn Isabella nicht das Projekt des Kolumbus 1492 akzeptiert hätte? Wer hätte dann Amerika entdeckt? – muß Caboto als potentieller Kandidat an erster Stelle genannt werden. Nach ihm kommt Pedro Alvarez Cabral, der auf der Route nach Indien im Jahre 1500 gewissermaßen »zufällig« Brasilien entdeckt hat. Oder irgendein anderer Entdecker hätte, ähnlich wie Cabral, auf der Suche nach weiteren Atlantikinseln das amerikanische Festland erreicht. Möglich wäre auch, daß irgendein namenloser Fischer aus einem nordatlantischen, wahrscheinlich britischen Hafen auf der Suche nach guten Fischgründen Neufundland und das dortige Festland entdeckt hätte. Bis heute wird ohnehin darüber spekuliert, ob nicht britische Fischer schon vor Kolumbus Amerika erreicht hatten. Mit anderen Worten: Die Entdeckung Amerikas – vielleicht hätte es dann Cabota oder Caballa heißen müssen – war, als Kolumbus zum ersten Mal den Atlantik überquerte, eine reine Zeitfrage. Ohne den Genuesen wäre die Entdeckung vielleicht zehn, fünfzehn Jahre später erfolgt; vielleicht im Auftrag eines anderen Landes, aber sie wäre erfolgt. Diese Feststellung schmälert nicht den Stellenwert des Kolumbus, über den Ranke schön sagte: »Niemals hat ein großartiger Irrtum eine großartigere Entdeckung hervorgebracht.« Und gerade das Donquijoteske des Kolumbus macht ihn zu einer historisch so reizvollen Figur, in der sich Größe und Torheit, unerschrockener Mut und Verblendung, Erfolg und Versagen in einzigartiger Mischung finden. Außerdem wäre, ohne Kolumbus, die Entdeckung Amerikas vielleicht anders verlaufen: Es hätte die ungeheure Überraschung über die scheinbar leichte Erreichbarkeit Indiens gefehlt, und die Entdeckung der amerikanischen Küsten wäre wie die Erforschung und Besiedlung der Atlantikinseln und der Küste Afrikas oder später Australiens verlaufen: immer noch spektakulär genug, aber ohne diesen ungeheuren Antrieb, der aus der Gier nach dem Gold und den Gewürzen Asiens und nach Ruhm entstand; ohne die Gefühle und Hoffnungen, aus denen sich der verbissene Elan der Entdecker und Konquistadoren speiste. Denn was lag näher, als die Erwartungen, die an Asien gestellt wurden, nämlich Reichtum, Gold und Gewürze, auf »Las Indias« zu übertragen, auch als klar wurde, daß dieses eine Neue Welt war?

Kolumbus folgten andere Entdecker in großer Zahl. Bis etwa 1510 konzentrierten sich die spanischen Fahrten hauptsächlich auf das karibische Meer, dann griffen sie nach Norden und vor allem nach Süden aus. Besonders wichtig war die Entdeckung, die Balboa 1513 machte: Um Eingeborenenmitteilungen zu überprüfen, unternahm er einen Marsch quer durch Zentralamerika und entdeckte den Pazifik, den er »Mar del Sur« nannte. Der Atlantik bekam daraufhin den Namen »Mar del Nort«, den er bei den Spaniern einige Jahrhunderte lang behielt. Die Entdeckung des Pazifiks war von großer Bedeutung für die Klassifizierung der neugefundenen Territorien. Das große Meer, das sich auf der anderen Seite des Isthmus von Panama auftat, verfestigte den Verdacht, daß hier ein neuer Kontinent gefunden war. Allerdings stellte man sich die amerikanischen Halbinseln als mit Asien zusammenhängend vor und vermutete im Nordosten eine breite Landbrücke dort, wo in Wahrheit die Beringstraße ist, die erst im 18. Jahrhundert entdeckt wurde. Gewißheit über die Zusammenhänge zwischen Amerika und Asien brachte spätestens die Expedition des Magellan, der 1520 zunächst die nach ihm benannte Durchfahrt zwischen Atlantik und Pazifik im äußersten Süden des heutigen Chile entdeckte und dann von dort aus um die Welt segelte. Magellan tat, was Kolumbus nur geglaubt hatte, getan zu haben. Die Leiden seiner Besatzung waren unerhört, und nicht umsonst schrieb Maximilianus Transilvanus an den Erzbischof von Salzburg: »Wahrlich, die achtzehn nach Spanien zurückgekehrten Seeleute wären ewigen Ruhmes würdiger als die Argonauten, und ihr Schiff, die ›Victoria‹, verdiente es eher als die ›Argo‹, unter die Sterne versetzt zu werden.«[240]

Damit waren die Proportionen der vier bis dahin bekannten Kontinente und der sie trennenden Weltmeere nachgewiesen – ein Ergebnis, das in den nächsten Jahrzehnten durch weitere Fahrten immer mehr verfeinert wurde. Der spanische Entdecker Andrés de Urdaneta startete 1565 in La Natividad in Mexiko und

Die Westfahrt des Kolumbus und die Entdeckung Amerikas

Portulankarte der atlantischen Küsten, um 1506 (Kopie von Otto Proegel von 1843, da das Original seit 1945 verschollen ist)

erschloß die Asien-Amerika-Route von Westen her. Auf den Philippinen etablierten sich die Spanier, und bis 1815 verkehrte auf der Manila-Acapulco-Route die sogenannte Manila-Galeone, die mexikanisches Silber gegen fernöstliche Handelswaren eintauschte.

In den ersten Jahrzehnten des 16. Jahrhunderts erforschten dann neue Expeditionen immer größere Teile der atlantischen Küste Amerikas. Der portugiesische Entdecker João Fernandes fuhr 1499 nach Grönland und entdeckte danach die »tierra del lavrador«. In diesen nördlichen Gebieten des Atlantik fand sich zwar nicht die ersehnte Durchfahrt nach Asien, wohl aber wurden die Gewässer vor Neufundland wegen ihres Fischreichtums wichtig. Pinchon befuhr 1499 Teile der nordöstlichen Küste Südamerikas. Und 1525 entdeckte Estévan Gomez im Auftrag des Kaisers Karl V. auf der Suche nach einem Durchgang nach Asien die nordamerikanische Küste von Maine bis zum St. Lorenz-Strom; er brach aber die Suche nach einer Passage ab. Auch die anderen europäischen Nationen beteiligten sich an den Entdeckungen. Der französische Seefahrer Jacques Cartier entdeckte 1534 den St. Lorenz-Strom und fuhr ihn 1535/36 bis auf die Höhe des heutigen Quebec hinauf. Bereits 1524 hatte der adlige Florentiner Giovanni da Verazzano im Auftrag Franz I. die Ostküste der heutigen USA von North Carolina bis Nova Scotia erforscht. Auch er suchte an der nordamerikanischen Küste erfolglos eine Durchfahrt nach Asien. Verazzano wurde bei einer späteren Fahrt in der Karibik von kannibalischen Indianern getötet. Sein Tod war grausam, aber auch viele andere Expeditionen nahmen ein schlechtes Ende. Giovanni Caboto, der Konkurrent des Kolumbus, verschwand spurlos mit seiner Flotte auf seiner zweiten Expedition; vielleicht ging sie bei der Suche nach einer Durchfahrt nach Asien im hohen Norden im Eis zugrunde. Gaspar Corte Real, ein portugiesischer Entdecker, ist 1500 verschollen, ebenso sein Bruder Miguel, der auf die Suche nach ihm ging.

Eines der markantesten Kapitel in der Geschichte des Atlantik schrieben die Konquistadoren, diese Mischung aus Entdeckern und Eroberern: Hernando Cortes, der zwischen 1519 und 1521 das Aztekenreich eroberte, und Francisco Pizarro, der zwischen 1530 und 1548 das Inkareich entdeckte und zerstörte. Beide Aktionen waren wegen ihrer historischen Fernwirkung, besonders wegen der Hispanisierung Südamerikas, von großer Bedeutung. Auch die militärischen Leistungen der Konquistadoren waren erstaunlich: Wohl niemals in der Weltgeschichte wurden derart große und vergleichsweise gut durchorganisierte Staaten wie die der Azteken und der Mayas von derart kleinen Gruppen von Eroberern, deren Zahl nur wenige hundert Mann betrug, überrannt. Eine verhängnisvolle Rolle spielten dabei Mythologie und

Astrologie der Indianerstaaten, deren rätselhafte Vorhersagen die Europäer als Götter erscheinen ließen und die damit in einem entscheidenden Moment die Widerstandskraft dieser Völker lähmten. Die Indianer waren über das Erscheinen der Europäer im ersten Moment zu verblüfft, um sich zu wehren. Ein Beispiel dafür war, daß sich der Inka Atahualpa die ersten Meldungen von der Landung der Spanier wieder und wieder vorlesen ließ und sie offenbar nicht glauben konnte.[247] Vielleicht muß die Handlungsunfähigkeit der Indianerkulturen im ersten Augenblick mit einem Schock erklärt werden, mit der ungeheuren Überraschung über die aus dem Nichts kommenden Fremden. Dieser Effekt wurde noch verstärkt durch die militärische Überlegenheit der Spanier, die den Indios unbekannten Pferde, die Geschütze und die Handfeuerwaffen. Nachdem allerdings die erste Überraschung geschwunden war, fingen die Indios an, sich zu wehren, aber sie hatten den günstigsten Moment bereits verpaßt.

Die politische Situation in Amerika vor der Ankunft der Europäer war ein weiterer Faktor, der die Schlagkraft der Indios verminderte. Die Azteken und Inkas waren Eroberervölker, und ein Großteil der von ihnen abhängigen Staaten fühlte sich unterdrückt und ersehnte die Befreiung. Für diese Völker war die Ankunft der Konquistadoren tatsächlich ein Geschenk des Himmels, das ihnen die Unabhängigkeit verhieß. Sie waren froh, ihre bisherigen Unterdrücker mit Hilfe des aus dem Nichts gekommenen machtvollen Verbündeten abschütteln zu können, und sie verkannten die Gefahren, die damit ihrer eigenen Kultur drohten. Dafür war der Haß untereinander zu groß. Die Grausamkeit der mit den Spaniern gegen die Azteken verbündeten Tlaxcateken beim Umgang mit ihren Feinden entsetzte die Spanier, doch sahen sie sich außerstande, dagegen vorzugehen.

Cortes und Pizarro waren mit Abstand die beiden erfolgreichsten, aber nicht die einzigen Konquistadoren. Auf der Suche nach Gold, vor allem dem legendären El Dorado, dem Land des Goldfürsten, streiften Gruppen entschlossener Abenteurer durch das Innere Nord- und Südamerikas. Die Strapazen, die sie dabei aushielten, und die Grausamkeiten, die sie begingen, waren beispiel-

Seekarte von B. Lopez mit den Küstenlinien Amerikas, Europas und Afrikas, 1558

los. Aguirre machte sich ebenso wie der Bruder Pizarros zeitweise von Spanien unabhängig. Sie gründeten ihre eigenen Kleinstaaten. Almagro zog 1535–36 durch das heutige Chile. Und Vásques de Coronado durchquerte 1540 bis 1542 den Süden der heutigen USA bis weit nach Westen, und dabei stieß er auch auf den Grand Canyon. De Soto streifte 1539 bis 1542 durch den Südosten Nordamerikas. Und Orellana, ein Unterführer Pizarros, befuhr 1539 bis 1541 auf der Suche nach dem Goldland den Amazonas, und zwar, aus dem Landesinnern kommend, stromabwärts bis an die Küste. Dabei stieß er auch auf die kämpferischen, an die Amazonen der Mythologie erinnernden Indianerinnen, die dem Strom den Namen geben sollten.[242]

Diese Nachrichten drangen schnell nach Europa, und dem staunenden Abendland erschloß sich eine neue Welt, deren Ent-

Die Westfahrt des Kolumbus und die Entdeckung Amerikas

deckung das politische und ökonomische Gefüge des Planeten vollständig verändern sollte. Kolumbus selbst hatte gesagt, er habe »die Bande des ozeanischen Meeres, die mit so festen Ketten geschlossen waren«, mit dem Schlüssel geöffnet, den Gott ihm gegeben habe.[243] Nachdem diese Bande einmal gelöst waren, gab es kein Halten mehr. Die Entdeckung Amerikas revolutionierte Europa, und zwar materiell, ideell und in der Selbsteinschätzung der Europäer. Diese Revolution läßt sich an zahllosen Beispielen und in jedem Bereich des menschlichen Lebens beobachten. Hier soll zunächst nur ein Aspekt erwähnt werden: die Darstellung Europas auf den Weltkarten. Auf der oben erwähnten Karte von Fra Mauro, der besten und einer der letzten mittelalterlichen Weltkarten, war Europa wie ehedem als eine Halbinsel Asiens und an der Peripherie der Welt gelegen dargestellt. Auch für Ringmann, den Erfinder des Namens Amerika, war Asien noch der Kontinent, der »an Reichtum und Größe« die anderen weit übertraf. Doch bereits in einer portugiesischen Weltkarte von 1545 und in allen anderen nachfolgenden Atlanten werden plötzlich durch die Darstellung des neugefundenen Kontinents Europa und der Atlantik ins Zentrum der Welt gerückt, Asien an die Peripherie.

Der spanische Historiker Gomara schrieb 1552: »Die größte Sache seit Erschaffung der Welt, Menschwerdung und Tod ihres Schöpfers ausgenommen, ist die Entdeckung der Indien; und so nennt man sie Neue Welt, nicht so sehr weil sie neu gefunden wurde, sondern weil sie so groß ist, fast ebenso groß wie die alte, die doch Europa, Afrika und Asien umfaßt.«[244] Asien, das bisherige Zentrum der Welt und der europäische Fixpunkt, das *ex oriente lux,* wurde entthront. Und der Atlantik war für Europa nicht mehr wie bisher das westliche Ende der Welt, sondern wurde in den folgenden Jahrhunderten immer mehr zum europäisch dominierten Transitmeer zwischen den Kontinenten.

Das Entstehen einer atlantischen Welt (1500–1800)

〜〜〜

Die welthistorischen Auswirkungen der Entdeckungen sind in ihrer Tragweite sehr schnell erkannt worden. Adam Smith faßte sie in einem berühmten Diktum aus dem Jahre 1776 so zusammen: »Die Entdeckung Amerikas und des Seeweges nach Ostindien um das Kap der Guten Hoffnung sind die beiden größten und bedeutendsten Ereignisse in der Geschichte der Menschheit. Ihre Folgen sind zwar bereits recht beachtlich gewesen, doch ist es noch nicht möglich, in dem kurzen Zeitraum von zwei bis drei Jahrhunderten, die seither vergangen sind, die Auswirkungen in ihrer ganzen Tragweite erkennen zu können. Und keine menschliche Klugheit und Umsicht kann voraussehen, welche Wohltaten und welches Unglück der ganzen Menschheit aus diesen einmaligen Entdeckungen erwachsen werden. Ganz allgemein dürften sie wohl in der Tendenz nützlich und förderlich sein, da sie die entlegensten Gebiete der Welt in gewissem Umfang zusammengeführt und es ihnen möglich gemacht haben, sich gegenseitig zu helfen, den Bedarf an Nötigem und Annehmlichem im Austausch zu decken und Gewerbe und Handel untereinander zu fördern.« Smith als Prophet des Freihandels glaubte also, die globale Vernetzung sei im Prinzip vorteilhaft. Allerdings war er auch nicht blind für die Schattenseiten dieser Entwicklung. Da die Entdeckungen zu einem Zeitpunkt erfolgt seien, als die Europäer ein

Übermaß an Macht gegenüber den Bewohnern der neuentdeckten Länder gehabt hätten, seien sie in der Lage gewesen, ungestraft jedes Unrecht begehen zu können. Doch setzte Smith seine Hoffnung auf die Zukunft; vielleicht würde sich dieses Ungleichgewicht allmählich mildern oder ausgleichen und sich zum wechselseitigen Nutzen ein Gleichgewicht zwischen den Nationen und Kontinenten herausbilden.

Nicht nur für den schottischen Nationalökonomen Smith, sondern auch für Karl Marx war die Entdeckung der Seewege nach Indien und Amerika der Ausgangspunkt eines epochalen Umbruchs, mit dem die Herrschaft der Bourgeoisie und das Herannahen des industriellen Zeitalters begannen. Der Versuch, zwischen den Entdeckungen und der Verbreitung industrieller Produktionsweisen einen Zusammenhang herzustellen, erlebt, wenn auch in abgewandelter Form, derzeit sogar eine Renaissance. Manche Historiker sehen beispielsweise in den entstehenden karibischen Zuckerplantagen »protoindustrielle Organisationsformen« und stellen die Frage, »ob eventuell wesentliche Voraussetzungen der industriellen Revolution außerhalb Europas geschaffen worden sind«[246]. Daß die Entdeckungen der Ausgangspunkt der Globalisierung waren, ist unstrittig. Und als Herzstück und Motor dieser Globalisierung bildete sich mit den zunehmenden Verbindungen der verschiedenen atlantischen Küsten ein politisch-ökonomisch-kulturelles System heraus, das hier als »Atlantische Gesellschaft« oder »Atlantische Welt« bezeichnet werden soll. Dieses System in seiner Gesamtheit darzustellen ist schier unmöglich. Aber es kann vielleicht gelingen, einige Elemente des Gesamtkomplexes herauszuheben und zu zeigen, wie im Atlantik Seefahrt, Überseehandel, Austausch von landwirtschaftlichen Produkten, Auswanderung, imperialistische Konkurrenz und Errichtung von Herrschaft zusammenwirkten und sich nicht nur die neuentdeckten Länder und Kontinente, sondern auch Europa selbst veränderten. Dabei möge deutlich werden, wie sich nicht nur die von Fernand Braudel beschriebene Politikgeschichte kurzer Reichweite verändert hat, sondern sich auch die längerfristigen Abläufe der Sozial- und Alltagsgeschichte und über die veränderte Wahrnehmung des Atlantik vielleicht sogar einige der bis dahin unverrückbar scheinenden »ewigen Faktoren« gewandelt haben.

Die europäische Machtpolitik wird zur Weltpolitik

Zunächst möchte ich die wesentlichen politischen Folgen der Entdeckungen behandeln. In der europäischen Politik setzten sich die Machtkämpfe zwischen den Großmächten auch im und nach dem Zeitalter der Entdeckungen fort, wie sie bereits seit Jahrhunderten tobten: Es ging um europäische Territorien und europäische Machtfragen. Hinzu kam aber eine Ebene, die es zuvor nicht gegeben hatte und die sich mit der ersten zunehmend vermischte: der Kampf der einzelnen europäischen Staaten um Anteile am Überseehandel und vor allem an der Kontrolle über die gewaltigen neuentdeckten Landstriche. Hier sind nur einige Beispiele zu nennen: Die französisch-spanischen Kriege des 16. Jahrhunderts gingen um europäische Fragen, griffen aber auch in den Atlantik und bis in das neuentdeckte Amerika hinein. Auch der 1566 losbrechende achtzigjährige Unabhängigkeitskampf der Niederlande gegen Spanien hatte eine massive überseeische Komponente, weil sich die Niederländer schließlich auch beträchtliche Teile des spanischen und portugiesischen Seehandels und Kolonialbesitzes aneigneten. Vor allem, nachdem Philipp II. 1580 Portugal und Spanien in Personalunion vereinigte, verdrängten die Holländer die Portugiesen aus ihren Besitzungen und Handelsbeziehungen. Auch die Kämpfe zwischen dem Spanien Philipps II. und dem elisabethanischen England – hier soll nur an das spektakuläre Scheitern der berühmten Armada 1588 erinnert werden – hatten zwar in erster Linie einen europäischen Hintergrund, und zwar vor allem die Machtverhältnisse in Flandern und die Religionsfragen, gleichzeitig aber kämpften die Engländer auch in der Karibik, ja sogar im Pazifik gegen Spanien. In den drei holländisch-englischen Seekriegen (1652–54, 1665–67, 1672–74) ging es darum, daß beide Mächte sich den Seehandel sichern und – vor allem die Engländer – einen starken Mitbewerber ausschalten wollten. Sir Walter Raleigh hatte 1618 in einer Denkschrift geschrieben: »Whosoever commands the sea commands the trade, whosoever commands the trade of the world commands the riches of the world and consequently the world itself.«[246] In der Tat wollten die Engländer die Holländer aus einem Quasimonopol der europäischen Seefahrt verdrängen. Um 1650 hatten die Holländer 16000 Schiffe, davon 6000 Ozeanfahrer. Die Hälfte dieser Schiffe bediente die Ostseeroute, 2000 den Handel mit Spanisch-Amerika, der Rest das Mittelmeer und Ostindien. Wie erdrückend das holländische Übergewicht war, sieht man daran, daß die anderen seefahrenden Nationen insgesamt nur über 4000 Schiffe verfügten. Die Überlegenheit der Holländer basierte auf ihren Schiffstypen, zum Beispiel den Fleuten des Ostseehandels, die den entscheidenden Vorteil hatten, mit wenig Personal auszukommen. Wo auf englischen Schiffen 30 Matrosen benötigt wurden, dienten auf gleichgroßen holländischen nur zehn; entsprechend niedriger waren die Frachtraten. Diese Entwicklung war kein Zufall. In Holland waren Arbeitskräfte gesucht und teuer, der Personalkostenfaktor war folglich hoch, und die Schiffskonstrukteure mußten dies bei ihren Entwürfen besonders berücksichtigen. Eine weitere Vorherrschaft hatten die Holländer in der Nordseefischerei; der Heringshandel ernährte Hunderttausende von Menschen.[247] Auch der Englandhandel wurde durch die Holländer abgewickelt: Auf 500 holländische kamen nur 50 britische Schiffe.[248] Nicht umsonst war einer der Gründe für den englisch-holländischen Seekrieg, daß das englische Parlament im sogenannten Navigation Act von 1651 verordnet hatte, daß Einfuhren nach Großbritannien nur auf englischen Schiffen oder denen des Ursprungslands der eingeführten Waren erfolgen sollten. Dies war eine Bestimmung, die sich gegen den Fuhrmann Europas, die Holländer, richtete, die erst 1849 wieder aufgehoben und durch den Zwang zum Flaggengruß in britischen Gewässern und das Durchsuchungsrecht fremder Schiffe ergänzt wurde. Zwar konnten sich die Holländer in diesen Kämpfen behaupten, aber doch nicht verhindern, daß sie aus der ersten Reihe der europäischen Seemächte allmählich verdrängt wurden. Als Ergebnis des dritten Seekriegs gegen England mußten sie beispielsweise Nieuw Amsterdam an England abtreten, das die Kolonie dann in New York umbenannte.

Später kam es zu Auseinandersetzungen zwischen England und Frankreich, die ebenfalls eine starke atlantische Komponente hatten. Der Krieg, der in Europa der Siebenjährige (1756–63) genannt wurde, entschied auch den französisch-englischen Machtkampf in Nordamerika.

Daraus kann folgendes Fazit gezogen werden: Die europäische und die globale Politik verzahnten sich zunehmend, und der atlantische Raum nahm an politischer Bedeutung in den folgenden Jahrhunderten immer weiter zu, parallel zur Etablierung der Herrschaft europäischer Staaten in Übersee. Und erstmals in der Geschichte konnte von »Weltpolitik« und »Weltmacht« im Sinne einer wirklich globalen Orientierung die Rede sein. Die europäischen Mächte griffen, wenn auch untereinander in erbitterter Konkurrenz, in allen Weltmeeren, vor allem aber im atlantischen Raum aus. Das sogenannte erste Kolonialzeitalter begann, das von der Epoche der Entdeckungen bis zur Unabhängigkeitserklärung der USA gerechnet wird. Allerdings war die europäische Herrschaft über andere Erdteile in diesem Zeitraum, mit einigen wichtigen Ausnahmen, begrenzt. Immer noch galt, was Braudel für den Beginn der Neuzeit feststellte: Raum war ein Fluch, kein Segen. So beschränkte sich die europäische Anwesenheit in Afrika bis weit ins 19. Jahrhundert hinein auf die Unterhaltung einiger Küstenstationen, die dem von den Einheimischen selbst organisierten Handel mit dem Landesinneren dienten. In Asien war es den Portugiesen – später kamen noch die Spanier und Holländer, noch später die Engländer und Franzosen hinzu – zwar gelungen, große Teile des Seehandels an sich zu reißen. Die politische Kontrolle, die »direct rule«, beschränkte sich aber auch hier bis zum Ende des 18. Jahrhunderts auf einige Hafenplätze. Die europäischen Mächte wären technisch und politisch nicht in der Lage gewesen, größere Teile des Landesinnern des afrikanischen oder asiatischen Kontinents zu erobern und zu kontrollieren. In unerschlossenen Gebieten Stamm für Stamm zu unterwerfen überstieg die europäischen Möglichkeiten.

Anders sah dies in Amerika aus. Hier gelang es den Spaniern, in größeren Teilen Mittel- und Südamerikas eine direkte Herrschaft aufzubauen, die sich in jahrhundertelangen Kämpfen immer mehr ausweitete und schließlich auch die letzten Widerstandsnester der Indios unterwarf. Daß ihnen das gelingen konnte, war unter anderem darauf zurückzuführen, daß sie sich der vorhandenen Herrschaftsstrukturen der Inkas und Azteken bedienen und lokale Rivalitäten ausnutzen konnten. Im Bereich der amerikanischen Hochkulturen ersetzten sie das politische Zentrum und beherrschten die Länder von der Spitze her. Der spanische Machtbereich war, dem Vorbild der spanischen Verwaltung in Europa folgend, in mehrere Vizekönigreiche und kleinere Einheiten – wie die Gerichtsbezirke, die *audiencias* –, in 39 Provinzen und Generalkapitanate gegliedert. Besonders wichtig waren das Virreinato de Nueva España (Vizekönigreich Neuspanien) mit der Hauptstadt Mexiko, das 1535 eingerichtet wurde und sich über Mittel- und die südlichen Teile Nordamerikas erstreckte. Das 1543 gegründete Vizekönigreich Peru mit der Hauptstadt Lima umfaßte die Territorien des früheren Inkastaates. Später kamen die Vizekönigreiche Nueva Galicia mit der Hauptstadt Bogotá (1739) und Buenos Aires (1776) hinzu. Die spätere Aufteilung Lateinamerikas in Einzelstaaten ging auf die spanische Gliederung des gewaltigen Länderkomplexes zurück, bei dem es sich rechtlich gesehen nicht um Kolonien handelte, sondern um Herrschaftsbereiche, die der Krone direkt unterstellt waren.

Die spanische Herrschaftspraxis in Amerika wurde oft angegriffen. Vor allem die harsche Kritik Bartolomé de las Casas' an der Behandlung der Indios sorgte für internationales Aufsehen. Die Spanier waren durchaus selbstkritisch, was ihre Herrschaft in Amerika und die Behandlung der Einheimischen anging. Allerdings wurde diese Selbstkritik dann von den mit Spanien im Zeitalter der Glaubenskriege verfeindeten protestantischen Mächten begierig aufgegriffen. Den Niederlanden diente die spanische

Behandlung der Indianer sogar als Begründung für den politischen Abfall von Madrid. Die Vorstellung einer brutalen, katholisch-reaktionären, die Indianer dahinschlachtenden spanischen Willkürherrschaft entstand, die teilweise berechtigt, teilweise jedoch ein Zerrbild war, da andere, protestantische Kolonialmächte die Indianer keinesfalls besser behandelten. In der Historiographie hat diese letztlich die nichtspanischen Kolonialmächte begünstigende Interpretation sogar den Namen der »leyenda nera« bekommen.

Eine von konfessionellen Vorurteilen getrübte Sicht der Dinge war in diesen Zeiten nicht weiter erstaunlich, zumal das katholische Spanien und Portugal aufgrund der von ihnen initiierten Entdeckungen natürlich einen gewaltigen Vorsprung vor den anderen europäischen Ländern hatten. Zuerst suchten sich die Spanier ihren Vorteil in »Las Indias« nach dem Vorbild Portugals zu sichern: Sie baten den Papst, ihnen auf die neuentdeckten Territorien ein Monopol zu verleihen. Dies geschah in der Bulle vom 4. Mai 1493: Alexander VI. sprach den Spaniern darin alle Territorien westlich einer Linie von hundert Meilen westlich der Azoren und Kapverdischen Inseln zu, die von Pol zu Pol zu ziehen sei, durch den 38. Grad westlicher Länge. Die Portugiesen wandten sich daraufhin an die Spanier und verlangten eine Nachbesserung, die sie auch erhielten: Nach zähen Verhandlungen wurde im Vertrag von Tordesillas am 7. Juni 1494 eine Grenzlinie festgelegt, die 370 Leguas (= 1175 sm) westlich der Azoren verlief. Diese neue Linie auf 46 Grad 30 Minuten westlicher Länge hatte Bestand, obwohl damals der Längengrad auf hoher See nicht sicher bestimmt werden konnte. Sie teilte den Atlantik in Nord-Süd-Richtung zwischen den iberischen Mächten. Das Vorschieben der Grenze in den Atlantik hinein hatte aus portugiesischer Perspektive den Sinn, die südliche Segelschiffsroute durch den Atlantik zu sichern, die zur Vermeidung der äquatorialen Windflauten und zur Nutzung des Passats weit in den westlichen Atlantik hinein verlegt werden mußte. Zur Vermeidung von Komplikationen sollte sie nicht durch spanische Hoheitsgewässer verlaufen; außerdem würden vielleicht noch einige bisher unentdeckte Atlantikinseln unter portugiesische Herrschaft fallen. Die Einigung von Tordesillas war praktisch eine Teilung der Welt in zwei Einflußsphären: Portugal sollte den Seeweg um Afrika herum nach Indien einschließlich der afrikanischen Länder, Spanien den Westweg einschließlich der neuentdeckten »indischen« Länder kontrollieren. Ein unerwarteter Nebeneffekt dieser Absprache war jedoch, daß die Linie von Tordesillas teilweise über den südamerikanischen Kontinent verlief und Brasilien dadurch portugiesisch wurde. Allerdings liegt das heutige Territorium Brasiliens wegen des spanischen Desinteresses an diesen Gebieten zu zwei Dritteln außerhalb der Grenze von Tordesillas und greift weit über sie nach Westen hinaus.[249] Die Demarkationslinie teilte übrigens nicht nur den Atlantik, sondern auch den anderen Teil der Erdkugel; sie wurde einfach über die Pole hinaus verlängert. Dieses Faktum war ein wesentlicher Anreiz für die Fahrt des Magellan gewesen; er hatte geglaubt, daß die Gewürzinseln noch in der spanischen Hälfte der Erde lägen und durch die Westfahrt erreicht werden könnten.

Dieser Versuch der iberischen Mächte, die Welt unter sich aufzuteilen, blieb natürlich nicht unwidersprochen. Als die Spanier versuchten, den Franzosen eigene Entdeckungsfahrten hin zur nordamerikanischen Küste zu untersagen, bemerkte François I. spöttisch, man solle ihm das Testament von Urvater Adam zeigen, in dem dieser den spanischen und den portugiesischen König zu Universalerben eingesetzt habe.[250] In Holland entwickelte Hugo Grotius (1583–1645) gegenüber diesem Monopolanspruch die Idee von der »Freiheit der Meere« (»Mare Liberum«, 1609). Auch konnten weder Spanier noch Portugiesen verhindern, daß überall dort, wo sie selbst nicht präsent waren, sich schon im Verlauf der nächsten Jahrzehnte andere europäische Mächte zu etablieren suchten. Dies war vor allem an der nordamerikanischen Ostküste der Fall, da sich der spanische Herrschaftsbereich in Nordamerika auf Florida und Kalifornien beschränkte und alles, was nördlich davon lag, Gegenstand nur sporadischer und punktueller spanischer Vorstöße und Siedlungsversuche war. Diese Küste wurde in den folgenden Jahrhunderten zum Ziel französischer, britischer, holländischer und schwedischer Entdeckungsfahrten und Kolonisierungen. Anfangs glaubten sogar die Portugiesen, nordatlantische Gebiete, die östlich der Linie von Tordesillas lagen, in Besitz nehmen zu können.

Atlantische Piraterie, das spanische Handelssystem und die Silberflotte

In dieser Zeit wurde der Atlantik aber auch zum Feld eines ständig anwachsenden Piratenunwesens, das teils im direkten staatlichen Auftrag, teils mit versteckter staatlicher Billigung handelte, aber auch als private kriminelle Unternehmung vorkam. Als Korsaren und Seeräuber traten zunächst Franzosen, dann Engländer und Holländer hervor. Für die überfallenen Schiffe dürfte der Unterschied nicht sehr groß gewesen sein, gleichwohl muß man zwei Arten von Seeräuberei unterscheiden: Die Korsaren kaperten im Auftrag einer Regierung Schiffe; sie waren mit einem regierungsamtlichen Kaperbrief ausgestattet und führten damit, in neuzeitliche Begriffe übersetzt, Handelskrieg. Ihre Schiffe waren also Kriegsschiffe, auch wenn diese Form der Kriegführung damals noch privatisiert und in der Hand von militärischen Privatunternehmern war; Krone und Freibeuter teilten sich den Gewinn. Die berühmtesten dieser Korsaren waren Jack Hawkins, Francis Drake und Jean Bart. Sie entsprachen noch am ehesten dem Bild des edlen, ja chevaleresken Freibeuters aus den berühmten Mantel- und Degen-Filmen. Manche von ihnen waren als Entdecker in gleicher Weise befähigt wie als Korsar – so etwa Francis Drake, der mit seiner »Golden Hind« das Kap Hoorn umfuhr, die amerikanische Westküste erforschte, die ganze Welt umsegelte und als britischer Admiral starb.

Es gab aber auch die Piraten, die gewöhnliche Seeräuber in eigener Sache waren; die Grenzen waren in manchen Fällen fließend. Hörte der europäische Kriegszustand auf, der die bisherige Korsarentätigkeit durch einen Kaperauftrag legitimiert hatte, machte mehr als ein Korsar einfach als Pirat weiter. Bekannt ist der Satz Sir Francis Drakes: »No peace beyond this line«, und damit meinte er, daß unabhängig von den politischen Verhältnissen in Europa der Kleinkrieg und die Freibeuterei in den amerikanischen, vor allem karibischen Gewässern kontinuierlich fortgesetzt wurde. Auch wenn zwischen Frankreich und Spanien oder diesem und England in Europa längst Frieden herrschte, ging in der Karibik der Kaperkrieg weiter. Besonders dort dominierte der Typus des reinen Freibeuters, des gewöhnlichen Kriminellen, der kein Ziel außer der persönlichen Bereicherung hatte. Piraten wie Henry Morgan, Edward Mansvelt, Rock der Brasilianer oder Bartholomaeus der Portugiese schreckten vor keiner Grausamkeit zurück. Der französischstämmige Pirat François L'Olonnois zerstückelte Gefangene mit seinem Degen und leckte dann die Klinge ab, um sie zur Preisgabe ihrer Wertsachen zu zwingen. In einem Fall schlitzte er einen Gefangenen auf, riß ihm das Herz aus der Brust und biß hinein, um die anderen zum Reden zu bringen.[251]

Von diesen Piraten lebte wiederum eine Reihe karibischer Inseln und Hafenstädte, da diese Glücksritter ihre Beute in ungeheurer Geschwindigkeit zu verprassen pflegten. In dem berühmten Piratenbuch des Exquemelin steht: »Unter diesem Volk ist es üblich, den Sold nicht zurückzulegen, sondern sie spielen, huren und saufen, solange noch Geld im Beutel ist. Was mit der Flut gekommen ist, geht mit der Ebbe.«[252] Die Piraten waren ebenso wild im Vergnügen wie im Kampf – und absolut unvernünftig und exzessiv. Exquemelin schrieb: »In Jamaica kannte ich einen, der gab einer Hure 500 Peseten, bloß um ihr Schmuckstück bewundern zu dürfen … Mein eigener Herr kaufte des öfteren ein Faß Wein, schlug ihm mitten auf der Straße den Spund ein und zwang alle Vorbeigehenden, mit ihm zu trinken; andernfalls hätte er sie mit einer zu diesem Zweck bereitgehaltenen Flinte erschossen.« Gleichzeitig aber hielten sie zusammen: »Untereinander sind diese Leute sehr kameradschaftlich, jeder hilft jedem in der Not.« Das galt jedoch nicht für viele Kneipenwirte und Zuhälter, die von diesen Piraten zunächst profitierten und wahre Vermögen verdienten, sich aber nicht scheuten, sie dann, wenn sie kein Geld mehr hatten und nur noch Schulden, sogar in die Sklaverei zu verkaufen. Überhaupt stellte die Hehlerei einen weniger spektakulären, trotzdem aber sehr interessanten Teil des Piratenunwesens dar. Denn ohne einen blühenden Absatzmarkt hätte das Piratengewerbe nicht über Jahrhunderte derart gedeihen können. Ein wesentliches Element war ohnehin der Schmuggel. Wegen der staatlichen Handelsbeschränkungen waren die Kolonisten nur zu bereit, sich Waren, die sie sonst gar nicht oder nur zu hohen Preisen offiziell erwerben konnten, illegal zu beschaffen. Auswirkungen dieser Hehlerei lassen sich im gesamten amerikanischen Raum beobachten. Auch viele spanische Kolonisten in Amerika waren zum Handel mit dem Feind bereit; sie wurden *rescatadores* genannt. Ein spanischer Beamter schrieb 1606 über die Kolonisten von Hispaniola an den König: »Sie sind die illoyalsten und rebellischsten Untertanen, die jemals ein König oder Fürst auf dieser Welt gehabt hat. Wenn Euer Hoheit unter ihnen erscheinen würde, würden sie Euer Hoheit für drei Ellen Seide aus Rouen oder auch umsonst verkaufen.«[253]

Hauptopfer der Freibeuter waren im 16. und 17. Jahrhundert Spanier und Portugiesen.[254] Die Piraten beschränkten sich nicht darauf, Schiffe zu kapern, sie schlossen sich auch zusammen; dabei zogen manchmal Dutzende von Schiffen mit Hunderten von Piraten los und überfielen gut befestigte spanische Städte. So eroberte der französische Freibeuter Jacques de Soares 1555 La Habana auf Kuba, der Engländer Francis Drake 1573 Panama. Dem gut organisierten spanischen Militär gelang es nur gelegentlich, diese Freibeuter zurückzuschlagen. Beide Seiten behandelten ihre Gefangenen in vielen Fällen mit sadistischer Grausamkeit, was zur Folge hatte, daß sich die Gewalttätigkeiten und Repressalien immer weiter hochschaukelten. Allerdings waren die Piraten ihren spanischen Gegnern im Kleinkrieg oft überlegen und bezwangen größere Schiffe, gut befestigte Städte, sichere Festungen und Truppeneinheiten. Dies hatte neben ihrer wilden Tapferkeit und ihrer »Alles oder Nichts«-Mentalität auch technische Gründe: Viele Freibeuter waren mit den modernsten europäischen Feuerwaffen ausgestattet, die an Reichweite bisweilen die der Spanier übertrafen.

Atlantische Piraterie, das spanische Handelssystem und die Silberflotte

»Blackbeard the Pirate«, eigentl. Edward Teach; legendärer englischer Pirat; getötet bei Ocracoke 3.12.1718, Kupferstich um 1725

Die Piraterie war aus dem spanisch-portugiesischen Monopolanspruch in der neuen Welt entstanden und durch den offenen und versteckten Rückhalt, den sie bei den europäischen Gegnern der iberischen Mächte und bei den amerikanischen Siedlern fand, sehr begünstigt. Im übrigen gab es nicht nur in der Karibik, sondern auch in vielen anderen Teilen des Atlantik Piraterie in jedweder Form. So ließen beispielsweise die Spanier in Dünkirchen eine Piratenfestung entstehen, um den holländischen Seehandel zu schädigen. Von hier aus überfielen flandrische und französische Kaperfahrer den holländischen Westhandel; die Stadt wurde reich dabei. Erst 1646 gelang es den Holländern, sie nach längerer Blockade zu erobern.[255] Und im ersten englisch-holländischen

Seekrieg machten die Engländer reiche Beute, nämlich 1700 Prisen im Wert von 120 Millionen Pfund Sterling. Da ihre Staatsausgaben während des Krieges 1652–54 nur 53 Millionen Pfund betragen und sie nur 400 Schiffe verloren hatten, war dieser Krieg dank des Freibeutertums lohnend.[256]

Auch ohne den politischen Hintergrund hätten die Weite und Unkontrollierbarkeit des atlantischen Raums und die Größe der potentiellen Beute die Piraterie begünstigt – aber wohl nicht in diesem Umfang. Sie profitierte sehr von der offenen und versteckten Unterstützung der Seeräuber durch Engländer, Franzosen und Holländer und durch die Kolonisten in der Neuen Welt. Da Korsarentum und Piraterie in den europäischen Nebenmeeren des Atlantik, in Mittelmeer, Nord- und Ostsee schon vor der Entdeckung Amerikas gang und gäbe waren, weiteten sich wiederum bereits vorhandene Strukturen auf den atlantischen Raum aus. Erst im 18. Jahrhundert, zwischen 1670 und 1713, wurde gegen die Piraten in abgesprochenen Aktionen der Großmächte effektiv vorgegangen. Und im 19. Jahrhundert erlag die Piraterie endgültig ihren Verfolgern, die nun mit Dampfschiff und Telegraphie ausgerüstet waren und auch große Seeräume überwachen konnten.

Die politischen Verhältnisse und das Piraten- und Korsarentum in den atlantischen Gewässern zwangen die Seemächte der frühen Neuzeit dazu, ihre Handelsschiffe im Konvoi fahren zu lassen. Das galt für die Niederländer, die ihre Handelsschiffe aus Skandinavien, dem Mittelmeer und aus Asien während der Kriege gegen England nur im Konvoi halbwegs sicher nach Holland bekamen; die Verluste, die ihnen britische Freibeuter beibrachten, waren ganz exorbitant. Doch das berühmteste Konvoisystem der frühen Neuzeit war das spanische, die »Carrera de las Indias« oder »Carrera de Indias«, die berühmte Silberflotte. Die Schiffahrt nach der Neuen Welt hatte schon in der Ära des Kolumbus begonnen. Nach der Eroberung des Azteken- und des Mayareiches mußten ungeheure Reichtümer nach Spanien transportiert werden, was von der »Casa de la Contratación« organisiert wurde. Das Konvoisystem wurde in den 1520er Jahren zuerst wegen französischer Freibeuter eingeführt, später wegen der inzwischen gewachsenen

Piratengefahr in der Karibik. Erst 1778 wurde es mit dem Übergang zum Freihandel – und wegen der englischen Seeherrschaft – wieder abgeschafft.[257]

Der Abfahrtsort der Konvois in Europa war obligatorisch Sevilla, der Sitz der »Casa de la Contratación«; zeitweise waren auch andere Häfen zugelassen, die aber von Sevilla aus kontrolliert wurden. Die Route und die Organisation wurden natürlich in dem langen Zeitraum mehrfach geändert. Zwischen 1543 und 1564 fuhr eine Flotte nach Amerika und zurück; danach gab es auf der Hinfahrt zwei getrennte Abfahrtzeiten für die Mexiko- und die Peruflotte. Die Mexikoflotte, genannt »Flota«, startete ihre Reise in Spanien im April; der Zielhafen war Veracruz, der Monopolhafen Neuspaniens (= Mexiko). Die Peruflotte, die »Galeones«, versorgte Venezuela und die Nordküste Südamerikas, bevor sie dann in Nombre de Dios, ab 1593 in Portobello am Isthmus von Panama ihre Endstation fand. Dort wurden die Waren umgeladen und zu pazifischen Häfen gebracht, wo sie erneut verschifft, ausgeladen und dann ins Landesinnere transportiert wurden. Da die Schiffe wegen ihrer kostbaren Ladung besonders auf dem Rückweg gefährdet waren, vereinigten sich die Flota und Galeones in La Habana auf Kuba zu einem gemeinsamen Geleitzug. Die Reisedauer für Hin- und Rückfahrt ist nur näherungsweise zu ermitteln; die Fahrt konnte, je nach Wetter- und Windverhältnissen, reibungslos oder sehr schwierig sein. Aus den erhaltenen Angaben sind für die Strecke von Cadiz nach Veracruz Schwankungen von 55 bis 160 Tagen abzuleiten; die Reise nach Portobello dauerte zwischen 43 und 175 Tagen. Auch die Rückreise konnte, je nach Windverhältnissen, unterschiedlich lange dauern. Vor allem die Mexikoflotte mußte erst wochenlang kreuzen, um überhaupt das von den Windverhältnissen her für sie ungünstig liegende La Habana zu erreichen. Die Heimfahrt der Flotte über den Atlantik dauerte 120 bis 130 Tage. Die Schiffe waren schließlich, so berichtete ein englischer Zeitgenosse, innerhalb von zwei Jahren wieder in Spanien.[258] Sie waren, grob geschätzt, etwa sechs bis sieben Monate auf See; die Hafenliegezeiten betrugen entsprechend etwa 17 bis 18 Monate.[259]

Der französische Historiker Pierre Chaunu, wahrscheinlich der beste Kenner des spanischen Amerikahandels, hat festgestellt, daß dieses Konvoisystem in mancherlei Hinsicht optimal war, da es die beste Reisezeit und die durchschnittlich günstigsten Winde nutzte und die Periode saisonaler Stürme in der Karibik mied. Auch der militärische Schutz war gesichert, und der Krone gelang es, ihr Monopol auf den Handel mit Amerika weitgehend zu wahren.[260] Die Register der 1503 gegründeten »Casa de la Contratación« in Sevilla ermöglichen eine genaue Aufschlüsselung des Schiffs- und Warenverkehrs zwischen Spanien und Amerika, wenn auch Schmuggel und Schwarzhandel sowie Korruption eine beträchtliche Dunkelziffer vermuten lassen. Zwischen 1504 und 1699 transportierten, so ergaben die Forschungen Pierre Chaunus und Garcia Fuentes' in den spanischen Archiven, 11 687 Schiffe Waren im Gesamtgewicht von 2 334 480 t von Spanien nach Amerika. In umgekehrter Richtung fuhren aber nur 8115 Schiffe mit 1 708 585 t Waren.[261] Das Mißverhältnis erklärt sich dadurch, daß die Rückfracht, vor allem die in Amerika gewonnenen Edelmetalle, die bis zu 90–99 % des Gesamtwertes ausmachten, sowie Farbstoffe, Indigo, Häute, Leder, Zucker, Tabak und Kakao, sehr wertvoll war.[262] Die Rückfracht war trotz ihres geringeren Volumens doppelt bis viermal mehr wert als die Hinfracht, die neben den Einwanderern meist aus Saatgut und Zuchtvieh, Getreide, Mehl, Waffen, Munition, Pferden, Öl und Wein bestand. Die unterschiedliche Zahl der Schiffe erklärt sich auch daraus, daß oftmals alte und schlechte Schiffe zu einer letzten Fahrt über den Atlantik geschickt wurden, da sie auf dem Rückweg, des verminderten Warenvolumens wegen, nicht mehr gebraucht wurden. Die Flota für Mexiko bestand, nach einem englischen Bericht aus der Mitte des 18. Jahrhunderts, durchschnittlich aus drei großen Kriegsschiffen und 16 Handelsschiffen mit einer Kapazität von 500 bis 1000 t. Und die Flotte mit den Waren für Peru, die Galeones, bestand aus acht Kriegsschiffen, darunter drei sehr großen, zwei kleineren à 50 Geschützen sowie einer Fregatte mit 40 Geschützen als Meldeschiff. Sie waren die Eskorte für 12 bis 16 schwerstbeladene Kauffahrer.[263] Aber auch die Kriegsschiffe waren beladen; der Grund, weshalb die

Atlantische Piraterie, das spanische Handelssystem und die Silberflotte

Spanier noch Galeonen verwendeten, als alle anderen Mächte längst andere, schnittigere Schiffe bauten, lag in ihrem großen Ladevolumen – und dieses wurde bis an die Grenze der Kampfunfähigkeit genutzt. Andererseits hatten Piratenschiffe, die selten größer als 100 oder 150 t, meist sogar erheblich kleiner waren, gegen diese mindestens fünffach überlegenen spanischen Kolosse keine Chance.[264] Sie konnten lediglich versuchen, Einzelfahrer aufzubringen. Das spanische Konvoisystem war ein Zeichen dafür, daß die Spanier die See zumindest den Piraten gegenüber beherrschten. Die einzige Gefahr für die spanische Flotte bestand, außer in den Unbilden des Wetters, in einem Angriff eines großen regulären Flottenverbandes einer anderen Macht. Doch wurde Vorsorge getroffen, indem die schnellsten Schiffe der Flotte, die Flotilla, vorausgesandt wurden mit der Aufstellungsliste der transportierten Güter, über der die Regierung in Spanien entscheiden konnte, ob in politischen Krisenzeiten der Konvoi mehr militärischen Schutz brauchte.

Das Konvoisystem erleichterte es dem spanischen Staat außerdem, den Im- und Export nach Amerika zu kontrollieren. Der Handel mit »Las Indias« war nämlich, ebenso wie es die Portugiesen mit dem Guineahandel gemacht hatten, als staatliches Monopol organisiert worden. Wer mit »Las Indias« handeln wollte, mußte sich dafür eine Lizenz bei der »Casa de la Contratación de las Indias« in Sevilla besorgen – und eine beträchtliche Gebühr zahlen. Hier wurde alles registriert: Größe der Schiffe, Besatzungen, Ladung und deren Wert, Passagiere und Auswanderer, die wiederum einer strengen Prüfung unterzogen wurden, und hier wurden auch die Zölle und Abgaben erhoben. Kaufleute aus Sevilla bildeten Gesellschaften, die eine Liste der von ihnen nach Amerika zu exportierenden Waren einreichten und gegen Zahlung einer hohen Gebühr dann die Genehmigung erhielten. Auch in Amerika konnten sie nicht handeln, wo sie wollten, sondern nur in festgelegten Häfen, in denen sie dann ihre Güter auf einem Markt verkaufen konnten. Der vielleicht nicht ganz objektive Bericht des Engländers John Campbell von 1747 – Engländer und Holländer empfanden das spanische Handelssystem als starr und unerträglich, zumal es sie formal vom Amerikahandel ausschloß – über dieses Konvoi- und Abgabensystem zeigt, daß bei diesem Versuch staatlicher Handelskontrolle ein hohes Maß an Korruption gang und gäbe war. Damit ist nicht nur gemeint, daß es ausgedehnten Schmuggel und Schwarzhandel in Spanisch-Amerika gab, sondern daß auch das Handelssystem der Flotte selbst von korrupten Praktiken geprägt war. Campbell schildert das Procedere wie folgt: Zuerst reichte eine Gruppe von Kaufleuten eine Petition beim Indienrat ein, in der sie darum bat, ein Schiff von offiziell 300 t Ladefähigkeit zu einem bestimmten amerikanischen Hafen entsenden zu dürfen. Im Fall der Genehmigung mußten sie eine der Größe der Ladung entsprechende stattliche Gebühr zahlen. Gleichzeitig bestachen sie »ohne falsche Sparsamkeit« die »Beamten der Krone, vom niedrigsten Dienstgrad bis zum höchsten«, damit diese das Schiff mit nur 300 t Ladung registrierten, obwohl es in Wahrheit über 600 t transportierte. Alles andere – Ladelisten, Zertifikate, Warenregister – wurde von bestochenen Beamten dem fiktiven niedrigen Wert exakt angeglichen. Der hohe Gewinn von 200 bis 300 % ermöglichte es den Eignern wiederum, äußerst großzügig bei den Bestechungsgeldern zu sein.[265] Selbst wenn diese Schilderung ein gewisses Maß an Übertreibung enthalten sollte, ist eindeutig, daß der Versuch staatlicher Wirtschaftslenkung, wie im spanischen Fall beim Amerikaexport, nur mit massiver Korruption funktionierte, ja daß diese, wie der Historiker Wolfgang Reinhard urteilte, »zu einem Strukturprinzip der Verwaltung geworden« war.[266] Damit ist fraglich, ob die statistischen Angaben über den Amerikahandel überhaupt stimmen oder ob man nicht von einer beträchtlichen Dunkelziffer bei Waren und Werten ausgehen muß. So soll 1659 fünfmal mehr Münzsilber nach Spanien transportiert worden sein, als amtlich angegeben.[267] Als weiterer verwirrender Faktor kam hinzu, daß viele Kaufleute von Sevilla, die eine Exportgenehmigung beantragten, häufig offenbar Strohmänner ausländischer, vor allem holländischer Firmen waren.[268] Deshalb versenkte ein spanischer Befehlshaber 1596 die Amerikaflotte in Cadiz, als Engländer und Holländer den Hafen eroberten – er schadete damit den Holländern mehr als den Spaniern.[269]

Atlantische Piraterie, das spanische Handelssystem und die Silberflotte

Dieses Faktum wirft auch ein anderes Licht auf den spektakulärsten Beutezug der frühen Neuzeit – die Kaperung der spanischen Silberflotte durch die Holländer. 1628 überfiel ein von Piet Hein geführter größerer holländischer Flottenverband die Mexikoflotte, die sich auf der Reise nach Kuba befand, um sich dort mit der Peruflotte zu vereinen, die durch Kurierschiffe gewarnt worden und im Hafen geblieben war. Die Mexikoflotte bestand – nach einem Sturm, der den Verband zersprengt hatte – aus vier randvoll beladenen großen Galeonen und 13 Kauffahrern. Der Befehlshaber dieses Flottenverbandes, Don Juan de Benavides, verzweifelte daran, La Habana zu erreichen, und suchte sein Geschwader vor den Holländern in der Bucht von Matanzas in Sicherheit zu bringen. Doch seine vier großen Schiffe, die ohnehin wegen Überladung nicht gefechtsklar waren, liefen auf Grund und fielen, von der Besatzung teilweise verlassen, mit allen an Bord befindlichen Wertgegenständen in holländische Hand. Die Beute war riesig; um so mehr, als die Spanier in ihrer Kopflosigkeit versäumt hatten, die Ladung an Land zu bringen oder in dem seichten Gewässer über Bord zu werfen, so daß sie später durch spanische Taucher hätte geborgen werden können. Benavides wurde in Spanien vor Gericht gestellt und nach einem fünfjährigen Prozeß hingerichtet. Die Niederländer prahlten mit diesem spektakulären Erfolg und veröffentlichten die Liste ihrer Beute. – über 88 Tonnen Silber, etwas Gold, Koschenille (ein kostbarer roter Farbstoff), Seide, Indigo, Zucker, Häute, dazu noch die erbeuteten Schiffe. Der Beutewert betrug 13 bis 14 Millionen Gulden, der Reingewinn ca. 7 Millionen Gulden. Piet Hein, der vom Gewinn nur einen vergleichsweise geringen Anteil von 7000 Gulden – 1 Promille – erhielt, wurde zwar berühmt und eine Art Nationalheld, gleichzeitig aber abgeschoben, gewissermaßen weggelobt. Das Unternehmen wurde nicht wiederholt. Offenbar gehörte auch diesmal ein so großer Teil der Ladung über spanische Mittelsmänner in Wahrheit niederländischen Kaufleuten, daß die Bilanz des Überfalls weniger glänzend war, als es auf den ersten Blick schien.[270] Die Niederlande hatten zwar Spanien schwer geschädigt und es dem Spott preisgegeben, sie hatten sich aber gleichzeitig auch selbst beraubt.

Trotzdem war es unter ökonomischen Gesichtspunkten ein bedenkliches Symptom für den Zustand des spanischen Handels, daß diese Handelsunternehmungen zu diesem Zeitpunkt in einem solchen Umfang in andere Hände übergegangen waren.

Die mangelnde Sicherheit des Seetransports vor Überfällen durch Piraten und gegnerische Flotten behinderte den spanischen Amerikahandel ebenso wie das starre staatliche Monopolsystem. Und trotzdem gelang es den Spaniern, die Reichtümer Amerikas auszubeuten. Hier drängt sich eine weitere Frage auf: Wie kam es, daß der spanische und portugiesische Vorsprung bei den atlantischen Entdeckungen sie nicht auf Dauer zu den Herren Europas und des entstehenden atlantischen Systems machten? Gold und Reichtum galten schließlich in der frühen Neuzeit als allmächtiges Mittel der Politik. Kolumbus hatte einmal geschrieben: »Aus Gold sammelt man Schätze, und wer es hat, der macht damit alles, was er in der Welt nur will. Er kann selbst die armen Seelen ins Paradies bringen.«[271] Wenn das so war, warum wurde dann Spanien nicht die Vormacht der Welt? »Rechneten« sich die neuen Gebiete nicht? Waren Amerika und die überseeischen Engagements vielleicht gar ein Verlustgeschäft?

Die Wahrheit ist anders und komplexer: Die neuen Gebiete »rechneten« sich, trotzdem war die Gesamtbilanz negativ. Einerseits haben die Spanier große Mengen an Edelmetall abtransportiert und wurden dabei ungeheuer reich. Zuerst waren da die Goldschätze, die Pizarro dem gefangenen Inka als Lösegeld abgepreßt hatte; innerhalb von drei Jahren zogen die Spanier das Gold, das die Indios im Lauf von Jahrhunderten gewonnen hatten, aus dem Land. Dann waren die Goldexporte auf die laufende Produktion angewiesen, die erheblich geringer war. Ein wirklicher Boom entstand jedoch beim Silber, vor allem als die Spanier den Silberberg von Potosí in Peru entdeckten und ausbeuteten. Der 4500 m hohe Berg enthielt Silbererzadern in einer Konzentration von bis zu 50 %. Auf 4000 m Höhe wurde eine rasch wachsende Bergbaustadt, die »Villa Imperial de Potosí«, gegründet. Während im Jahre 1545 dort noch niemand lebte, war die Bevölkerung schon 1555 auf 40 000 angewachsen und betrug

1585 120000 und 1610 160000 Menschen. 800 Kneipen, 120 weiße Prostituierte und vor allem Indios, die – nach dem Inka-System der zeitlich befristeten Zwangsarbeit, der Mita, das die Spanier übernommen hatten – in den Bergwerken schuften mußten. Die Arbeit kostete viele Indios das Leben, vor allem nachdem die anfängliche, in der Höhenluft wenig effektive Verhüttung durch die erheblich effizientere, aber gesundheitsschädliche Trennung des Silbererzes durch Quecksilber ersetzt wurde. Der Silberbergbau in Potosí und der dazugehörige peruanische Quecksilberabbau galten als das Schlachthaus der Indios und haben wesentlich mit dazu beigetragen, den spanischen Kolonialherren den traurigen Ruhm der Habgier und Grausamkeit einzutragen, die besagte »leyenda nera«.

Doch ökonomisch war Potosí für Spanien ein ungeheurer Glücksfall. Der Großteil des Silbers wurde zunächst auf dem Landweg an die pazifische Küste, übers Meer bis zum Isthmus, dann erneut auf dem Landweg und schließlich von den Galeones nach Spanien transportiert. Ein kleinerer Teil des Silbers aus Peru und aus Mexiko – auch hier gab es eine Förderung, die allmählich immer bedeutender wurde und schließlich Potosí sogar überflügelte – gelangte in den Asienhandel über die Manila-Galeone. Denn der Tausch von Silber war in China besonders vorteilhaft, wo der Wertunterschied von Silber und Gold geringer war als in Europa. Die bei diesem Handel erwirtschafteten Güter und Werte wurden dann ebenfalls über den Isthmus geschafft und von den Galeones nach Spanien gebracht. Insgesamt wurden zwischen 1503 und 1650 181 t Gold und 16887 t Silber aus Amerika abtransportiert; dazu kommt eine beträchtliche Quote nicht deklarierter Edelmetalle. Insgesamt sind wahrscheinlich, so schätzt Reinhard, zwischen 1500 und 1800 aus Amerika (einschließlich Brasilien) Edelmetalle im Wert von 85–90000 t Silber herausgezogen worden.[272]

Warum aber wurden die Spanier als Herren dieser Schätze nicht auf Dauer zur europäischen Vormacht? Die Antwort könnte ein volkswirtschaftlicher Lehrsatz geben: Reichhaltiges Angebot senkt den Preis, und so war es, zur Verwunderung vieler Zeitgenossen, die an den ewig unveränderlichen Wert von Gold- und Silbermünzen geglaubt hatten, auch bei den importierten Edelmetallen: Sie fielen stark im Wert, und eine Inflation von mehr als 400 % war die Folge.[273] Gleichwohl machten die amerikanischen Silberlieferungen insgesamt etwa ein Viertel bis ein Drittel des kastilischen Steueraufkommens aus. Die Reichtümer Amerikas waren also von großer Bedeutung für den spanischen Staatshaushalt, reichten aber bei weitem nicht aus, um die unerhörten Belastungen eines ununterbrochenen Mehrfrontenkrieges gegen die Franzosen, Türken, Niederländer, Engländer und im Atlantik, der über 140 Jahre dauerte, auszugleichen. Die amerikanischen Einkünfte halfen Spanien, diese furchtbare Last überhaupt so lange zu tragen

Der atlantische Dreieckshandel und seine Folgen für das Alltagsleben

So wurde der atlantische Raum in der frühen Neuzeit immer mehr zum integralen Bestandteil der europäischen Politikgeschichte, und die Wechselwirkungen zwischen den europäischen, atlantischen und sogar globalen Fragen nahmen stetig zu. Schon dies war eine umwälzende Entwicklung; doch gingen von dem Entstehen einer atlantischen Welt noch weitere tiefgreifende Veränderungen aus, die den Alltag von Europäern, Amerikanern und Afrikanern vollständig verändern sollten. Diese Veränderungen erfolgten aber nicht erst durch das Entstehen eines ausgefeilten atlantischen Handelssystems, das relativ rasch entstand. Spinnwebartig legte sich ein dichtes Netz von Schiffahrtswegen zwischen die Häfen der Alten und der Neuen Welt. Denn schon zuvor hatten die ersten Entdeckungen, die ersten Kontakte das Alltagsleben der aufeinanderprallenden Kulturen verändert. Damit ist nicht nur der kulturelle Aspekt gemeint, im Gegenteil, es wurde sogar festgestellt, daß sich das europäische Interesse an Amerika wieder etwas legte und zwischen 1480 und 1609 in Frankreich beispielsweise viermal mehr Werke über die Türkei und Asien als über Amerika publiziert wurden – es geht hier vor allem um die konkreten, alltagsrelevanten Folgen der Entdeckungen.

Von elementarer Bedeutung waren die Krankheiten, die bei den ersten Kontakten zwischen Entdeckern und Einheimischen übertragen wurden. Die Indianer waren gegen die europäischen Krankheiten wie Pocken, Grippe oder auch einfache Erkältungen und Kinderkrankheiten nicht resistent. Das Eintreffen der Europäer führte zu einer demographischen Katastrophe, in der ein hoher Prozentsatz der Indios zugrundegegangen ist. Später wurde dann die »leyenda nera« für die erschreckende Sterblichkeitsrate der Indios verantwortlich gemacht; doch mehr als die Ausbeutungspolitik der Spanier dürften Seuchen zur Entvölkerung der Neuen Welt beigetragen haben. Die Verluste der Indio-Bevölkerung durch Infektionskrankheiten werden auf bis zu 60 % geschätzt.[274]

Über die Einwohnerdichte des vorkolumbianischen Amerika gibt es allerdings sehr unterschiedliche Angaben, die zwischen 20 und 80 Millionen schwanken.[275] Die Zahlen sind unsicher, aber es ist anzunehmen, daß Amerika im Vergleich zu Europa eher dünn besiedelt war. Die demographische Katastrophe verstärkte diesen Trend dann massiv; besonders auf den Westindischen Inseln starben die Ureinwohner fast völlig aus. Damit wurde ein wichtiges Strukturelement der Beziehungen zwischen den Kontinenten der atlantischen Gesellschaft bis in das 20. Jahrhundert hinein etabliert: In Amerika fehlten Menschen und damit auch Arbeitskräfte; Arbeitskraft war in Amerika teuer und in Europa und Afrika billig; Land dagegen war in Amerika billig und in Europa teuer. Die Folge war, daß Arbeitskräfte und Dienstleistungen aus Europa und Afrika nach Amerika exportiert wurden. In Afrika geschah das mit äußerster Gewalt, mit Sklavenfang und Sklavenhandel. Die Europäer kamen freiwillig, zuerst nach Spanisch-Amerika, verlockt durch die Aussicht auf schnellen Reichtum, später in der Hoffnung auf eigenes Land, Unabhängigkeit und sozialen Aufstieg, die sie in Europa nicht finden konnten.

Doch auch in umgekehrter Richtung wurden Krankheiten über den Atlantik transportiert. Vor allem die Syphilis sollte den Alltag und das Sexualleben der Europäer bis zur Erfindung des Penicillins wesentlich verändern und einengen. Die Lustseuche war wahrscheinlich schon von den Matrosen des Kolumbus nach Europa eingeschleppt worden.[275a] Die Männer des Hernando Cortes litten daran und hatten, wie die Quellen berichten, wegen ihrer Krankheit Mühe, Treppen zu steigen. Zwar wird immer wieder die amerikanische Herkunft der Seuche bestritten, ihr erstmaliges endemisches Auftreten nach der Entdeckung Amerikas zu Beginn des 16. Jahrhunderts spricht jedoch für diese Annahme ebenso wie ihre West-Ost-Wanderung in Europa, die schon durch die Namensgebung belegt werden kann: Die Syphilis hieß in Frankreich die spanische Krankheit, in Deutschland die französische Krankheit, in Polen die deutsche Krankheit und so fort. Sie war eine äußerst schwere, ansteckende Infektion, die aufgrund ihres schleichenden jahrzehntelangen Verlaufs aber nicht eine ähnliche demographische Katastrophe in Europa auslösen konnte wie die europäischen Krankheiten in Amerika, wo etwa die Pocken einen großen Teil der Bevölkerung vernichteten. Und doch gibt es Schätzungen, wonach bis zu 20 Millionen Europäer während der Renaissance der Syphilis zum Opfer fielen.

Es gab aber auch einen produktiven Austausch zwischen den Kontinenten. So wurden sehr schnell landestypische Produkte meist landwirtschaftlicher Natur wie Haustiere und Nutzpflanzen über den Atlantik gebracht. In Europa hatte die Züchtung von Haustieren einen weit höheren Stand erreicht als in Amerika; die Indianerkulturen Südamerikas hielten sich vorwiegend Lamas und Hunde. Die Europäer brachten nun Pferde, Rinder, Schweine, Schafe, Ziegen, Hühner, Hunde, Esel sowie ungewollt Ratten und Mäuse mit, gegen die dann speziell Katzen eingeführt wurden. Viele dieser Tiere entliefen oder wurden sogar ausgesetzt und veränderten die Artenvielfalt Amerikas. Die großen amerikanischen Wildpferdherden sind aus einzelnen entlaufenen europäischen Tieren entstanden. Der Alltag der Indianervölker verwandelte sich vollständig. Das Volk von Fußgängern wurde mobil durch die Nutzung von Pferden; hinzu kamen weitere europäische Errungenschaften wie das Rad oder der Pflug, die in Verbindung mit geeigneten Zugtieren einen zivilisatorischen Entwicklungsschub bedeuteteten. Auch brachten die Europäer Weizen,

Wein, Obst, Salat, Gerste, Roggen, Hafer, Hirse, Rosen und vieles mehr mit, um es in Amerika anzubauen. Diese Pflanzen brauchten sie selbst, da sie auf ihre gewohnte Nahrung, wie etwa Weizenbrot, nicht verzichten wollten. Dann wurden aber auch subtropische Pflanzen importiert, die im tropischen Amerika ideale Wachstumsbedingungen fanden und deshalb dort in großen Plantagen angebaut wurden. Dazu gehörten das Zuckerrohr, dessen Anbau große Teile der karibischen Inselwelt und Brasilien prägen sollte, aber auch Bananen, Reis und Kaffee, alles Pflanzen, die bis heute aus Amerika exportiert werden. In der frühen Neuzeit sollte vor allem der Zuckeranbau, wie noch zu schildern, die atlantische Handelsstruktur bestimmen.

Dies alles, die demographische Katastrophe und die europäischen Handelsprodukte, veränderte den indianischen Alltag vollständig. Die Historikerin Claudia Schnurmann schildert als einprägsames Beispiel die klassischen Indianerfiguren Nordamerikas, wie sie aus unzähligen Western bekannt sind: Sie haben Pferde und sitzen in Wolldecken gewickelt gemütlich vor einem Kessel: Über alle drei Gegenstände haben sie vor dem Eintreffen der Europäer nicht verfügt. Sogar der Tomahawk, die scheinbar indianischste aller Waffen, war aus Eisen und eine Weiterentwicklung einer spanischen Streitaxt.[276]

Doch war der Atlantik keine Einbahnstraße. Zwar übertrugen die Europäer vieles – wie Sprache, Schrift, Religion, politische Herrschaft und viele Lebensgewohnheiten – erfolgreich nach Amerika. Aber sie übernahmen von dort andere Dinge, die auf eine stillere, weniger gewalttätige und offensichtliche Art und Weise ihren Alltag nicht minder umkrempelten. Eine ganz besonders wichtige Rolle spielten dabei die indianischen Nutzpflanzen. Die vorkolumbianischen Indianerkulturen Südamerikas waren Meister in der Züchtung von Nutzpflanzen; es wird sogar über systematischen Versuchsanbau spekuliert.[277] Von diesen indianischen Pflanzen ist die Kartoffel die prominenteste, sie revolutionierte den europäischen Speisezettel. Auch der amerikanische Mais veränderte die Ernährungsgewohnheiten in Teilen Europas. Aus Amerika wurden die Süßkartoffel, die Maniokwurzel, viele Bohnenarten, die Erdnuß, die Tomate, mehrere Kürbisarten, Paprika, Kakao, Tabak, Ananas, Avocado, Papaya, Kakteen, Agaven, Chinin, Koka, Sonnenblumen und vieles andere ausgeführt und veränderten die Welt. Von diesen Produkten soll hier nur die Rolle von Kartoffel und Mais bei der europäischen Ernährung angesprochen werden, und zwar unter dem elementaren Gesichtspunkt der Volksernährung. Beide Pflanzen ermöglichen einen viel höheren Kalorienertrag pro Hektar als die klassischen europäischen Getreidearten. Die Kartoffel erbringt pro Hektar einen Ertrag von ca. 7,5 Millionen Kalorien, Weizen hingegen nur 4,2 Millionen. Außerdem sind Kartoffeln leichter anzubauen und können schon nach drei bis vier Monaten geerntet werden.[278] Sie sind ein anspruchsloses Anbauprodukt, das vor allem in den gemäßigten und kühleren Gegenden Europas die Ernährung revolutionierte. Auch Mais liefert auf derselben Anbaufläche um 75 % mehr Kalorien als andere Getreidearten. Diese Pflanzen trugen maßgeblich dazu bei, die bis dahin in Europa immer wieder ausbrechenden Hungersnöte zu besiegen. Und sie waren die unverzichtbare Voraussetzung dafür, die spätestens im 19. Jahrhundert explosionsartig wachsende europäische Bevölkerung überhaupt ernähren zu können.

Eine den Europäern unbekannte amerikanische Sitte war hingegen das Tabakrauchen, das Kolumbus bereits beschrieben hatte. Die Indianer rauchten gerollte Tabakblätter durch ein Rohr, das man vielleicht als eine Vorform der Pfeife ansehen könnte. Dieses interessante Laster wurde sogleich von vielen spanischen Kolonisten aufgegriffen und auch nach Europa gebracht. Dort führte es zunächst zu Mißverständnissen: Ein Diener kippte dem rauchenden Sir Walter Raleigh einen Eimer Wasser über den Kopf, weil er glaubte, sein Herr habe Feuer gefangen. Und einer der ersten spanischen Raucher wurde für vom Teufel besessen gehalten und kam ins Zuchthaus. Doch einmal in der Welt, griff das Rauchen rasch um sich; es galt zeitweise sogar als gesund, desinfizierend und vorbeugend gegen Ansteckung bei Epidemien wie der Pest. Zahllose staatliche Rauchverbote suchten vergeblich das Übel einzudämmen; schließlich gehörte es zum guten Ton. Auch Könige fingen an zu rauchen, wie der preußische Soldatenkönig in seinem Tabakskollegium. Gleichzeitig entstand eine blühende Tabakindustrie, die Grundlage für den Wohlstand mancher amerikanischen Kolonie werden sollte.

Wie sehr die europäischen Gewohnheiten durch die atlantischen Einfuhren verändert wurden, sollen einige Beispiele zeigen. Das italienische Nationalgericht – Spaghetti mit Tomatensugo, danach etwa ein Vanilleeis, ein Espresso und eine Zigarette – wäre ohne die ursprünglich amerikanischen Zutaten der Tomaten, des Tabaks und der Vanille nicht entstanden, ganz abgesehen davon, daß Nudeln eine urspünglich chinesische Erfindung sein sollen. Kaffee und Zucker stammten aus Asien, wurden aber auch auf großen Plantagen in Amerika angebaut. Das ungarische Nationalgewürz, die Paprika, ist ebenfalls amerikanischen Ursprungs. Dann wurden die Gewürze durch speziell amerikanische Pflanzen angereichert. Statt des Pfeffers, den die Europäer bis zum Zeitalter der Entdeckungen verwendeten, nämlich des *piper nigrum,* einer Beere, die getrocknet und zermahlen zu schwarzem oder geschält zu weißem Pfeffer verarbeitet wird, fand sich in Amerika ein anderes Gewürz (Capsicum frutescens). Die Früchte dieser Pflanze ergeben Paprika, Chilipfeffer und Peperoni. Es handelt sich, trotz der nicht zufällig ähnlichen Namen, um ein ganz anderes Gewürz als Pfeffer und ist heutzutage aus der italienischen, aber auch vielen asiatischen Küchen nicht mehr wegzudenken. Die indische Küche profitierte von europäischen Einfuhren aus Amerika ebenfalls; neben den neuen Gewürzen fand vor allem die Erdnuß in jedweder Form Verwendung. In Schwarzafrika wurden Mais und die anspruchslose Maniokwurzel Grundbestandteile der Ernährung.[279] Und China wurde zum größten Süßkartoffelverbraucher der Welt.

Derartige Beispiele könnten noch lange fortgesetzt werden. Hier reicht die Feststellung, daß zumindest auf kulinarischem Sektor durch die europäische Entdeckungen eine atlantische Revolution der Ernährung ausbrach, die den Alltag veränderte. Die neuen Nahrungsmittel und Gewürze wurden mit den bereits vorhandenen kombiniert, eine neue Vielfalt entstand. Der Speisezettel wurde vielseitiger. Und diese Errungenschaften wurden durch die Europäer auch in Asien verbreitet, so daß die atlantische in eine globale Veränderung der Ernährung überging.

Das war die Lichtseite einer Entwicklung, der auch eine Schattenseite gegenübergestellt werden muß: Das Wirtschaftssystem des neuentdeckten Amerikas wurde systematisch auf die Bedürfnisse der europäischen Gesellschaft angepaßt. Das betraf den europäischen Edelmetallbedarf, aber auch die Produktion von landwirtschaftlichen Produkten. Diese bestimmten ebenso den atlantischen Handel in der frühen Neuzeit, der oft als »atlantischer Dreieckshandel« bezeichnet wird und jenseits der Ökonomie weitere gewaltige Folgen, besonders demographischer Art, zeitigte.

Der Motor dieses Dreieckshandels war die tropische Plantagenwirtschaft wie Kaffee-, Kakao- oder Baumwoll-, vor allem aber Zuckeranbau. Das tropische Amerika, die Westindischen Inseln und Brasilien waren für das subtropische Zuckerrohr ein ideales Anbaugebiet, das deshalb auch von Europa und den Atlantikinseln hierher verlagert wurde. Eine Zuckerplantage war aber ein sehr kapitalaufwendiger Betrieb, der auch viele Arbeitskräfte benötigte. Und deshalb stellte sich für die Pflanzer die Frage, wer diese extrem harte Arbeit auf den Zuckerrohrfeldern erledigen sollte. Für die ersten spanischen Siedler war die Antwort rasch gegeben: Die Indios sollten es machen! Doch durften die Einheimischen nach mehrfachen Entscheidungen der spanischen Könige und der Kirche nicht versklavt werden. Die Kirche erklärte die Indianer ausdrücklich für Menschen, für Heiden, die zu bekehren seien, und dies gegen Tendenzen, die in den Indianern eher tierhafte Wesen sehen wollten, allenfalls Dienstbotenvölker, und dies unter Anleihe und Entfremdung von Gedanken des Aristoteles und der Bibel. Einer der ersten, die sich der Indios annahmen, war der Dominikanerpater Antón Montesinos. Er predigte im Advent 1511 vor seiner schreckensstarren Gemeinde in Santo Domingo: »Ihr seid alle in Todsünde und lebt und sterbt in ihr wegen der Grausamkeit und Tyrannei, die ihr gegen jene unschuldigen Völker gebraucht.« Und er verlangte, die Siedler sollten die Indios freilassen, und verweigerte ihnen die Absolution.[280] Sein Kampf wurde später von Francisco de Vitoria (1486–1546) und dem ungleich bekannteren Bartolomé de Las Casas (1474–1566) fortgesetzt. Seine Schrift »Brevissima relación de la destrucción de las Indias« von 1552 wurde in mehrere europäische Sprachen übersetzt. Sein überzeugtes Eintreten für die Indianer nährte indes auch die »leyenda nera«, die Vorstellung von der besonders grausamen spanischen Kolonialherrschaft in Amerika, weswegen Las Casas in Spanien lange als Nestbeschmutzer angesehen wurde. Diese Kleriker, die als Beschützer der Indianer auftraten und von denen viele Dominikaner und Franziskaner waren, mußten sich mühsam gegen die Interessen der Siedler behaupten. Das Problem als solches war also immerhin erkannt, und Verbesserungen blieben, wenn auch unzureichend und spät, nicht aus. Die Sklaverei für Indios wurde 1542 generell abgeschafft. Die Kirche bemühte sich erfolgreich um die Mission in Amerika. Und obwohl die Indios lange vom Priesteramt ausgeschlossen blieben, konnte sich schließlich der katholische Glaube in Süd- und Mittelamerika durchsetzen.

Also schied die Versklavung der Indios als Möglichkeit, den Arbeitskräftemangel zu beheben, aus. Auch die indianische Arbeitspflicht, die *encomenienda,* vielleicht vergleichbar mit der europäischen Hörigkeit, erwies sich als nicht effektiv, da die Indios sich der harten und ungewohnten Arbeit nicht gewachsen zeigten und massenhaft starben. Die *encomenienda* wurde, dank kirchlicher Proteste, gemildert. Eine Zeitlang behalfen sich die amerikanischen Siedler mit europäischen Arbeitskräften, die einen Zeitvertrag unterzeichneten und am Ende ihrer Dienstzeit eigenes Land erhalten sollten. Aber die Freiwilligen blieben bald schon aus, da sich die miserablen Arbeitsbedingungen herumgesprochen hatten und viele der Freiwilligen vor Vertragsablauf starben, so daß die Pflanzer ihnen das versprochene Land nicht auszuhändigen brauchten. Die Überlebensquote der Europäer im tropischen Amerika war erschreckend niedrig; sie fielen vor allem Krankheiten zum Opfer. Die Alternative für all das war, Sklaven aus Afrika zu importieren. Auf diese Idee war schon der Indianerfreund Bartolomé de Las Casas gekommen, ein Einfall, den er später tief bedauerte. Die damalige Gesellschaft war für das

Leid, das den Sklaven zugefügt wurde, nicht vollkommen empfindungslos; dies ist oben, im portugiesischen Fall, bereits kurz angesprochen worden. Es war eher so, daß der Sklavenimport als unausweichliche ökonomische Notwendigkeit angesehen wurde, dergegenüber das Mitleid zurücktreten mußte. Es handelte sich also um einen vollständigen Sieg marktwirtschaftlicher Erwägungen über humanitäre Bedenken. Diejenigen, die Sklaven brauchten, überwanden sehr schnell ihre Skrupel. Das galt etwa für die Holländer, nachdem sie Brasilien erobert hatten und plötzlich selbst Sklaven für die Plantagenwirtschaft benötigten. Aus den bisherigen Gegnern der Sklaverei wurden sehr schnell große Sklavenhändler.[281] Und aus Nordamerika gab es Eingaben von Kolonisten, die um den Bestand ihrer Siedlungen bangten, da sie ohne Sklaven ihre Produkte nicht zu konkurrenzfähigen Preisen anbieten konnten.[282]

Allerdings gab es für den Sklavenhandel eine große rechtliche Klippe. Guinea gehörte nach dem Vertrag von Tordesillas zum portugiesischen Machtbereich. Einen Ausweg bot die sehr begehrte Erlaubnis der spanischen Krone, Sklaven nach Amerika einführen zu dürfen. Auch nahm der Schmuggel immens zu und war bald Teil des transatlantischen Handels. Der Sklavenhandel war so lukrativ, daß die Holländer die Portugiesen um 1635 aus ihren afrikanischen Positionen verdrängten und sich wenig später Handelsgesellschaften aus vielen europäischen Ländern – neben den Holländern auch Engländer, Franzosen, Dänen, Schweden, Brandenburger und andere – in dieses Geschäft hineindrängten. Der Atlantikhandel lief typischerweise so ab: Aus Westeuropa, vor allem aus Frankreich, Holland und England, liefen Schiffe mit Waren für den afrikanischen Markt aus, die in Guinea gegen Sklaven eingetauscht wurden. Diese wurden entweder nach Brasilien, wo sich auch der Zuckeranbau etablierte, oder nach Westindien gebracht und dort an die Zuckerrohrpflanzer verkauft. Der Ertrag aus dem Sklavenverkauf wurde gegen Zucker, Melasse (ein Zuckerprodukt, das unter anderem für die Herstellung von Alkohol benutzt wurde), Tabak und in Brasilien – in Minas Gerais waren große Goldvorkommen entdeckt worden und hatten zum

Der atlantische Dreieckshandel und seine Folgen für das Alltagsleben

Sklavenauktion in einem Südstaat der USA im 19. Jahrhundert

ersten Goldrausch der Geschichte geführt – auch gegen Gold eingetauscht. Die Schiffe segelten dann mit diesen Produkten nach Europa zurück. Dieser Dreieckshandel entsprach einmal den Wind- und Strömungsverhältnissen im Atlantik, zum anderen dem ökonomischen Gebot, immer nur mit Ladung zu fahren und keine Leerfahrten zu unternehmen. Dies war allerdings, wie neuere Forschungen ergaben, eher eine Idealvorstellung als die Wirklichkeit. Denn die typischen Sklavenschiffe, relativ kleine Fahrzeuge, mußten – wie unten noch näher auszuführen ist – doch wieder halbleer über den Atlantik zurückfahren.

Wieviele Sklaven über den Atlantik gebracht wurde, ist umstritten. Glaubwürdige Schätzungen gehen von ca. 11 Millionen aus, die von 1500 bis 1900 aus verschiedenen Teilen Schwarzafrikas nach Amerika gebracht wurden.[283]

Der transatlantische Sklavenhandel war, wie die Sklavenhaltung an sich, ein moralisches Desaster ohnegleichen. Dies zeigen auch die allzu wenigen Quellen, in denen uns die versklavten Afrikaner von ihren Erfahrungen berichten. Einer von ihnen, Olaudah Equiano, wurde als Kind zusammen mit seiner Schwester von Sklavenhändlern aus seinem Elternhaus im heutigen Benin geraubt geraubt. Mehrfach weiterverkauft, gelangte der etwa elfjährige Junge schließlich auf ein Sklavenschiff. Er beschrieb seine Furcht vor den Weißen, deren Äußeres er als furchterregend empfand und denen er magische Fähigkeiten zuschrieb – unter anderem, weil er sich nicht erklären konnte, wie sie dieses Schiff vorwärtsbewegten. Auch hatte er zunächst panische Angst, von ihnen aufgefressen zu werden. Plastisch wird in seiner Erzählung besonders die namenlose Verzweiflung der Gefangenen, die unter Deck angekettet waren und einem völlig ungewissen Schicksal entgegensahen. Dort spielten sich »unbeschreibliche Horrorszenen« ab: der pestilenzialische Gestank, die Hitze und Enge waren unerträglich, die Ketten qualvoll. Viele verzweifelten am Leben und ersehnten sich den Tod. Manche aßen nicht mehr, einige sprangen sogar über Bord. Die Besatzung versuchte die Gefangenen durch Auspeitschen von solchen Verzweiflungstaten abzuhalten; stündliches Auspeitschen war ihnen auch ein probates Mittel, ihre Gefangenen zum Essen zu zwingen. Daß Olaudah seinen Bericht mit einer scharfen Anklage gegen das angebliche Christentum seiner Peiniger schließt, ist nicht weiter verwunderlich.[283a]

Gegen Ende des 18. und zu Beginn des 19. Jahrhunderts nahm, gerade in christlichen Kreisen, die Kritik am Sklavenhandel in Europa gewaltig zu. Das Logo der Abolitionisten, wie diese besonders in Großbritannien beheimatete Bewegung genannt wurde, war ein Emblem mit einem dunkelhäutigen Sklaven und dem Motto: »Am I not a man and a brother?« Der schottische Dichter James Thomson – Autor des wohl berühmtesten patriotischen Gedichts der britischen Geschichte, »Rule, Britannia« – schilderte in seinem Gedicht »Seasons« von 1730 einen Hai, der einem Sklavenschiff folgt und auf die massenhaft sterbenden Sklaven wartet, die über Bord geworfen werden.[284] Die diesem Bild zugrundeliegende Vorstellung war jedoch teilweise unrichtig. Die Sklavenhändler bemühten sich nämlich durchaus, ihre Fracht lebend ans Ziel zu bekommen – nicht aus Menschenfreundlichkeit, sondern

Der atlantische Dreieckshandel und seine Folgen für das Alltagsleben

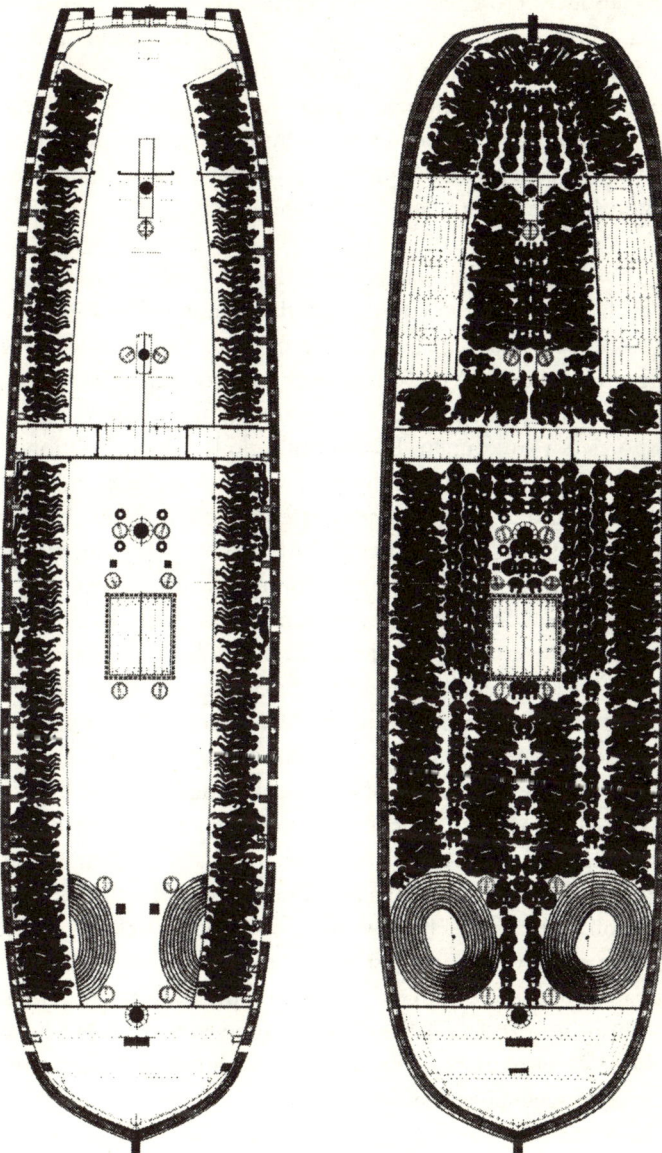

Beispiel für Schlafarrangements für die Sklaven auf Sklaventransportern

aus Eigennutz. Trotzdem war die Sterblichkeit an Bord hoch und betrug 10–15 %, konnte aber auch, wenn eine Seuche ausbrach oder Flauten die Reise in die Länge zogen, auf 25 %, 50 % und in besonders katastrophalen Fällen sogar auf fast 90 % hochschnellen. Übrigens war, wie neuere Untersuchungen ergeben haben, wegen der tropischen Krankheiten wie Malaria und Gelbfieber auch die Sterblichkeitsquote der Besatzungen hoch.[285]

Die Sklaventransporter waren relativ kleine Schiffe; sie waren im 18. Jahrhundert ca. 200 t groß und damit nur halb so gewichtig wie normale Frachtschiffe. Die Verhältnisse waren überaus gedrängt. Für die Sklaven waren extra Vorrichtungen aufgebaut worden, um möglichst viele von ihnen auf mehreren Decks transportieren zu können. Daraus entstand bei den Abolitionisten das Schreckbild, die Sklavenhändler würden in Afrika billig eingekaufte Sklaven wie Sardinen auf die Schiffe quetschen, um möglichst viele auf einmal über den Atlantik zu bekommen, wobei eine hohe Verlustrate in Kauf genommen würde. Doch das war eine Legende. Die Sklaven waren nämlich gar nicht billig, und es mußte deshalb im Interesse der Sklavenhändler liegen, sie lebend über den Ozean zu bringen. Die Sklavenbeschaffung war sehr bald eine von geschäftstüchtigen Afrikanern selbst organisierte Angelegenheit geworden, die Sklaven im Landesinnern einfingen und an die Küste brachten. Nach Schätzungen lebten um 1700 etwa 25 Millionen Schwarzafrikaner – die Hälfte der Bevölkerung südlich der Sahara – im Einzugsbereich des atlantischen Sklavenhandels.[286] Als der Sklavenhandel Ende des 18. Jahrhunderts seinen Höhepunkt erreichte, wurden fast 80000 Sklaven jährlich nach Amerika verschifft. Erst um 1840 übertraf die europäische Einwanderung diese Zahlen.[287] Hinzu kam auch noch der Sklaventransport in andere Teile der Welt, und trotzdem war die afrikanische Geburtenrate wahrscheinlich so hoch, daß die Verluste mehr als ausgeglichen werden konnten.

Die Preise für die Sklaven waren stark schwankend, generell aber im 18. Jahrhundert steigend; sie wurden in Waren oder einheimischer Währung wie Kaurimuscheln erhoben. Die Vorstellung, daß die Europäer die Sklaven für ein paar Glasperlen oder Spiegel einkaufen konnten, ist vollkommen unrichtig, sie mußten vielmehr hochwertige europäische Güter mitbringen. Die für Afrika geladenen Waren machten bei Abfahrt, so schätzte ein britischer Offizier im 18. Jahrhundert, das Zweifache des Werts des Schiffes und des Lohnes für die Besatzung für 18 Monate aus, war also der größte Posten in der Kalkulation eines Sklavenhändlers.[288] Jeder Sklave, der unterwegs starb, war demnach bares Geld, das verlorenging. Im französischen Sklavenhandel des 18. Jahrhunderts reduzierte sich der Profit bei einem Transport von 300 Sklaven mit jedem Todesfall um 0,67 %. Eine Sterblichkeitsquote von 15 % bedeutete also einen Einnahmeverlust von 30 %.[289] Die Verluste gingen, wenn die Sklavenfahrten von der Mitte des 16. bis in die Mitte des 19. Jahrhunderts über den Atlantik nachverfolgt werden, insgesamt deutlich zurück, auch wenn sie immer höher lagen als die Verluste an Passagieren auf normalen Frachtschiffen. In Amerika angekommen, wurden gesunde Sklaven innerhalb weniger Tage verkauft. Farbige freie Frauen hatten in den Landehäfen ein Gewerbe daraus gemacht, kranke Sklaven zum Rabattpreis aufzukaufen, sie gesund zu pflegen und dann zu veräußern. Kurz vor Abschaffung des Sklavenhandels schrieb der britische Gesetzgeber – englische Sklavenhändler waren inzwischen führend im Geschäft, aber gleichzeitig zunehmend Gegenstand öffentlicher Kritik – ein Minimum an Raum pro transportiertem Sklaven vor, das dann mehrfach nach oben korrigiert wurde.

Der Sklavenhandel war ein Geschäft, in dem zwar gut, aber nicht exorbitant verdient wurde; zehn Prozent Gewinn wurden im Durchschnitt erzielt.[290] Ein Problem war die schlechte Zahlungsmoral der Plantagenbesitzer, denen die Sklaven zunächst auf Kredit verkauft werden mußten. Oft waren die Sklavenhändler außerdem gezwungen, mangels geeigneter Rückware mit ganz oder teilweise leerem Schiff nach Europa zurückzukehren.[291]

Schließlich entschloß sich England auf Druck der Abolitionisten, den Sklavenhandel abzuschaffen. Unter dem Einfluß des Christentums, aber auch der Ideen der Aufklärung hatte sich ab

Mitte des 18. Jahrhunderts diese rasch zunehmende Strömung in der öffentlichen Meinung gebildet, vielleicht die erste große, nichtstaatliche Massenbewegung der neueren Geschichte. Gegen den Widerstand von gut am Sklavenhandel verdienenden Kreisen und gegen die Lobby der Plantagenbesitzer wurde 1808 in Großbritannien der Sklavenhandel abgeschafft, in Etappen auch die Sklaverei in den verschiedenen Teilen des Empires (Britisch-Westindien 1834, Britisch-Indien 1843). Die britische Marine scheute sich nicht, den atlantischen Sklavenhandel auch in den anderen tropischen Staaten Amerikas, notfalls unter Bruch von deren Souveränitätsrechten, zu unterbinden. Die letzten Importeure waren Brasilien und Kuba, der Sklavenhandel ging in den letzten Jahrzehnten fast vollständig in südamerikanische Hände über. In Brasilien wurde der Sklavenhandel dann 1850 auf massiven britischen Druck verboten und 1888 die Sklaverei aufgehoben. In Kuba wurde die Sklaverei, an der die spanische Regierung bis dahin festgehalten hatte, 1866 aufgehoben, und ein Jahr später landete hier der letzte Sklaventransporter. Eine Zeitlang lief der interne Sklavenhandel in diesen Staaten noch weiter, unter anderem auch durch die natürliche Vermehrung der Sklaven. Die günstigeren Lebensverhältnisse in gemäßigten Breiten sind der Hauptgrund dafür, daß die USA heute den höchsten Anteil an Schwarzen haben, obwohl die größten Sklaveneinfuhren nicht dorthin, sondern nach Brasilien gegangen waren. Nach Nordamerika war etwa ein Zwanzigstel (also etwa 500000) der afrikanischen Sklaven importiert worden, doch 1950 lebte ein Drittel aller Amerika-Schwarzafrikaner in den USA.

Die subtropischen und tropischen Teile Amerikas wurden von der demographischen Katastrophe der Indianer, der Plantagenwirtschaft und der Sklaveneinfuhr vollkommen verändert. Die Ausrichtung der Landwirtschaft auf den Export tropischer Produkte wie Zucker, Kakao, Kaffee und später Baumwolle nach Europa führte zur Monokultur, die zu großen, dauerhaften Schäden am Boden und großer Anfälligkeit für Schädlinge und Pflanzenkrankheiten führte. Dies hatte bei der einseitigen Ausrichtung auf einen einzigen Exportartikel fatale Folgen. Gerade noch zu ertragen war das, solange die Kolonien als Rohstofflieferant des Mutterlandes dienten und mit diesem in ein ökonomisches System eingewoben waren. So wurden die Westindischen Inseln im ersten Kolonialzeitalter in Europa wegen der Lieferung tropischer Agrarprodukte als sehr wertvoll eingeschätzt; deshalb legten etwa die Franzosen mehr Wert auf ihren westindischen Besitz als auf ihren kanadischen. Doch nach der Unabhängigkeit, also in den Jahrzehnten nach 1780, zeigten sich bald die verhängnisvollen Auswirkungen dieser einseitigen landwirtschaftlichen Struktur. Für die Bevölkerungsentwicklung hatte dies zur Folge, daß in manchen Gebieten die Nachkommen der importierten afrikanischen Sklaven die Bevölkerung dominieren, während die Ureinwohner teilweise oder völlig ausgestorben sind.

Parallel zur schwarzafrikanischen Zwangseinwanderung wurde Amerika von der weißen Immigration geprägt und demographisch nachhaltig verändert. Vom 15. bis zum 18. Jahrhundert wanderten etwa 6 Millionen Europäer nach Amerika ein, darunter 3,5 Millionen Spanier, 1,75 Millionen Engländer, 250000 Süddeutsche und Schweizer, kaum 100000 Franzosen und noch weniger Holländer.[292] Das Ergebnis dieser Einwanderung war, daß Amerika à la longue zu einem von Weißen dominierten Kontinent wurde. Wie sehr sich die europäische Emigration auf Amerika konzentrierte, zeigen folgende Zahlen: 1640 lebten auf Barbados 37000 Engländer, in Westafrika aber nur 330 und in ganz Asien etwa 1000.[293]

Die Einwanderung verlief aber in Amerika – nach Nation, Herkunft und Ziel – sehr unterschiedlich, dies erklärt auch ihre unterschiedlichen demographischen Auswirkungen und politischen Resultate. Nach Spanisch-Amerika durfte nicht jeder auswandern, er mußte vielmehr bestimmte Auflagen erfüllen; Verbrecher und Andersgläubige erhielten keine Genehmigung. Dafür wurde aber spanischen Einwanderern die Passage nach Amerika vom Staat bezahlt. Meist wanderten junge Männer nach Amerika aus, der Frauenmangel war notorisch und führte schnell zu einer Verschmelzung mit der einheimischen Bevölkerung. Dies war ganz besonders bei der portugiesischen Einwanderung nach Brasilien der Fall. Der konstante Frauenmangel führte zu Mischehen, Rassenmischungen ließen eine neue Bevölkerungsgruppe entstehen.

Die Entwicklung in den gemäßigten und kühlen Zonen Nordamerikas verlief hingegen anders. Hier herrschte der Typus einer Gemischtwirtschaft vor, die auch Eigenversorgung betrieb und die Abhängigkeit von einem einzigen Absatzprodukt wie in den tropischen Kolonien Amerikas vermied. Der nördliche Teil des Kontinents wurde von Spaniern, Holländern, Engländern, Franzosen und Schweden besiedelt. Die ersten Siedler hatten anfangs große Schwierigkeiten. Die Kolonien mußten auf Jahre hinaus mit praktisch allem, mit Werkzeugen, Saatgut und Lebensmitteln aus dem Mutterland, versorgt werden, um überleben zu können. Und manchmal stellte sich erst im Winter heraus, daß die Ansiedlung an einem ungeeigneten Ort stattgefunden hatte; dann war einem Teil der Kolonisten der Tod durch Erschöpfung und Krankheit sicher.[294] Nordamerika lebte vom Handel mit Europa und den Westindischen Inseln. Im Nordatlantik gab es ebenfalls ein System des Dreieckshandels, der unter anderem auf der Fischerei in den überreichen Fischgründen Neufundlands basierte. Immer weiter verbesserte Methoden der Fischkonservierung durch Einsalzen und Trocknen des Fangs an Land ermöglichten den Transport des Fisches über den Atlantik zum Verkauf vor allem in den katholischen Ländern Spanien und Italien. Dort fanden wegen der vielen Fastentage die großen Fischlieferungen reißenden Absatz; sie lösten nach Fernand Braudel eine weitere Ernährungsrevolution aus. Der Dreieckshandel basierte dann darauf, aus Europa Waren für Nordamerika, meist aus Manufakturen, an Bord zu nehmen, dort Fisch für Spanien oder Italien zu laden und auf dem Rückweg beispielsweise Wein nach Nordeuropa zu transportieren. Weitere Exportartikel Nordamerikas waren Rohstoffe, Zucker und Rum, den die Nordamerikaner wiederum in der Karibik gegen die eigenen, dorthin exportierten Naturprodukte eingetauscht hatten. Zwischen Nordamerika und Westindien existierte ein eigener, blühender Handel; die Nordamerikaner exportierten Fisch, Fleisch und Getreide und handelten dafür in Westindien Melasse und Geld ein. Ein weiteres wichtiges Exportprodukt Nordamerikas waren Felle; diese wurden von den Siedlern bei den Indianern eingetauscht.

Die Einwanderung nach Nordamerika war stark bestimmt von der Situation im Mutterland. Aus England kamen vergleichsweise viele Einwanderer, während in Holland, wegen der ökonomisch günstigen Situation dort, sich nur wenige für die Emigration begeistern konnten. Auch die Auswandererzahlen aus Frankreich waren gering; dies lag unter anderem daran, daß die Franzosen das Leben in ihren Kolonien derart stark reglementierten, daß es keinen wirklichen Anreiz zur Auswanderung gab. Die Engländer öffneten außerdem ihre Kolonien für Auswanderer aus anderen Ländern, weil sie dem unkontrollierten Abfluß der Bevölkerung des eigenen Landes gegensteuern wollten, gleichzeitig aber daran interessiert waren, daß ihre Kolonien wuchsen. Die Gründe der Auswanderer waren im allgemeinen wirtschaftliche Not oder Kriege. So waren die Kriege im süddeutschen Raum zu Beginn des 18. Jahrhunderts Ursache für einen sprunghaften Anstieg der Emigration. Dagegen spielte die Auswanderung aus religiösen Gründen eine zahlenmäßig eher untergeordnete Rolle, obwohl sie später mythisch überhöht wurde (»Pilgrim Fathers«). Schon im 18. Jahrhundert lockten windige Geschäftemacher, richtiggehende Schlepperbanden, vor allem in Südwestdeutschland Auswanderer in die Emigration; die dortigen Regierungen suchten das zu verhindern und bestraften die Werber, ohne die Auswanderung selbst zu verbieten.

Die Passage über den Atlantik war strapaziös und teuer. Wer nach Britisch-Amerika wollte, mußte zunächst nach Cowes auf der Insel Wight gelangen; von dort aus ging es dann weiter über den Atlantik bis zum Zielhafen, der damals oft Philadelphia war. Die Passage dauerte sieben bis zwölf Wochen. Zu den Lebensbedingungen an Bord der Segelschiffe später mehr, im Vorgriff soll aber angemerkt werden, daß die Reise von durchschnittlich 300, bisweilen sogar 500 Personen in den Zwischendecks reiner Frachtsegler eine ausgesprochene Tortur war, die oft auch tödlich endete: Die durchschnittliche Sterberate bei diesen Transatlantikpassagen des 18. Jahrhunderts lag nach neueren Untersuchungen bei 3,8 %,[295] konnte aber auf 10 % und weit mehr emporschnellen, wenn an Bord eine Seuche, etwa Typhus oder Cholera, ausbrach. Dies war deshalb leicht möglich, weil sich die Passagiere auf ihrem Weg zur Küste vielleicht bereits infiziert hatten; brach aber die Krankheit dann an Bord aus, war die Katastrophe da. Besonders hoch war die Kindersterblichkeit. In Pennsylvania wurde 1750 sogar ein Gesetz gegen die Überfüllung von Schiffen erlassen; es trug die bezeichnende Überschrift: »An act for prohibiting the importation of Germans or other passengers in too great number in any one vessel«.[296] Viele Einwanderer verfluchten nach zeitgenössischen Berichten während der Passage ihren Entschluß, die Heimat zu verlassen. Manche überlebten zwar die Passage, starben dann aber infolge der durchlittenen Strapazen wenig später.

Eine bedeutsame Frage ist auch, wie die Einwanderer die Passage über den Atlantik bezahlten. Der Staat weigerte sich, die Kosten zu übernehmen, daher waren die Einwanderer oft gezwungen, sie mit einem Arbeitsvertrag zu bezahlen. Französische Einwanderer verdingten sich als »engagés«[297], und die Hälfte oder sogar zwei Drittel der Auswanderer nach Britisch-Amerika verpflichteten sich als »indentured servants« oder »redemptioners«; beides wird in der Literatur als »Sklave auf Zeit« beschrieben.[298] Das System der »indentured servitude« – den Namen erhielten diese Verträge nach dem gezahnten Papier, auf dem sie geschrieben wurden – funktionierte so, daß sich die Auswanderer gegenüber dem Kapitän des Schiffs verpflichteten, die Kosten der Überfahrt in Amerika abzuarbeiten; der Kapitän verkaufte sie am Ziel dann an interessierte Arbeitgeber weiter. Die Auswanderer waren damit vertraglich auf vier oder fünf Jahre gebunden und konnten in dieser Zeit auch weiterverkauft werden. Eine Variante dieses Systems ist seit 1728 nachweisbar: Die »redemptioners« (»Auslöser«) handelten die Vertragsbedingungen vor Ort mit den Arbeitgebern direkt aus, erst dann bekam der Kapitän sein Geld. Oft reisten ganze Familien. Wenn Familienangehörige unterwegs

Der atlantische Dreieckshandel und seine Folgen für das Alltagsleben

verstarben, mußten die Hinterbliebenen für ihren Fahrpreis aufkommen. Die Gefahr, in der alten und neuen Welt Betrügern in die Hände zu fallen, war so groß, daß sogar Bücher darüber geschrieben wurden. Dazu gehört auch die Reisebeschreibung eines Organisten namens Gottlieb Mittelberger, der im Jahre 1750 nach Pennsylvania reiste und nach seiner Rückkehr einen plastischen Bericht darüber verfaßte.[299] Immerhin, wenn die Einwanderer die Passage überlebt und ihre Arbeitsverpflichtung absolviert hatten, konnten sie ein Stück Land erwerben und die Vorteile des neuen Kontinents kennenlernen.

Die Einwanderer nach Britisch-Amerika kamen meist mit ihrer ganzen Familie im Unterschied zur spanischen und portugiesischen Emigration, wo hauptsächlich alleinstehende Männer auswanderten. Da die weißen Einwanderer geschlossen siedelten und sich als vollständige Familien auch nicht mit den Indianern mischten, wurden diese von den Siedlern immer weiter zurückgedrängt. Schon in der Kolonialzeit entstand das Phänomen der »frontier«, die immer weiter nach Westen verschoben wurde. Überfälle der an ihrem Schicksal verzweifelnden Indianerstämme sorgten nur dafür, den Prozeß ihrer Verdrängung zu beschleunigen. Die erste Phase der Besiedlung Nordamerikas war für die Kolonisten sehr hart. Doch nachdem die gewaltigen Schwierigkeiten der ersten Jahre – Klima, Indianerüberfälle und Mangel an eigener Produktion – überwunden waren, setzte ein enormes Bevölkerungswachstum ein. Die Einwanderer waren jung, ihr Heiratsalter viel niedriger als in Europa, ihre Geburtenrate entsprechend hoch, die Verhältnisse weniger beengt und gesünder und deshalb auch die Säuglings- und Kindersterblichkeit geringer. Acht Kinder pro Familie waren die Regel[300]; die Einwanderung machte im 18. Jahrhundert nur einen vergleichsweise kleinen Teil des Bevölkerungswachstums aus. Zwischen 1700 und 1775 wanderten 250000 bis 300000 Europäer nach Amerika aus; das war nur knapp ein Fünftel des Bevölkerungsanstiegs durch Geburten in diesem Zeitraum.[301] Erst nachdem das zur Verfügung stehende Land verteilt war, sank diese Quote wieder auf ein Maß, das dem des Mutterlandes entsprach. Doch wurde immer wieder neu zu vergebendes Land auf Kosten der Indianer gewonnen, wobei Versuche wie die von William Penn, mit den Indianern rechtsgültige Verträge zu schließen und diese somit als Partner ernstzunehmen, in der Minderheit blieben.

Wenn die Bevölkerungsentwicklung in Amerika zwischen 1700 und 1820 analysiert wird, wird der demographische Wandel weniger mit dem Aussterben der Indianer als vielmehr mit dem großen Wachstum der weißen, schwarzen und der Mischbevölkerung (Mestizen und Mulatten) begründet. Die amerikanische Bevölkerung verdreifachte sich beinahe in diesen 120 Jahren, wobei die Zahl der Weißen um das Zehnfache anwuchs, die der Schwarzen um das Achtfache, die der Mestizen um das Zweiundvierzigfache, die der Mulatten um das Elffache. Die Zahl der indianischen Ureinwohner war dagegen rückläufig: Um 1700 gab es etwa 9,6 Millionen Indianer, das waren damals 80 % der Bevölkerung. Um 1820 gab es noch etwa 9 Millionen Indianer, die aber infolge des Wachstums der anderen Gruppen nur noch 25 % der Gesamtbevölkerung ausmachten; die Indianer waren in ihrem eigenen Land in die Minderheit geraten, ein Prozeß, der mit der erzwungenen Einwanderung der Schwarzafrikaner und der freiwilligen der Weißen begonnen und sich bis heute fortgesetzt hat. Aber die Immigration war nur der Ausgangspunkt. Erst das exorbitante Wachstum der Einwanderergruppen in Amerika selbst sorgte dann dafür, daß der Kontinent sich von einem von indianischen Ureinwohnern besiedelten zu dem heutigen mit einer gemischten, aber weiß dominierten Bevölkerung wandelte. Bis 1914 – um hier schon einen Überblick auf die noch zu schildernde Entwicklung zu bieten – wanderten weitere 50 Millionen Europäer nach Amerika ein.[302]

Die weiße Bevölkerung Amerikas entwickelte ein starkes Eigenbewußtsein. In den europäischen Mutterländern war schon immer befürchtet worden, daß die Kolonien Früchten an einem Baum ähnelten, die abfielen, sobald sie reif wurden. Dies sollten die Briten erfahren, als sich die USA 1776 unabhängig erklärten und ihre Unabhängigkeit im Krieg von 1775 bis 1783 auch verteidigten. Dies sollten auch Spanier und Portugiesen erleben, als sich zu

Beginn des 19. Jahrhunderts ihre amerikanischen Besitzungen von ihnen unabhängig machten. Diese Prozesse können mit den Nationalstaaten, die sich gleichzeitig in Europa bildeten, verglichen werden und dürften letztlich auf europäisches Gedankengut zurückgehen. Hier zeigten sich, auch wenn die politische Einheit verlorenging, die Gemeinsamkeit und Universalität bestimmter politischer Grundanschauungen in der atlantischen Welt.

Die Weiterentwicklung von Seefahrt und nautischer Technik bis zum Beginn des Dampfzeitalters

In diesem Kapitel soll ein Blick auf die Schiffe und die Nautik der frühen Neuzeit geworfen werden. Die Zeit von 1500 bis 1800 war im Schiffbau eher durch kontinuierliche Weiterentwicklung als durch revolutionäre Sprünge gekennzeichnet. Die Schiffe wurden größer; doch waren dem Holzschiffbau in Länge und Tonnage nach oben konstruktive Schranken gesetzt. Die Besegelung der mehrmastigen Segelschiffe des Entdeckungszeitalters, nämlich die Mischung von Rah- und Lateinsegeln, wurde im Prinzip beibehalten. Allerdings ergaben sich im Laufe der Zeit doch zahlreiche Detailverbesserungen, die dazu führten, daß die Segelschiffe deutlich leistungsfähiger wurden. Die Masten wurden höher, schlanker und dadurch elastischer, weil sie nunmehr nicht aus einem einzigen Baumstamm angefertigt, sondern aus mehreren Teilstücken zusammengesetzt und durch ein sogenanntes Eselshaupt miteinander verbunden wurden. Die Rahsegel wurden kleiner, dafür aber zahlreicher; dies erleichterte die Bedienbarkeit und erhöhte gleichzeitig die Segelfläche. Seile an den Rahen erleichterten den Matrosen das Einholen der Segel. Das Lateinsegel entwickelte sich im 18. Jahrhundert zum leichter bedienbaren Gaffelsegel weiter. Bei der Rumpf- und Deckgestaltung wurden zunächst die Aufbauten an Bug und Heck immer größer und umfangreicher, um dann wieder kleiner zu werden; schließlich dominierten im 18. Jahrhundert Schiffstypen mit glatten Decks.

Drei Segelschiffstypen: Dreimaster, Barke und Barkentine

Der Schiffbau war zuerst ein Handwerk mit einem Minimum an Theorie, weshalb es auch, gerade bei großen Schiffen, immer wieder zu Fehlkonstruktionen wie etwa dem schwedischen Linienschiff »Wasa« kam, das nicht wirklich seetüchtig war und noch auf der Probefahrt 1628 kenterte und sank. Doch folgte der Schiffbau seit dem 18. Jahrhundert zunehmend wissenschaftlichen Prinzipien. Es wurden zunächst Modelle der Schiffe erstellt, es wurde gemessen und gerechnet; vor allem in Frankreich, wo in dieser Zeit die leistungsfähigsten Schiffe entstanden, wurden Handbücher verfaßt mit Anweisungen für die Optimierung der Konstruktionen. Die holländischen Werften verwendeten windmühlengetriebene Sägewerke; dadurch reduzierten sich Bauzeit und Kosten für ihre Schiffe erheblich. Die Beschaffung des Bauholzes wurde in manchen Ländern problematisch; vor allem geeignete Masthölzer, die aus Kiefer sein mußten, waren schwer zu finden. Ab dem 18. Jahrhundert wurden manche Schiffe im Unterwasserbereich mit Kupferblech oder einer zweiten Schicht Planken verkleidet, um dem Befall durch Bohrwürmer und dem

Die Weiterentwicklung von Seefahrt und nautischer Technik

geschwindigkeitshemmenden Bewuchs vorzubeugen. Auch die Bewaffnung nahm zu, wobei leichte Geschütze an der Reling befestigt wurden, die schweren auf Lafetten montiert waren und durch Stückpforten schossen. Breitseits untergebracht, wurden die Kanonen in großen Schiffen schließlich in mehreren Decks untereinander aufgestellt. Aus der zunehmenden Bewaffnung ergab sich eine immer deutlichere Differenzierung zwischen Handels- und Kriegsschiffen, die es zuvor bei reinen Seglern nicht gegeben hatte. Eines der ersten reinen Segelkriegsschiffe war die »Mary Rose«, ein Schiff Heinrichs VIII. von England, deren Wrack heute in Portsmouth besichtigt werden kann. Die Kriegsschiffe selbst differenzierten sich aus, und zwar nach dem Gefechtswert, der an der Anzahl der Kanonen gemessen wurde. Die großen Schiffe, die Linienschiffe, waren für den Einsatz in der Seeschlacht bestimmt. Ein typisches Linienschiff des 18. Jahrhunderts mit über 100 Kanonen in drei Decks war die »Victory«, die, 1759–65 erbaut[312], Lord Nelson in der Schlacht bei Trafalgar als Flaggschiff diente und auf der er auch gefallen ist. Auch sie liegt heute in Portsmouth im Trockendock und kann dort besichtigt werden. Erschreckend ist die Vorstellung, daß auf diesem Kriegsschiff in drangvoller Enge etwa 850 Mann Besatzung auf den drei Batteriedecks kämpfen, essen und schlafen mußten – und das monatelang. Von den kleineren Kriegsschiffen unterhalb des Linienschiffs ist die Fregatte zu erwähnen, ein wendiger, schneller Eindecker mit etwa 40 Kanonen. Sie diente Meldezwecken, Kurierfahrten und der Piratenjagd. Auch bei den Handelsschiffen entstanden je nach Aufgabe immer mehr Typen. Es wurden Schiffe für den Waren- und Sklaventransport, für Walfang- und sonstige Fischerei, für Langstrecken- und Küstenfahrten gebaut; die sich nach Größe, Rumpfform und Betakelung unterschieden. Deshalb gibt es auch eine große Typenvielfalt frühneuzeitlicher Segler wie die Karacke, Galeone, Galeasse, Brigantine oder Brigg, die holländische Fleute, Pinaß, Jacht, Bark, Kutter, Schebecke, Logger (= Fischereifahrzeuge), Ostindienfahrer und Bootschiffe (= Walfangschiffe), um nur einige zu nennen. Im 18. Jahrhundert entstanden die Schoner; sie verbanden eine eigene Betakelung, die erstmals in den Niederlanden verwendet wurde, mit einer neuen Rumpfform. Dieser vorwiegend nordamerikanische Schiffstyp war berühmt für seine Schnelligkeit.

Den Höhepunkt erreichte die Entwicklung des Segelschiffs dann im 19. Jahrhundert mit den Klippern, großen Segelschiffen mit Rahbesegelung und scharfem Bug, die bei gutem Wind bis zu 20 kn laufen konnten und von denen einer der berühmtesten die »Cutty Sark« von 1869 (921 BRT) war, die in Greenwich besichtigt werden kann. Im 19. Jahrhundert kam es zu den berühmten Teeklipper-Rennen, die ihre Fracht aus China im Wettlauf miteinander nach England brachten oder in den amerikanischen Gewässern rund um Kap Hoorn segelten. Die Endphase der Segelschiffära war schon von dem Ehrgeiz geprägt, das schnellste Schiff zu entwickeln, der dann auf die Dampfschiffahrt im Nordatlantik übergreifen und seinen sichtbaren Ausdruck im »Blauen Band« finden sollte. Am Ende dieser Entwicklung stand das Vollschiff, ein großes Segelschiff meist mit Eisenrümpfen und bis zu fünf gewaltigen Eisenmasten in Rahtakelung, mit Stahldrähten statt Hanftauen in der Takelage, das eine Länge von fast 120 Metern erreichen konnte. Oder auch die großen amerikanischen Schoner wie beispielsweise die »Thomas W. Lawson«, die bei einer Größe von 5000 BRT sieben Masten hatte und mit nur 16 Mann Besatzung auskam. Vergleichszahlen mögen zeigen, wie sehr sich die Segelschiffe seit dem Entdeckungszeitalter weiterentwickelt hatten: Die »Santa Maria« des Kolumbus war etwa 100 Tonnen, die »Pinta« sogar nur 30 Tonnen groß gewesen.

Auch die Navigationsverfahren wurden weiterentwickelt. Während die geographische Breite schon im Zeitalter des Kolumbus durch Beobachtung von Sonne und Gestirnen verläßlich ermittelt werden konnte, fehlte lange ein brauchbares Mittel, um auch die geographische Länge zu bestimmen. Die Navigatoren der frühen Neuzeit behalfen sich mit Karten, Entfernungstabellen, Geschwindigkeitsmessung, Kursberechnungstabellen und Breitengradmessungen. Sie kamen damit und vor allem mit dem »Koppeln«, das heißt der Errechnung der Position durch das Messen der zurückgelegten Entfernung, bei guter seemännischer Erfahrung im Normalfall aus, wenn auch mehr schlecht als recht. Denn durch die Unmöglichkeit der exakten Berechnung des Längengrads entstanden gravierende Probleme, vor allem wenn kleinere Ziele wie Inseln angelaufen werden sollten. Es konnte bei schlechtem Wetter vorkommen, daß ein Schiff auf einem Breitengrad hin- und herfahren mußte, weil der genaue Längengrad des derzeitigen Standorts unbekannt und es daher unsicher war, ob das Ziel rechts oder links lag. Dies war beispielsweise der »Centurion« im März 1741 passiert; sie mußte zwei Wochen lang auf dem 35. Breitengrad hin und herfahren, um die Insel Juan Fernandez zu finden und dort neue Vorräte aufnehmen zu können. Die Irrfahrt kostete, da an Bord Skorbut ausgebrochen war, achtzig Menschen das Leben.

Daß hier unbedingt Abhilfe geschaffen werden mußte, war klar; aber niemand wußte Rat, obwohl sich Galilei, Newton und Halley den Kopf darüber zerbrochen hatten. Die Längengradberechnung schien ein schier unlösbares Problem und wurde mit der Quadratur des Kreises verglichen. Ein spektakulärer Unfall – ein britisches Geschwader unter Führung von Admiral Shovell lief am 22. Oktober 1707 bei den Scilly-Inseln auf Grund, vier Schiffe sanken und 2000 Seeleute verloren ihr Leben –, führte dazu, daß Großbritannien 1714 eine hohe Prämie von 20000 Pfund für die Entwicklung eines praktikablen Verfahrens der Längengradmessung auf See aussetzte. In den folgenden Jahrzehnten versuchte ein ganzes Heer von Erfindern sich diese Prämie zu verdienen. Im wesentlichen wurden zwei verschiedene Wege beschritten, das Problem zu lösen: Die einen setzten auf die Astronomie und versuchten mit Hilfe astronomischer Tabellen und der Bewegung des Mondes den Längengrad zu ermitteln. Tatsächlich war dieses Verfahren theoretisch möglich, aber überaus aufwendig; es hatte eine exakte Vermessung des gesamten Nachthimmels zur Voraussetzung. Doch kann der Längengrad auch mit einer Uhr gemessen werden. Die anderen versuchten deshalb einen möglichst ganggenauen Chronometer zu bauen. Die Admiralität hatte für die Prämie eine Toleranz von maximal einem halben Grad zugelassen. Das bedeutete, daß der Chronometer bei einer sechswöchigen Fahrt von England in die Karibik eine Abweichung von drei

Sekunden pro Tag oder zwei Minuten für die 40 Tage auf See haben durfte.[304] Diese Präzision war notwendig, weil eine Abweichung von einem halben Grad am Äquator schon eine Distanz von 30 sm darstellt.[305] Es ging also darum, eine Präzisionsuhr zu bauen, die auch bei den an Bord eines Schiffes unvermeidbaren Belastungen durch Feuchtigkeit, starke Schwankungen und Stöße sowie beträchtliche und bisweilen abrupte Temperaturunterschiede derart ganggenau lief, daß sie auch in vierzig Tagen nur zwei Minuten nachging. Das schien beim damaligen Stand der Uhrentechnik unmöglich und bedurfte umfangreicher Entwicklungen sowohl eines entsprechenden Uhrwerks ohne Pendel als auch zahlloser Experimente in Werkstoffkunde. Der große Vorteil, den die Verfechter der astronomischen Messung in diesem Wettlauf hatten, war die Möglichkeit, jederzeit authentisch, wenn auch vielleicht durch mühsame Berechnungen, den Standort durch Himmelsbeobachtung ermitteln zu können. Wenn eine Uhr jedoch erst einmal falsch ging, konnte dies nicht überprüft werden und die daraus entstehende Ungenauigkeit zu gefährlichen Fehlern führen.

Aus diesem Wettlauf ging schließlich 1773 John Harrison, ein schottischer Uhrmacher, mit seiner Uhr »H 5« als Sieger hervor. Der von seiner Aufgabe besessene Erfinder hatte in Jahrzehnten harter Arbeit mit neuen Laufwerken und Werkstoffen und steten Verbesserungen seiner eigenen Entwürfe und Prototypen mehrere derart exakt gehende Chronometer entwickelt, daß er den Anforderungen der Admiralität gerecht wurde und auch seinen verbissensten Gegner, den Astronomen Nevil Maskelyne, aus dem Feld schlagen konnte. Harrisons Uhr hatte eine Fehlanzeige von einer Drittelsekunde pro Tag.[306] Niemand geringerer als James Cook hatte einen Nachbau der Harrison-Uhr auf einer seiner Expeditionen erprobt und sich enthusiastisch für deren Brauchbarkeit zur Längengradmessung ausgesprochen. Der Wettlauf zwischen dem Uhrmacher und dem Astronomen ist von Dava Sobel in dem Buch mit dem Titel »Längengrad«, einem Glanzstück der Wissenschaftsprosa, geschildert worden. Dank dieser Entwicklungen der Nautik war es ab dem Ende des 18. Jahrhunderts möglich, seinen Standort auf See mit bis dahin unerreichter Präzision zu bestimmen.

Die arktische Zone des Atlantik: die Suche nach der Nordwest- und der Nordostpassage

∽∽∽

So wurde der Atlantik in der frühen Neuzeit zum immer dichter und routinemäßig befahrenen Transitmeer zwischen Europa, Afrika und Amerika. Die Schiffahrt konzentrierte sich zwar auf die tropischen und gemäßigten Zonen, doch auch die nordpolaren Gewässer wurden schon früh zum Ziel von Erkundungsfahrten. Zunächst war natürlich unbekannt, ob die Pole Land oder Wasser waren, und die Vermutungen gingen in sehr unterschiedliche Richtungen. Doch eigenartigerweise setzte sich dann im 16. und 17. Jahrhundert die – zutreffende – Ansicht durch, daß sich unter dem Nordpol ein teilweise oder vollständig gefrorenes Meer befinde, unter dem Südpol hingegen Land. Dabei handelte es sich zunächst nur um unbeweisbare Annahmen; die eine entstand vielleicht aus der alten Vorstellung vom Inselcharakter der Kontinente und dem sie umschlingenden *okeanos,* die andere aus der Annahme, es gebe einen großen Südkontinent als Gegengewicht zu den Landmassen der Nordhalbkugel. Gewißheit wurde dann mehr und mehr durch Indizien gewonnen. James Cook berührte auf seiner Suche nach dem Südkontinent auch die Antarktis; er sah auf den treibenden Eisbergen Spuren von Felsgestein und Geröll und schloß daraus richtig, daß sie sich von einem festen Untergrund gelöst hatten. Wal- und Robbenfänger, die später die Antarktis aufsuchten, trugen zu ihrer Erforschung ebenso

Die arktische Zone des Atlantik

Die vom Eis zerdrückte »Endurance« bei Nacht, 1914

Die arktische Zone des Atlantik

bei wie wissenschaftliche Expeditionen. Schließlich wurde in den 1840er Jahren der kontinentale Charakter der Antarktis nachgewiesen.[307]

Auch für die Annahme, der Nordpol liege auf beziehungsweise unter Wasser, wurden im 19. Jahrhundert Indizien gesammelt, wie Treibgut, das von Sibirien durch das Eis bis nach Spitzbergen gelangt war. Der Geograph Petermann vertrat die These, eine starke Strömung durchziehe das Nordpolarmeer von der ostsibirischen Küste über den Pol hinweg Richtung Grönland. Wesentlich zur Erforschung der arktischen Gewässer trugen auch hier die Wal- und Robbenfänger bei, die sich, ihrer Beute folgend, immer tiefer in die eisigen Regionen des Nordatlantik hineinwagten. Im 19. und frühen 20. Jahrhundert wurde Grönland von Walfängern und von Expeditionen näher erforscht und seine Inselnatur zweifelsfrei festgestellt.

Gewißheit über die Geographie der Polargebiete und damit der Nord- und Südgrenze des Atlantik brachten dann die Polarexpeditionen des 19. und frühen 20. Jahrhunderts. 1912 unternahmen Amundsen und Scott ihren Wettlauf zum Südpol. 1914 versuchte die Shackleton-Expedition, die Antarktis von Küste zu Küste zu durchqueren. Ihr Schiff, die »Endurance«, wurde vom Eis zerquetscht, aber die Besatzung rettete sich zunächst auf Eisschollen, dann auf Rettungsboote und erreichte Elephant Island. Shackleton holte mit einigen Gefährten Hilfe in South Georgia, sie wurden 1916 gerettet. Der Bericht dieser Expedition, von der auch Filmaufnahmen existieren, ist von atemloser Spannung und ein packendes Zeugnis der unvorstellbaren Strapazen, die diese Menschen in der Eiswüste der Antarktis erduldeten.[308]

Schon zuvor war versucht worden, den Nordpol zu erreichen: Der Norweger Fridtjof Nansen (1861–1930) war, elektrisiert von der Zeitungsmeldung, daß Wrackteile des bei den Neusibirischen Inseln verschollenen Schiffes »Jeannette« an der grönländischen Küste angetrieben worden seien, auf die revolutionäre Idee gekommen, sich mit einem Spezialschiff im Eis einfrieren und durch die Eisdrift zum Nordpol treiben zu lassen. Und diesen Plan setzte er in die Tat um. Die »Fram« (= »Vorwärts«) fror 1893 in Ostsibirien ein und wurde tatsächlich von der Eisdrift Richtung Pol getrieben, dem sie bis auf 83° nördlicher Breite nahekam. Es fehlten aber noch 780 km bis zum Pol. Nansen versuchte gemeinsam mit einem Begleiter per Schlitten die insgesamt 1560 km zum geographischen Nordpol – und zurück – zu bewältigen. Sie mußten aber wegen des brüchigen Eises bei 86°10′ umkehren. Die Aktion hatte nicht nur einen sportlichen Aspekt, es war auch wissenschaftlich dabei etwas herausgekommen: Ihre Messungen der Wassertiefe hatten ergeben, daß das Meer unter dem Eis 3000 bis 4000 m tief war. Der Nachweis war erbracht: Der Nordpol war, anders als bisher vermutet, kein flaches Gewässer. Die sportliche Besessenheit, den Pol zu erreichen, verleitete 1897 den schwedischen Ingenieur Salomon Andrée dazu, die Expedition mit einem Ballon zu unternehmen. Er bezahlte den Versuch mit seinem Leben. Den geographischen Nordpol erreichte erst der Amerikaner Robert Edwin Peary am 6. April 1909. Er durchbohrte das Eis und machte eine Tiefenmessung: Bei 2750 Metern fand die Sonde keinen Grund. Es schien eindeutig erwiesen: Das Nordpolarmeer, als Randmeer des Atlantischen Ozeans, war eine Tiefsee. Inzwischen haben weitere Forschungen ergeben, daß sich durch das Nordpolarmeer eine Erhebung, der Lomonossowrücken, zieht und das Meer im Bereich des Kontinentalschelfs doch relativ flach ist. Obwohl es an manchen Stellen über 5000 Meter tief ist, liegt seine durchschnittliche Tiefe bei ca. 1500 Metern, gegenüber den 3800 Metern durchschnittlicher Tiefe des Atlantik.

Die Nord- und Südpolarexpeditionen des späten 19. und des frühen 20. Jahrhunderts waren mit einer Mischung aus wissenschaftlicher Neugier und sportlichem Ehrgeiz unternommen worden. Doch schon in der frühen Neuzeit waren die subarktischen Gewässer zum Ziel von Forschungsreisen geworden, die einen anderen Charakter trugen: Sie suchten nach Seewegen nach Asien. Der Grund war einfach: Die Routen durch die Magellanstraße oder um Kap Hoorn in den Pazifik und der Weg um das Kap der Guten Hoffnung in den Indischen Ozean lagen allesamt in der spanischen und portugiesischen Einflußzone. Die anderen Mächte suchten also in dem knappen Jahrhundert, in dem sie diese Einflußzonen freiwillig oder unfreiwillig respektierten, nach anderen, neuen, vielleicht sogar kürzeren Wegen nach Asien. Vor allem Engländer und Holländer hofften, das Monopol der iberischen Mächte durch die Befahrung der sogenannten Nordwestpassage, also nördlich um Amerika herum, oder die Nordostpassage, die nördlich um Asien herum führte, brechen und nach China und Indien gelangen zu können. Und zeitweise glaubte man sogar, als dritte Variante, über den Pol hinwegfahren und so viel Zeit sparen zu können. Dieser letzte Plan war beherrscht von der illusionären Hoffnung, daß vielleicht in den Sommermonaten mit der intensiveren Sonneneinstrahlung das Klima in Polnähe milder sein würde als in den subarktischen Gewässern und das Eis auf dem Meer schmelzen würde.

Zuerst wurde nach der Nordwestpassage gesucht. Sie war bereits das Ziel von Cabot gewesen, der, so wird mehrheitlich angenommen, auf seiner zweiten Amerikafahrt 1499 mit vier Schiffen spurlos verschwunden war. Es ist möglich, daß sein Geschwader bei der Suche nach einer nördlichen Durchfahrt nach Asien vom Eis zerdrückt wurde. Damit war Cabot das erste Opfer der Suche, die noch viele Expeditionen, manche unter grausigen Umständen, vernichten sollte. In den folgenden Jahrzehnten bewiesen die englischen, französischen und portugiesischen Expeditionen im Nordatlantik, daß die ersehnte Passage in gemäßigten Breitengraden nicht existierte; Cortereal, Verazzano und Cartier hatten zwischen 1534 und 1544 vergeblich nach ihr gesucht. Spätestens gegen Mitte des 16. Jahrhunderts war offensichtlich, daß die Passage, wenn sie denn existierte, im hohen Norden, also in äußerst unwirtlichen und kalten, oft zugefrorenen Regionen des Atlantik liegen mußte. Und trotzdem wurden immer wieder neue Anläufe unternommen, sie zu finden.

Die subarktischen, heute zu Kanada gehörenden Gewässer im Norden des amerikanischen Kontinents sind wegen der zerklüfteten Küsten, der unübersichtlichen subarktischen Inselwelt und den von Jahr zu Jahr wechselnden, oft tückischen Eisverhältnissen extrem schwierig zu befahren. Und doch wurden, vor allem von den Engländern, über Jahrhunderte hinweg gewaltige Mühen in Kauf genommen, die Passage zu finden. 1576 sichtete der britische Entdecker Martin Frobisher eine Bucht, die er für eine Durchfahrt zwischen dem südlich davon gelegenen Nordkap des amerikanischen Kontinents und dem nordöstlichen Horn Asiens hielt und die später seinen Namen erhielt. Zwischen 1585 und 1587 entdeckte John Davis die heutzutage nach ihm benannte Straße zwischen Grönland und Baffin-Island. Bei letzterem handelte es sich wahrscheinlich um das von den Wikingern bereits aufgefundene »Helluland«; seinen neuen Namen erhielt es nach William Baffin, der 1616 die Fortsetzung der Davis-Straße erforschte, dabei dann auch die nach ihm benannte Insel erkundete. Baffin kam weiter in den Norden als alle Reisenden vor ihm, nämlich bis 77°45′ Nord. Ein bedeutender Entdecker der kanadischen Arktis war auch Henry Hudson, der 1607 bis 1611 vier Reisen in diese subarktischen Gewässer unternahm und dabei 1610 die Durchfahrt zu der heute seinen Namen tragenden Bai entdeckte. Er glaubte, im Pazifik angelangt zu sein, und überwinterte dort. Als er aber trotz extremer Lebensmittelknappheit im Frühjahr die Entdeckungsreise fortsetzen wollte, meuterte seine Crew und setzte ihn und die ihm Getreuen, darunter seinen kleinen Sohn, in einer Schaluppe aus. Die Meuterer kehrten nach England zurück, während eine Suchexpedition keine Spur mehr von Hudson entdecken konnte. Das von Hudson neu gefundene Gewässer wurde von Thomas Button 1612–13 erkundet; aber erst 1741 stellte Christopher Middleton zweifelsfrei fest, daß es sich bei der Hudson-Bai nicht um die ersehnte Nordwestpassage, sondern um ein großes Randmeer des Atlantik handelte. Nach diesem Rückschlag kam der Entdeckungseifer vorerst zum Erliegen.

Daß die Suche nach der Nordwestpassage überhaupt fortgesetzt wurde, hatte nichts mehr mit ökonomischen Interessen und auch nur in zweiter Linie mit wissenschaftlicher Neugier zu tun. Das Ganze war eine Angelegenheit des britischen Nationalstolzes geworden. Die Admiralität setzte im 18. Jahrhundert den stolzen

Die arktische Zone des Atlantik

Eisberg in Grönland

Preis von 10000 Pfund für die Entdeckung der Nordwestpassage aus. James Cook wurde 1776 beauftragt, die Westküste Amerikas vom 45. bis zum 60. Grad nördlicher Breite zu erkunden und gleichzeitig nach einer Durchfahrt in den Atlantik zu suchen. Der geniale Entdecker war überaus skeptisch und zweifelte an der Existenz der Passage; sollte es sie geben, so war sie seiner Ansicht nach nicht schiffbar. Trotzdem bemühte er sich, seinen Auftrag durchzuführen. Er fuhr 1778 durch die Beringstraße und stieß kurze Zeit später auf Eis, das ihn zur Umkehr zwang. Wie sehr das Passagefieber und die gewaltige Prämie aber auch seine Crew elektrisiert hatten, zeigte sich, als einer seiner Leutnants ihn um

Die arktische Zone des Atlantik

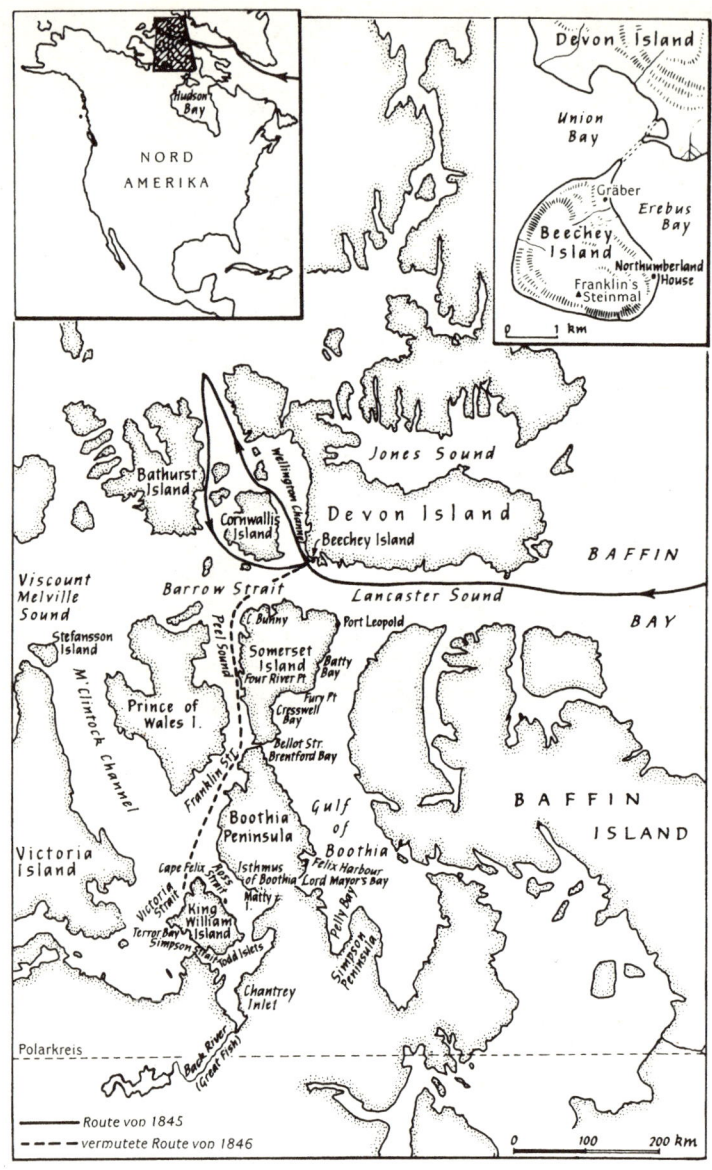

John Franklins Kurs durch die Nordwestpassage, 1845

eine Schaluppe und einige Freiwillige bat, mit denen er die Passage durchfahren und sich das Preisgeld verdienen wollte.

Nach den napoleonischen Kriegen ging die Suche weiter: Britische Polarforscher wie Parry und Ross riskierten ihr Leben auf der Suche nach der Nordwestpassage. Es gelang tatsächlich auch, einen Großteil der Strecke zu kartographieren. Schließlich fehlten um 1840 herum noch etwa 90 km im Bereich der King-William-Insel.[309] Auch dieser Küstenabschnitt hätte, etwa mit einer Schlittenexpedition, noch erkundet werden können. Doch glaubte man in London, nun sei der Weg frei. Die Spezialschiffe »Erebus« und »Terror« wurden mit insgesamt 129 Mann Besatzung unter dem Kommando Sir John Franklins, eines arktiserfahrenen und bei seinen Männern verehrten Admirals, mit der Durchfahrt betraut. Die Expedition war mit einer gewaltigen Menge an Vorräten, darunter viele haltbare Konserven, für drei, bei Rationierung sogar fünf Jahre ausgerüstet, da davon ausgegangen wurde, daß die Schiffe mehrfach im Eis überwintern mußten. Als die Schiffe im Mai 1845 England verließen, glaubte die britische Öffentlichkeit übereinstimmend an einen bevorstehenden Triumph dieser mit modernsten Mitteln der damaligen Wissenschaft und Technik ausgerüsteten Expedition.

Aber Franklin und seine Männer verschwanden spurlos im Eis. Gegen 1847 wurden die ersten Suchtrupps losgeschickt, die Suche blieb ergebnislos. Viele weitere Nachforschungen wurden angestellt, man fand immer mehr Reste der Expedition, befragte auch dort lebende Eskimos. Nach und nach wurde klar, daß die Schiffe hoffnungslos im Eis eingefroren waren und schließlich verlassen werden mußten. Franklin hatte einen entscheidenden Fehler bei der Wahl der Route in dem noch nicht kartographierten Abschnitt gemacht. Er hielt die King-William-Insel für eine Halbinsel und segelte nordwärts um sie herum, kam dann aber in einen später »M'Clintock« benannten Kanal hinein, auf dem sich beständig ein Eisstrom Richtung Süden schiebt und wo das Eis im Sommer nicht immer schmilzt. In Wahrheit war die King-William-Insel jedoch eine Insel, und richtig wäre gewesen, sie östlich zu passieren, auf einer Route, die im Sommer regelmäßig eisfrei ist, und dann südlich an dieser vorbei weiter Richtung Westen zu fahren. Dies war ein Ergebnis der Expedition *ex post;* später wußte man nun, wie zu fahren war.

Doch was war mit Franklin und seinen Männern geschehen? Sie hatten ihre im Eis eingefrorenen Schiffe aufgeben müssen; aber das war anderen Expeditionen nicht anders gegangen. Franklin war doch mit Lebensmitteln sehr gut ausgerüstet gewesen. Warum hatte dann niemand überlebt? Eine der Vorgängerexpeditionen unter dem Kommando von James Ross hatte, nachdem ihr Schiff »Victory« 1830 vom Eis zerdrückt worden war, auf Boothia Island vier Jahre überwintert, bis sie schließlich von einem Walfänger gerettet wurden. Von den 21 Mann hatten 19 überlebt.[310] Und von Franklins 129 Männern nicht einer?

Franklins katastrophales Scheitern war für das 19. Jahrhundert ein Schock. Wie konnte eine derart gut ausgerüstete, von erfahrenen Offizieren geführte, mit der modernsten Technik ausgestattete Expedition scheitern? Die Frage verschärfte sich, als die Suchmannschaften wahrhaft erschreckende Details zutage förderten: Die in diesen Gebieten vereinzelt lebenden Inuit erzählten, verzweifelte, verhungernde Gestalten hätten versucht, sich zu Fuß nach Süden durchzuschlagen. In ihrer Not seien sie sogar zu Kannibalen geworden. Grausige Details wurden berichtet, Stiefel, die mit gekochtem Menschenfleisch gefüllt waren, sorgfältig mit Messern zerlegte Skelette, Menschenteile waren als Vorrat mitgeführt worden. Das war für das viktorianische England ein zusätzlicher gewaltiger Schock. Kein geringerer als Charles Dickens erklärte es für unmöglich, daß diese Seeleute, »die Blüte der englischen Marinesoldaten«, zu einem solchen Mittel gegriffen hätten: »Es ist in höchstem Maße unglaubwürdig, daß solche Männer, selbst in einer extremen Notsituation, die Qualen des Verhungerns auf derart entsetzliche Weise lindern wollten oder könnten.«[311] Statt dessen wurden die Eskimos des Mordes aus Habgier oder zumindest der unterlassenen Hilfeleistung bezichtigt. Das Rätsel, das über der Expedition und ihrem Ende schwebte, wurde durch weitere Funde in der arktischen Öde noch verwirrender. Die Suchexpeditionen fanden viele Indizien,

Die arktische Zone des Atlantik

die auf kollektiven Wahnsinn der sterbenden Männer hindeuteten, so etwa ein Boot, das von der Mannschaft von »Erebus« und »Terror« auf Kufen mitgeschleppt wurde, 635 kg schwer, voll mit unnötigem Zeug wie Büchern, seidenen Taschentüchern, parfümierter Seife, Schwämmen, Zahnbürsten, Tee und Schokolade. Der Führer einer dieser Suchmannschaften, M'Clintock, hatte dazu bemerkt: »Eine bloße Anhäufung von Ballast, völlig überflüssig und nur dazu angetan, den Kräfteverfall der Schlittenmannschaft zu beschleunigen.«[312] Bei dem Skelett eines Seemanns, der offenbar beim Marschieren einfach umgefallen und gestorben war, fanden sie einen Zettel mit konfusen, unzusammenhängenden Notizen.[313] Auch eine offizielle Aufzeichnung, die von einem Offizier der Expedition auf Beechey Island hinterlegt worden war, enthielt offensichtliche Datierungsfehler. Aus ihr ging auch hervor, daß auf den Schiffen bereits nach drei Jahren 24 Besatzungsmitglieder, darunter John Franklin, verstorben waren.

Was war an Bord von »Erebus« und »Terror« geschehen? Das Scheitern der Expedition war nur in einem Punkt nicht rätselhaft: Franklin hatte eine falsche Route gewählt und mußte einfrieren; der Verlust der Schiffe war unabwendbar. Doch die frühzeitigen hohen Verluste und der Untergang der gesamten Besatzung waren unerklärlich. Lange wurde vermutet, sie sei vom Skorbut dahingerafft worden. Eine neue Erklärung bot erst jetzt der kanadische Anthropologe Owen Beattie, der in den 1980er Jahren zunächst Skeletteile der umgekommenen Matrosen untersucht und dann die guterhaltenen Leichname dreier auf Beechey Island beerdigter Seeleute exhumiert hat. Er fand in den Haaren und Knochen der Besatzungsmitglieder unnatürlich hohe, mehr als 20mal erhöhte Bleiwerte. Schon 1852 war der Verdacht geäußert worden, mit den Konserven habe etwas nicht gestimmt.[314] Beatties Hypothese lautet, daß die Bleikonserven, die die Expedition für fünf Jahre ernähren sollten, der Admiralität von einem unerfahrenen Fabrikanten zu einem Dumpingpreis angeboten worden waren. Beim Herstellen der Konservendosen verdarb ein Teil der Lebensmittel wegen winziger Löcher, die nicht geschlossen worden waren. Doch das Hauptpro-

Die arktische Zone des Atlantik

blem bestand darin, daß die Lötnaht der Dosen nicht sorgfältig genug ausgeführt worden war. Die Lebensmittel wurden durch den 90 %igen Bleianteil im Lötzinn verdorben. Dies hatte bei der gesamten Expedition zu einer schleichenden Bleivergiftung geführt, welche die körperliche Leistungsfähigkeit herabsetzt, die Anfälligkeit für andere Krankheiten erhöht und vor allem zu Ausfallerscheinungen, Reizbarkeit und Konzentrationsschwäche führt. Dies, verbunden mit den anderen katastrophalen Entwicklungen der in der Arktis scheiternden Expedition, hatte das schreckliche Ende der Männer herbeigeführt.

Diese Theorie setzte sich weithin durch, blieb aber nicht gänzlich unwidersprochen. Die Gegner behaupten, die Fleischkonserven hätten nicht zur Bleivergiftung führen können, denn sie seien aufgrund fehlerhafter Verarbeitung der Dosen verfault und daher ungenießbar gewesen. Außerdem könne sich das Blei nicht so leicht auf die Lebensmittel übertragen. Die Debatte zeugt davon, wie lebendig das Interesse an Franklin und dem Scheitern seiner Expedition bis heute ist. [314a]

Immerhin fand Robert McClure, der einen Suchtrupp nach Franklin anführte, zwischen 1850 und 1854 die lang gesuchte Nordwestpassage, auch wenn er insgesamt drei Schiffe für die Befahrung in west-östlicher Richtung benötigte und zwei weitere Streckenabschnitte per Schlitten zurücklegen mußte. Er hatte zwar die Existenz, aber nicht die Befahrbarkeit der Passage nachgewiesen. Trotzdem wurde ihm die Prämie von 10000 Pfund zuerkannt. Die Passage wurde dann erstmals durch Roald Amundsen mit der »Gjöa« von 1903 bis 1906 befahren. Später wurde sie noch mehrfach durchquert, wobei die Fahrten immer kürzer wurden, da die Schiffe nun über starke Maschinen verfügten und sich viel besser durch das Eis hindurcharbeiten konnten. 1969 durchquerte die »Manhattan«, ein spezialverstärkter Tanker, die Passage in der Hoffnung, man könne so ihre Brauchbarkeit für den Abtransport des in Alaska gefundenen Rohöls nachweisen. Doch letztlich bewahrheitete sich bis heute, was der skeptische und kluge Cook schon 1778 festgestellt hatte: Die Nordwestpassage sei, wenn sie denn existiere, für die Schiffahrt wertlos.

Die arktische Zone des Atlantik

Die Suche nach dem nordöstlichen Gegenstück dieses Verkehrsweges, der Nordostpassage, war nicht weniger aufwendig und auch kaum weniger verlustreich. Der Glaube an diese Passage war sehr alt. Schon Plinius hatte ja vermutet, die in Germanien gestrandeten »Inder« seien über die Nordostpassage nach Europa getrieben worden. Tatsächlich existiert die Nordostpassage; sie ist mit etwa 6000 km von der Nordsee bis zur Beringstraße auch deutlich kürzer als der Weg nach Asien um Afrika herum. Allerdings war diese Straße fast ebenso schwer zu befahren wie die Nordwestpassage. Nur die Geographie ist einfacher – es fehlt die zerklüftete arktische Inselwelt, welche die Navigation im Norden Kanadas so schwierig macht –, die klimatischen Probleme sind jedoch dieselben.

Wie bei der Suche nach der Nordwestpassage waren auch bei der nach der Nordostpassage zunächst die Engländer führend. 1553 suchten Hugh Willoughby und Richard Chancellor im Auftrag von Londoner Kaufleuten nach der Durchfahrt nach Asien. Sie gelangten statt dessen nach Archangelsk, was den bedeutsamen Nebeneffekt hatte, daß hier für mehr als ein Jahrhundert britisch-russische Handelsbeziehungen geknüpft wurden. 1556 entdeckte Burrough die Waigatsch-Insel und den Eingang zur Karasee. Doch dann übernahmen die Holländer die Führung. Sie setzten einen hohen Preis von 25000 Gulden auf die Entdeckung der Nordostpassage aus.[315] Die folgenden Entdeckungsfahrten wurden von den Theorien des niederländischen Geographen Petrus Plancius geleitet, wobei zu erwähnen ist, daß schon vor ihm die britischen Kaufleute Robert Thorne und Roger Barlow ähnliche Vermutungen geäußert hatten. Sie glaubten an die Befahrbarkeit der Polarzonen. Diese abenteuerlichen Vermutungen gingen, wie schon erwähnt, davon aus, daß nördlich von 70 Grad nördlicher Breite im Sommer infolge des sechsmonatigen Polartages ein milderes Klima herrsche, das es vielleicht gestatten würde, quer über den Nordpol oder zumindest nahe an ihm vorbei nach Asien zu fahren und viel Zeit zu sparen. Bei der Suche nach der Nordostpassage erwarb sich ein Schüler des Plancius, Willem Barents (1550–97), nach dem dann auch die Barentssee benannt

Segelschiffe im vereisten Hafenbecken von Cuxhaven

worden ist, große Verdienste. Er führte drei Fahrten ins Eismeer durch und gelangte 1594 an die Westküste Novaja Semljas. 1596 entdeckte er Spitzbergen; 1597 starb er, als sein Schiff einfror, bei einer unmenschlich harten Überwinterung an der Ostküste Novaja Semljas.[316] Jan Cornelisz May wies mit seiner Expedition von 1611/12 endgültig nach, daß die Annahmen über die Befahrbarkeit der Polarroute haltlos waren.

Von diesem Zeitpunkt an stand fest, daß weder die Nordost- noch die Nordwestpassage Routen der damaligen Schiffahrt werden konnten. Bedeutsam war noch, daß der in russischen Diensten stehende dänische Seemann Vitus Bering 1728 die nach ihm benannte nördliche Verbindung zwischen Pazifik und Atlantik erforschte. Nach und nach wurde klar, daß es eine, wenn auch fast immer vereiste Nordostpassage wirklich gab. Weitere Entdeckungen erfolgten aber erst im 19. Jahrhundert. Eine österreichische Expedition unter Carl Weyprecht entdeckte 1874 mit ihrem Forschungsschiff »Tegetthoff« das »Franz-Joseph-Land«. Und die Nordostpassage wurde erstmals durch Adolf Erik Nordenskjöld 1878-79 mit seinem Schiff »Vega« bezwungen. Sie ist aber regulär nur mit Eisbrechern oder U-Booten zu befahren. Bedeutung konnte dieser Wasserweg erst im 20. Jahrhundert erlangen. Dann erst standen starke Eisenschiffe mit Schraubenantrieb zur Verfügung. Der erste spezielle Eisbrecher wurde übrigens 1871 für den Hafen von Stettin gebaut. Mit diesen Hilfsmitteln konnte die Nordostpassage Bedeutung für den innerrussischen Regionalverkehr und die Versorgung Sibiriens gewinnen.

Schließlich wurde sogar die direkte Polarroute befahren, über die in der frühen Neuzeit spekuliert wurde, wenn auch anders als vorhergesehen: 1958 durchtauchte das amerikanische Atom-U-Boot »Nautilus« erstmals das Nordpolarmeer. Diese Passage haben seitdem verschiedene andere U-Boote wiederholt. Ökonomische Bedeutung bekamen die Polarrouten erst im Zeitalter des Flugzeugs. Der Nordpol wurde erstmals 1926 von dem amerikanischen Polarforscher Richard Evelyn Byrd per Flugzeug erreicht; entscheidende Motive sind hier in der bekannten Mischung aus Ruhmsucht und Sportsgeist zu suchen, die viele Polarexpeditionen des 20. Jahrhunderts kennzeichnete und nur noch wenig mit wissenschaftlicher Neugier zu tun hatte. Wenig später flogen sowjetische Piloten über den Pol in die USA. Und heutzutage gehören Routen über die Nordpolarregionen in der Luftfahrt schon zum Standardprogramm.

Der Atlantik wird zum Weltmeer: das 19. und frühe 20. Jahrhundert

∽∽∽

Die europäische Massenauswanderung in die USA im 19. Jahrhundert

Während die Polarforscher die letzten unentdeckten Teile des Planeten durchstreiften, wurde die Schiffahrt auf dem Atlantik zum Massengeschäft. In der frühen Neuzeit hatte die Auswanderung der Europäer nach Amerika zwar bereits die demographischen Verhältnisse in Amerika auf den Kopf gestellt und den Kontinent europäisiert. Aber bisher hatte kein europäischer Staat einen hinreichend starken Bevölkerungsüberschuß gehabt, um die Auswanderung forcieren zu müssen. Im Gegenteil, die staatliche Förderung hatte sich aus Sorge um eine mögliche Entvölkerung der Mutterländer sehr zurückgehalten. Auch war für viele Europäer der Leidensdruck in der alten Heimat nicht groß genug, um die gewohnte Umgebung, Familie und Freunde für wahrscheinlich immer hinter sich zu lassen, die Beschwernisse, Gefahren und Kosten der Reise und dann auch noch die unkalkulierbaren Risiken des Lebens in neugegründeten Kolonien auf sich zu nehmen. Nur unter dem Druck extremer Notlagen wie Kriegen, schweren Wirtschaftskrisen, politischer oder religiöser Verfolgung waren die Auswandererzahlen emporgeschnellt; ansonsten war Amerika etwas für Wagemutige und Abenteurer. Hinzu kamen die erwähnten unfreien Arbeitsverhältnisse (*indentured servants, convicts, engagés*).³¹⁷ Die zwangsimportierten Sklaven mitgerechnet, waren vor der amerikanischen Revolution schätzungsweise 80% der Einwanderer zeitweise oder dauernd in einem unfreien Verhältnis gebunden. Insgesamt waren in den dreihundert Jahren seit der Entdeckung der Neuen Welt nach den großzügigsten Schätzungen, wie erwähnt, etwa sechs Millionen Europäer nach Amerika ausgewandert.

Im 19. Jahrhundert kam es dann zu einer dramatischen Steigerung, zu einer wahren europäischen Massenauswanderung nach Amerika. Sie beherrschte in ihren Auswirkungen, nämlich dem sprunghaft ansteigenden Personenverkehr, die Geschichte des Atlantik im 19. Jahrhundert, zwischen dem Ende der napoleonischen Kriege und dem Ausbruch des Ersten Weltkriegs. Das Anschwellen der Emigrationswelle läßt sich auf mehrere Ursachen zurückführen: in erster Linie aber auf die europäische Bevölkerungsexplosion, die durch die Verbesserung der Landwirtschaft und der Ernährung sowie die Fortschritte von Medizin und Hygiene herbeigeführt wurde. Die Bevölkerung wuchs, ohne in der alten Heimat eine ökonomische Perspektive zu haben. Außerdem waren die politischen und wirtschaftlichen Umstände in Übersee jetzt vorteilhafter als bisher: Die USA waren seit 1783 unabhängig und Spanisch- und Portugiesisch-Amerika seit den 1820er Jahren. Die bisherigen kolonialen Schranken, welche die Einwanderung in vielen Fällen behindert hatten, waren gefallen; die Einwanderer mußten zwar ihre Passage selbst bezahlen, dafür verschwand aber das System der Arbeitsverpflichtung. Jeder Einwanderer war nun in Amerika seines Glückes Schmied. Benjamin Franklin formulierte das so: »Die einzigen Ermutigungen, die wir den Fremden machen, sind – ein gutes Klima, fruchtbare Böden, bekömmliche Luft und Wasser, reiche Vorräte, gute Löhne, freundliche Nachbarn, gute Gesetze, eine freie Regierung und ein herzliches Willkommen.«³¹⁸ Etwas verhaltener drückte sich der spätere Präsident John Quincy Adams aus, der 1817, damals noch Staatssekretär, sagte, Amerika lade niemanden ein zu kommen, weise aber auch niemanden ab, der den Mut habe, den Atlantik zu überqueren. Neuankömmlinge dürften weder Diskriminierung

Der Atlantik wird zum Weltmeer: das 19. und frühe 20. Jahrhundert

Plakat-Werbung für Auswanderer

noch Bevorzugung erwarten und hätten die gleichen Chancen wie die gebürtigen Amerikaner. Ihr Erfolg hinge ganz von ihnen allein ab.[319] Und so sahen die Einwanderer das auch.

Der Traum vom freien Leben und vor allem vom Erwerb von Wohlstand und Lebensglück wurde zum Motor der europäischen Auswanderung, die sich überwiegend in die USA orientierte. Demgegenüber standen Südamerika, Australien oder gar die Kolonien in Afrika und Asien im Hintergrund – und das, obwohl das 19. Jahrhundert durch das zweite Kolonialzeitalter geprägt war, in dem, anders als in der frühen Neuzeit, die europäischen Großmächte den Willen und die technischen Möglichkeiten hatten, den größten Teil der Erde für sich zu erobern. Allein Großbritannien kontrollierte um 1900 ein Fünftel der Landoberfläche und die Meere. Doch waren die Kolonien in der Regel kein Auswanderungsgebiet. Um es an einem Beispiel zu verdeutlichen: Zwischen 1846 und 1855 wanderten aus Großbritannien und Irland nach offiziellen Angaben 2,74 Millionen Menschen aus, von denen nur 430 000 nach Australien, Neuseeland und Südafrika gingen, 2,3 Millionen aber nach Amerika – und das, obwohl die Auswanderung nach Australien staatlicherseits begünstigt wurde.[320] Auch die deutsche Auswanderung wendete sich zu 90 % in die USA, und Millionen von Deutschen fanden hier eine neue Heimat, während nur wenige Tausende nach Deutsch-Südwest auswanderten. Ähnlich verhielt es sich bei den anderen europäischen Staaten, wobei zu erwähnen ist, daß ein beachtlicher Teil der großen italienischen Auswanderung sich nach Südamerika, vor allem nach Argentinien und Brasilien, wendete. Und bisweilen erfüllte sich in Amerika sogar der Traum von der Karriere vom Tellerwäscher zum Millionär. So etwa im Falle des Andrew Carnegie, der 1848 als mittelloser irischer Einwanderer an Land kam, als Botenjunge in einem Telegraphenbüro für 2,50 $ pro Woche anfing, dann Geschäftsmann wurde und schließlich mit Eisenbahnen und in der Stahlindustrie soviel Geld verdiente, daß er bis zu seinem Tod 1919 allein 350 Millionen US-$ für wohltätige Zwecke ausgeben konnte.[321] Beispiele wie diese machten Hoffnung.

Die Massenauswanderung nach Amerika begann nach den napoleonischen Kriegen eher verhalten, steigerte sich dann aber gewichtig. Darüber gibt die amerikanische Einwanderungsstatistik detailliert Auskunft. Einige Zahlen sollen die Entwicklung verdeutlichen: 1820 – im ersten Jahr, für das diese Statistik Zahlen nennt – wanderten insgesamt 8385 Personen in die USA ein, davon kamen über 90 %, nämlich 7691, aus Europa. Im Jahre 1828 waren es bereits 24 729 europäische Einwanderer, 1837 steigerte sich die Zahl auf 71 039, 1845 überschritt sie bereits die Hunderttausendergrenze (109 301). Die europäischen Immigranten machten in diesem Jahr über 95 % der Gesamteinwanderung in die USA aus (114 371), und ihre Zahl wuchs stetig weiter: 1850 kamen bereits 308 323 Europäer nach Amerika, fast dreimal so viele als nur fünf Jahre zuvor. Die Einwandererzahlen schwankten von Jahr zu Jahr, abhängig von der Entwicklung der sozialen und politischen Verhältnisse in den Mutterländern und auch in Amerika selbst. Hier sei etwa auf die Revolution von 1848, die europäischen Wirtschaftskrisen oder den amerikanischen Bürgerkrieg verwiesen, die sich natürlich auf die Zahl der Immigranten auswirkten. Und trotz dieser beträchtlichen Schwankungen zeigte der Trend eindeutig nach oben: So wanderten beispielsweise 1882 648 186 Europäer nach Amerika ein. Im Jahre 1907 lag die Zahl der europäischen Immigranten bereits über einer Million, nämlich bei 1 199 566; dies stellte aber das Maximum der Einwanderungsentwicklung dar. 1914 wanderten nochmals 1 058 391 Europäer ein, dann brach der Zustrom infolge des Ersten Weltkriegs weitgehend ab. Als er dann nach 1918 wieder anschwoll und 1920 schon wieder über 570 000 Europäer einwanderten, schob die amerikanische Regierung einen Riegel vor: Sie verabschiedete am 3. Juni 1921 ein Gesetz, das die Einwanderung kontingentierte. Die nun restriktive amerikanische Politik machte der europäischen Massenauswanderung über den Atlantik ein Ende.

Die Länder, aus denen die Einwanderer hauptsächlich kamen, wechselten: Ende der 1840er Jahre waren es die Iren, die den Hauptteil stellten, bedingt durch die beengten sozialen und politischen Verhältnisse auf der Insel und getrieben von den Auswir-

Die europäische Massenauswanderung in die USA im 19. Jahrhundert

kungen katastrophaler Mißernten wie etwa 1847 bei den Kartoffeln. Bis Mitte der 1880er Jahre stellten auch die Deutschen ein starkes Kontingent an Einwanderern, vor allem in den 1850er Jahren und dann zu Beginn der achtziger Jahre, getrieben durch eine langanhaltende Depression. Als dann ab der zweiten Hälfte der 1880er Jahre die deutsche Wirtschaftsentwicklung gewaltig anzog und sich in Deutschland selbst viele ökonomische Perspektiven zu eröffnen begannen, brach die deutsche Auswanderung weitgehend ab; Deutschland wurde damals selbst zum Einwanderungsland. Immerhin stellten die Deutschen zwischen 1820 und 1920 mit ca. 5,5 Millionen Einwanderern die stärkste Einwanderergruppe in die USA. Zwischen 1830 und 1889 lag ihr Anteil an der Einwanderung nie unter 25 %, zwischen 1850 und 1869 sogar über 33 %, und im Jahre 1854 stellten sie, allerdings einmalig, sogar die Hälfte aller Einwanderer.[322] 1890 war New York mit 210000 in Deutschland geborenen Einwohnern die fünftgrößte und Chicago mit 161000 deutschen Einwohnern immerhin noch die achtgrößte deutsche Stadt.[323] Seit den 1880er Jahren begann die Einwanderung aus Ost- und vor allem aus Südeuropa, besonders aus Italien, wo seit Mitte der 1880er Jahre aufgrund einer schweren, strukturell bedingten Wirtschaftskrise eine Massenauswanderung einsetzte und bis 1914 nicht wieder abbrach. Aus Großbritannien kam in der gesamten Zeit ein konstanter, großer Strom von Auswanderern. Prozentual betrachtet, stellten die Engländer, die Iren und die Deutschen die größten Kontingente an Einwanderern in die USA. Um 1900 waren 24,7 % der US-Amerikaner englischstämmig, 18,6 % deutschstämmig, und 15,9 % kamen aus Irland. Und für 1980 machten diese Zahlen 26,3 %, 26,1 %, und 24,1 % aus; hinzu kamen auch noch 7 % Abkömmlinge französischer Einwanderer (inkl. Kanada) und 7 % Italiener. Diese Zahlen untermauern die bekannte Tatsache, daß die Vereinigten Staaten von Amerika ein vorwiegend von britischen, deutschen und irischen Einwanderern besiedeltes Land sind.

Die Auswanderer entstammten meist den ärmeren, aber nicht den ganz armen Schichten. Der Grund liegt auf der Hand: Die ganz Armen waren nicht in der Lage, die Passage zu bezahlen, für die oft jahrelang gearbeitet und gespart werden mußte. Die Preise für die Passage über den Atlantik schwankten wie heutzutage die Flugpreise; um 1850 machten sie, im deutschen Fall, 30 Taler aus, was dem Jahreslohn eines Knechts entsprach (ein Dienstmädchen bekam 10 Taler im Jahr, ein Dorfschullehrer 45 Taler).[324] Die Passage konnte von den Auswanderern meist nur mit dem Verkauf von Hab und Gut, mit Erbschaften oder durch jahrelanges Sparen bezahlt werden. Es gibt Berichte über Dienstmädchen, die neun Jahre für die Passage sparen mußten.[325] Bei ganz Armen kamen gelegentlich aber auch die Gemeinden für die Kosten der Passage auf; hier war vielleicht das Kalkül maßgebend, daß die ausreisenden Personen in Amerika ihr Glück machen könnten, in der Heimat aber sicher der öffentlichen Wohlfahrt anheimfallen und so größere Kosten verursachen würden. Die Einwanderer waren jung; 25 % waren jünger als 15, die Gruppe der 15- bis 40jährigen machte 65 % aus, und nur 10 % waren über 40 Jahre alt. Zunehmend wurde das Auswanderungswesen professionalisiert; es gab in den Auswanderungsgebieten Agenten, die Fahrkarten verkauften und sogar für die Auswanderung warben.

Und es erschienen Leitfäden und Ratgeber für die Auswanderung nach Amerika, in denen vielerlei Ratschläge für die Reise, über die richtigen Routen, die besten und billigsten Schiffe, die Chancen in Amerika und auch über die Gefahren, diesseits und jenseits des Atlantik Betrügern und Neppern in die Hände zu fallen, berichtet wurde. So gab Bromme in seinem Buch »Ratschläge für Auswanderer« von 1848 die Empfehlung, nur leistungsfähige Menschen zwischen 20 und 40 sollten auswandern, ältere nicht, denn die hätten nichts mehr davon, sich dort etwas aufzubauen. Er empfahl die Auswanderung vor allem den Landwirten und Handwerkern; er warnte vor dem rauhen Klima der amerikanischen Arbeitswelt und daß dort jeder auf sich allein angewiesen sei, der Staat helfe nicht und auch sonst niemand. Wer auswandere, müsse bereit sein, Amerikaner zu werden: »Wer hier leben und sich gefallen will, muß die europäische Haut abstreifen und nie wieder in sie hineinkriechen.«[326] Und genau dies geschah. Die Assimilation der aus den verschiedenen europäischen Ländern kommenden Einwanderer verlief überraschend schnell und erfolgreich, während die Integration der Nichteuropäer schlecht oder gar nicht voranging. So empfand dies beispielsweise Heinrich Heine, ein prominenter deutscher Emigrant – er ging bekanntermaßen nach Paris –, der 1840 schrieb: »Oder soll ich nach Amerika, nach diesem ungeheuren Freyheitsgefängniß, wo die unsichtbaren Ketten mich noch schmerzlicher drücken würden als zu Hause die sichtbaren, und wo der widerwärtigste aller Tyrannen, der Pöbel, seine rohe Herrschaft ausübt! Du weißt, wie ich über dieses gottverfluchte Land denke, das ich einst liebte, als ich es nicht kannte... Und doch muß ich es öffentlich loben und preisen, aus Metierpflicht... Ihr lieben deutschen Bauern! Geht nach Amerika! Dort giebt es weder Fürsten noch Adel, alle Menschen sind dort gleich, gleiche Flegel... mit Ausnahmen freylich einiger Millionen, die eine schwarze oder braune Haut haben und wie die Hunde behandelt werden! Die eigentliche Sklaverey, die in den meisten nordamerikanischen Provinzen abgeschafft, empört mich nicht so sehr wie die Brutalität, womit dort die freyen Schwarzen und die Mulatten behandelt werden. Wer auch nur im entferntesten Grade von einem Neger stammt, und wenn auch nicht mehr in der Farbe, sondern nur in der Gesichtsbildung eine solche Abstammung verräth, muß die größten Kränkungen erdulden, Kränkungen, die uns in Europa fabelhaft dünken. Dabey machen diese Amerikaner großes Wesen von ihrem Christenthum und sind die eifrigsten Kirchgänger. Solche Heucheley haben sie von den Engländern gelernt, die ihnen übrigens ihre schlechtesten Eigenschaften zurückließen. Der weltliche Nutzen ist ihre eigentliche Religion und das Geld ist ihr Gott, ihr einziger, allmächtiger Gott... O Freyheit! du bist ein böser Traum!«[327] Doch die überwältigende Zahl der Auswanderer hatte das eigene Glück, nicht das fremder Völker und anderer Rassen im Auge. Wie der unentwegt ansteigende Strom europäischer Auswanderer zeigte, empfanden sie die Verhältnisse in Europa als unerträglich und in Amerika als vielversprechend.

Die frühe kontinentale Auswanderung, also vor allem die deutsche, erfolgte über die Atlantikhäfen Antwerpen, Rotterdam und Le Havre. Der französische Hafen war für die Auswanderer aus dem süddeutschen Raum, wo die erste große deutsche Auswanderungswelle startete, am besten zu erreichen. Bis in die 1830er Jahre hinein war Le Havre führend im Auswanderungsgeschäft.[328] Und ein Geschäft, und zwar eines mit beeindruckenden Zuwachsraten, war die Auswanderung wirklich. In der Segelschiffsära wurden die Passagen übrigens überwiegend von amerikanischen Unternehmen durchgeführt, die allgemein als besser als die britischen galten, vor allem im Komfort für die Passagiere. Schließlich versuchten auch die deutschen Häfen in dieses Geschäft einzusteigen. Vor allem Bremen zeigte sich hier sehr erfolgreich, während Hamburg erst 1838 mit einigem Abstand folgte; es war behindert durch lange Zeit fehlende Eisenbahnverbindungen und war bisher auf den europäischen Handel spezialisiert, hatte aber nur wenig Verbindungen in die USA.[329]

Für die Auswanderer gab es zwei große Möglichkeiten: die Direktpassage von Europa nach Amerika oder aber die Passage nach England, wo von Liverpool aus mit erheblich größerer Häufigkeit und Regelmäßigkeit Schiffe über den Atlantik in See stachen, wodurch sich die Wartezeit an Land erheblich verringerte.[330] Die typische Reise süddeutscher Emigranten verlief ungefähr so: Sie kauften ein Ticket für die Passage und machten sich dann auf den Weg zu ihrem Einschiffungsort. Dabei benutzten sie entweder Schiffe oder Flöße, oder sie fuhren später mit der Eisenbahn. Arme Auswanderer der ersten Jahrhunderthälfte waren bisweilen derart knapp mit Geld, daß sie sich zu Fuß aufmachten. In den Häfen begann dann eine äußerst problematische Wartezeit. Zwar gab es schon seit 1756 die ersten fahrplanmäßig verkehrenden Schiffe zwischen England und Amerika, und schon in den 1820er Jahren hatten mehrere Linien aufgemacht, die mit Segelschiffen einen regelmäßigen Beförderungs- und Paketbootservice über den Atlantik anboten. Dies jedoch war etwas für Kabinenpassagiere, nicht für die Auswanderer, die eine besonders billige Überfahrt suchten. Sie reisten nicht mit den

Paketbooten der Linien, sondern mit Segelschiffen, die normalerweise als Frachter fuhren und in einem Verschlag zwischen dem Oberdeck und dem Laderaum, auf dem Zwischendeck, Pritschen aufstellten und damit dann eine billige Überfahrtmöglichkeit anboten.

In der ersten Zeit der Auswanderung konnte es vorkommen, daß die Auswanderer fünf bis sechs Wochen auf ihre Schiffe warten mußten. Das war schon deshalb problematisch, weil die Kosten für Logis und Verpflegung die kargen finanziellen Reserven der Auswanderer schnell aufzehrten.[331] Hinzu kam, daß sich in den Auswandererhäfen ein regelrechtes Gewerbe von Betrügern bildete, die versuchten, aus der Unerfahrenheit der Auswanderer Geld zu machen. In Bremen gab es die »Litzer«, in Hamburg die »Buttjer«; sie arbeiteten für Geschäftsleute und Wirte und warben für diese mit aggressiven Methoden Kunden. Sie versuchten die Auswanderer in überteuerte Hotels oder Gaststätten zu locken, wo sie dann ihr Geld verloren. Gleichzeitig waren die Auswandererhäfen voll von gestrandeten Emigranten, denen das Geld zur Weiterreise fehlte und die verzweifelt nach Arbeit und einer Verdienstmöglichkeit für sich und ihre Familien suchten. Dieses Unwesen, das in den amerikanischen Hafenstädten seine Entsprechung hatte, nahm derart überhand, daß die süddeutschen Regierungen ihren Bürgern schließlich sogar von der Reise in bestimmte Städte abrieten. So wurde zeitweise vor Hamburg gewarnt, wo das Betrügerunwesen besonders um sich gegriffen hatte. Die zunehmende Professionalisierung des Auswanderungsgeschäfts sorgte für Abhilfe. Einerseits suchten die Regierungen der in hartem gegenseitigem Konkurrenzkampf stehenden Hafenstädte durch verschärfte Gesetzgebung mit diesem Unwesen aufzuräumen, andererseits machten sich die Reedereien daran, für ihre Passagiere spezielle Unterkünfte zu bauen, in denen sie auf die Abfahrt der Schiffe warten konnten. Doch war dies eine Entwicklung, die in England frühzeitig, auf dem Kontinent erst in der zweiten Jahrhunderthälfte wirklich greifen sollte.

Die Überfahrten erfolgten meist im Frühjahr, obwohl sie im Winter bis zu zu einem Drittel billiger waren. Doch abgesehen von den Unbilden einer winterlichen Nordatlantiküberquerung war die Winterfahrt auch deshalb nicht vorteilhaft, weil es in dieser Saison in Amerika keine Arbeit gab, die Auswanderer jedoch darauf angewiesen waren, sofort nach ihrer Ankunft Geld zu verdienen.[332] Hauptziele in Amerika waren bis 1842 Baltimore, dann bis 1845 New Orleans und ab 1846 schließlich New York.[333]

Die Fahrt über den Atlantik war – dies wurde bereits kurz angesprochen – in der Segelschiffszeit für die Zwischendeckpassagiere eine ungeheure Strapaze, und an schockierenden Berichten über die Zustände an Bord ist kein Mangel. Im Zwischendeck wurden enge zweistöckige, manchmal nur 50 cm breite Pritschen aufgestellt,[334] die dann wieder abmontiert werden konnten, um diesen Raum auch als normalen Laderaum verwenden zu können. Dies schien schon deshalb erforderlich, weil die West-Ost-Route über den Atlantik, von Amerika nach Europa, von Zwischendeckpassagieren praktisch nicht nachgefragt wurde; um Leerfahrten zu vermeiden, wurde dann Fracht geladen. In diesen Zwischendecks reisten die Auswanderer in drangvoller Enge, bisweilen Hunderte, eingekeilt zwischen ihren Mitreisenden und dem Gepäck, unter vollkommen unzureichenden sanitären Bedingungen, anfangs ohne Trennung der Geschlechter. Sie mußten alles, sogar Dinge wie Strohmatratzen, Wolldecken und Kochgeschirr, mitbringen.[335] Auch ihr Gepäck suchten sie mit ins Zwischendeck zu nehmen, aus Angst vor Diebstahl. Rechts und links an den Seiten des Decks standen längsseits von vorn bis hinten die Pritschen, in der Mitte des Raums das Gepäck, das mit Seilen befestigt war. Anfänglich mußten die Reisenden sogar für ihre Verpflegung unterwegs selbst aufkommen und auch selbst kochen; erst später wurde ein Koch angestellt. Das professionelle Niveau war aber in vielen Fällen sehr niedrig und das Essen katastrophal schlecht.

Es gab von Hafen zu Hafen unterschiedliche Bestimmungen, wieviele Lebensmittel die Passagiere mitnehmen mußten. In Le Havre mußte jeder, der sich nach New York einschiffte, 20 kg Zwieback, 2,5 kg Reis, 2,5 kg Mehl, 2 kg Butter, 7 kg Schinken oder geräuchertes Fleisch, 1 kg Salz, 2 l Essig und 70 kg Kartoffeln

Die europäische Massenauswanderung in die USA im 19. Jahrhundert

Segelschiff in einem schweren Sturm

mitnehmen;³³⁶ in anderen Häfen waren die Bestimmungen ähnlich. Bei der begrenzten Haltbarkeit der Lebensmittel war es nicht verwunderlich, daß ein großer Teil³³⁷ unterwegs verdarb. Das aus Konservierungsgründen stark gesalzene Fleisch war oft ungenießbar, die Butter ranzig, schlecht zubereitete Speisen angebrannt oder verdorben. Die Kartoffeln keimten und faulten, und Brot und Zwieback wurden von Parasiten befallen. Das Schiffsbrot war, so berichtete ein Auswanderer, nach kurzer Zeit »voller Würmlein und Spinnen-Nester«, das Wasser »vielmals sehr schwarz, dick und voller Würmer«.³³⁸ Die Verpflegung war natürlich auch stark abhängig von dem jeweiligen Schiff. Der Auswanderer Fritz Beck berichtete: »Wir hatten schon in der Kost und Behandlung eins von den allerschlechtesten Schiffen bekommen. ... Wir hatten solche schlechte Kost, daß es nicht einmal die Schweine fraßen. ... Da waren denn so 10–12 Zwetschgen drin, u[nd] obenher schwamm das Ungeziefer. Es waren Tierchen wie die Flöh, da hieß es immer Morgen giebts Graupen mit Flöh.« Auch der schwarze Zwieback war von Parasiten befallen. »Wenn man klopfte, dann kamen weiße Würmchen heraus. ... Gesunde Leute konnten sich eher mit dieser schlechten Kost begnügen, aber für Kranke war durchaus gar keine Sorge. Der Kapitän war zu gleichgültig, der Koch zu eigennützig und zu schlecht, es starben nicht umsonst 10 Kinder.«³³⁹ So ist es nicht erstaunlich, wenn der Auswanderer Martin Bruggey bei diesen Zuständen seufzte: »Also wenn ich das gewißt hätte, wäre ich nicht nach Amerika. Nun ist es zu spät. Also Mut gefaßt und ergeben in den Willen Gottes.«³⁴⁰

Die Ernährung war das größte Problem der Überfahrt in der Segelschiffsära, womit nicht nur die schlechte Kost, die schlechte Zubereitung oder der Befall der Nahrung mit Parasiten gemeint ist. Am schlimmsten war vielmehr die unkalkulierbare Reisedauer, da die nautisch schwierige Ost-West-Fahrt über den Atlantik oft zum Kreuzen zwang. Die Passagiere rechneten mit einer bestimmten durchschnittlichen Reisedauer, die sich aber manchmal durch das lange Warten im Hafen auf günstigen

Wind oder durch langes Kreuzen auf See erheblich verlängerte. Und diese unvorhersehbaren Verzögerungen sorgten dafür, daß die Vorräte vor der Zeit verbraucht oder verdorben waren. Ein Schiff, das 1858 von Hamburg nach New York lief und 96 Tage – das Zweieinhalbfache der normalen Fahrzeit – brauchte, war, so berichtet ein Zeitzeuge, »während der letzten 42 Reisetage... ohne Trinkwasser, der Proviant wurde so knapp und schlecht, daß von den 286 Passagieren 37 tödlich an der Cholera erkrankten und ein Drittel sämtlicher Schiffsgäste infolge der unglaublichen Entbehrungen kaum noch die Kraft hatte, sich von der Bettstatt zu erheben.«[341] Hinzu kamen die Gefahren des hohen Seegangs – bei Sturm war es beispielsweise für Schwangere unmöglich zu entbinden – und Schiffsunfälle. Zwischen 1844 und 1858 sank – so eine Zeitungsnotiz – etwa alle acht Monate ein Auswandererschiff.[342] Besonders spektakulär war der Untergang der »Austria« vor New York. Am 13. September 1858 wurde das Zwischendeck, wie damals üblich, mit Teer ausgeräuchert, eine Maßnahme, die wegen der unglaublichen Verschmutzung der Passagierräume erforderlich war. Eine glühende Stange setzte den Teer in Brand, und das ganze Schiff brannte aus. Von den 538 Personen an Bord – davon 435 Passagiere und 103 Mann Besatzung – kamen 471 um.[343] Ein weiteres Problem der Überfahrten waren Krankheiten. Brachen Seuchen an Bord aus, konnten die Verluste erschreckend hoch sein.[344] Allerdings besserten sich die Zustände im Lauf des 19. Jahrhunderts auch auf den Segelschiffen deutlich; anfangs jedoch war es so katastrophal, daß viele Augenzeugenberichte vom »Horror der Transatlantikpassage« oder der »schwimmenden Hölle« sprachen.

Neben den vielen anderen Problemen war allein schon das Fehlen geeigneter sanitärer Einrichtungen für so viele Menschen an Bord ein gewaltiges Problem, das dazu führen mußte, daß Krankheiten wie die Cholera sich in rasender Geschwindigkeit in den überfüllten Decks ausbreiten konnten. Ein weiteres Problem, vor allem der irischen Auswanderer, war eine Art zivilisatorischer Unbildung, der absolute Mangel an Kenntnis, wie mit den wenigen vorhandenen sanitären Einrichtungen umzugehen war. Irische Passagiere wußten oft nicht einmal, wofür der ausgeteilte Tee gut war, und rauchten ihn in der Pfeife. Gravierender war die schlichte Unkenntnis, wie weit die Entfernung nach Amerika überhaupt war. Die Breite des Atlantik wurde gewaltig unterschätzt. Irische Passagiere, die zunächst nach Liverpool gefahren waren und dort eingeschifft wurden, stürzten – so erzählt Hermann Melville in einer autobiographisch gefärbten Novelle – bei dem Ruf »Land« massenhaft an Deck und dachten, sie seien schon in Amerika – dabei war es Irland, das Land, das sie verlassen hatten und das nun an ihnen vorbeizog![345] Die Folge dieser Unwissenheit war, daß die Iren oft auch zu wenig Lebensmittel mitgenommen hatten. Die Unbildung und Hilflosigkeit der Passagiere machte sie zum leichten Opfer der Reeder und Schiffsbesatzungen, von denen sie von vorne bis hinten hintergangen wurden. In den Werbeanzeigen wurden die Angaben über die Schiffe verfälscht, etwa die Größen übertrieben, oft mehr als verdoppelt. Die gesetzlichen Bestimmungen – es gab britische und amerikanische Vorschriften über den pro Passagier zur Verfügung stehenden Platz und über die Lebensmittelvorräte an Bord – wurden einfach nicht beachtet. Hinzu kam die in der Öffentlichkeit zunehmend kritisierte Brutalität der Besatzungen; dies reichte von roher Behandlung, gewaltsamer Unterdrückung von Protesten, etwa gegen die schlechte Verpflegung, bis hin zu mutwillig sadistischen Scherzen.[346] Den Protest dagegen mußten wohlmeinende – und wohlhabende – Philanthropen übernehmen; die Mehrzahl der Auswanderer hatte weder die Möglichkeit noch das Interesse, sich nach überstandener Passage auf einen – wahrscheinlich ohnehin aussichtslosen – Rechtsstreit mit den Reedereien einzulassen.

Bei alldem stellt sich die Frage, wieviele Passagiere dieser Behandlung zum Opfer fielen. Es gibt Spekulationen über die Mortalitätsrate bei Transatlantiküberquerungen der ersten Jahrhunderthälfte, die mit bis zu 10 % rechnen.[347] Diese Zahlen scheinen jedoch erheblich übertrieben zu sein, bedingt durch die Schilderung der grauenhaften Verhältnisse in den Zwischen-

Fünfmaster »Preussen« unter vollen Segeln

decks, wie der Dunkelheit, der Enge und Überfüllung, der durch die Decks tropfenden Exkremente, des infernalischen Gestanks, der verdorbenen Lebensmittel und der Krankheiten. Doch waren derart hohe Todesraten nicht der Normalfall. Berechnungen, die nach den Passagierlisten von über 1000 Schiffen durchgeführt wurden, die zwischen 1836 und 1853 New York anliefen, haben eine Mortalitätsrate von ca. 1,4 % ergeben.[348] Damit soll nicht bestritten werden, daß es, etwa beim Ausbruch von Seuchen wie der Cholera oder unerwartet langen Passagen, zu Verlustraten kommen konnte, die 10 % betrugen oder sogar darüber hinausgehen konnten. Außerdem muß bedacht werden, daß die Verhältnisse auch nicht beengter waren als beispielsweise an Bord damaliger Kriegsschiffe. Um die Wende vom 18. zum 19. Jahrhundert war dies der Standard der Zeit, und nicht umsonst hatte Quincy Adams 1817 von dem

Mut gesprochen, den man brauchte, um den Atlantik zu überqueren. Hinzu kam noch, daß wegen der Armut der Auswanderer die Passage auch noch so billig wie möglich sein mußte; dies erschwerte vor dem Hintergrund eines scharfen Wettbewerbs zusätzlich jede Verbesserung des Reisekomforts. Allerdings führte die massive öffentlichen Kritik an diesen Zuständen zu immer schärferen gesetzlichen Auflagen in den USA und Großbritannien, um diesen Mißständen im Transatlantikverkehr vorzubeugen. Und es kam spätestens seit der Jahrhundertmitte zu deutlichen, raschen Fortschritten.[349] Glaubwürdige Zahlen von 1872 weisen eine durchschnittliche Sterberate bei den Passagieren von 1:184 auf Seglern und eine von 1:2195 auf Dampfern aus. Dies beweist die gewaltige Verbesserung der Reisebedingungen innerhalb weniger Jahrzehnte.[350] Die Todesrate auf Dampfern entsprach übrigens der natürlichen Mortalität der amerikanischen Bevölkerung.

Wie lange brauchten die Segelschiffe der ersten Jahrhunderthälfte für die Transatlantikpassage? Hier war die Passagedauer von Gesellschaft zu Gesellschaft sehr verschieden. Um 1839 brauchten die besonders schnellen Paketboote der »Dramatic Line«, Schiffe von ca. 900 bis 1000 Tonnen und ca. 50 m Länge, für die Ost-West-Überquerung im Schnitt 30 $\frac{1}{2}$ Tage, wobei die schnellste Passage 23 Tage, die längste 38 Tage dauerte. Die Rückfahrt dauerte wegen der grundsätzlich besseren Windverhältnisse im Durchschnitt nur 20 $\frac{1}{2}$ Tage, wobei die Variation zwischen bester und schlechtester Zeit zwischen 17 und 25 Tagen lag.[351] Die anderen Gesellschaften lagen über diesen Zeiten. Und noch deutlicher dürfte der Unterschied der Segelzeiten zu den gewöhnlichen Frachtern, die Zwischendeckpassagiere transportierten, sein; denn zu dieser Zeit beförderten die Paketboote nur Kajütpassagiere, keine Zwischendeckpassagiere. Berechnungen gehen von einer durchschnittlichen Reisedauer von 44 Tagen aus – mehr als sechs Wochen, die für viele Passagiere zu einer traumatischen Erfahrung werden sollten.[352]

Die Erfindung des Dampfschiffs und das Entstehen des Dampfschiff-Linienverkehrs über den Atlantik

In diesem Jahr 1839, für das ich die durchschnittliche Reisedauer der Segelschiffe genannt habe, fuhren auch bereits Dampfboote über den Atlantik. Ihre Durchschnittszeit lag bei 17 Tagen auf der Westroute und 15 Tagen auf der Ostroute; das war eine Zeitersparnis gegenüber den Seglern von etwa 50 % auf dem Hinweg, während auf dem Rückweg der Segler bei gutem Wind durchaus mit dem Dampfschiff konkurrieren konnte.[353] Auch an Bord der Segelschiffe wurde natürlich vieles modernisiert, Männern und Frauen wurde getrennte Unterbringung angeboten, die sanitären Bedingungen wurden verbessert. Doch für das Grundproblem, daß die Nordatlantikroute in der hauptsächlich gefragten Ost-West-Richtung wegen der vorherrschenden Gegenwinde für Segelschiffe nautisch schwierig, langwierig und unberechenbar war, gab es keine Lösung.

Hier bot sich ein ideales Einsatzfeld für das neu erfundene Dampfschiff an. Dieses hatte nach jahrzehntelangen Versuchen um 1820 einen gewissen Reifegrad erreicht. Die Einführung des Dampfschiffs war keine rasante Erfolgsgeschichte, sondern mühsam und reich an Rückschlägen für die Erfinder. Im 18. Jahrhundert war die Idee, die Dampfkraft als Schiffsantrieb zu nutzen, an verschiedenen Orten gleichzeitig aufgekommen. Die ersten praktischen Versuche stellten der Franzose Claude Jouffroy d'Abbans 1783, der Schotte William Symington 1788, die Amerikaner Jonathan Fitch 1787/88 und John Stevens 1808 an. Der Amerikaner Robert Fulton (1765–1815) verhalf der Idee dann zum Durchbruch, als er am 17. August 1807 mit einem Boot, das mit einer 20 PS leistenden Wattschen Dampfmaschine ausgerüstet war, von New York die 150 Meilen nach Albany in 32 Stunden zurücklegte. Doch auch Fulton starb verarmt und verbittert 1815[354] – in dem Jahr, in dem Napoleon auf dem Weg nach St. Helena ein Dampfschiff sah, ein Schiff dieses Erfinders, den er selbst mit seiner Idee abgewiesen hatte. Die zögerliche Aufnahme, die die neue Erfindung zunächst fand, und die gut 20 Jahre, die es von den ersten erfolgreichen Fahrten bis zur tatsächlichen Anwendung dauerte, waren zumindest in der Optik des fortschrittsgläubigen späten 19. und frühen 20. Jahrhunderts nur mit der unbegreiflichen Borniertheit der Zeitgenossen zu erklären. In Wahrheit gab es gute Gründe für die vorsichtige Aufnahme dieser neuen Erfindung. Die Dampfmaschinen waren äußerst unzuverlässig und tückisch, Kesselexplosionen häufig. Die Ausnutzung der Energie war bescheiden und der Brennstoffverbrauch enorm. So ist es auch nicht verwunderlich, daß die erste Transatlantiküberquerung eines Dampfschiffs noch auf sich warten ließ. Dem Segler »Savannah«, der 1819 den Atlantik von Savannah nach Liverpool überquerte, wird diese Ehre oft zugesprochen. Er besaß in Wahrheit aber nur eine kleine Dampfmaschine, ein Hilfsaggregat mit zusammenklappbaren Schaufelrädern, die während der gesamten Überfahrt von 29½ Tagen nur 80 Stunden in Betrieb war.[355] Das erste richtige Dampfschiff, das über den Atlantik fuhr, war die »Royal William«, die in 20 Tagen 1833 von Pictou in Neuschottland nach Cowes fuhr. Das Schiff erreichte eine Durchschnittsgeschwindigkeit von 6 kn. Um genug Brennstoff für die Überfahrt zu haben, waren 324 t Kohle geladen worden. Doch auch die »Royal William« fuhr nicht konstant unter Dampf. Gelegentlich mußte die Maschine ausgeschaltet werden, das Kesselwasser geleert, das Salz entfernt und dann die Kessel neu aufgefüllt werden. Bei der Überfahrt legte sie deshalb auch einen von vier Tagen nur unter Segeln zurück.[356] Gleichwohl wurde nun in Amerika und Großbritannien intensiv über die Einrichtung eines regelmäßigen Dampferservices über den Atlantik nachgedacht. Das führte schließlich dazu, daß zwischen 1838 und 1840 die Linie »British & America« vier Dampfschiffe in Dienst stellte, von denen die von dem berühmten Ingenieur Isambart Kingdom Brunel entworfene »Great Western« das bekannteste war. Sie war der erste erfolgreiche dampfgetriebene Transatlantikliner und verfügte über ein System des teilweisen Austausches von Kesselwasser, weswegen die Maschine, anders als bei der »Royal William«, ununterbrochen in Betrieb sein konnte.[357]

Die Erfindung des Dampfschiffs

Blick in den Maschinenraum eines Schiffes, 19. Jahrhundert

Eines der Hauptprobleme der frühen Dampfer war der geringe Wirkungsgrad der Maschinen, die unverhältnismäßig viel Platz brauchten und riesige Mengen an Kohle verschlangen. Die Nutzlast war gering, und die Transatlantikdampfer der ersten Generation mußten mehr Kohlen als Fracht an Bord nehmen.[358] Die Takelage war nach wie vor mehr als ein Hilfsantrieb und notwendig, um ein stetiges Vorankommen zu gewährleisten. Die Schiffe waren deshalb bis in die 1880er Jahre hinein mit dem Hybridantrieb Segel/Dampf ausgestattet. Dieser hatte manchen Vorteil, wie etwa die Ersparnis von Treibstoff und die Nutzung natürlicher Energien, aber auch einen beträchtlichen Nachteil: Man brauchte viel Personal, nämlich das Maschinenpersonal, die Heizer und Trimmer, und das seemännische Deckspersonal, die zudem untereinander nicht austauschbar waren.

Bald stellte sich auch heraus, daß die hölzernen Rümpfe für die Dampfanlage ungeeignet und überbeansprucht waren. Die »Great Britain«, wiederum eine Konstruktion des genialen Brunel, markierte den Übergang zum Eisenschiffsbau. Man kann sie heute in Bristol besichtigen. Sie war der erste schraubengetriebene Dampfer, der den Atlantik überquerte. Die ersten Dampfer hatten Schaufelräder verwendet, ein problematischer Antrieb; denn bei Seegang blieben starke Krängungen der Schiffe nicht aus und leicht kam es vor, daß die Schaufelräder dann einseitig im Leeren drehten; dann drehten auch die Maschinen durch. Den Ausweg bot die Schiffsschraube, an der ebenfalls Dutzende von Erfindern herumexperimentiert hatten, unter anderem der österreichische Forstbeamte Ressel. Die britische Admiralität ließ im April 1843 zwei Kanonenboote, die »Alecto« mit Schaufelradantrieb und die »Rattler« mit Schraube, einen »tug-off«, einen Abschleppversuch, unternehmen. Beide Schiffe hatten eine 200-PS-Dampfmaschine; trotzdem wurde die »Alecto« von der »Rattler« mit 2,8 kn Geschwindigkeit abgeschleppt. Der Beweis war erbracht: Die Schraube war dem Schaufelrad deutlich überlegen. Danach mußten die Dampfmaschinen wieder völlig umkonstruiert werden, um ihre Kraft nun an die tiefliegende Schraubenwelle weiterzugeben; sie brauchten andere, niedrigere Schwerpunkte und höhere Umdrehungszahlen. Erst die Erfindung der Zweifach- oder Dreifach-Expansionsmaschine, die stete Verbesserung der Kesseltypen und die Erfindung des Flammrohrkessels, die eine gewaltige Erhöhung des Dampfdrucks ermöglichten, senkten den Kohleverbrauch und verbesserten gleichzeitig das Leistungsgewicht der Maschinen. Trotzdem blieben die großen technischen Probleme der Dampfmaschinen.[359]

Rund um die Maschinenanlage entstand eine ganze Reihe neuer Berufe: Maschinisten, Heizer und die Trimmer, deren Aufgabe es war, die Kohlen aus den Kohlebunkern zu den Kesseln zu schaffen. Das richtige Heizen war eine ausgesprochene Kunst, in der man sich gut auskennen mußte, denn nicht jede Kohle verbrannte gleich gut. Auch war es ein mühsames Geschäft, die entstandene Schlacke zu entfernen. In gewissen Abständen mußten die Heizer ihren Kessel abstellen und zur Abdichtung der Kessel und zur Reinigung in den nur notdürftig abgekühlten, mit Matten ausgelegten Feuerrost klettern, was

Die Erfindung des Dampfschiffs

natürlich äußerst gefährlich war. Auch die Arbeit im Maschinenraum verlangte viel Erfahrung, denn die Maschinen waren nicht so ausgereift, daß es reichte, sie einfach in Betrieb zu nehmen. Wegen mangelhafter Werkstoffe, falscher Materialstärken und einfacher Verarbeitungsmängel waren die Kessel und die Dampfmaschinen derart störanfällig, daß der Betrieb nur mit pausenlosen größeren und kleineren Reparaturarbeiten gewährleistet werden konnte. Das Tagebuch des Chief Engineers der »Himalaya«, eines Schraubenschiffs von 3438 Tonnen, vom Juli 1855 bis Februar 1856 gibt einen Eindruck von der Anfälligkeit damaliger Maschinenanlagen, die selten mehr als wenige Tage ohne schwere Störungen liefen. Dazu gehörten Überhitzung und Bruch von Maschinenteilen, leckende Kessel, undichte Dampfleitungen und verschleißende Drucklager.[360] Probleme mit den Kesseln und ihrer Dichtigkeit sollten die gesamte Dampfschiffära hindurch anhalten. Auf dem 1906 in Dienst gestellten deutschen Panzerkreuzer »Blücher« verloren die Kessel täglich bis zu 80000 Liter Wasser wegen Undichtigkeiten. Und jede konstruktive Verbesserung der Maschinen wurde von gewaltigen Problemen in der praktischen Umsetzung begleitet, wo nur Erfahrung weitere Fortschritte erzielen konnte. So war der Übergang zum Zweischraubenschiff eigentlich begrüßenswert, um die Gefahr des Schraubenverlusts zu mindern und die Manövrierfähigkeit zu erhöhen. Jedoch zeigte sich, daß es anfänglich schwierig war, die auf die Schrauben wirkende Leistung hinreichend zu koordinieren.

Trotz aller Probleme ging der Entwicklungstrend aber steil nach oben. So erhöhte sich die Leistung der Maschinen durch konstruktive Verbesserungen zwischen 1850 und 1900 um das Vierfache.[361] Erst in den 1880er Jahren ermöglichte die Zuverlässigkeit der inzwischen verwendeten Mehrfachexpansionsmaschinen und der Doppelschraube den Verzicht auf die Segel.[362] Dann kam es zu einem erneuten Leistungssprung infolge der von Parsons erfundenen Dampfturbine; sie löste nach der Jahrhundertwende die bis dahin verwendeten Kolbendampfmaschinen ab. Der Übergang zur Ölfeuerung, der nicht nur Gewicht sparte, sondern auch die extrem harten Arbeitsbedingungen im Maschinenraum erheblich verbesserte, erfolgte nach dem Ersten Weltkrieg. Eine oft übersehene technische Verbesserung lag in der Elektrifizierung, die etwa ab 1880 erfolgte. Nicht nur für die Passagiere, sondern gerade auch für die unter der Wasserlinie liegenden Schiffsteile war dies ein bedeutsamer Fortschritt.[363]

Die Einführung des Dampfschiffs ermöglichte nun ein Fahren nach Fahrplan. Die ersten Dampfer waren zwar als Hybridtypen nicht völlig unabhängig von Wind und Wetter, aber doch, anders als reine Segelschiffe, in der Lage, ihre Ankunftszeit mit einer größeren Sicherheit vorherzusagen. Und da sie nun nicht mehr vom Wind abhängig waren, stellten die Dampfer eine wesentliche Weiterentwicklung des Schiffsverkehrs dar. Zuerst wurden sie auf Flüssen eingesetzt, dann im Küstenbereich. Als ihre Reichweite schließlich für Transatlantikfahrten ausreichte, verdrängten sie die Segelschiffe sehr schnell aus dem nordatlantischen Linienverkehr. 1846 lagen Dampf- und Segelschiffe noch gleichauf, dann fiel das Segelschiff zurück.[364] Die Segelschiffe widmeten sich dann alternativ noch dem Auswanderergeschäft und unterboten die natürlich erheblich kostspieligeren Dampfer im Preis. Übrigens wurden auch die Segler noch weiterentwickelt; so erreichten sie durch verbesserte Rumpfformen bisher ungeahnte Geschwindigkeiten. Hinzu kam, daß Winde und Strömungen nun auf nationaler wie internationaler Ebene sehr sorgfältig aufgezeichnet wurden. Unterstützt von der wissenschaftlich arbeitenden Meteorologie und nautischen Karten mit Windwahrscheinlichkeiten, wurden auch die Navigation der Segelschiffe und die Ausnutzung von Wind und Strömung immer besser. Und doch konnten sie schließlich mit dem Dampfschiff nicht mehr Schritt halten. Zwischen 1860 und 1870 wurden sie aus dem Auswanderergeschäft und damit aus dem Passagierverkehr im Nordatlantik fast vollständig verdrängt.[365] 1873 verließ der letzte Segler mit Amerika-Auswanderern den Hamburger Hafen.[366] Mit dem Dampfschiff – die Segler konnten sich noch einige Jahrzehnte als Frachtschiffe für billige Massengüter behaupten – änderte sich auch der Frachtverkehr; in der zweiten Jahrhunderthälfte lösten die Dampfschiffe auch die Frachtsegler ab. Diese hatten große Hafenliegenzeiten gehabt. Oft warteten sie in einem Hafen auf neue Fracht oder günstige Winde. Für die teuren Dampfschiffe war Zeit Geld, ihre durchschnittlichen Hafenliegenzeiten lagen gewaltig unter denen der Segler.[367] Da sich die Dampfschiffe amortisieren mußten, sollte nun alles so schnell wie möglich gehen. Anders als bisher reichten zum Be- und Entladen die Schiffsbesatzung und auch Schauerleute nicht mehr aus; statt dessen wurden technische Geräte wie mechanische Kräne entwickelt und eingesetzt.

Nicht nur die Schiffe, auch die Häfen und die gesamte Infrastruktur entwickelten sich weiter und ließen die Auswanderung immer komfortabler werden. Vor allem nach der Einführung der Eisenbahn verbesserten sich die Transportwege zu den Transatlantikhäfen. Dort wurden große Häuser als Zwischenquartiere für die Auswanderer gebaut. Und die wilden Zeiten, in denen die Auswanderer oft Opfer betrügerischer Machenschaften wurden, gingen ihrem Ende entgegen und wichen einer immer perfekteren Organisation durch große und kapitalkräftige Unternehmen.

Das goldene Zeitalter der Ozeanriesen

Die Einführung des Dampfschiffs war verbunden mit der Gründung von Reedereien, deren älteste, die von dem Kanadier Samuel Cunard 1840 gegründete Cunard Line, heute noch existiert. Sie begann ihren Service mit dem Dampfer »Britannia«. Die Cunard-Linie lebte von einer hohen staatlichen Subvention, die von der britischen Regierung für die Beförderung der Post gezahlt wurde. Cunards Schiffe waren äußerst spartanisch und eng. Kein geringerer als Charles Dickens klagte, außer Särgen sei noch nie etwas so Beengtes gebaut worden wie das Bett in einer Cunard-Kabine und er würde sich in ihr mit seinem Gepäck so eingezwängt fühlen wie eine Giraffe in einem Blumentopf.[368] Für Cunard zählten Schnelligkeit und vor allem Zuverlässigkeit; für ihn war die Transatlantiküberquerung ein Fährgeschäft, und der Gedanke, seine Schiffe wie ein Luxushotel auszustatten, war ihm noch nicht gekommen. Der Hauptkonkurrent Cunards war der amerikanische Reeder Collins, dessen Linie von der amerikanischen Regierung ebenfalls hoch subventioniert wurde. Collins kopierte die Luxusausstattung amerikanischer Fluß- und Küstendampfer. Seine Schiffe waren nicht nur schnell, sondern auch noch verschwenderisch eingerichtet. Mit den nach Meeren – »Arctic«, »Pacific«, »Baltic«, »Atlantic«, »Adriatic« etc. – benannten Collins-Schiffen nahm die Idee des schwimmenden Grand Hotels ihren Anfang, die der sich ankündigenden Epoche der großen Liner ihren legendären Glanz verleihen sollte. Doch Collins war trotz hoher Subventionen schnell pleite. Einer seiner Dampfer, die »Arctic«, ging nach einem Zusammenstoß unter. Dies war eine der ersten und berühmtesten Schiffskatastrophen der frühen Dampferära. Auch war der Holzrumpf der schnellen Collins-Schiffe der Beanspruchung durch die starke Maschinenanlage nicht gewachsen. Amerikanische Werften waren damals noch nicht in der Lage, eiserne Schiffe zu bauen. Die britischen Werften hatten dagegen zu dieser Zeit weltweit einen gewaltigen Vorsprung im Eisenschiffbau und einen technischen Standard, der erst um die Jahrhundertwende von den Werften anderer Nationen erreicht werden sollte. Hinzu kam, daß die Maschinenanlagen der Collins-Schiffe als extrem störanfällig galten. In einer Studie heißt es: »Die Schiffe waren zwar schnell, aber die Maschinenanlage problematisch, und es wurde erzählt, daß sie nur deshalb liefen, weil ganze Horden von Instandhaltungsmechanikern Tag und Nacht an ihnen arbeiteten, wenn die Schiffe in New York überholt wurden.«[369] Wie berichtet, ging es aber nicht nur den Collins-Linern so.

Mit dem Ausscheiden der Collins-Linie verschwanden die amerikanischen Unternehmen bis zum Ersten Weltkrieg aus der Transatlantik-Personenschiffahrt, in der sie bis dahin führend gewesen waren. Aufgrund der harten Konkurrenz war es zwar nicht unmöglich, aber schwierig, hier ohne staatliche Subventionen Gewinne zu machen, und in den nächsten Jahrzehnten investierte das amerikanische Kapital lieber in den profitableren Eisenbahnbau. Da die 1864 gegründete Compagnie Générale Transatlantique[370] lange fast ausschließlich den französischen Markt bediente, spielte sich die härteste Konkurrenz zwischen den britischen und den deutschen Reedereien ab. In Großbritannien entstand Cunard als führender britischer Reederei[371] harte Konkurrenz von seiten der von Thomas Ismay 1869 gegründeten White Star Line (1871–1933) sowie durch die Inman Line (1850–93). Und auch in Deutschland waren inzwischen Reedereien entstanden, die in das Nordatlantikgeschäft einsteigen wollten. Von diesen arbeitete sich die 1847 gegründete Hamburg-Amerikanische-Packetfahrt-Aktiengesellschaft, kurz HAPAG oder Hamburg-Amerika-Linie genannt, bis zum Ersten Weltkrieg zur weltweit größten Schiffahrtsgesellschaft empor. Sie setzte anfänglich auf Segler, stieg aber bald schon auf Dampfschiffe um. Hier darf die Reederpersönlichkeit Albert Ballin nicht unerwähnt bleiben, ein Selfmademan und gefürchteter Perfektionist, ein Jude, ein deutscher Patriot und Freund Wilhelms II. Vor allem seiner Persönlichkeit, seinem Ehrgeiz und seiner Energie – Albert Ballin war in der nordatlantischen Passagierschiffahrt von napoleonischem Eroberungswillen beseelt – hatte die HAPAG den Rang des Weltmarktführers zu verdanken.[372] So besaß sie 1914 die beiden größten Ozeanriesen der Welt; ein dritter war im Bau. Der HAPAG folgte direkt der 1857 in Bremen gegründete Norddeutsche Lloyd, der von Anfang an auf die neue Dampftechnik setzte. 1914 war der Norddeutsche Lloyd die zweitgrößte Reederei der Welt.[373] In den Niederlanden, in Skandinavien und Italien entstanden weitere bedeutende Schiffahrtshäuser.

Die von den Reedereien eingesetzten Schiffe wurden, parallel zur zunehmenden Zahl der Auswanderer, immer größer und auch schneller. Von den Highlights soll hier das letzte Schiff Brunels, die »Great Eastern«, erwähnt werden. Dieses Schiff hatte eine Schraube, zwei Schaufelräder und fünf Masten; es war mit etwa 20 000 BRT mehr als fünfmal so groß wie das zweitgrößte Schiff seiner Zeit, die »Scotia« mit 3850 BRT. Die Größe der »Great Eastern« erklärt sich damit, daß sie für den Australieneinsatz gebaut worden war und genug Brennstoff für die Nonstopfahrt an Bord nehmen können sollte. Doch dann wurde sie im Transatlantikgeschäft verwendet. Das Schiff war ökonomisch ein

Der Atlantik wird zum Weltmeer: das 19. und frühe 20. Jahrhundert

Plakat-Werbung für Lloyd-Reisen, 1914

Fehlschlag und ruinierte außer der ursprünglichen noch mehrere andere Betreibergesellschaften. Sie lief zwar bei ruhiger See sehr gleichmäßig; einer ihrer prominentesten Passagiere, der technikbegeisterte französische Schriftsteller Jules Verne, meinte, man könne auf ihr wie auf den Champs Elysées im Mai spazierengehen. Anders jedoch bei Sturm. Da krängte sie gewaltig, und in den Salons flogen Gepäckstücke von einer Seite des Schiffs zur anderen. Das Hauptproblem war, daß die »Great Eastern« nie hinreichend ausgebucht war, um Gewinne einzufahren oder wenigstens die Kosten zu decken. Außerdem war sie zwar mit 13,5 kn relativ schnell, lief aber nicht die erwarteten 15 kn. Auch war ihre Maschinenanlage, die partiell noch auf Schaufelräder wirkte, rasch veraltet. Das Schiff war für die damaligen Bedingungen zu groß, um als Passagierdampfer reussieren zu können. Ihren wirklichen Erfolg feierte die »Great Eastern« dann gerade wegen ihrer Größe, doch nicht in der Personenbeförderung, sondern weil sie 1866 das erste funktionierende Transatlantikkabel verlegte.

Mit den ständigen Verbesserungen an den Dampfmaschinen, der Steigerung des Dampfdrucks, dem Einsatz von Mehrfachexpansionsmaschinen sanken das Eigengewicht und der Platzbedarf der Maschinen und der Kohleverbrauch; gleichzeitig erhöhte sich die Geschwindigkeit. Diese sollte – ebenso wie das fahrplanmäßige Fahren – zum Fetisch der Dampfschiffahrt im Nordatlantik werden. Schon in der Segelschiffszeit hatte es ein ausgeprägtes Geschwindigkeitsdenken gegeben, vor allem in der Zeit der Teeklipper. Dies war nun auf den Personenverkehr im Nordatlantik übergegangen, wo das schnellste Schiff mit dem »Blauen Band« geschmückt wurde, einem Wimpel, der Anfang des 19. Jahrhunderts von britischen Reedereien für Segelschiffe auf der Route London–Australien vergeben worden war. Er wurde erstmals 1838 für die schnellste Atlantikpassage von Plymouth bis Sandy Hook verliehen. Diese Auszeichnung war sehr werbewirksam und heißbegehrt. Sie soll hier anhand ausgewählter Beispiele demonstrieren, wie sich mit dem technischen Fortschritt die Größe und Geschwindigkeit der Nordatlantikliner veränderten und damit natürlich auch die Passage der Reisenden.

1838 wurde Brunels »Great Western« mit dem »Blauen Band« ausgezeichnet. Das 1350 t große, noch aus Holz gebaute Schiff war ein Schaufelraddampfer, Maschinen und Kessel nahmen 45 % des Schiffsraums ein. Sie konnte ca. 140 Passagiere befördern und erreichte bei ihren Atlantiküberquerungen eine Durchschnittsgeschwindigkeit von 7,95 kn. Damit dauerte die durchschnittliche Passage 16 Tage. Auf einer Rekordfahrt erreichte sie aber immerhin schon einen Durchschnitt von 9,6 kn, was die Passage auf 13 Tage und 6 Stunden verkürzte. In den folgenden Jahrzehnten steigerten sich Schiffsgröße und Geschwindigkeit konstant, wenn der geniale Fehlschlag der »Great Eastern« einmal beiseite gelassen wird. 1889 stellte die Inman Line die beiden Dampfer der sogenannten City-Klasse (City of Rome, City of Paris) in Dienst, die White Star Line die »Teutonic« und »Majestic«. Die vier Schiffe waren nicht im Aussehen, wohl aber in Größe und Geschwindigkeit praktisch identisch. Sie hatten um die 10 000 t, konnten 1750 bzw 1325 Passagiere aufnehmen, davon knapp zwei Drittel im Zwischendeck, und sie erreichten Geschwindigkeiten von knapp 20 kn. Die Fahrtzeit über den Atlantik verringerte sich dadurch auf knapp sechs Tage.[374] Nur einige Stunden schneller war die Transatlantiküberquerung der 1897 in Dienst gestellten »Kaiser Wilhelm der Große«, eines Dampfers des Norddeutschen Lloyd. Der 14 000-Tonner holte erstmalig mit einer Reisezeit von fünf Tagen und 15 Stunden – das entsprach einer Durchschnittsgeschwindigkeit von 21 kn – das »Blaue Band« nach Deutschland.[375] Das Schiff war bei den Passagieren beliebt, auch wenn es wegen seiner Toplastigkeit von amerikanischen Erste-Klasse-Passagieren »Rolling Billie« genannt wurde. Bemerkenswert war nicht nur seine üppige Rokoko-Innenausstattung, sondern auch, daß dieses schnellste Schiff seiner Zeit auf einer deutschen Werft gebaut worden war. Die Deutschen hatten – erstmalig – im Großschiffbau den britischen Vorsprung eingeholt und legten nun ihren ganzen maritimen Ehrgeiz darein, das Wettrennen um die besten und schnellsten Schiffe auf dem Nordatlantik zu gewinnen. Diese Konkurrenz zur See, die ihre militärische Entsprechung im 1898 anlaufenden deutschen Schlachtflottenbau fand, wurde in Großbritannien schmerzlich empfunden, auch daß die deutschen Wettbewerber schnellere Schiffe besaßen als die britischen Reedereien. Nach der »Kaiser Wilhelm der Große« folgte die »Deutschland« der HAPAG und dann weitere Schiffe des Norddeutschen Lloyd, die alle nach Mitgliedern der Hohenzollernfamilie benannt waren und als »Windhunde« des Nordatlantik galten. Im Gegenzug ließ sich die Cunard-Direktion von der britischen Regierung einen großen Zuschuß geben – diesen bekam die Gesellschaft dafür, daß die Schiffe im Kriegsfall in Hilfskreuzer umgewandelt werden konnten –, um zwei große, besonders schnelle, mit Turbinen ausgestattete Liner zu bauen, die deutlich schneller als die deutschen Schiffe sein sollten. 1907 stellte Cunard die »Lusitania« und die »Mauretania« in Dienst, die den Atlantik mit der von anderen Schiffen unerreichbaren Durchschnittsgeschwindigkeit von 25 kn durchpflügten. Damit verminderte sich die Passage auf etwa viereinhalb Tage (vier Tage, zehn Stunden und 51 Minuten). Entmutigt durch diese schnellen »Cunarder« und vor allem durch die technischen Schwierigkeiten mit den schnellen Schiffen – starken Vibrationen und exzessivem Kohleverbrauch –, suchten die anderen Reedereien vor 1914 ihr Glück in Größe, Bequemlichkeit und Luxus, die HAPAG ebenso wie die britische White Star Line, und selbst der bis dahin geschwindigkeitsversessene Norddeutsche Lloyd baute schließlich langsamere, dafür komfortablere Dampfer.

Nicht umsonst dauerte es bis 1929, daß der Geschwindigkeitsrekord der »Mauretania« gebrochen wurde – und zwar von der »Bremen« und der »Europa« des Norddeutschen Lloyd. Sie wurden dann 1933 von der italienischen »Rex«, einem Prestigeschiff des faschistischen Italien, diese wiederum 1935/36 von der französischen »Normandie« und jene schließlich von der englischen »Queen Mary« abgelöst. 1952 stellte die amerikanische »United States«, ein Schiff von 53350 t, einen neuen Rekord mit einer Geschwindigkeit von 35,59 kn auf. Die Passage über den Atlantik verkürzte sich damit auf drei Tage, zehn Stunden und 40 Minuten. Das war ungeheuer schnell. Wenn man die »Great Western« und die »United States« gegenüberstellt, wird der Fortschritt von

120 Jahren Schiffbau deutlich: Die »United States« war fast 40mal grösser, 3,7mal schneller und konnte 14mal mehr Passagiere aufnehmen.[376] Und doch wurde die »United States« nach wenigen Jahren vom Flugzeug überflügelt, das ihre Passagezeiten nochmals um schliesslich neun Zehntel unterbot. Das »Blaue Band« ist heute im Besitz eines britischen Katamaran, der den Atlantik ohne Passagiere überquert hat – ein letztlich uninteressanter, rein sportlicher Triumph, der auch nicht überall anerkannt wird.

Das klassische Dampferdesign der Jahrhundertwende war erstmals bei den Dampfern der White Star Line der »Teutonic-Klasse« zu finden: langgezogene Linien, zwei Schornsteine und mehrere Masten, die noch an die Segelschiffzeit erinnern sollten. Die Deutschen steuerten, seit der »Kaiser Wilhelm der Grosse«, als typisches Konstruktionselement vier Schornsteine bei, die funktional fast immer unnötig waren. Der hinterste Schornstein war bei vielen Dampfern ein »Dummie«, eine Attrappe aus ästhetischen Gründen, weil die Passagiere dies für das Kennzeichen eines wirklichen Ozeanriesen hielten. Sowohl auf der »Titanic« als auch auf der »Normandie« war der hintere Schornstein überflüssig und barg Belüftungseinrichtungen. In zahllosen Büchern schwelgen bis heute schiffsverliebte Autoren in der Beschreibung der aufwendigen Inneneinrichtung der Liner, die, wie damalige Korrespondenten hervorhoben, jeden Luxus an Land übertraf. Es wurde aufgelistet, wie dick der Teppichboden der verschiedenen Decks war oder welches Schiff den ersten Fahrstuhl hatte (»Amerika«, 1905, HAPAG), das erste Schwimmbad (»Imperator«, 1912, HAPAG), das erste A-la-Carte-Restaurant (das »Ritz-Carlton«, »Amerika«, HAPAG, 1905). Aber auch die Verhältnisse im Zwischendeck wurden stetig verbessert; zwar ging es dort noch immer beengt zu, aber die Passage war um die Jahrhundertwende kein lebensgefährliches Abenteuer mehr. Vielleicht war auch für die Zwischendeckpassagiere auf den Schiffen der Luxus grösser als an Land, wenn ihre normalen Lebensumstände und nicht etwa die der Ersten Klasse als Vergleich genommen werden. Der Preis für eine luxuriöse Erste-Klasse-Suite konnte das Zehn- oder sogar das Fünfzigfache einer Zwischendeckspassage kosten. Und doch machten die Reedereien, da es nun einmal mehr Auswanderer als Millionäre gab, ihr Geschäft mit dem Zwischendeck. Die Erste Klasse wurde vorwiegend von Amerikanern gebucht, die ihre vor 1914 obligaten Europa-Touren unternahmen.

In dem harten Konkurrenzkampf im Nordatlantikgeschäft kam es auch immer wieder zu schweren Unfällen. 1854 sank die »Arctic« nach einem Zusammenstoß mit der »Vesta«; 346 Personen verloren ihr Leben.[377] Die »General Slocum« brannte 1891 vor New York aus, wobei 975 Opfer zu beklagen waren.

Zahllos sind auch die Beinahe-Katastrophen wie die, von der die deutsche Auswanderin Katharina Beck berichtete, die 1854 mit dem Segler »Nelson« den Atlantik überquerte: »Je näher wir Neujork kamen, desto mehr Nebel hatten wir, des Tags u[nd] bei Nacht mußte geblasen werden, u. zu allem Schrecken erblickte der Kapitän nebst einigen Passagieren eine Eismasse ungefähr 30 Schritt von dem Schiffe, welche durch den Schrei des Kapitäns alle Passagiere in Schrecken setzte, denn es war eine ungeheure Masse, welche uns aus Versehen unfehlbar in den Abgrund gebort hätte, wenn das Schiff nicht wäre durch Schnelligkeit und Beihülfe der Passagiere augenblicklich gedreht worden.«[378] Nicht alle Schiffe hatten soviel Glück; der häufige Nebel vor der amerikanischen Küste und die Eisberge sollten noch vielen Schiffen zum Verhängnis werden. So wurde am 23. Januar 1909 bei Nebel der 15 400 Tonnen große Dampfer »Republic« vor Nantucket von dem italienischen Auswandererschiff »Florida« gerammt. Über die drahtlose Telegraphie, die hier erstmals bei einem Schiffsunglück eingesetzt werden konnte, wurde Hilfe herbeigeholt; so hielten sich die Verluste an Menschenleben in Grenzen.

Der berühmteste Schiffsunfall aller Zeiten war natürlich der Untergang des White-Star-Liners »Titanic« am 15. April 1912. Das Schiff sank, nachdem es im Nordatlantik einen Eisberg gerammt hatte. Es war, trotz mehrfacher funktelegraphischer Eiswarnungen, annähernd Höchstgeschwindigkeit gefahren, deshalb war ein Ausweichen vor dem bei ruhiger See erst im letzten Moment gesichteten Eisberg unmöglich. Die hohe Zahl an Opfern – von 2206 Passagieren und Besatzungsmitgliedern wurden nur 703 gerettet,

Der Atlantik wird zum Weltmeer: das 19. und frühe 20. Jahrhundert

Die »Titanic« beim Auslaufen zu ihrer Jungfernfahrt am 10. April 1912 in Southampton

1503 Personen ertranken – war vor allem dadurch verursacht, daß die »Titanic« nicht genug Rettungsboote an Bord hatte. Sonst hätten alle gerettet werden können. Doch waren die technischen Normen – etwa, wieviele Rettungsboote an Bord sein mußten – aus einer Zeit, in der die Schiffe nicht einmal halb so groß waren wie die »Titanic«. Die Reeder waren aus Kostengründen, aus ästhetischen Erwägungen und wegen der Praktikabilität nicht daran interessiert, die Promenadendecks der immer größer werdenden Schiffe mit Rettungsbooten vollzustellen. Deshalb unterließen sie es, für jeden Menschen an Bord einen Platz auf einem Rettungsboot vorzusehen. Aber ansonsten war die »Titanic« ein gutes und verkehrssicheres Schiff. Ihr baugleiches, ein Jahr älteres Schwesterschiff »Olympic« versah bis in die dreißiger Jahre hinein reibungslos seinen Dienst. Es hatte den Spitznamen »Old Reliable« und wurde schließlich wegen Überalterung abgewrackt.[379]

Das goldene Zeitalter der Ozeanriesen

Der Untergang der »Titanic« in der Nacht vom 14./15. April 1912 in einem Gemälde von Willy Stoever

Die Katastrophe der »Titanic« lag nicht an einem Fehler des Schiffes, sondern in der Bedienung. Der Schaden, den die durch überhöhte Geschwindigkeit herbeigeführte Kollision mit dem Eisberg verursachte und der aus einer zu großen Zahl kleinerer Lecks bestand, war tödlich. Auch heute gäbe es kein Schiff, das nach solch einem Zusammenstoß noch schwimmfähig bleiben würde. Das unvorsichtige Verhalten der Schiffsführung war übrigens für damalige Begriffe »normal«; es wundert eher, daß solch eine Katastrophe nicht schon früher und häufiger geschehen war. Als Folge der harten Konkurrenz um Marktanteile im heißumkämpften Nordatlantikgeschäft galt fahrplanmäßiges Eintreffen als eine der höchsten seemännischen Tugenden, und der Kapitän der »Titanic«, Kapitän Smith, verdankte seiner Fähigkeit, nach Fahrplan fahren zu können, sein fast schon legendäres Ansehen in der Nordatlantikschiffahrt, das ihm auch das fatale Kommando über die »Titanic« verschafft hatte. Der Untergang des Schiffes war deshalb so aufsehenerregend, weil es damals der größte und modernste Dampfer der Welt war. Diese Niederlage der Technik wirkte in der Euphorie dieses technik- und fortschrittsbegeisterten Zeitalters wie ein Schock. Mythen über Mythen rankten sich um den Untergang der »Titanic«; über sie wurden mehr Bücher geschrieben als über alle anderen Schiffe zusammengenommen. Viel wurde über eine Bergung des Schiffes und über den wahrscheinlichen Zustand des Wracks spekuliert. Doch lange war es angesichts völlig unzureichender Technik nicht einmal möglich, die »Titanic« auf dem Meeresboden zu orten, geschweige denn, sie zu bergen. Erst in den 1980er Jahren versprachen neue Entwicklungen der Tiefseeforschung, wie ferngesteuerte Roboter oder Kleinst-U-Boote, die dem gewaltigen Druck in fast 4000 m Tiefe standhalten konnten, bessere Resultate. Am 1. September 1985 gelang es dem Tiefseeforscher Robert Ballard schließlich, das Wrack in 3800 Meter Tiefe zu orten; die »Titanic« war, wie sich herausstellte, beim Sinken in zwei Teile zerbrochen.[380]

Die »Titanic«-Begeisterung wurde durch diesen Fund weiter angeheizt und erreichte einen neuen Höhepunkt in dem »Titanic«-Melodram von James Cameron, einem Film, der mit Oscars reich gesegnet wurde und mit Spezialeffekten glänzte, aber leider kein gutes Drehbuch hat. In den letzten Jahren kam auch noch das absurde Gerücht von einem Versicherungsbetrug auf; die »Titanic« sei in Wahrheit ihr Schwesterschiff »Olympic« gewesen und absichtlich versenkt worden.[381] Aber diese Mythisierung führt in die Irre, die Wahrheit ist banal: Das Schiff sank, weil es den Fahrplan einhalten wollte. Und weil nicht für alle Passagiere Plätze in den Rettungsbooten vorhanden waren, gab es so viele Tote. Die Verlustzahlen lassen sich zu einer fatalen Soziologie des Sterbens zusammensetzen, denn die meisten Toten gab es bei den Passagieren der 3. Klasse und bei der Besatzung. Gerettet wurden 63 % der 1.-Klasse-Passagiere, 42 % der 2-Klasse-Passagiere und jeweils 23 % der 3. Klasse und der Besatzung. In diesen Zahlen drückt sich der schroffe Klassencharakter der damaligen Transatlantikschiffahrt aus. Eines der makabersten Ergebnisse der jüngsten Erforschung des »Titanic«-Wracks ist: Viele

Aufgänge ans Oberdeck blieben für die Dritte-Klasse-Passagiere bis zum Untergang hermetisch verschlossen.

Warum ist ausrechnet die »Titanic« zum Symbol für Schiffsuntergänge geworden? Die Antwort ist relativ einfach: Von diesem Schiff erwartete niemand, daß es sinken würde, auch wenn Journalisten die Legende seiner Unsinkbarkeit erst nach dem Untergang in die Welt setzten. Niemand von den Verantwortlichen, weder der Reeder noch die Werft, hatte dies behauptet. Die »Titanic« war das größte und modernste Passagierschiff der Welt, und deshalb wurde ihr Untergang bei den fortschritts- und technikbegeisterten Zeitgenossen zum Trauma. Sie wäre übrigens nur noch wenige Monate das größte Schiff der Welt geblieben und dann von der »Imperator« der HAPAG überrundet worden.

Immerhin weigerte sich Kaiser Wilhelm, an dessen Hof der Untergang der »Titanic« lange Tagesgespräch war, am Stapellauf der »Imperator« teilzunehmen, wenn das Schiff nicht mit ausreichend vielen Rettungsbooten ausgestattet würde. Nur murrend kamen die Reedereien der Forderung des Kaisers nach, vorsichtiger zu fahren. Es habe, trotz der Eiswarnung, keine Veranlassung für die »Titanic« gegeben, die Geschwindigkeit herabzusetzen, beteuerten die prominentesten Kapitäne des Norddeutschen Lloyd.[382] Diese erstaunliche Aussage ist natürlich nur vor dem Hintergrund des knochenharten Konkurrenzkampfs um Marktanteile im Nordatlantikgeschäft zu verstehen. Schließlich wurde der Wille des Kaisers von der HAPAG erfüllt und für über 5000 Menschen,[383] die bei voller Besetzung mit der »Imperator« fahren konnten, Rettungsmittel bereitgestellt. Das Schiff war beladen mit 80 Rettungsbooten, die glücklicherweise niemals gebraucht wurden.

Rettungsboote waren übrigens, auch wenn ausreichend vorhanden, nicht unbedingt eine Garantie für das Überleben aller Passagiere. Das bewahrheitete sich in der Nacht vom 28. zum 29. Mai 1914, als der norwegische Frachter »Storstad« bei Nebel das Passagierschiff »Empress of Ireland« in der Mündung des St.-Lorenz-Stromes rammte. Die »Empress« kenterte nach 15 Minuten und riß 1012 Personen mit in den Tod. Rettungsboote waren diesmal mehr als ausreichend vorhanden, konnten aber wegen der

Der Atlantik wird zum Weltmeer: das 19. und frühe 20. Jahrhundert

Der Untergang der »Empress of Ireland«, 1914

rasch zunehmenden Schlagseite nicht mehr zu Wasser gelassen werden. Das Unglück kostete fast so viele Menschenleben wie der Untergang der »Titanic«, geriet aber trotzdem weitgehend in Vergessenheit. Das Schiff war eben nicht das größte und modernste der Welt, es war wenig Prominenz an Bord, und außerdem brach kurz danach der Erste Weltkrieg aus.[384]

Aber weder der Untergang der »Titanic« noch andere Katastrophen zur See konnten den Boom der Transatlantikschiffahrt bremsen. In kurzen Abständen liefen immer größere Schiffe von Stapel: nach der »Imperator« (51 950 BRT)[385] die »Vaterland« (54 300 BRT),[386] dann das dritte Schwesterschiff dieser Reihe, die »Bismarck« (56 550 BRT),[387] die jedoch erst nach dem Ersten Weltkrieg

Die beschädigte »Storstad« im Hafen von Montréal

fertiggestellt wurde und als Reparationsleistung für von den Deutschen versenkte Schiffe an die Alliierten übergeben wurde. Das dritte Schwesterschiff der »Titanic«, das ursprünglich »Gigantic« heißen sollte, wurde aus verständlichen Gründen dann doch nur »Britannic« getauft – die Endung des Namens auf »-ic« war das Kennzeichen der Schiffe der White Star Line –, kam aber auch vor dem Krieg nicht mehr zum Einsatz und sank als Lazarettschiff 1916 in der Ägäis (48 150 BRT).[388] Ob sich dieser Trend zu Riesenschiffen ohne den Ausbruch des Ersten Weltkriegs fortgesetzt hätte, muß offenbleiben, ist aber wahrscheinlich, obwohl die großen Schiffe unerwartete konstruktive Probleme hatten. So war die »Imperator« toplastig, hatte leichte Schlagseite und mußte mehrfach aufwendig umgebaut werden; unter anderem mußten die Schornsteine verkürzt und mehrere tausend Tonnen Zementballast eingesetzt werden. Englische Lotsen nannten das Schiff »Limperator« (von limp = hinken).[389] Auch die Manövrierfähigkeit der Riesen, vor allem im Hafen, ließ zu wünschen übrig. Der Markt für große Schiffe war aber schon deshalb da, weil die Beförderungszahlen ständig weiterwuchsen, wobei infolge der starken Auswanderung die Ost-West-Passage über den Nordatlantik bei weitem mehr gebucht wurde als die Gegenrichtung. Auf der »Imperator« fuhren mehr Menschen mit als auf jedem anderen Dampfer des Nordatlantik. Das Schiff konnte 4235 Passagiere transportieren, indem es 963 Passagiere in der 3. Klasse und 1772 im Zwischendeck unter äußerst beengten Verhältnissen aufnahm.[390] Und obwohl eine Luxuskabine mehrere tausend Dollar kosten konnte, die Zwischendeckspassage aber nur zehn, lebten die Reedereien mehr von den Hunderttausenden armen als den wenigen ganz reichen Passagieren. Von den Passagieren, die 1913 im New Yorker Hafen ausgeschifft wurden, waren 11,4 % in der Ersten Klasse, 17,2 % in der Zweiten Klasse und 71,4 % im Zwischendeck gereist.[391]

Die Faszination, die von der Größe und Pracht der Ozeanriesen der Jahrhundertwende ausgeht, ist verständlich. Es handelte sich schließlich um die aufwendigsten und größten Fahrzeuge, die bis dahin von Menschen gebaut worden waren, und viele Details sind von kulturhistorischem Interesse. Doch darf dies nicht den Blick darauf verstellen, daß das bleibende Ergebnis der Transatlantiküberquerungen der Transport von etwa 50 Millionen Europäern nach Übersee, vor allem in die USA war und dies sowohl den amerikanischen als auch den europäischen Kontinent verwandelt hat. Daß die europäische Auswanderung nach Nordamerika nicht schon früher einsetzte, hängt nicht zuletzt mit der mangelhaften Verkehrstechnik zusammen. Ohne die Erfindungen des 19. Jahrhunderts wäre es unmöglich gewesen, diese gewaltigen Menschenmassen über den Atlantik zu bringen. Erst der technische Fortschritt, vor allem die Erfindung des Dampfschiffs und die verbesserte Infrastruktur an Land, die Erfindung der Eisenbahn und der Ausbau der Häfen, ermöglichten die Verzwanzigfachung des Emigrantenstroms.[392]

Die verstärkte Reisetätigkeit zwischen den Kontinenten führte auch zu einem intensiven kulturellen Austausch, der allerdings, anders als der Auswandererstrom, vorwiegend in West-Ost-Richtung stattfand. Henry James ist nur einer von vielen Amerikanern, die nach Europa reisten und der Faszination des alten Kontinents erlagen.

Der Atlantik im Zeitalter der Weltkriege

Der Erste Weltkrieg – Kriegsentscheidung im Atlantik

Die atlantische Welt war schon vor 1914 in vielerlei Hinsicht zum Nukleus der heutigen Weltgesellschaft, zu einer untrennbaren Einheit zusammengewachsen, und der wechselseitige Austausch, die Kommunikation, der Welthandel, die Passagier- und Frachtschiffahrt befanden sich auf allen Weltmeeren und besonders im Atlantik in steilem Aufstieg. Die hochentwickelte Weltgesellschaft wurde einer gewaltigen Belastungsprobe ausgesetzt, als im August 1914 der Erste Weltkrieg ausbrach. Diese Auseinandersetzung war eine anachronistische Katastrophe; sogar die führenden Militärs der Epoche, wie Graf Schlieffen, hatten vor 1914 daran gezweifelt, ob angesichts der hochgradigen internationalen Verflechtungen ein Krieg zwischen den Großmächten überhaupt noch führbar sei. Es zeigte sich, daß die Verflechtung zwischen den Kontinenten, die Vernetzung der »atlantischen Welt«, inzwischen derart fortgeschritten war, daß sich das Geschehen in Europa nicht mehr isolieren ließ. Der Atlantik wurde zum kriegsentscheidenden Schlachtfeld, auf dem diese im Ursprung rein europäische Auseinandersetzung ausgetragen wurde.

Bei Kriegsausbruch erwartete die Mehrheit der Zeitgenossen, daß die Seekriege vor allem zwischen der britischen und der deutschen Schlachtflotte ausgefochten werden würden. Seit 1898 hatten Kaiser Wilhelm II. und Admiral von Tirpitz den deutschen Schlachtflottenbau vorangetrieben; die deutsche Marine war 1914 die zweitstärkste der Welt. Doch war sie der britischen immer noch weit unterlegen; bei Kriegsausbruch standen 34 britische moderne Schlachtschiffe (»Dreadnoughts«) 22 deutschen gegenüber.[393] Die deutsche Führung scheute sich, die Schlacht zu riskieren, aber die britische ebenso. Beide Seiten hatten für ihre Zurückhaltung gute Gründe: Der deutschen Flotte drohte die Vernichtung durch den überlegenen Gegner, und die britische Flotte wäre nur ein Risiko eingegangen, ohne viel dabei gewinnen zu können. Begünstigt durch die Geographie, konnte sie auch ohne Entscheidungsschlacht die gesamten deutschen überseeischen Zufuhren abschneiden. So lagen sich beide Flotten in ihren Nordseestützpunkten kampfbereit gegenüber, schlugen aber nicht los. Es kam nur zu einer einzigen großen Schlacht zwischen den Flotten, nämlich der Skagerrakschlacht im Mai 1916, die zwar mit einem taktischen deutschen Erfolg endete – es waren deutlich mehr britische als deutsche Schiffe zerstört worden[394] –, aber an der Gesamtlage änderte sich nichts.

Hätte die entscheidende Auseinandersetzung zu Wasser, in der Nordsee, oder zu Lande stattgefunden, wo sich die Heere schon im Herbst 1914 hoffnungslos festgerannt hatten, wäre das, was wir heute den Ersten Weltkrieg nennen, nur ein weiterer großer europäischer Krieg gewesen. Doch das europäische Patt, die Unmöglichkeit, eine Wende herbeiführen zu können, sorgte dafür, daß sich die Entscheidung dieses Krieges buchstäblich in den Atlantik hinein verlagerte.

Die Briten riegelten einfach die ganze Nordsee ab. Am 2. November 1914 erklärte Großbritannien die Nordsee zum »Kriegsgebiet«.[395] Das Deutsche Reich und seine Verbündeten wurden durch eine weiträumige britische Blockade von allen Einfuhren aus Übersee, nicht nur von Waffen und Munition, sondern auch von Lebensmitteln, abgeschnitten. Das war völkerrechtswidrig, aber die Briten wollten die Mittelmächte durch die Blockade besiegen, ohne die auch für sie riskante Entscheidungsschlacht zur See erzwingen zu müssen. Sie verlegten ihre Schlachtflotte nach

Scapa Flow in Nordschottland und blockierten wirkungsvoll die Ausgänge der Nordsee in den Atlantik.

Direkt nach Ausbruch des Weltkrieges verschwand die deutsche Handelsflotte von den Weltmeeren und suchte in deutschen oder neutralen Häfen Schutz vor dem britischen Zugriff. Nur in der Ostsee und in Teilen der Nordsee blieb der deutsche Handelsverkehr bestehen. Die deutschen Kabel wurden gekappt, die Mittelmächte vom Welthandel abgeschnitten. Die Deutschen konnten zwar ihre Einfuhren aus den unmittelbaren Nachbarländern und aus Skandinavien aufrechterhalten und in einem gewissen Umfang über diese Neutralen am Weltmarkt teilhaben. Trotzdem verschlechterte sich während des Krieges die Versorgungslage in Deutschland und bei seinen Verbündeten rapide, die Bevölkerung litt unter zunehmender Unterernährung, die in der zweiten Kriegshälfte zeitweise in eine regelrechte Hungersnot überging. Außerdem erwies es sich als sehr nachteilig, daß es keine direkten Verbindungen zwischen den USA als wichtigster neutraler Großmacht und Deutschland mehr gab, während die Alliierten ihre transatlantischen Kontakte pflegten. In der amerikanischen Öffentlichkeit baute sich eine immer deutlichere antideutsche Stimmung auf, die durch die Verletzung der belgischen Neutralität bei Kriegsbeginn, vor allem aber durch die Entwicklung des Seekriegs im Atlantik genährt wurde.

Während die britischen Streitkräfte die Mittelmächte erfolgreich vom Weltmarkt und vor allem von den Zufuhren aus den USA abschnitten, importierten die Ententemächte aus der gesamten Welt und führten amerikanische Waren aller Art, auch Waffen, ein. Die Britischen Inseln waren, was Ernährung und Rohstoffe anging, in extremer Weise von überseeischen Einfuhren abhängig. Während des Krieges liefen täglich schätzungsweise 200 Dampfer britische Häfen an, und ebensoviele liefen wieder aus.[396] Auch waren die Armeen der Alliierten, je mehr die Materialschlachten an der Westfront ins Gigantische wuchsen, zunehmend auf amerikanische Rüstungslieferungen angewiesen. Bei der ungleichen Ausgangslage zur See durfte die deutsche Seite nicht hoffen, selbst wieder am Welthandel teilnehmen zu können. Sie wollte aber versuchen, den britischen Handel zu stören und den Atlantik für die Alliierten zu einer unüberwindlichen Barriere zu machen. Der britische Nachschub kam zu kleineren Teilen aus dem Indischen und dem Pazifischen Ozean, der Löwenanteil des Schiffsverkehrs zu wahrscheinlich 70–80 % aus Nordamerika. Es lag nahe, diesen Nachschub an Nahrungsmitteln und Rüstungsgütern anzugreifen. Aber wie? Die Schlachtflotte war wegen der begrenzten Reichweite ihrer kohlebefeuerten Schiffe und der britischen Überlegenheit zur See nicht in der Lage, aus der Nordsee auszubrechen. Die deutschen Kreuzer und Hilfskreuzer, die bei Kriegsausbruch auf den Weltmeeren Handelskrieg führten – wie der kleine Kreuzer »Emden«, das Ostasiengeschwader des Grafen Spee und die Hilfskreuzer –, standen wegen der britischen Überlegenheit auf verlorenem Posten. Ihre Versorgungsprobleme und die Ausschaltung der wenigen vorhandenen Stützpunkte dezimierten sie nach und nach. Dagegen konnte die bisher noch unerprobte und vielleicht nicht wirklich ernstgenommene U-Boot-Waffe sehr bald einen aufsehenerregenden Erfolg verbuchen: Am 22. September 1914 versenkte die »U 9« unter dem Kommando des Kapitänleutnants Otto Weddigen, des ersten deutschen U-Boot-Asses, drei britische Kreuzer.

In Deutschland war bis dahin kein wirkliches Gewicht auf die U-Boot-Waffe gelegt worden, und die deutsche Marine, festgelegt auf die Schlachtflotte, war 1914 im U-Boot-Bau keinesfalls führend. Frankreich und England besaßen bei Kriegsausbruch deutlich mehr U-Boote als die deutsche Marine, ebenso die USA. Doch nun, nach der Versenkung der drei britischen Kreuzer, hatten die U-Boote in den Augen der deutschen Marineführung einen Leistungsnachweis erbracht und die Hoffnung entstehen lassen, sie könnten die geeignete Waffe gegen britische Handelsschiffe sein. Anders als die Überwasserschiffe konnten sie die britische Sperre durchbrechen und dann Handelskrieg führen. Zumindest die größeren U-Boote hatten dank ihrer genügsamen Dieselmotoren eine ausreichende Reichweite für die atlantische Kriegführung.[397]

Aber die neue Waffe hatte drei Schwachpunkte, die sich später als entscheidend herausstellen sollten. Der erste war das Problem der Zahl; die deutsche Marine besaß bei Kriegsausbruch 28 U-Boote, von denen nur ein Teil für die atlantische Kriegführung geeignet war.[398] Für eine erfolgreiche Blockade wären aber, nach einer entsprechenden Denkschrift der U-Boot-Inspektion, 222 Boote erforderlich gewesen.[399] Trotz entsprechender Neubauprogramme waren während des gesamten Krieges nie genug U-Boote vorhanden, um England lückenlos blockieren zu können. Der zweite Schwachpunkt war die Verletzlichkeit der U-Boote über Wasser. Nach geltendem Seerecht mußte aber ein Handelsschiff angehalten und nach Konterbande durchsucht werden; erst wenn etwas gefunden wurde, durfte es gekapert oder versenkt werden. Diese Art der Kriegführung (»Kreuzerkrieg«) war für U-Boote äußerst riskant: Die Briten rüsteten ihre Handelsschiffe mit Kanonen aus. Das machte es für U-Boote sehr gefährlich, aufzutauchen und Schiffe zu untersuchen, da schon ein leichter Treffer ausreichte, um ihre Tauchfähigkeit zu zerstören. Außerdem rüsteten die Briten später noch U-Boot-Fallen aus, Handelsschiffe, die getarnt, schwer bewaffnet und durch Ladungen wie Holz, Kork etc. praktisch unsinkbar waren. Die deutsche Marineführung glaubte diese Gefährdung dadurch umgehen zu können, daß sie die Gewässer um Großbritannien ab dem 18. Februar 1915 zum Kriegsgebiet erklärte, innerhalb dessen jedes Schiff von U-Booten ohne Warnung torpediert werden konnte. Die Neutralen, so hoffte man, würden sich dadurch abschrecken lassen, überhaupt noch nach Großbritannien zu fahren. Dies war der dritte, der entscheidende Schwachpunkt. Dieser völkerrechtswidrige deutsche Schritt hin zur Radikalisierung des Krieges stieß nicht nur bei den Briten, sondern bei allen neutralen Nationen und vor allem in den USA verständlicherweise auf energischen Widerstand und war wegen der damit verbundenene negativen Presse – es ging immerhin um einen Skandal wie die warnungslose Versenkung ziviler Schiffe – propagandistisch für Deutschland ungeheuer nachteilig; wie sehr, zeigte sich, als das deutsche U-Boot »U 20« unter dem Kommando von Kapitänleutnant Walther Schwieger am 7. Mai 1915 vor der Küste Irlands den großen britischen Liner »Lusitania« torpedierte. Der Dampfer sank nach zwei Explosionen in nur 18 Minuten und riß 1195 Menschen mit in die Tiefe, darunter 123 Amerikaner.[400] Die Ansichten beider Seiten über die Gründe des schnellen Sinkens gingen weit auseinander. Die Engländer behaupteten, die »U 20« habe zwei Torpedos abgefeuert, während die Deutschen darauf beharrten, nur einen Torpedo abgefeuert zu haben, dieser habe aber die von der »Lusitania« transportierte Munition zur Detonation gebracht und dadurch den Dampfer auseinandergerissen. Im übrigen habe die deutsche Botschaft in Zeitungen davor gewarnt, mit der »Lusitania« durchs Kriegsgebiet zu fahren.

Über die Hintergründe des Untergangs der »Lusitania« wurde von Zeitgenossen und Historikern Jahrzehnte erbittert gestritten. Jüngste Untersuchungen des stark zerstörten Wracks haben ergeben, daß der Torpedo wahrscheinlich die am Ende der Fahrt fast leeren Kohlenbunker des Schiffes getroffen und dadurch eine Kohlenstaubdetonation ausgelöst hat, die das Schiff dann derart beschädigte, daß es schnell sank.[401]

In Deutschland wurde zu wenig beachtet, wie groß die Empörung in den USA über die Versenkung der »Lusitania« war und daß deren Torpedierung als kaltblütiger Mord an Zivilisten empfunden wurde. Die Deutschen waren auf die eigene Notlage fixiert und empfanden den U-Boot-Krieg als legitime Notwehr gegen die englische Blockade. Zwar gab die deutsche Führung den amerikanischen Protestnoten 1915 nach, aber nur murrend; der amerikanische Anspruch auf ungehinderte Seereise nach Großbritannien auch durch Kriegsgebiet käme, so hieß es, der Forderung amerikanischer Touristen gleich, auf den Schlachtfeldern in Nordfrankreich unbehelligt spazierengehen zu wollen. Der amerikanischen Politik wurde vorgeworfen, sie sei nicht neutral, weil die Regierung Wilson gegen den U-Boot-Krieg, aber nicht in gleicher Weise gegen die britische Blockade vorging und amerikanische Hersteller Engländer und Franzosen mit Kriegsmaterial belieferten. Dieser Vorwurf war nicht unberechtigt. Schließlich hatten in einem vergleichbaren Fall, nämlich während des amerikanischen Bürgerkriegs, die Nordstaaten den Europäern, sogar Großbritannien, mit Krieg gedroht, sollten sie den Südstaaten Waffen liefern. Allerdings war die Torpedierung von Passagierdampfern auch in Deutschland eine äußerst umstrittene Maßnahme. Trotz Geschmacklosigkeiten wie einer »Lusitania«-Erinnerungsmedaille, die in Deutschland geprägt wurde, oder einem verständnisvollen Zeitungskommentar von Theodor Heuss[402] überwog in der deutschen Führung zunächst doch das Entsetzen über diese Grausamkeit.[403] Der Generaladjutant Wilhelms II., Generaloberst von Plessen, notierte im Zusammenhang mit dem U-Boot-Krieg am 10. Januar 1916, daß der Kaiser gegen den »rücksichtslosen U-Bootkrieg« sei, und schrieb: »Ich bin durchaus der Ansicht des Kaisers, daß die großen Passagierschiffe voller Frauen und Kinder zu torpedieren eine barbarische Rohheit ohne Gleichen ist, womit wir den Haß und die giftige Wut der ganzen Welt gegen uns aufbringen.« Der energische amerikanische Protest hatte die deutsche Führung dazu gebracht, den U-Boot-Krieg 1915 wieder einzustellen und auch 1916 auf seine Wiederaufnahme zu verzichten. Er wurde dann aber nach jahrelangen, erbitterten Diskussionen zwischen Generalstab, Admiralstab und dem Reichskanzler von Bethmann Hollweg am 1. Februar 1917 wieder aufgenommen. Grund war die immer katastrophalere Ernährungssituation in Deutschland, der besonders entbehrungsreiche »Steckrübenwinter« 1916/17 und der psychologisch verständliche, aber politisch wie militärisch grundfalsche Wunsch, den Engländern die Hungersnot infolge der Blockade mit gleicher Münze heimzahlen und die Insel aushungern zu wollen. Dieser Entschluß hatte im April 1917 den Kriegseintritt der USA zur Folge.

Die deutsche Marineführung hatte versprochen, England innerhalb von zwei bis sechs Monaten auszuhungern und damit zum Einlenken zu bringen, noch bevor ein amerikanischer Soldat in Europa landen konnte – Versprechungen, die sie nicht einhalten konnte. Zwar waren die Erfolge der U-Boote im Frühjahr 1917 sehr groß; sie übertrafen die erwarteten monatlichen Versenkungsziffern von 600 000 BRT und vernichteten in der Spitze im April 1917 sogar über 841 000 BRT;[404] jedes vierte für England bestimmte Schiff wurde versenkt, und die britischen Lebensmittelvorräte reichten nur noch für wenige Wochen. Gerade wegen der gewaltigen Versenkungsziffern – insgesamt wurden während des gesamten Krieges durch U-Boote 11 Millionen BRT Schiffsraum versenkt, weitere 7,5 Millionen BRT beschädigt[405] – gingen die Alliierten zu dem im Seekrieg seit Jahrhunderten bewährten

Deutsches Standard-U-Boot des Ersten Weltkriegs

Mittel des Konvoisystems über. Die militärische Bedeckung der Konvois, die Zerstörer und Korvetten, erschwerten alle Angriffe auf die Handelsschiffe. Neuentwicklungen wie die Wasserbombe gaben den Begleitfahrzeugen der Konvois eine wirkungsvolle Waffe gegen die U-Boote an die Hand. Aus Literatur und Filmen sind die gespenstischen Szenen bekannt, die sich abspielten, wenn U-Boot-Besatzungen in tödlichen Tiefen von 50, 100, 150, 200 Metern hilflos einen Wasserbombenangriff nach dem anderen über sich ergehen lassen mußten.

Der U-Boot-Krieg war insgesamt ein katastrophaler, ein kriegsentscheidender Fehlschlag. Am Einsatzwillen der U-Boot-Männer lag es nicht. 1917/18 fielen mindestens die Hälfte der eingesetzten U-Boot-Besatzungen; insgesamt verloren über 5000 Seeleute ihr Leben.[406] Ab Frühjahr 1918 begann sich das größere Potential der USA im atlantischen Zufuhrkrieg auszuwirken. Obwohl die Zahl der U-Boote durch Neubauten zunahm, gingen die Versenkungsziffern deutlich zurück, und die neu gebaute Tonnage überstieg erstmals den versenkten Schiffsraum.[407]

Sebastian Haffner rechnete die Erklärung des unbeschränkten U-Boot-Kriegs zu den »sieben Todsünden« des Deutschen Reiches im Ersten Weltkrieg, und tatsächlich gaben die USA in dem entscheidungslosen Ringen den Ausschlag. Die transatlantische Hilfe und die Millionen amerikanischer Soldaten, die nach Europa transportiert wurden, entschieden den Krieg für die Alliierten, noch bevor sie selbst in voller Stärke auf den Schlachtfeldern präsent waren. Die deutsche Marine hatte versprochen, kein Amerikaner werde auf dem Festland landen, und damit eine verhängnisvolle Fehlprognose gestellt. Die großen Passagierschiffe transportierten 1917/18 die amerikanischen Truppen über den Atlantik – die »Olympic« beispielsweise bis zu 10 000 Soldaten auf einmal –, und keines von ihnen wurde versenkt. Die deutsche Führung gab schließlich kurz vor der vollständigen Niederlage den aussichtslos gewordenen Kampf auf.

Der europäische Krieg hatte sich im Atlantik entschieden. Schon in der frühen Neuzeit hatten die damaligen Großmächte wie Spanier, Holländer, Engländer und Franzosen Seekriege im Atlantik geführt. Doch jetzt war erstmals dieser Ozean zum schlechthin entscheidenden Schlachtfeld geworden, was zeigt, wie sehr die Vernetzung zwischen den Kontinenten bereits fortgeschritten war. Die amerikanische Intervention zerstörte das europäische Staatensystem, das von nun an seine bisherige, über Jahrhunderte unangetastete Autonomie gegenüber den anderen Kontinenten verlor und in Abhängigkeit von den USA geriet, die allerdings schon vor 1914 industriell die europäischen Staaten weit hinter sich gelassen hatten. Ihr Aufstieg von der wirtschaftlichen zur politischen Supermacht wurde durch den Ausgang des Ersten Weltkriegs gewaltig beschleunigt.

Der Atlantik im Zweiten Weltkrieg

Obwohl es zwischen dem Krieg 1914–1918 und dem von den Nationalsozialisten entfesselten Krieg von 1939 viele Unterschiede gibt – was die Schlacht im Atlantik anging, war der Zweite Weltkrieg in vielem, vor allem aber in den strategischen Zielen, eine Wiederholung und Fortsetzung des Ersten. Auch diesmal war es ein Krieg der U-Boote und der Geleitzugschlachten, und auch diesmal ging es für die Alliierten darum, die Verbindungswege zwischen Amerika und Europa zu sichern, während die Deutschen das Ziel hatten, sie wirkungsvoll zu stören. Eine weitere Parallele war die geringe Zahl der deutschen U-Boote. Bei Kriegsausbruch verfügte die deutsche Marine über 57 U-Boote, von denen aber nur etwa 20 für den Krieg im Atlantik geeignet waren. Erforderlich für eine erfolgreiche Kriegführung gegen Großbritannien wären aber, nach Schätzungen des Befehlshabers der U-Boote, Admiral Dönitz, und auch nach britischen Annahmen, etwa 300 Boote gewesen.[408]

Die Gewässer um Großbritannien wurden von der deutschen Führung schon 1939 zum Kriegsgebiet erklärt. Die USA traten deshalb zwar nicht in den Krieg ein; die Regierung Roosevelt war aber nicht neutral und behauptete auch nicht, es zu sein; sie unterstützte die Briten mit Waffen und Nachschub aller Art, und dies sogar auf Kredit. Die öffentliche Meinung in Amerika war vielleicht gegen den Kriegseintritt, aber unbedingt dafür, Großbritannien im Kampf gegen Hitler zu helfen. Die USA liehen den Briten 50 ältere Zerstörer, um deren Engpaß bei Begleitfahrzeugen zu überbrücken. Und sie dehnten ihre Sicherheitszone, deren Berücksichtigung sie von den Deutschen verlangten, immer weiter in den Atlantik hinein aus und besetzten sogar Island. Daraus entstanden Konflikte und Verwicklungsmöglichkeiten, die schon ab dem Frühjahr 1941 einen amerikanischen Kriegseintritt auf Sicht äußerst wahrscheinlich machten. Noch vor dem japanischen Überfall auf Pearl Harbour und der deutschen Kriegserklärung vom 12. Dezember 1941 an die USA schossen deutsche U-Boote und amerikanische Zerstörer im Atlantik aufeinander.

Zwischen 1940 und Frühjahr 1943 war die deutsche U-Boot-Flotte – durch Neubauten inzwischen zahlenmäßig verstärkt – äußerst erfolgreich. Die deutschen Überwasserstreitkräfte waren hingegen der britischen Flotte hoffnungslos unterlegen und nur zu punktuellen, wenn auch teilweise sehr spektakulären Aktionen wie der Besetzung Norwegens 1940, dem Vorstoß der »Bismarck« in den Atlantik 1941 oder den Angriffen auf die alliierten Konvois nach Archangelsk fähig. Die von Admiral Dönitz entwickelte »Rudel-Taktik« – der nächtliche Überwasserangriff von mehreren U-Booten auf einen Konvoi – zeigte in der ersten Phase der Atlantikschlacht große Erfolge, die sich auch nach dem Kriegseintritt der USA 1941 zunächst fortsetzten. Doch schon in der zweiten Jahreshälfte 1942 zeichnete sich die Wende ab. Trotz hoher Versenkungszahlen[409] bauten die Alliierten ab Dezember 1942 durchgängig mehr Schiffe, als die Deutschen, Italiener und Japaner versenkten. Und obwohl im Mai 1943 die Deutschen über 207 atlantiktaugliche U-Boote verfügten – mehr als jemals zuvor –, nahmen die durchschnittlichen Versenkungen schon ab Ende 1942 deutlich ab, während gleichzeitig die U-Boot-Verluste in die Höhe schnellten. Allein im Mai 1943 gingen 42 Boote verloren. Auch weiterhin wurden alliierte Schiffe vernichtet, aber nur um den Preis extrem hoher Verluste an U-Booten. Die Ursachen dafür sind vielfältig: Das etwa 700 Mal gebaute deutsche Standard-U-Boot vom Typ VII[410] war robust und gut gebaut, aber spätestens ab 1943 technisch den Herausforderungen durch alliierte Begleitzerstörer nicht mehr gewachsen, die mit Asdic, Radar und Funkpeilung ausgestattet waren. Vor allem nahm die Luftherrschaft der mit Radar ausgerüsteten britischen und amerikanischen U-Boot-Jagdflugzeuge in atemberaubender Weise zu. »Ultra«, der britische Einbruch in den deutschen Funkschlüssel, trug beträchtlich dazu bei. Gegen Ende des Krieges konnten die Alliierten die deutschen U-Boot-Bewegungen gut mitverfolgen und sie systematisch jagen.[411] Die Boote waren angewiesen, bei Sichten eines Konvois vor einem Angriff die Position über Funk durchzugeben, damit weitere Einheiten zusammengezogen werden konnten. Die funkenden U-Boote wurden dann aber von den Begleitfahrzeugen angepeilt und angegriffen. Ihre geringe Unterwassergeschwindigkeit machte es ihnen unmöglich, stunden-, ja manchmal tagelangen Wasserbombenangriffen zu entkommen. Die U-Boote konnten diese Schlacht gegen die weit überlegene britisch-amerikanische Flotte von Kreuzern, Zerstörern, Korvetten, Flugzeugträgern und mit Radar ausgerüsteten U-Jagdflugzeugen nicht gewinnen. Die materielle Überlegenheit der Westmächte war einfach erdrückend. Der

Der Atlantik im Zeitalter der Weltkriege

U-Boot aus dem Zweiten Weltkrieg

U-Boot-Krieg wurde von Dönitz ab 1943 nur noch fortgesetzt, um möglichst viele gegnerische See- und Luftstreitkräfte in der Konvoi-Sicherung zu binden, nicht aber wegen der bescheidenen Erfolge gegen die feindlichen Transportflotten.

Die Verluste beider Seiten in der Atlantikschlacht waren furchtbar. Während des Krieges wurden von insgesamt 920 deutschen U-Booten ca. 3000 Unternehmungen durchgeführt. Dabei gingen etwa 2800 alliierte Handelsschiffe mit ca 14,5 Millionen BRT verloren.[412] Die deutschen U-Boote haben damit über 40 % des gesamten im Zweiten Weltkrieg versenkten Schiffsraums vernichtet.[413] Unzählige Menschen verloren auf den sinkenden Schiffen ihr Leben, mit den Fahrzeugen und ihren Ladungen wurden riesige Werte vernichtet. Die Verluste waren ungeheuer, aber es gelang den Alliierten, sie nicht nur zu ersetzen, sondern sogar mehr zu bauen, als verlorenging. Hierzu trugen die von den USA in Massenfertigung zu Tausenden hergestellten »Liberty«- und »Victory«-Frachter wesentlich bei.

Der Schreckensbilanz sinnloser Vernichtung ganzer Handelsflotten steht eine andere gegenüber: die hohen Verluste der deutschen U-Boote im Zweiten Weltkrieg, die von dem fanatischen Durchhaltewillen der politischen und der Marineführung zeugen. Mehr als 27000 Seemänner starben, und im letzten Kriegsjahr kehrte nur ein Boot von dreien in den Stützpunkt zurück.[414] U-Boote wurden auch im Mittelmeer, im Indischen und vereinzelt sogar im Pazifischen Ozean eingesetzt, aber der größte Teil im Atlantik. Und hier waren die Verluste erschreckend: 80 % der im Atlantik eingesetzten Boote gingen verloren.[415]

Für die Schlacht im Atlantik gilt das Gleiche wie für den gesamten nationalsozialistischen Krieg: Er war gegen eine derartige Übermacht nicht zu gewinnen. Der atlantische Kriegsschauplatz hatte entscheidende Bedeutung für den Kriegsverlauf. Churchill sagte später: »Die einzige Sache, die mir jemals während des Krieges Furcht einflößte, war die U-Boot-Gefahr.« Doch anders als im Ersten Weltkrieg gab es für Deutschland niemals eine wirkliche Siegeschance – und nicht einmal die Hoffnung auf ein Remis, da die amerikanische Atombombe 1945 den Krieg entschieden hätte, gleichgültig was bis dahin geschehen wäre. Doch wurde der Zweite Weltkrieg in Europa konventionell und auch und gerade im Atlantik gewonnen. Der alliierte Sieg in den Zufuhrschlachten brachte dann die gewaltige materielle Übermacht der Westmächte, insbesondere der USA, zu Lande und in der Luft zum Tragen. Dies machte ihre Erfolge in Nordafrika und Italien 1943, die Landung in Frankreich 1944 und schließlich ihr Vordringen nach Deutschland 1945 möglich. Und sie konnten die Sowjets durch die großen Materialmengen, die von großen Konvois nach Murmansk verschifft wurden, unterstützen.

Obwohl der sowjetische und britische Anteil am Sieg gegen Hitlerdeutschland nicht verkleinert werden sollte, hatte dieser Krieg doch, wie bereits der Erste Weltkrieg, gezeigt, wie sehr sich inzwischen die Gewichte innerhalb des atlantischen und des Weltsystems zugunsten der Vereinigten Staaten geneigt hatten: Sie gewannen gleichzeitig in Europa und im Pazifik und stiegen damit zur dominierenden Supermacht auf.

Nach 1945, nach den beiden Weltkriegen, wurde der Globus politisch und militärisch von den Supermächten, besonders von den USA, und von einem atlantischen System dominiert. Wenn die Staaten des nordatlantischen Raums als eine durch gemeinsame Traditionen, Anschauungen, Wirtschaftsbeziehungen und auch durch ein gewachsenes Zusammengehörigkeitsgefühl geeinte Welt betrachtet werden, dann wechselte infolge der Weltkriege in diesem System nur die Vormachtstellung, die bereits von Spanien über Holland und Frankreich auf England und schließlich von diesem nun auf die USA übergegangen war. Die USA und ihre Verbündeten der nordatlantischen Welt sind bis zum heutigen Tage – und nach dem Zusammenbruch des Ostblocks mehr denn je – durch ökonomische Macht und militärische Stärke die Hegemonialmacht der Welt und das Zentrum der immer mehr zusammenwachsenden Weltgesellschaft.

Der Atlantik als Transitmeer der Weltgesellschaft (1919–2000)

Der Niedergang der Nordatlantik-Schiffahrt nach 1919

Das Zeitalter der Weltkriege bedeutete einen massiven Einschnitt in der Transatlantikschiffahrt. Schon nach dem Ende des Ersten Weltkriegs wandelte sich die Struktur des Nordatlantikverkehrs vollständig. Das Transatlantikgeschäft mußte mit einer säkularen Veränderung fertigwerden: Die USA führten 1921 Einwanderungsbeschränkungen ein und schlossen damit zum ersten Mal in ihrer Geschichte ihre Grenzen aus Angst vor Überflutung durch Einwanderer aus dem durch den Krieg schwer erschütterten alten Kontinent.[416] Der gerade wieder zunehmende Zustrom von Auswanderern, vor allem aus Südeuropa, brach damit weitgehend zusammen – mit dramatischen Folgen für den Transatlantikverkehr. Nicht nur die Verkehrsstruktur, wie sie sich im 19. Jahrhundert herausgebildet hatte, sondern auch das gesamte atlantische System, wie es seit der Entdeckung Amerikas bestanden hatte, veränderte sich. Der stete Zug von Menschen von Europa nach Amerika war zu seinem historischen Abschluß gekommen.

Doch wer sollte nun noch über den Atlantik fahren, wenn die Kundschaft aus dem Zwischendeck wegfiel, die vor 1914 fast drei Viertel des gesamten Passagieraufkommens ausgemacht hatte?

Jungfernfahrt des Passagierschiffes »Europa«, 1930

Wer sollte die riesigen Schiffe füllen? Von den Erste-Klasse-Passagieren allein konnte keine Reederei leben. Für die Schiffahrtslinien bedeutete dieser geschichtliche Einschnitt, daß sie ihr Geschäft auf eine neue Grundlage stellen mußten: Geschäftsreisende und Touristen sollten den Auswanderer, den Zwischendeckpassagier ersetzen. Deshalb wurde nun die dritte Klasse in Touristenklasse umbenannt. Doch ging dies, im Schatten der sozialen und ökonomischen Kriegsfolgen, nur schleppend vor sich. Die Einbrüche im Passagieraufkommen führten dazu, daß die vorhandenen großen Schiffe nur mit Mühe ausgelastet werden konnten und nur relativ langsame und kleinere Schiffe neu gebaut wurden. Erst am Ende der zwanziger Jahre entstand infolge eines zeitweisen Aufschwungs der Weltwirtschaft eine Reihe imposanter Neubauten, die in der Größe fast alle über 50000 BRT lagen und damit an die Größenordnungen anknüpften, die vor 1914 bereits erreicht worden waren. Die Deutschen machten den Anfang, was kein Wunder war, denn sie waren praktisch dazu gezwungen. Nach 1918 hatten die HAPAG und der Norddeutsche Lloyd ihre großen Schiffe als Reparationsleistung vollständig an die Siegermächte überstellen müssen. Die beiden Reedereien, vor 1914 die größten der Welt, erholten sich nur allmählich von diesem Schlag.[417] Doch nun kehrte der Norddeutsche Lloyd mit den beiden 50000-Tonnen-Schiffen »Bremen«[418] und »Europa«[419] groß ins Geschäft zurück. Beide Schiffe konnten 2000 Passagiere in vier Klassen transportieren und der »Mauretania« mit einer Geschwindigkeit von knapp 28 kn das »Blaue Band« abnehmen. Diese neuen Schiffe waren den Vorkriegskonstruktionen, die unter britischer und amerikanischer Flagge liefen, in Komfort und Geschwindigkeit deutlich überlegen, wurden jedoch erst in der Weltwirtschaftskrise fertig, die natürlich auch den Transatlantikverkehr erschütterte. Viele Reedereien, auch alte und erbitterte Konkurrenten, mußten sich zusammenschließen, um zu überleben. 1933 fusionierten die Cunard und die White Star Line; die HAPAG und der Norddeutsche Lloyd kooperierten; in Italien wurden sogar drei Reedereien zusammengelegt. Das Nordatlantikgeschäft, das auch im 19. Jahrhundert infolge des harten Wettbewerbs nur phasenweise ohne staatliche Subventionen auskommen konnte, war nun, durch die rückläufigen Zahlen im Transatlantikverkehr und die Folgen der Weltwirtschaftskrise doppelt gebeutelt, zwingend auf sie angewiesen.

Trotz der Zeitumstände kam es zu einer ganzen Reihe äußerst imposanter Neubauten. Zuschüsse der faschistischen Regierung ermöglichten es den Italienern, am Wettlauf über den Atlantik mit den Luxusschiffen »Conte di Savoia« und »Rex« teilzunehmen. Mit wirtschaftlicher Vernunft hatte dies ebensowenig zu tun wie ein britisch-französisches hochsubventioniertes Duell der Schiffsgiganten. Die Entwürfe waren noch in den goldenen zwanziger Jahren entstanden; sie wurden trotz der Weltwirtschaftskrise und trotz aller Zweifel an ihrer Rentabilität realisiert. Nicht zuletzt waren sie ein nationales Prestigeobjekt. Die Franzosen machten den Anfang. Die Compagnie Générale Transatlantique, die bisher mit Luxus und Service auf ihren Schiffen »Paris« oder »Ile de Fran-

Der Atlantik als Transitmeer der Weltgesellschaft (1919–2000)

Das Passagierschiff »Queen Mary«

ce« geglänzt, sich aber dem Geschwindigkeits- und Größenrausch der deutschen und britischen Reedereien entzogen hatte, setzte neue Maßstäbe mit der »Normandie«, einem fast 80 000 BRT großen, 1935 in Dienst gestellten Luxusliner der Superlative. Das Schiff errang mit über 30 kn das »Blaue Band«. Es war eine technische Meisterleistung, sehr elegant in der Inneneinrichtung und revolutionär in Rumpfform und turboelektrischem Antrieb. Die hochsubventionierte »Normandie« wurde von vielen Franzosen als »la dette fluttante«, als schwimmende Steuerschuld, verspottet; der Schiffshistoriker Maxtone-Graham bezeichnete sie als »unrealistisch, unpraktisch, unwirtschaftlich und großartig«[420]. In diese Superklasse der Transatlantikliner stieg dann auch die im Jahre 1933 fusionierte Cunard White Star Line ein. Ihre mehr als 80 000 BRT großen Ozeanriesen »Queen Mary« von 1936[421] und »Queen Elizabeth«[422] übertrumpften die »Normandie« an Größe und Geschwindigkeit, wenn auch nicht an Eleganz und Fortschrittlichkeit. Diese drei Schiffe waren die größten Passagierschiffe, die für den Liniendienst im Nordatlantik gebaut worden sind, und ihre Größe wurde nach dem Krieg nur von Supertankern, von amerikanischen Flugzeugträgern und jüngst von ultramodernen Kreuzfahrtschiffen erreicht und übertroffen. Die beiden »Queens« boten etwa 2100 bzw. 2300 Passagieren in der Ersten bis zur Touristenklasse Platz. Der Ausbruch des Zweiten Weltkriegs verhinderte die Indienststellung der »Queen Elizabeth«, und beide Schiffe fuhren erst nach 1945 Gewinne ein. Die Atlantikschiffahrt hatte sich noch nicht wirklich von den Auswirkungen des Ersten Weltkriegs, dem Zusammenbruch des Auswanderergeschäfts und der Weltwirtschaftskrise erholen können, als der Zweite Weltkrieg ausbrach.

Nach 1945 kam es im Zuge eines stürmischen Wirtschaftswachstums zu einem Boom im Nordatlantikverkehr, von dem zunächst die Schiffahrt mächtig profitierte. Die »Queen Elizabeth« und die »Queen Mary«, die im Zweiten Weltkrieg Millionen alliierter Soldaten transportiert hatten,[423] wurden renoviert und überquerten mehr als tausendmal den Atlantik.[424] Die United States Line baute mit einer hohen Regierungssubvention das schnellste Passagierschiff, das jemals auf Kiel gelegt wurde, nämlich die »United

Der Atlantik als Transitmeer der Weltgesellschaft (1919–2000)

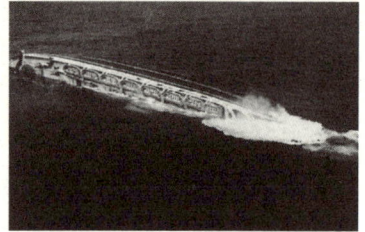
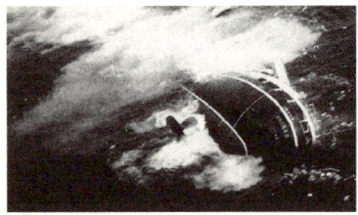
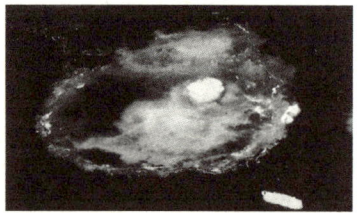

States«; sie errang im Juli 1952 das »Blaue Band« mit der phänomenalen Durchschnittsgeschwindigkeit von 35,59 kn. Sie sollte im Kriegsfall, der ihr erspart blieb, als Truppentransporter dienen. Dank ihrer gewaltigen Maschinen war sie der letzte der klassischen Liner, der das »Blaue Band« eroberte. Die Italiener stiegen mit einer Reihe mittelgroßer, aber eleganter Liner in das Geschäft wieder ein. Eines ihrer neuesten Schiffe, die 1953 in Dienst gestellte »Andrea Doria«, erregte weltweites Aufsehen, als sie im Juli 1956 nach einer Kollision im Nebel mit der schwedischen »Stockholm« unter den Augen der Weltöffentlichkeit sank: Flugzeuge kreisten über dem untergehenden Schiff, und Journalisten erknipsten sich mit Fotos des untergehenden Liners den Pulitzerpreis. Der folgende Prozeß brachte skandalöse Details ans Licht, unter anderem die mangelnde Radarausbildung des italienischen Kapitäns und die geringe Brückenbesatzung der »Stockholm«, die trotz Nebels ihre Geschwindigkeit nicht reduziert hatte.

Die Franzosen schickten 1961 die »France« (55 000 BRT) und Cunard schließlich 1969, als Ersatz für ihre angejahrten »Queens«, die »Queen Elizabeth II.« über den Atlantik. Spät folgten 1965 noch die eleganten italienischen Schiffe »Michelangelo« und »Raffaello«, die, hochsubventioniert, bis Mitte der siebziger Jahre im Liniendienst von Genua nach Amerika fuhren. Die Deutschen waren in den fünfziger Jahren mit gebraucht gekauften, aber geschickt modernisierten französischen und britischen Schiffen in den Nordatlantikverkehr wieder eingestiegen, nämlich mit der »Bremen« (ehemals »Pasteur«) und der »Hanseatic« (ehemals »Empress of Scotland«). Die Neubauwelle war kein Zufall: Die Fahrgastzahlen nahmen bis Mitte der fünfziger Jahre stetig zu, und Ökonomen hielten den Bau von Passagierschiffen für den Nordatlantikverkehr für rentabel – das sollte sich jedoch schon bald als Irrtum herausstellen.[425] Denn mit dem zunehmenden Flugverkehr über den Nordatlantik gerieten die Schiffe immer deutlicher

Die sinkende »Andrea Doria«, 1956

Der Atlantik als Transitmeer der Weltgesellschaft (1919–2000)

Das Passagierschiff »Queen Elizabeth II« im Hafen von Hamburg

ins Hintertreffen. 1957 wurden erstmals mehr Passagiere per Flugzeug als per Schiff über den Atlantik befördert. Und spätestens nach der Einführung der Boeing-Maschinen vom Typ 707 im Jahre 1958 wurde die Passagierschiffahrt zunehmend aussichtslos, es begann das »Dampfersterben« auf dem Nordatlantik – immer mehr Ozeanliner wurden stillgelegt, verschrottet oder schließlich zu Kreuzfahrern umgebaut.

Die Kreuzfahrten wurden nun immer mehr zur dominierenden oder ausschließlichen Bestimmung der Passagierschiffahrt. Die Idee, Kreuzfahrten anzubieten, war übrigens älter als die Erfindung des Düsenjets. Albert Ballin hatte als erster die Idee gehabt, eines seiner nicht voll ausgelasteten Schiffe, nämlich die »Augusta Victoria«, im Januar 1891 von Cuxhaven aus zu einer Vergnügungsreise ins Mittelmeer zu schicken. Doch zu jenen Zeiten war dies eine zusätzliche Maßnahme, um auch mit älteren und nicht voll ausgelasteten Schiffen, die für den Nordatlantikverkehr nicht mehr attraktiv genug waren, noch Geld verdienen zu können. Das Zusatzgeschäft von einst wurde ab Ende der fünfziger Jahre immer mehr zur Hauptaufgabe und schließlich zum alleinigen Zweck der Passagierschiffe.[426]

Die Entwicklung des transatlantischen Flugverkehrs

Das Flugzeug hatte die Erbschaft der Atlantikliner in der Personenbeförderung angetreten. Diese Entwicklung hatte sich schon seit Jahrzehnten angekündigt, denn schon bald nach der Erfindung des Flugzeugs war daran gedacht worden, den Atlantik fliegend zu überqueren. Der erste Schritt in diese Richtung war der Flug des französischen Piloten Louis Blériot 1909 über den Ärmelkanal. Wie bei mancher Entdeckungstat, etwa der Suche nach der Nordwestpassage, waren auch die ersten Versuche, den Atlantik fliegend zu überqueren, nicht nur von wissenschaftlichem oder sportlichem Ehrgeiz getragen. Eine wichtige Rolle spielte ein Preis von 10000 Pfund, den Lord Northcliffe dem ersten erfolgreichen Transatlantikflieger versprochen hatte. Der große technische Sprung der Flugzeugtechnik im Ersten Weltkrieg machte dann kurz nach Kriegsende den ersten Atlantikflug möglich. Wegen der noch unzureichenden Technik wurde der Flugversuch in West-Ost-Richtung, also mit der vorherrschenden Windrichtung und auf der kürzestmöglichen Strecke, nämlich zwischen Neufundland und Irland, unternommen.

Der erste Versuch, den Harry Hawker und Mackenzie Grieve im Mai 1919 mit einer einmotorigen Sopwith-Maschine unternahmen, scheiterte.[427] Es muß für den Piloten und seinen Navigator ein Alptraum gewesen sein, als mitten über dem Atlantik der Motor ausfiel. Es gelang ihnen aber mit letzter Kraft, die Schiffahrtsroute zu erreichen und dort in Reichweite eines dänischen Frachters zu wassern. Sogar das Flugzeugwrack wurde später noch geborgen. Sie waren mit dem Leben davongekommen, doch der Erfolg war ihnen versagt geblieben. Eine wichtige Rolle bei diesem wie bei allen folgenden Flügen sollten die Leistungen der Navigatoren spielen, denen es in Wolken und Nebel immer schwerfiel, sich zu orientieren. Die Reiseschilderungen sind voll von den Beschreibungen, wie die Piloten versuchten, ihrem Navigator zu helfen, etwa durch Änderung der Flughöhe einen klaren Himmel zu erreichen, der für die astronomische Standortbestimmung gebraucht wurde. Mit solchen Problemen hatten auch die britischen Offiziere John Alcock und Arthur Whitten-Brown zu kämpfen, die am 14. Juni 1919 mit ihrer »Vickers Vimy«, einem zweimotorigen britischen Bomber, in St. Johns, Neufundland, starteten, aber tags darauf in Clifden in Nordirland wegen Nebels notlanden mußten. Die von ihnen zurückgelegte Strecke betrug 1890 Meilen (= 3032 km.); sie waren immerhin 16 Stunden und 28 Minuten in der Luft gewesen.[428]

Die Durchschnittsgeschwindigkeit betrug 118,5 Meilen. Die Tatsache, daß die normale Reichweite des für damalige Verhältnisse großen Flugzeugs bei nur 1450 km lag, zeigt deutlich, daß dies ein Rekordflug war, der weit oberhalb der gewöhnlichen Leistungsgrenzen der Maschine lag, und trotzdem hatte das Flugzeug noch Sprit für etwa 800 Meilen an Bord, als sie landeten. Alcock und Whitten-Brown wurden für diese mutige Tat zum Ritter geschlagen und erhielten die von Lord Northcliffe ausgesetzte Belohnung, aber der gewaltige Ruhm, der dem ersten Alleinflug über den Atlantik zuteil wurde, blieb ihnen versagt.

Auch bei diesem, dem ersten Flug von Amerika nach Paris, stand ein Preis am Anfang. Charles Lindbergh (1902–74), ein junger und über dem Atlantik unerfahrener Pilot, mußte zunächst Geldgeber für das riskante Unternehmen finden. Eine große Zigarettenfirma lehnte zu ihrem Schaden ab, aber die Geschäftsleute von St. Louis unterstützten ihn, und er beschwor mit dem Namen seiner Maschine ihren Unternehmungsgeist. Lindbergh flog mit seiner »Spirit of St. Louis« am 20./21. Mai 1927 in 33,5 Stunden von Amerika nach Europa. Ein Held und Medienstar des 20. Jahrhunderts war geboren, der in Frankreich und den USA begeistert gefeiert wurde. Aber dies war eine Einzelleistung, die Flugzeuge waren noch nicht so weit, den Atlantik im normalen Betrieb mit Nutzlast überwinden zu können. Dem Flugverkehr über den Atlantik waren in der Zwischenkriegszeit technische Grenzen gesetzt, die in manchem an die der ersten Dampfer erinnern, etwa Reichweitenprobleme, die sich beim Flugzeug natürlich viel dramatischer auswirkten als bei dem Dampf-/Segelschiff des frühen 19. Jahrhunderts. Die »Vickers Vimy« hatte 1919, die »Spirit of St.Louis« 1927 ebenso überladen mit Treibstoff abgehoben, wie die »Royal William« 1833 mit Kohle überladen ihre Atlantiküberquerung begonnen hatte. Und trotzdem handelte es sich um Leistungen, die aufgrund ihres Symbolcharakters richtungweisend waren: Sie zeigten, daß die Fahrt/der Flug im Prinzip möglich und der Rest eine Frage kontinuierlicher technischer Weiterentwicklung war.

Doch wurde dem Flugzeug auch von Luftschiffen Konkurrenz gemacht. In den zwanziger Jahren waren die in Deutschland vor dem Ersten Weltkrieg entwickelten Zeppeline den Flugzeugen zwar an Geschwindigkeit und Handlichkeit unterlegen, besaßen dafür aber die erforderliche Langstreckentauglichkeit. 1919 überquerte das erste Luftschiff, der britische Zeppelin »R 34«[429], den Atlantik und flog auch wieder zurück. Tatsächlich waren die Zeppeline in der Zwischenkriegszeit aufgrund ihrer hohen Reichweite auf der Transatlantikroute dem Flugzeug überlegen, und es fragt sich, warum diese Technik nicht nachhaltiger genutzt wurde. Eine Antwort ist vielleicht, daß sich die Zeppeline im militärischen Einsatz des Ersten Weltkriegs wegen ihrer Wasserstoffüllung als extrem feuerge-

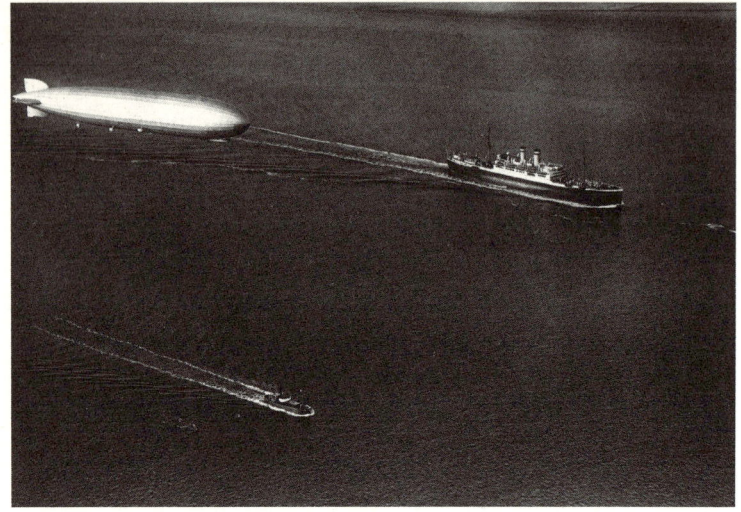

»Graf Zeppelin« über dem Atlantik bei einer Begegnung mit einem Ozeandampfer, 1929

fährlich gezeigt hatten; deshalb waren sie auch von der Front zurückgezogen worden. Die Luftschifftechnik war aber, trotz mancher Tücken und Gefahren, beherrschbar. Zwischen 1926 und 1936 wurde ein deutscher Luftschiffdienst über den Atlantik eingerichtet. Bei mäßigem Treibstoffverbrauch glitten die gewaltigen Luftschiffe »Graf Zeppelin« und »Hindenburg« mit einer gemächlichen Geschwindigkeit von bis zu 120 km/h über den Atlantik. Die »Graf Zeppelin« als kleineres der beiden Luftschiffe war schon über 200 Meter lang; die Schiffe konnten 50 bis 70 Passagiere und 12 t Fracht oder Post befördern. Beide Zeppeline überquerten zusammen mehr als 300mal den Atlantik. Die Überfahrt war komfortabel und populär, aber auch sehr teuer. Beim Betrieb der windabhängigen Fahrzeuge galten letztlich ähnliche Atlantikrouten wie in der Segelschiffszeit. Die Zeppelinbesatzungen wurden vor dem Abflug vom Wetterdienst der deutschen Seewarte über die zu erwartenden Winde und die beste Route beraten. Die »Graf Zeppelin« flog von

Friedrichshafen am Bodensee, den Passat nutzend, in vier bis fünf Tagen nach Südamerika, die »Hindenburg« zwischen Mai und Oktober 1936 von Frankfurt a. M. nach Lakehurst bei New York. Die weit nördlich verlaufenden Ost-West-Reisen der Nordatlantikroute dauerten im Schnitt knapp 64 Stunden, die Rückreise, von den steten Westwinden begünstigt, nur knapp 52 Stunden.[430] Damit waren die Zeppeline immer noch etwa doppelt so schnell wie die schnellsten Ozeanliner, und außerdem recht luxuriös. Das große Problem der Zeppeline war aber, neben der Wetterabhängigkeit, ihre Füllung: Das ideale Gas, nämlich das unbrennbare Helium, war nur in geringen Mengen in Amerika vorhanden und wurde von den USA nicht an Deutschland geliefert. Statt dessen wurde der billigere, aber auch hochbrennbare Wasserstoff genommen. Die Katastrophe der »Hindenburg« in Lakehurst – das 245 m lange Luftschiff, das größte, das jemals im Einsatz war, wurde am 6. Mai 1937 bei der Landung in Lakehurst durch einen Brand zerstört; bei der Katastrophe kamen 36 der 92 Insassen ums Leben – führte dann auch zum raschen Ende der Zeppeline. Erst in der Gegenwart gibt es Versuche, das Prinzip wiederzubeleben, aber nicht in der Transatlantikluftfahrt und auch nicht für den Passagier-, sondern nur für den Frachttransport.

Daß nach dieser Katastrophe die Zeppeline endgültig aufgegeben wurden, zeigt, daß sie als reine Notlösung galten, die nur solange ihre Berechtigung hatte, wie noch keine Flugzeuge mit einer hinreichenden Reichweite für den Atlantikflug zur Verfügung standen. Und an diesem Problem wurde unablässig gearbeitet. Einer der Auswege schien zu sein, auf dem Atlantik Wasserflugzeuge einzusetzen. Eines der bekanntesten Flugboote war die gewaltige, mit zwölf Motoren ausgerüstete »Do-X«. Sie machte 1931 einen Flug von Europa über die Kapverden, Rio de Janeiro nach New York und von dort aus zurück nach Berlin. Das gewaltige Flugboot war trotz seiner vielen Motoren untermotorisiert, hatte Schwierigkeiten, überhaupt abzuheben, und wurde nicht in Serie gebaut.[431] Weitere Versuche mit Wasserflugzeugen galten weniger der Personen- als der Postbeförderung

Flugboot »Dornier Do X« vor der Kulisse New Yorks, 1931

über den Atlantik. Die Flugboote konnten auf dem Meer zwischenlanden und dort von speziellen Mutterschiffen aufgetankt werden. Die Lufthansa und die Air France hatten auf diese Weise in der zweiten Hälfte der dreißiger Jahre einen Postbeförderungsdienst im Südatlantik eingerichtet, der, nach mehreren Zwischenlandungen, seinen Endpunkt in Natal in Brasilien fand. Versuche, über die Azoren einen ähnlichen Service auch im Nordatlantik aufzubauen, befanden sich, wegen der dort erheblich größeren klimatischen Schwierigkeiten, vor dem Zweiten Weltkrieg noch im Versuchsstadium.[449] Eine Variante bei der Postbeförderung waren Postflugzeuge, die von den großen Dampfern, etwa der »Bremen« und »Europa« des Norddeutschen Lloyd, aus gestartet wurden. Die Schiffe hatten ein Katapult und ein einmotoriges Wasserflugzeug an Bord, und sobald das Ziel – New York oder Bremen – in Reichweite war, wurde das Postflugzeug gestartet. Damit waren bei der Postbeförderung etliche Stunden zu gewinnen, die das Flugzeug schneller am Zielort war als das Schiff. Eine weitere Variante, mit der experimentiert wurde, um das Reichweitenproblem zu lösen, war ein Huckepack-System: Ein großes Wasserflugzeug startete mit einem aufmontierten kleineren Wasserflugzeug, das sich dann von dem großen Flugzeug trennte und allein weiterflog. Im Grundprinzip ähnliche Projekte werden heute für die bemannte Raumfahrt erwogen.

Kurz vor dem Zweiten Weltkrieg waren die Flugboote aber schon so leistungsfähig, daß amerikanische Linien einen Interkontinentaldienst sowohl nach Asien als auch nach Europa, nach Lissabon, einrichten konnten. Sie boten aber nur einer geringen Zahl von Passagieren Platz, und die Reise dauerte lange und war strapaziös. Der Krieg unterbrach diese Entwicklung der Wasserflugzeuge, und auch nach seinem Ende gab es kein Comeback. Denn schon Ende der dreißiger Jahre hatte sich abgezeichnet, daß wegen der besseren Aerodynamik mehrmotorige Landflugzeuge mit einziehbarem Fahrwerk den plumpen Flugbooten überlegen sein würden – und zwar auch auch auf der Atlantikroute.

1938 flog das neue Langstreckenflugzeug der Lufthansa, die viermotorige »Focke-Wulf 200«, in 25 Stunden von Berlin nach New York. Es handelte sich um einen Rekordflug, denn das Flugzeug hatte normalerweise eine Reichweite von etwa 4000 km; es konnte diese Strecke nur durch die Mitnahme großer Mengen an zusätzlichem Treibstoff überwinden. Immerhin, mit Zwischenlandung in Irland und Neufundland oder in Island wäre die »Focke-Wulf« bereits im regulären Liniendienst über den Atlantik einsetzbar gewesen. Solche Erfolge gaben die Richtung vor. Der Zweite Weltkrieg forcierte sie eher, als daß er sie unterbrach. Tausende in Amerika gebaute zwei- und viermotorige Bomber wurden teils von ihren eigenen Besatzungen, teils von speziellen Überführungscrews zu ihren Einsatzorten nach Europa geflogen. Passagier- und Frachtflüge gingen in beide Richtungen über den Atlantik; hierbei wurden auch Flugboote eingesetzt. Transatlantikflüge zwischen Großbritannien und Nordamerika wurden Standard, oft auf der direkten Route, häufig auch über Island oder die Azoren, selten über Grönland und bisweilen auch über die Südroute nach Gibraltar. Insgesamt wurde der Atlantik während des Zweiten Weltkriegs in beiden Richtungen von britischen und amerikanischen Flugzeugen über 47000mal überquert.[433]

Diese Zahl macht deutlich: Nach Kriegsende war der Transatlantikflug, der »big hop«, nichts Besonderes mehr. Zivile Fluggesellschaften boten sogleich die Flugreise über den Atlantik an, wenn auch zunächst im umständlichen Verfahren mehrerer Zwischenlandungen. Sie mußten auf dem Weg nach New York in Shannon in Irland und Gander in Neufundland zwischenlanden und auftanken. Erst die letzte Generation von Propellerflugzeugen mit Kolbenmotoren, nämlich die »Douglas DC 7c«, die späteren Versionen der »Lockheed Super Constellation« und ihre Weiterentwicklung »Lockheed Starliner« waren in der Lage, den Atlantik nonstop zu überqueren.[434] Die Reise mit den Propellermaschinen dauerte 16 Stunden und war unbequem. Auch klagten damalige Reisende über die endlosen Visaformalitäten. Trotzdem zeichnete sich schon Mitte der fünfziger Jahre deutlich ab, daß dem Flugzeug aufgrund des erheblichen Geschwindigkeitsvorteils die Zukunft gehören würde.[435]

Der endgültige Durchbruch des Flugzeugs erfolgte dann aber mit der Einführung der Düsenmaschinen. Das erste zivile Düsenflugzeug, die »De Havilland Comet«, wurde 1952 in Dienst gestellt, flog aber nicht auf der Nordatlantikroute. Hier wurde ab 1958 die legendäre »Boeing 707« eingesetzt. Die Flugzeit zwischen Europa und Amerika reduzierte sich nun auf acht Stunden. Dies war der Tod für die Personenschiffahrt auf dem Atlantik und allen anderen Weltmeeren. Die optimistische Erwartung, daß die Geschwindigkeitssteigerungen so weitergehen würden, führte dann zur Entwicklung des britisch-französischen Überschallflugzeugs »Concorde«, mit dem sich die Reise über den Atlantik auf drei Stunden verkürzte. Obwohl das Flugzeug eine technische Meisterleistung darstellt und bislang nur ein Absturz zu beklagen ist, blieb es wegen der exorbitanten Kosten einem kleinen Publi-

Frachtschiffahrt, Tankerhavarien und Telekommunikation

Supertanker im Hafen

kum von Spitzenmanagern und wohlhabenden Touristen vorbehalten. Nicht umsonst wurden die amerikanischen und sowjetischen Überschallflugzeugentwicklungen im Projekt- oder Prototypenstadium gestoppt. Der Flugverkehr hat sich, was die Geschwindigkeit angeht, seit Einführung der »Boeing 707« aus Kostengründen nicht mehr wesentlich weiterentwickelt und bewegt sich im hohen Unterschallbereich von knapp 1000 km/h. Es ist aber wahrscheinlich, wenn die Entwicklungstrends der Vergangenheit in die Zukunft verlängert werden, daß verbesserte Techniken mittelfristig auch zu erheblich höheren Reisegeschwindigkeiten führen werden.

Der Atlantik als Transitmeer der Weltgesellschaft (1919–2000)

Gekenterter liberischer Öltanker »Braer« vor den Shetland-Inseln, 1993

Frachtschiffahrt, Tankerhavarien und Telekommunikation

In einem anderen Sektor gelang es dem Schiff, sich gegen das Flugzeug zu behaupten: in der Frachtschiffahrt. Träume der zweiten Nachkriegszeit, das Flugzeug nicht nur beim Personen-, sondern auch beim Frachtentransport über das Schiff siegen zu lassen, etwa durch gewaltige düsengetriebene Flugboote, haben sich nicht realisiert und wurden spätestens in der ersten Ölkrise ad acta gelegt. Aus Kostengründen werden nur wenige hochwertige Güter mit Flugzeugen transportiert, während Massengüter nach wie vor, und wahrscheinlich auf unabsehbare Zeit, per Schiff transportiert werden. Nach dem Zweiten Weltkrieg nahmen die Schiffsgrößen ungeheuer zu. Tanker und Frachter erreichten gewaltige Größenordnungen; gleichzeitig differenzierten sich die einzelnen Schiffstypen weiter aus. Während die Passagierschiffe nun zu reinen Kreuzfahrern mutiert sind, meist mit einer Einheitsklasse und außenliegenden Schwimmbädern, wurden große Fähren, Trockengutfrachter, Kühlschiffe, Erdöl-, Erdgas- und Chemikalientanker, spezialisierte Fischereifahrzeuge, Forschungsschiffe, Seenotrettungskreuzer, Yachten und viele weitere Fahrzeuge gebaut. Jüngst sind die Autofähren mit ihren Bugtoren, großen Laderäumen und fehlenden Schotten in die Kritik geraten, vor allem nach dem Untergang der »Harold of Free Enterprise« vor Zeebrügge am 6. März 1987 und der »Estonia« am 28. September 1994 in der Ostsee.

Doch wegen ihrer besonderen Unfallgefährlichkeit müssen hier die Tanker, vor allem die Erdöltanker Beachtung finden. Sie haben längst die Passagierschiffe als größte Fahrzeuge der Welt abgelöst. Die ersten Tankschiffe wurden schon vor dem Ersten Weltkrieg gebaut. Bis ins 19. Jahrhundert hinein waren Flüssigkeiten in Fässern transportiert worden; dies war natürlich bei größeren Mengen sehr umständlich und beim Rohöltransport letztlich unpraktikabel. Deshalb wurde bereits 1886 ein Spezialfahrzeug für diesen Zweck gebaut. Dieser erste Tanker, die auf einer britischen Werft, aber in deutschem Auftrag gebaute »Glückauf«, war noch mit Hilfssegeln ausgestattet, hatte 2307 BRT und 16 große, im Rumpf fest eingebaute Fässer. Verlierer dieser Entwicklung waren die Schauerleute, die nun, anders als beim Faßtransport, beim Be- und Entladen nicht mehr gebraucht wurden; denn nun konnte die Ladung einfach abgepumpt werden. Der Aufstand der New Yorker Schauerleute gegen diesen neuen Schiffstyp konnte den Fortschritt aber nicht aufhalten.[436]

Die Tankerneubauten erreichten schon vor 1914 Größen von über 14000 BRT; sie waren also für damalige Verhältnisse große Schiffe. In der Zwischenkriegszeit wuchsen sie weiter; vor dem Zweiten Weltkrieg wurden Größenordnungen von 15000 BRT Standard.[437] Nach 1945 kam es dann, mit dem gestiegenen Rohölbedarf der modernen Industriegesellschaften, zu weiteren raschen Sprüngen in der Größe: Die von der Howaldtswerft 1953 gebaute »Tina Onassis« war mit ihren 25010 BRT damals der größte Tanker. Inzwischen gibt es japanische Tanker mit etwa 600000 BRT.

Das Vorhaben, ein Eine-Million-Tonnen-Schiff zu bauen, blieb bislang nur ein Projekt. Diese Schiffe sind sehr empfindlich, da sie eine im Vergleich zu ihrer Größe nur sehr dünne Außenhaut haben. Auch läßt ihre Manövrierfähigkeit infolge der gewaltigen Ausmaße natürlich nach, von dem enormen Tiefgang ganz zu schweigen; irgendwann würden solche Riesen beispielsweise nicht mehr durch den Ärmelkanal fahren können. Den Suez-Kanal, den Schiffe mit maximal 150000 BRT befahren können, vermögen die größten dieser Erdöltransporter ohnehin nicht mehr zu passieren, den Panamakanal erst recht nicht. Die großen Tanker erwiesen sich als unfallträchtig und waren auf allen Weltmeeren und ganz besonders im Atlantik in eine ganze Kette schwerer Unfälle verwickelt, wobei, neben der erwähnten Empfindlichkeit der Riesenschiffe oft Wartungs- und Bedienungsfehler die Unfallursache waren. 1967 lief die »Torrey Canyon« 21 km westlich der englischen Küste auf Grund, und 122000 t Rohöl wurden freigesetzt. Damit war die erste große Ölpest der Geschichte zu beklagen. Spektakulär war auch der Untergang der »Amoco Cadiz«. Das Schiff lief am 16. März 1978 durch ein technisches Versagen vor der französischen Atlantikküste auf Grund. Da die Genehmigung der Reederei zum – kostspieligen – Abschleppen durch einen Hochseeschlepper zu spät erteilt wurde, brach das Schiff auseinander, und über 250000 t Öl verwüsteten die Küsten der Bretagne. 1979 stieß die »Atlantic Empress« mit der »Aegaean Captain« vor Tobago zusammen, 304800 t Rohöl traten aus. Und so ging es weiter: Die »Sea Empress« havarierte am 15. März 1996 vor der walisischen Küste; obwohl das Schiff nicht sank, verlor es 70000 t Rohöl. Die »Exxon Valdez« lief in Alaska 1989 auf Grund, 35560 t Öl traten aus. Und schließlich sank, erneut vor der leidgeprüften bretonischen Küste, der Seelenverkäufer »Erika«. Auch die »Braer« lief 1993 vor den Shetland-Inseln auf Grund und löste eine gravierende Ölverschmutzung aus. Die Ursachen vieler dieser Havarien – verantwortungslose Reedereien, die ihre schlecht gewarteten Schiffe mit unerfahrenen Besatzungen unter Billigflaggen laufen lassen und sich im Schadensfall der Haftung entziehen – sind längst bekannt. Maßnahmen verschleppen sich nicht nur wegen der notwendigen internationalen Abstimmung, sondern auch weil sich alle Regierungen schwer tun, den Handel durch dann notwendige bürokratische Kontrollmechanismen zu belasten. Aber nicht nur schlecht gewartete, betriebsunsichere Schiffe gingen verloren. So verschwand das 1972 gebaute, 37 000 BRT große Leichterträgerschiff »München« im Dezember 1978 in einem Atlantiksturm, und die Ursachen seines Untergangs sind bis heute nicht geklärt.[438]

Um nach der Personen- und Frachtbeförderung auch noch kurz die interkontinentale Kommunikation zu erwähnen: 1866 verlegte die »Great Eastern« das erste funktionierende Transatlantikkabel, was als nachrichtentechnische Revolution gefeiert und von Stefan Zweig in »Sternstunden der Menschheit« verewigt wurde. Die Telegraphenverbindung beschleunigte den transatlantischen Nachrichtenaustausch von ca. 20 Tagen auf wenige Stunden. In der Zwischenkriegszeit verbanden bereits 16 Kabel Europa und Amerika.[439] Und 1901 hatte Guglielmo Marconi zum ersten Mal über den Atlantik gefunkt. Die Entwicklung beschleunigte sich immer mehr: Seit 1956 konnte über Kabel, seit 1965 über Satellit über den Atlantik hinweg telefoniert werden. Und ab 1962 wurde die Fernsehübertragung via Satellit möglich. Eine weitere maritime Revolution war die Einführung der Satellitennavigation. Doch nahm die satellitengestützte Navigation und Kommunikation globale Ausmaße an und ließ damit die vom Atlantik gesteckten Grenzen hinter sich.

Ausblick:
der Atlantik und die Globalisierung

∽∽∽

Somit ist der Bogen gespannt und die Geschichte des Atlantik von den ersten Fahrten in der Steinzeit über Homers Atlantikbild, über die Fahrten und die Atlantikbilder der Phönizier, Griechen, Römer, Wikinger, Portugiesen, Spanier, Engländer, Franzosen und Holländer bis in die Gegenwart hinein nachskizziert worden. Die Protagonisten dieser Geschichte wechselten. Es waren karthagische Händler, griechische Geographen, normannische Seefahrer, portugiesische und spanische Entdecker, englische Piraten, Walfänger und Polarforscher, schwedische Ballonfahrer, deutsche U-Boot-Besatzungen und schließlich Piloten und Passagiere moderner Düsenmaschinen aller möglicher Nationen. Ebenso verschieden waren ihre Verkehrsmittel: vom Fellboot über die Galeeren, über die Segelschiffe, über die ersten Dampfer bis hin zu den Luftschiffen und Ozeanriesen des 20. Jahrhunderts, den Düsenjets und den Supertankern der Gegenwart. Die Geschichte der Entdeckung und Befahrung des Atlantischen Ozeans besteht aus unendlich vielen Einzelaspekten und Begebenheiten, aus technischen, nautischen, ökonomischen, politischen und militärischen Entwicklungen, von denen hier nur eine kleine Auswahl präsentiert werden konnte, wobei sowohl das Individuelle wie das Strukturelle berücksichtigt wurde.

Ausblick: der Atlantik und die Globalisierung

Doch was hält die Geschichte dieses Weltmeeres zusammen? Vielleicht ist es die Frage nach der Funktion und Rolle des Atlantik in der Geschichte der Menschheit. Bis zu den Fahrten der Portugiesen und Spanier am Ende des Mittelalters war der offene Atlantik für Europa das westliche Ende der Welt. Europa lag am Rand des eurasischen Kontinents, geblendet vom Reichtum und der überlegenen Kultur Asiens, die man mehr vom Hörensagen als vom Sehen und Erleben kannte. Die Verbindungen zwischen Europa und Asien waren sporadischer Natur, und Amerika war eine isolierte Welt für sich. Heute dagegen ist der Atlantik das Transitmeer zwischen den Kontinenten, das von Nachrichten in Sekundenbruchteilen, von Flugzeugen in wenigen Stunden überquert wird. Zwischen dem Atlantik von heute und dem der vorkolumbianischen Ära liegt eine vielhundertjährige Geschichte der Entdeckungen und des technischen Fortschritts und der Veränderung ganzer Kontinente in ihren politischen Strukturen, in ihren Alltags- und Ernährungsgewohnheiten, in ihrer Bevölkerung. Die Folgen dieser Entdeckungen betrafen die ganze Welt, auch Asien und Australien. Aber hier wurden nur die Auswirkungen auf den europäischen, westafrikanischen und amerikanischen Kontinent behandelt, die in der frühen Neuzeit in eine atlantische Welt miteinbezogen worden waren, und diese Entwicklung war schon gewaltig genug.

Nochmals sei an Adam Smith erinnert, der meinte: »Die Entdeckung Amerikas und des Seeweges nach Ostindien um das Kap der Guten Hoffnung sind die beiden größten und bedeutendsten Ereignisse in der Geschichte der Menschheit.« Die Geschichte des Atlantik ist, in ihren vielfältigen Facetten, ein Ausschnitt – und zwar ein wichtiger und entscheidender – aus der Geschichte des Fortschritts der Menschheit. Und daß die Geschichte der Entdeckung und Befahrung des Atlantik mit einem ungeheuren Austausch von Ideen, Waren und Menschen verbunden war, ist ebenso unbestreitbar wie die revolutionierende Wirkung dieses Austauschs. Denn daß europäische Seeleute den westlichen Ozean erforscht und befahren, daß die Portugiesen und Spanier die bisherige Weltgrenze überwunden haben, löste eine Entwicklung aus, die bis heute anhält: das Verschmelzen von Elementen und Gebräuchen unterschiedlicher Kulturen zu einer Weltkultur, in der sich durch Vernetzungen ungeahnter Vielfalt zwischen den Bewohnern verschiedener Kontinente ein neues Ganzes ergeben hat. Diese Entwicklung war europäisch dominiert, andere Völker wurden unterdrückt. Sie war nicht nur positiv, hier erinnere ich an die demographische Katastrophe der Indianer und die Verschleppung von elf Millionen schwarzafrikanischer Sklaven als Leidtragende dieser Entwicklung. Und doch hat die Entdeckung und Befahrung des Atlantik die historische und ökonomische Entwicklung des Planeten eindeutig beschleunigt. Bertolt Brecht postulierte einmal als zentrales Ziel, die Mühsal der menschlichen Existenz zu erleichtern. Wenn dies als Maßstab genommen wird, ist die Entdeckungsgeschichte in der Bilanz positiv, und zwar weil sie eine gewaltige ökonomische und technische Leistungssteigerung zur Folge hatte. Die Menschheit wurde materiell und kulturell viel reicher; ob auch das individuelle Glück anwuchs, ist eine andere Frage. Letztlich möchte man mit Adam Smith hoffen, daß die durch die Entdeckungen ausgelöste Entwicklung zum friedlichen Austausch, zum ökonomischen Wachstum und zur gleichberechtigten globalen Arbeitsteilung führen wird und damit die Basis für Zufriedenheit und auskömmliche Lebensbedingungen schafft.

Die Welt, in der der Atlantik die Weltgrenze bildete, ist ungeheuer verschieden von der, in der dieser Ozean der wichtigste Transitweg der globalen Gesellschaft ist. Heute ist der Atlantik das zentrale und wichtigste Transitmeer der Weltgesellschaft, die aus dieser Entwicklung hervorgegangen ist. Etwa 70 % des Weltseeverkehrs[440] werden über dieses Meer abgewickelt. Es gab und gibt Projekte einer Atlantischen Freihandelszone. Sie soll für Güter gelten, von denen mindestens 80 % des Weltmarkts hier gehandelt werden – und das sind offenbar nicht wenige.[441] Man kann ausrechnen, wie sich der Schiffsverkehr zwischen den Weltmeeren aufschlüsselt; eine große Arbeit, die sich Gerhard Schott in der Zwischenkriegszeit gemacht hat. Für das Jahr 1923 schätzte er die Schiffsbewegungen auf 148 Millionen Registertonnen, von

Ausblick: der Atlantik und die Globalisierung

denen auf den Atlantik 102,3, auf den Indischen Ozean 17,5 und den Pazifik 28.2 Millionen Tonnen entfielen. Damit war das Verhältnis zwischen dem Verkehr auf dem Atlantik und dem auf den übrigen Ozeanen 2,2:1.[442] Dank der modernen Datenerfassung könnte eine noch viel größere statistische Genauigkeit über den heutigen Verkehr gewonnen werden; doch wäre sie nur von begrenzter Aussagekraft. Denn schließlich sind viele Fahrzeuge im Atlantik unterwegs, um von dort in den Indischen oder Pazifischen Ozean zu gelangen, und umgekehrt. Hier sei nur an den Rohöltransport aus dem Mittleren Osten oder an den Warentransport Japans und der sogenannten Tigerstaaten nach Europa und Amerika erinnert. Am Ende dieser Darstellung der Geschichte des Atlantik von der Frühgeschichte bis in die Gegenwart möchte ich noch einmal an die ursprüngliche Bedeutung des Wortes *okeanos* erinnern: Der Ozean ist das weltumschlingende Meer, und der Atlantik ist ein wichtiger, aber ein nur willkürlich herausgeschnittener Teil dieses Weltmeers. Er trägt, in seiner heutigen Begrenzung, gerade erst etwas über hundert Jahre diesen Namen. Die Entwicklung einer Weltkultur, die mit der Entdeckung und Befahrung des Atlantischen Ozeans durch europäische Seefahrer ihren Anfang nahm, hat längst dessen Grenzen gesprengt und läßt sich nur noch im globalen Rahmen sehen und werten.

Anmerkungen

In den Anmerkungen steht bei Erstnennung der volle Titel, später nur noch der Autorenname, gegebenenfalls die Bandangabe, dann die Seitenzahl. Bei Autoren, von denen mehr als ein Buch zitiert wird, zusätzlich noch ein Kurztitel, der die Identifizierung zweifelsfrei ermöglicht. Beispiel: Braudel 1, S. 5 = Fernand Braudel, *Das Mittelmeer und die mediterrane Welt in der Epoche Philipps II.* Übersetzt von Grete Osterwald und Günter Seib, 3 Bände, Frankfurt a. M. 1994, Band 1, S. 5.

[1] Fernand Braudel, *Das Mittelmeer und die mediterrane Welt in der Epoche Philipps II.* Übersetzt von Grete Osterwald und Günter Seib, 3 Bände, Frankfurt a. M. 1994.
[2] *Séville et l'Atlantique (1504–1650)*, Paris 1956–1960.
[3] Platon, *Phaidros* 108 E 4-109 B 4, zitiert nach Werner Eckschmitt, *Weltmodelle. Griechische Weltbilder von Thales bis Ptolemäus*, Mainz 1989 (Kulturgeschichte der antiken Welt, Bd. 43), S. 85.
[4] Braudel 1, S. 20.
[5] Braudel 2, S. 17 ff.
[6] Braudel 2, S. 24–28. Ähnliche Berechnungen sind für die antike Schiffahrt und auch für die Segelschiffe des 19. Jahrhunderts durchgeführt worden und werden später noch Erwähnung finden.
[7] Zum Atlantismythos beipielsweise (und vom Stil her typisch) Otto Muck, *Alles über Atlantis,* Düsseldorf-Wien 1976; Eberhard Zangger, *Ein neuer Kampf um Troja. Archäologie in der Krise,* München 1994 (mit der These, Troja sei Atlantis gewesen).
[8] Dazu Barry Cunliffe, *Facing the Ocean,* Oxford 2001, passim.
[9] Schilderung in: Alain Bompard, *Im Schlauchboot über den Atlantik,* München 1953, passim.

Anmerkungen

[10] Dazu: Reinhard G. Matschke, *Überleben auf See aus medizinischer Sicht*, Düsseldorf 1977, passim; Tabelle dort auf S. 59.

[11] Bompard, S. 25.

[12] Homer, *Illias*, XXI,195.

[13] Richard Hennig, *Die Geographie des Homerischen Epos. Eine Studie über die erdkundlichen Elemente der Odyssee*, Leipzig und Berlin 1934, S. 36.

[14] Bernhard Varen, *Geographia generalis*, Amsterdam 1650. Dazu Eberhard Schmitt, *Dokumente zur Geschichte der europäischen Expansion*, Bd. 1–4, München 1986–1988. Band 1: *Die mittelalterlichen Ursprünge der europäischen Expansion*, München 1986; Band 2: *Die großen Entdeckungen*, München 1984; Band 3: *Der Aufbau der Kolonialreiche*, München 1987; Band 4: *Wirtschaft und Handel der Kolonialreiche*, München 1988; hier: Schmitt, *Dokumente 2*, S. 28–33.

[15] Gerhard Schott, *Geographie des Atlantischen Ozeans*, Hamburg 1942, S. 44.

[16] Schott, S. 50.

[17] Wegener 1912; dazu, auch mit Karte, Schott, S. 43.

[18] Wolfgang Lochner, *Wagnis Atlantik. Abenteuerliche Überquerungen des Atlantik. Unter Wasser – auf dem Wasser – in der Luft*, Würzburg 1982, S. 41.

[19] Schott, S. 57.

[20] Schott, S. 56.

[21] Zu archäologischen und technischen Erkenntnissen über frühe Wasserfahrzeuge siehe Seán McGrail, *Ancient boats in N.W. Europe. The archaeology of water transport to AD 1500*, London/New York 1987.

[22] Hans Dietrich L. Viereck, *Die römische Flotte. Classis Romana*, Herford 1975, S. 123, erwähnt das »navigium isidis«, ein Fest, mit dem die Schifffahrt am 5. März jedes Jahres wiedereröffnet wurde.

[23] Viereck, S. 124.

[24] Viereck, S. 124: »mortis est socius«.

[25] Tacitus, *Germania* XXXIV, schrieb über die römischen Vorstöße in die Nordsee: »Nec defuit audentia Druso Germanico, sed obstitit Oceanus in se... inquiri. Mox nemo temptavit, sanctiusque ac reverentius visum de actis deorum credere quam scire.« – »Es fehlte dem Drusus Germanicus nicht an Mut, aber der Ozean selbst stand dem entgegen, daß man ihm... nachspüre. Niemand hat es dann mehr versucht, da man es für frömmer und ehrfurchtsvoller hielt, an die Taten der Götter zu glauben, als von ihnen zu wissen.«

[26] Richard Hennig, *Terrae Incognitae. Eine Zusammenstellung und kritische Bewertung der wichtigsten vorkolumbianischen Entdeckungsreisen an Hand der darüber vorliegenden Original-Berichte*, 4 Bände, Leiden 1936 ff., hier: *Terrae Incognitae IV*, S. 328. Hennig zitiert Plutarch, nach dem sich »Ogygia« fünf Tagereisen westlich von Britannien befinde.

[27] Hugo Berger, *Geschichte der Wissenschaftlichen Erdkunde der Griechen*, 2. Auflage Leipzig 1903, S. 388.

[28] Gilbert und Colette Charles-Picard, *So lebten die Karthager zur Zeit Hannibals*, Stuttgart 1959, S. 234.

Anmerkungen

29 Hennig, *Terrae Incognitae* I, Nr. 9.
30 Hennig, *Terrae Incognitae* I, Nr. 12; zur Fehlerhaftigkeit der Quellenüberlieferung dort besonders S. 90.
31 In der Quelle wird Hanno als karthagischer »König« (βασιλευς) bezeichnet. Er war »Suffet« = schofetim = der auf ein Jahr gewählte, höchste Beamte punischer Gemeinden.
32 Hennig, *Terrae Incognitae* I, Nr. 18.
33 Hennig, *Terrae Incognitae* I, Nr. 31.
34 Hennig, *Terrae Incognitae* I, Nr. 55. Nach Hennig wurde der *Periplus* im 1. oder 2. Jahrhundert verfaßt; er meint sogar, die Entstehung etwa auf das Jahr 89 n. Chr. festlegen zu können.
35 Viereck, S. 142: Quintus Sertorius wollte sich (so berichtet Plutarch in der Vita des Sertorius) 81 v. Chr. auf den »Inseln der Seligen« niederlassen.
36 Charles-Picard, S. 237–242.
37 Zu Pytheas: Hennig I, Nr. 20, zu Strabos Kritik besonders S. 178.
38 Quellen bei Hennig I, Nr. 35.
39 Olaf Höckmann, *Antike Seefahrt,* München 1985, S. 63.
40 Dazu Viereck, S. 145
41 Nach Viereck, S. 124 und S. 148, hatte das Standardhandelsschiff der römischen Kaiserzeit eine Tragfähigkeit von 340 t. Es war etwa 30 m lang, 10 m breit, das Verhältnis Länge–Breite betrug also 3:1. Es hatte etwa 3 m Tiefgang. Schiffe über 150 t waren unterhalb der Wasserlinie mit Bleiplatten ausgekleidet, was sie gegen den Bohrwurm resistenter machte und ihre Lebensdauer erhöhte, siehe Viereck, S. 132.
42 Höckmann, S. 72; Viereck, S. 128, bringt die Angabe, daß es römischen Rahseglern nicht möglich war, »dichter als 65° beim Wind zu segeln«.
43 Viereck, S. 125.
44 Phaidon 108.
45 ΑΡΙΣΤΟΤΕΛΟΥΣ ΠΕΡΙ ΟΥΡΑΝΟΥ /*Aristotle, On the Heavens,* with an english translation by W. K. C. Guthrie, London/Cambridge 1960 (The Loeb Classical Library), II, XIV.
46 Plinius,*Naturalis Historiae* I, II, LXXI ff.
47 Eckschmidt, S. 153. Ein Problem dabei war, daß die Annahme von Kreisbahnen der Planeten um die Sonne die Himmelsmechanik nicht vollständig erklären kann, da diese auf elliptischen Bahnen beruht.
48 Beispiele Schmitt, *Dokumente* I, S. 5–6.
49 Berger, S. 310, 311.
50 Berger, S. 311, 313.
51 Schmitt, *Dokumente* 2, Nr. 7, S. 33–36.
52 ΑΡΙΣΤΟΤΕΛΟΥΣ ΠΕΡΙ ΟΥΡΑΝΟΥ, II.14, 297 b, 298a, (S. 252–255).
53 Dazu Eckschmitt, passim.
54 Heinrich Prell, *Die Vorstellungen des Altertums von der Erdumfangslänge,* Berlin 1959 (Abhandlungen der Sächsischen Akademie der Wissenschaften zu Leipzig, Mathematisch-Naturwissenschaftliche Klasse, Band 46, Heft 1), S. 19.

[55] 252 000 Stadien x 148,5 m = 37 422 km, 1 Grad = 700 Stadien = 103,95 km.
[56] Berger, S. 576.
[57] Prell, S. 19: 180 000 Stadien x 198 m = 35 640 km, 1 Grad = 500 Stadien.
[58] Aufstellung siehe ebd., S. 62–68.
[59] Das Werk des Ptolemäus trug in der humanistischen Tradition dann den Namen »Cosmographia«; Claudius Ptolemäus, *Cosmographia. Weltkarten.* Einleitung und Anmerkungen von Lelio Pagani, (ed.) Georg Popp (o. O. o. J.). Aus den astronomischen Berechnungen des Ptolemäus (Almagest) ist zu erschließen, daß er zwischen 125 und 151 n. Chr. gearbeitet haben muß.
[60] Strabo, *Geographia,* II, C. 102 (deutsch: *Strabos Erdbeschreibung in siebenzehn Büchern nach berichtigtem griechischen Texte unter Begleitung kritischer erklärender Anmerkungen verdeutscht von Christoph Gottlieb Groskurd,* 1. Thl. (Berlin-Stettin 1831); Berger, S. 579 f.; 70 000 x 198 m = 13 860 km.
[61] Zitiert nach Berger, S. 319; Strabo, *Geographia,* I, C 64, 65.
[62] Zitiert bei Holger Afflerbach, »›Quantum enim est quod ab ultimis litoribus Hispaniae usque ad Indos iacet?‹ Der Einfluß antiker Atlantikvorstellungen auf die Westfahrt des Kolumbus«, in: Ulfried Burz/Michael Derndarsky/Werner Drobesch, *Brennpunkt Mitteleuropa. Festschrift für Helmut Rumpler zum 65. Geburtstag,* Klagenfurt 2000, S. 671–684, S. 671.
[63] Der Seneca-Abschnitt endet mit einem »sciam omnia angusta esse mensus deum« – »Wenn ich Gott gemessen habe, werde ich wissen, daß alles weitere klein ist.« F. M. A. Brok, Herausgeber der Seneca-Ausgabe »Naturales Quaestiones«, Darmstadt, WB, 1995, glaubt, Seneca habe diese Angabe der »paucissimorum dierum spatium« wörtlich gemeint, und schreibt auf S. 469, Anmerkung 5: »Eratosthenes hatte den Umfang der Erde ziemlich genau auf 252 000 Stadien (39 690 km) berechnet. In Senecas Zeit ging man aber von einer dem Poseidonius zugeschriebenen Berechnung aus, die ungefähr um ein Drittel darunter lag (180 000 Stadien). Daher glaubte man, daß die Fahrt von Spanien in westlicher Richtung nach Indien nicht viel länger als die schon bekannte Reise über Land sein könne.« Diese Ansicht Broks geht aber von einem Stadienbegriff aus, den noch Berger, *Wissenschaftliche Erdkunde,* verwendet hatte, den aber inzwischen Prell, *Vorstellungen des Altertums,* in seiner 1959 erschienenen Studie definitiv widerlegt hat. So ist das Zitat also nicht zu erklären, zumal der Ausdruck »nicht viel länger als die schon bekannte Reise über Land«, etwa in Anlehnung an Strabos »gutes Drittel« der Ostroute, immer noch keine Fahrt von »sehr wenigen Tagen« bedeutet.
[64] Plinius, *Naturalis Historia* I, II, 174: »mundi puncto – neque enim aliud est terra in universo«; *Naturalis Historia* I, II, 247: Plinius übersetzte die 252 000 Stadien des Eratosthenes in 31 500 000 Schritte = 46 620 km = den 96. Teil des Universums.
[65] Anders George E. Nunn, »The Route of Kolumbus on his First Voyage as Evidence of his Knowledge of the Winds and Currents of the Atlantic«, in: ders.: *The Geographical Conceptions of Columbus,* New York 1924, S. 31–53, der auch von der Idee ausgeht, in der Antike habe man den

Anmerkungen

Atlantik für ein leicht zu befahrendes Meer gehalten (besonders dort S. 36.).
⁶⁶ Eudoxos von Kyzikos versuchte im 2. vorchristlichen Jahrhundert mehrfach, unter Einsatz seines gesamten Vermögens und seines Lebens, Afrika zu umfahren; ob der Versuch glückte, ist umstritten. Die Quellen, vor allem Strabo und Plinius, berichten aber auch von weiteren Umfahrungen Afrikas in der Antike. Strabo, *Geographia* II, § 5; Plinius, *Naturalis Historia* I, II, 169 f. mit weiteren Beispielen.
⁶⁷ Reinhard, *Geschichte der europäischen Expansion*, Bd. 1–4, Stuttgart 1983–1990, hier Bd. 1, S. 15.
⁶⁸ Anders Cunliffe, S. 5, der eine Stelle bei Strabo so auslegt, als habe es gezielte Versuche gegeben, den Atlantik in Ost-West-Richtung zu überqueren. In Wahrheit sagte Strabo nur, daß das Meer an sich, wie Seeleute bestätigten, der Passage nicht entgegenstünde, wohl aber die Entfernung.
⁶⁹ Heinrich Pleticha, *Kolumbus. Person–Zeit–Nachwelt*, Gütersloh 1977, S. 315f., »Brief des Kolumbus an die Könige von Spanien von 1498«. Jacob (Hrsg.), *Kolumbus, Bordbuch*, S. 58; Nunn, *Marinus of Tyre's Place*, S. 27–35.
⁷⁰ Tacitus, *Germania*, XLV: »Illuc usque – et fama vera – tantum natura.«
⁷¹ Richard Hennig, »Die Ostsee im Verkehrsleben des Altertums und frühen Mittelalters«, in ders., *Abhandlungen zur Geschichte der Seefahrt*, Jena 1928, S. 74–97, hier S. 81.
⁷² In lateinischen Quellen heißen sie übrigens »nortmanni«, »Normanni« oder »dani«, in angelsächsischen »Daner« oder »Askman« (ein »aesc« war die Bezeichnung für ein leichtes, schnelles Schiff), in arabischen Quellen »al-orman« (west), »rus« (ost) oder einfach »al-madschus« (= Heiden)), 967 »Rus« bei Byzantinern; »Vaeringjar« = Eidgenosse, Zunftbruder (»Vár« = Eid).
⁷³ Hier sind die Expeditionen Olav Tryggvassons von 991 oder 994 mit Sven von Dänemark gegen England zu erwähnen. Die Überfälle ließen erst nach der Christianisierung der Skandinavier nach.
⁷⁴ Theodor Schieder (Hrsg.), *Handbuch der Europäischen Geschichte*, Band 2: *Europa im Hoch- und Spätmittelalter*, Stuttgart 1973, S. 969.
⁷⁵ *Propyläen Technikgeschichte* 1, S. 468–469.
⁷⁶ Der Freibord ist der Abstand zwischen der Wasserlinie und der Deckskante, also das, was von der Rumpfwand über Wasser liegt.
⁷⁷ *Handbuch der europäischen Geschichte* 2, S. 969.
⁷⁸ Ebd.
⁷⁹ Ebd.
⁸⁰ Zu den kosmologischen Vorstellungen der Normannen siehe Rudolf Simek, *Altnordische Kosmographie. Studien und Quellen zu Weltbild und Weltbeschreibung in Norwegen und Island vom 12. bis zum 14. Jahrhundert*, Berlin/New York 1990 (Ergänzungsbände zum *Reallexikon der Germanischen Altertumskunde*, Band 4).

Anmerkungen

81 Hennig, *Terrae Incognitae* II, S. 354, 372.
82 *Handbuch der europäischen Geschichte* 2, S. 970.
83 Hennig, *Ostsee*, S. 85f.
84 Die Inseln blieben bis 1463 norwegisch; dann wurden sie an Schottland verpfändet.
85 Hennig, *Terrae Incognitae* II, Quelle Nr. 90: »Die normannische Entdeckung Islands«.
86 Reinhard 2, S. 32, datiert die Entdeckung auf das Jahr 982.
87 »So Are Frode« im *Isländingabók,* dazu W. A. Brögger, *Winlandfahrten. Wikinger entdecken Amerika,* Hamburg 1939, S. 37.
88 Hennig, *Terrae Incognitae* II, Nr. 91.
89 »So Are Frode« (1067) im *Isländingabók,* siehe Brögger, S. 37.
90 Hennig, *Terrae Incognitae* III, S. 440.
91 Hennig, *Terrae Incognitae* III, S. 338.
92 Alexander von Humboldt, *Kosmos. Entwurf einer physischen Weltbeschreibung,* Band 1–3, Stuttgart o. J. (1844), Band 2, S. 191, schreibt, zwischen Bergen und Grönland habe noch bis 1484 eine Verbindung bestanden.
93 Hennig, *Terrae Incognitae* III, Nr. 157, besonders S. 448f.
94 Hennig, *Terrae Incognitae* III, S. 454–460.
95 Im *Hauksbók* von 1331 wurde die etwa um 1200 entstandene Saga von Erik dem Roten niedergeschrieben. Der isländische Priester Jon Tordarson schrieb 1387 die Saga von Olav Tryggvasson ins *Flataybók,* in dem wiederum die Schilderung der Grönland- und Vinlandfahrten Aufnahme fanden. So Brögger, S. 51. Die folgenden Quellen in Brögger; Hennig, *Terrae Incognitae* II, Nr. 104; Schmitt 1, Nr. 4.
96 Hennig, *Terrae Incognitae* II, S. 301.
97 Zitat aus der *Groenlendinga saga,* Kap. III. Siehe Hennig, *Terrae Incognitae* II, S. 312. Schmitt 1, S. 35, löst »eyktar stad« als »halb vier Uhr nachmittags« und »dagmála stad« als »neun Uhr vormittags« auf. Die Angabe ist aber strittig.
98 Die *Eirík Raudi Saga,* siehe Hennig, *Terrae Incognitae* II, S. 316.
99 Fridtjof Nansen, *Nebelheim. Entdeckung und Erforschung der nördlichen Länder und Meere,* 2 Bände, Leipzig 1911, Band I, S. 357ff.
100 Nansen, *Nebelheim* I, S. 328, mit diesbezüglichen höhnischen Bemerkungen.
101 Hennig, *Terrae Incognitae* II, S. 328f.
102 Dazu Hennig, *Terrae Incognitae* II, S. 338–341.
103 Hennig, *Terrae Incognitae* II, S. 334.
104 Brögger, S. 18.
105 Zitiert bei Hennig, *Terrae Incognitae* II, S. 317.
106 Hennig, *Terrae Incognitae* II, S. 331, zitiert die Deutung Tanners, der behauptete, Vinland bedeute Weide-, Wieseland und sei Neufundland. Zur Deutung Fernalds, die Wikinger hätten Preiselbeeren für Wein gehalten, ebd., S. 333f.
107 Hennig, *Terrae Incognitae* II, S. 331.

Anmerkungen

[108] Schmitt, *Dokumente* I, S. 36, Fußnote 12.
[109] Dazu Helge Ingstad, *Die erste Entdeckung Amerikas. Auf den Spuren der Wikinger*, Berlin/Frankfurt a. M 1966, passim.
[110] Farley Mowat, *Westviking. The Ancient Norse in Greenland and North America*, Boston/Toronto 1965, S. 126f.
[111] Dazu Brögger, S. 132ff.; dort auch Wiedergabe der Quelle (*Eirik-Raudi-Saga*).
[112] Hennig, *Terrae Incognitae* II, S. 384, Nr. 109.
[113] Hennig, *Terrae Incognitae* II., Nr. 109 (S. 384), mit einer Quelle aus dem Jahre 1347.
[114] Brögger, S. 15.
[115] Hennig, *Terrae Incognitae* II, S. 395.
[116] Brögger, S. 18.
[117] Brögger, S. 18.
[118] Hennig, *Terrae Incognitae* II, S. 324.
[119] Hennig, *Ostsee*, S. 84.
[120] Hennig, *Ostsee*, S. 84.
[121] Hennig, *Terrae Incognitae* II, S. 327.
[122] Fernand Braudel, »Chinesen, Araber... hatte nur Europa eine Chance?« In: Rainer Beck (Hrsg.), *1492. Die Welt zur Zeit des Kolumbus*, München 1992 (Beck'sche Reihe; 460), S. 187–197.
[123] In den Jahren 1405–07, 1408–11, 1413–17, 1417–19 und 1421–22 unternahmen die Chinesen große Flottenexpeditionen nach Westen – bei der ersten waren 62 große Dschunken beteiligt. Ebd., S. 193, 194.
[124] Reinhard 1, S. 25.
[125] Meer der Finsternis: Hennig, *Terrae Incognitae* IV, S. 48f.; Schmitt, *Dokumente* I, S. 38.
[126] Dazu sachkundig und detailliert nun Christophe Picard, *L'océan Atlantique musulman. De la conquête arabe à l'epoque almohade. Navigation et mise en valeur des c(tm)tes d'al-Andalus et du Maghreb occidental (Portugal-Espagne-Maroc)*, Paris 1997. Das Buch enthält aber keine Sensationen, sondern bestätigt die traditionelle Sicht, daß sich die Araber im Atlantik – das heißt, in spanischen, portugiesischen und marokkanischen Gewässern – auf die Küstenschiffahrt beschränkten.
[127] Schmitt, *Dokumente* I, Nr. 5, S. 38.
[128] Prell, S. 45.
[129] Erdgradmessung Ebene Sinjar-Mossul Erdgrad = 56 2/3 Meilen = 18 8/9 Parasangen = Erdumfang 20400 Meilen = 6800 Parasangen; so auch bei Al-Farghani; 1 arabische Meile = 4000 x 495 mm = 1980 m; 1 Parasange = 12000 x 495 mm = 3 X 1980 m = 5940 m; 1 Erdgrad = 56 2/3 x 1980 m = 18 8/9 x 5940 m = 112,2 km; Erdumfang = 40392 km Dazu Prell, S. 56.
[130] Das geht hervor beispielsweise aus einem Brief des Hieronymus Müntzer an Johann II., 14.7.1493, zit. n. Jacob (Hrsg.), *Kolumbus, Bordbuch*, S. 44ff., und ebenso aus Pierre d'Ailly, *Imago mundi*. (Benutzte Ausgabe: Pierre d'Ailly, *Imago mundi*, (ed.) Edmond Buron, Bd. 1, Paris 1930).

Anmerkungen

[131] Hennig, *Terrae Incognitae* IV, S. 48–49.
[132] Schmitt, *Dokumente* I, S. 66–70, besonders S. 67.
[133] Daten aus: *Propyläen Technikgeschichte* 2, S. 152.
[134] Ebd.
[135] Zahlen: *Propyläen Technikgeschichte* 2, S. 149: maximal 200 Ruderknechte. Otto Eck, *Seeräuberei im Mittelmeer. Dunkle Blätter europäischer Geschichte,* München, Berlin 1940, S. 12, nennt folgende Maße der Galeeren: bis 55 m lang, aus Tannenholz, 1 m Freibord, nur 1 m Tiefgang.
[136] Eck, S. 21, nennt 250 Ruderer und insgesamt 400 Mann Besatzung; eine Galeasse (eine große, mehrmastige Galeere der frühen Neuzeit mit nur einer Reihe Ruderer) habe 500 Mann Besatzung gehabt.
[137] Marco Polo und Miguel de Cervantes als Kriegsgefangene, Jean de Bergerac wegen seines protestantischen Glaubens.
[138] Eck, *Seeräuberei,* S. 24.
[139] Eck, *Seeräuberei,* S. 22.
[140] Ebd.
[141] Eck, *Seeräuberei,* S. 13: Die durchschnittliche Schlagzahl lag bei 13 pro Minute.
[142] Eine Karacke ist, nach Björn Landström, *Das Schiff. Vom Einbaum zum Atomboot. Rekonstruktionen in Wort und Bild,* Gütersloh 1961, S. 92, ein größeres Handelssegelschiff, das seit dem späten Mittelalter im Mittelmeerraum gebaut wurde und vielleicht identisch war mit der nordeuropäischen Holk, aber anders als diese kraveel beplankt.
[143] *Propyläen Technikgeschichte* 2, S. 488.
[144] Ebd., S. 477.
[145] Alexander von Neckam, *De utensilibus*; Bailey W. Diffie/George D. Winius, *Foundations of the Portuguese Empire, 1415–1580,* Minneapolis 1977 (*Europe and the World in the Age of Expansion,* ed. by Boyd C. Shafer, Vol. I), S. 126.
[146] Radkarten (auch T-Karten genannt) sind die typisch mittelalterlichen Weltkarten mit drei Kontinenten, (Europa, Asien, Afrika). Das »T« wird durch das Mittelmeer einerseits, den Nil und das Schwarze Meer andererseits gebildet. Dazu auch Nansen, *Nebelheim* 2, S. 129ff.
[147] Schmitt, *Dokumente* I, S. 58–60.
[148] Zur Navigation in der frühen Neuzeit: Granzow, passim.
[149] Schmitt, *Dokumente* I, S. 185.
[150] Schmitt 1, S. 135–148, besonders S. 144; dies ist besonders eine zentrale These des Mitherausgebers des Bandes, Charles Verlinden.
[151] Schmitt, *Dokumente* I, Nr. 22.
[152] Schmitt, *Dokumente* I, S. 43f.
[153] Humboldt, *Kosmos* 2, S. 194–195.
[154] Auflistung bei Schmitt, *Dokumente* 4, Einleitung.
[155] Schmitt, *Dokumente* 1, S. 5; siehe auch Timothy Severin, *Tausend Jahre vor Kolumbus. Auf den Spuren der irischen Seefahrermönche,* Hamburg 1979 (The Brendan Voyage, New York 1978), passim.

Anmerkungen

[156] Hennig, *Terrae Incognitae* IV, Nr. 190: Englische Forschungen im Ozean nach der Insel Brasil und Cabotos Entdeckung von Labrador (1480–1597), besonders S. 326. Dazu auch: Donald S. Johnson, *Phantom Islands of the Atlantic*, Fredericton 1994, S. 151–174 (»Hy-Brazil«). Siehe auch Nansen, *Nebelheim* 2, S. 179–180.

[157] Hennig, *Terrae Incognitae* IV, S. 331. Dort auf S. 325 Zitat von einer Karte des Angolino Dalorto (1325/30): »Insule de montonis sive de brasile«; zu »Brasil« und den weiteren Phantasieinseln »Antilia«, »St. Brendansinsel«, »Siebenstädteinsel« und »Antilia« ebd., S. 289, sowie Johnson, passim (mit den Phantominseln Isle of Demons, Frisland, Buss Island, Antillia: The Isle of Seven Cities, Hy-Brazil, Saint Ursula, The Islands of Saint Brendan, und mit Erläuterungen, wo diese Inseln gelegen haben sollen und wie die Legenden zu erklären sind).

[158] Hennig, *Terrae Incognitae* IV, S. 297 (wahrscheinlich 1474).

[159] Hennig, *Terrae Incognitae* IV, S. 298, spricht von »ozeanischem Entdeckungsfieber«, ähnlich auf S. 315.

[160] Hennig, *Terrae Incognitae* III, Nr. 121: »Wilhelms von Rubruk Gesandtschaftsreise zu den Mongolen (1253–1255)«.

[161] Hennig, *Terrae Incognitae* IV, S. 312.

[162] Hennig, *Terrae Incognitae* III, Nr. 149: »Die Seefahrt eines Oxforder Geistlichen in den Atlantischen Ozean und die Frage des Magnetbergs (1360)«, besonders S. 320. Daß auch (der fiktive Reisende) Mandeville (siehe dazu unten) behauptete, den Magnetberg gesichtet zu haben, ebd., S. 321.

[163] Russell, S. 364 (»entirely medieval phenomenon«).

[164] So die Historiker Bailey W. Diffie, Magelhâes Godinho oder Pierre Vilar; siehe auch Paul Butel, *Histoire de l'Atlantique: de l'antiquité à nos jours*, Paris 1997, S. 45.

[165] Günther Hamann, *Der Eintritt der südlichen Hemisphäre in die europäische Geschichte. Die Erschließung des Seeweges nach Asien vom Zeitalter Heinrichs des Seefahrers bis zu Vasco da Gama*, Graz, Wien, Köln 1968, S. 41.

[166] Hennig, *Terrae Incognitae* IV, S. 71.

[167] Hamann, S. 43.

[168] Er habe, so schrieb Damião, von der (angeblichen) Afrika-Umrundung des Menelaos gewußt, von dem Bericht Hannos, von Herodots Bericht über die Phönizier und über Sataspes; er habe die Schriften von Strabo, Plinius, Cornelius Nepos und Pomponius Mela und ihre Ansichten über die Umfahrbarkeit Afrikas gekannt.

[169] Peter Russell, *Henry the Navigator. A life*, New Haven/London 2000, S. 121 sowie S. 386, Fußnote 25. Hamann, S. 37, zitiert die päpstlichen Urkunden von Nikolaus V. von 1454 und Calixtus III. von 1456.

[170] Reinhard 1, S. 42.

[171] Diese Ansicht wird in der Forschung mehrheitlich vertreten, so auch in der jüngsten, im Jahr 2000 erschienenen Biographie Heinrichs des Seefahrers von Russell. Hennig, *Terrae Incognitae* IV, S. 8, mit Auflistung der

bis dahin (1956) erschienenen Literatur und der Beschreibung der portugiesischen Mythenbildung.

[172] Ein Beispiel dafür bei Hennig, *Terrae Incognitae* IV, Nr. 175.

[173] Hennig, *Terrae Incognitae* IV, S. 13.

[174] Hamann, S. 38–39, geht von der Existenz der Akademie aus. Dagegen, überzeugend, Schmitt 2, S. 54–55.

[175] Hennig, *Terrae Incognitae* IV, S. 17. Ebenda, S. 25, mit weiteren Betrachtungen über die geringe nautische Erfahrung der Portugiesen zu Beginn des Entdeckungszeitalters.

[176] Russell, *Prince Henri*, S. 111ff.

[177] Schmitt, *Dokumente* 2, Nr. 14.

[178] Schmitt 2, S. 62–63, mit dem Bericht Zuraras über die Umrundung von Kap Bojador. Russell, *Prince Henri*, S. 109–134, mit grundlegenden Zweifeln an der gesamten Geschichte; er hält die Quellen für geschönt und parteiisch, um die Standhaftigkeit und den Mut des Prinzen herauszustreichen. Das hat eine nicht geringe Plausibilität, aber ändert nichts daran, daß hier eine Weltgrenze gefallen ist – welches Kap nun auch umrundet wurde. Und Russell selbst schreibt auf S. 111: »There is no doubt that, with the passage of the promontory the Prince had identified as Cape Bojador, an effective if wholly illusory psychological barrier to the maritime exploration of the African coast by Europeans had been removed.«

[179] Schmitt 2, S. 55–57, besonders S. 56, zitiert eine portugiesische Urkunde vom 22.10.1444.

[180] Reinhard 1, S. 46.

[181] Hamann, S. 53; Hennig, *Terrae Incognitae* IV, Nr. 170, besonders S. 105.

[182] Hamann, S. 54–55.

[183] Hennig, *Terrae Incognitae* IV, Nr. 174; Neuwirth, *Chroniken*, S. 90.

[184] Cadamostos Reisebericht ist in deutscher Übersetzung abgedruckt in: *Heinrich der Seefahrer oder die Suche nach Indien. Eine Dokumentation mit Alvise da Cà da Mostos erstem Bericht über Westafrika und den Chroniken Zuraras und Barros' über den Infanten,* übertragen und herausgegeben von Gabriela Pögl und Rudolf Kroboth, Stuttgart, Wien 1989, hier S. 55.

[185] Dieses an das moderne »Franchise-System« erinnernde Prinzip ebd., S. 58.

[186] Pögl/Kroboth, *Cadamosto,* Zitat auf S. 107.

[187] Ebd., S. 103.

[188] Reinhard 1, S. 47.

[189] Reinhard 1, S. 67.

[190] Hamann, S. 60.

[191] Ebd.

[192] Hamann, S. 59.

[193] Hennig, *Terrae Incognitae* IV, Nr. 165.

[194] Reinhard 1, S. 43f., besonders S. 44.

[195] Reinhard 1, S. 45.

Anmerkungen

[196] Die Inseln am Äquator galten später als wirkliche Hölle; die Plantagenwirtschaft beschäftigte 10000 Sklaven auf den Zuckerrohrfeldern, die unter den extremen klimatischen Bedingungen der Inseln (26 Grad Jahresdurchschnittstemperatur, zwischen 1000 und 7000 mm Niederschlag) oft nur für Monate diese Tortur aushielten.

[197] Reinhard 1, S. 45.

[198] Zu Dias siehe Holger Afflerbach, »Der fliegende Portugiese. Dias' Triumph und Untergang am Kap der Guten Hoffnung«, in: DIE ZEIT Nr. 7, 7.2.1992.

[199] 1 port. Legua = 6197 Meter.

[200] Das ist unrichtig, es liegt etwa unter 35 Grad südlicher Breite.

[201] Dazu Hamann, S. 337–339.

[202] Hamann, S. 337–339; Schmitt 2, Nr. 21, besonders S. 84, Anmerkung 1.

[203] Schmitt, *Dokumente 2*, S. 136.

[204] Text in deutscher Übersetzung in: Johannes Pögl (Hrsg.), *Die reiche Fracht des Pedro Álvares Cabral. Seine indische Fahrt und die Entdeckung Brasiliens 1500–1501*, Stuttgart, Wien 1986.

[205] Rolf Engert, »Die Sage vom fliegenden Holländer«, in: *Meereskunde. Sammlung volkstümlicher Vorträge*, Band 15, Heft 7, Berlin 1927, S. 1–39, passim.

[206] Urs Bitterli, »Die Bestürzung eines Venetianers«, in: Rainer Beck (Hrsg.), *1492. Die Welt zur Zeit des Kolumbus*, München 1992 (Beck'sche Reihe; 460), S. 185–187, hier S. 186.

[207] Brief Toscanellis an Martins, 25.6.1474, in: Jacob (Hrsg.), *Kolumbus, Bordbuch*, S. 38–41: Lissabon–Quinsay 26 x 250 Meilen; 1 italienische Meile = 1480 m, nahezu ein Drittel des Erdumfangs (= 9620 km).

[208] Ptolemäus wurde im Abendland wieder bekannt, als 1394 Manuele Crisolora nach Venedig reiste, um dort Hilfe gegen die Türken zu erbitten. Crisolora lehrte ab 1397 die griechische Sprache in Florenz; ein wichtiges Datum für den beginnenden Humanismus. Vielleicht hat Crisolora die Handschrift mitgebracht, vielleicht sogar schon mit der Übersetzung begonnen. Die erste vollständige Übersetzung erstellte sein Schüler Jacopo Angelo, ein Florentiner und späterer päpstlicher Schreiber. Sie wurde 1406 beendet und Alexander V. 1409–10 gewidmet. Titel des Werks: *Cosmographia*.

[209] Martin Waldseemüller (1470–1518/20) Geograph; wichtigste Werke: *Cosmographia Introductio*, 1513 Ausgabe des Ptolemäus; 1516 *Carta Marina Navigatoria*.

[210] Dies zeigt sich auch in der Kartographie: Die großen Geographen Münster, Gerhard Mercator, Gastaldi und Magini ergänzten Ptolemäus noch durch »tabulae novae«, in denen sie die sensationellen portugiesischen und spanischen Entdeckungen beschrieben. Ortelius verwandte in seinem *Theatrum* von 1570 bereits völlig neue Karten. Ptolemäus als Vorbild war ab diesem Zeitpunkt in der Geographie ebenso zu einem historischen Phänomen geworden wie in der Astronomie.

Anmerkungen

[211] Zitiert bei Berger, *Wissenschaftliche Erdkunde der Griechen,* S. 319; Strabo I, C 64, 65.
[212] Zitiert bei Nunn, *Route on First Voyage,* S. 53.
[213] Salvator de Madariaga, *Christoph Kolumbus. Das Leben des sehr hochmögenden Señor Don Cristóbal Colón,* Stuttgart, Zürich, Salzburg o. J, S. 102.
[214] Buron, *Pierre d'Ailly, Imago Mundi,* Band 1, S. 7, der die Schrift Pierre d'Aillys (1350–1420) (Petrus Alliacus) hervorragend kommentiert hat, wies nach, daß Kolumbus folgende antike und mittelalterliche Schriftsteller entweder direkt oder indirekt gekannt hat: Strabo, Ktesias, Onesikritos, Plinius, Nearchos, Esdras, Marinus von Tyros, Alfragan, Aristoteles, Averrhoes, Seneca, Pierre d'Ailly, Jules Capitolin, Solin, Marco Polo, Mandeville, Avicenna, Beda, Eratosthenes, Nicolaus von Lyre, Pius II., Ptolemäus, Flavius Josephus, Augustinus, Ambrosius, Isidor von Sevilla und Thomas von Aquin.
[215] »Las Profec'as«, zitiert bei de Mathieu, *Wer entdeckte Amerika?,* Tübingen 1977, S. 94.
[216] Gianni Granzotto, *Christoph Kolumbus. Eine Biographie,* Stuttgart 1985, S. 78.
[217] Nunn, *Route on First Voyage,* S. 44, zitiert das Urteil des Las Casas, Kolumbus sei der fähigste Navigator seiner Zeit gewesen; Zustimmung Nunns auf S. 53.
[218] Winfried Wehle (Hrsg.), *Das Kolumbus-Projekt: die Entdeckung Amerikas aus dem Weltbild des Mittelalters,* München 1995, S. 166: Kolumbus, Libro 104: »All die Wissenschaften, auf die ich mich bezogen habe, hatten keinen Nutzen für mich, noch hatten Autoritäten.«
[219] Beispiel: Gerhard Prause, *Niemand hat Kolumbus ausgelacht. Fälschungen und Legenden der Geschichte richtiggestellt,* München 1988.
[220] Beispiel: Äußerungen des Lactantius über die Absurdität der Vorstellungen von Antipoden.
[221] Dazu Ernest George Ravenstein, *Martin Behaim, His Life and His Globus,* London 1908, S. 12ff. Von Barros genannte Mitglieder der »Junta«: Dr. Diego Ortiz, Dr. Rodrigo de Pedras Negras, Chefphysiker des Königs, Master Josephus (José), jüdischen Glaubens.
[222] Madariaga, *Kolumbus,* S. 143.
[223] Eine arabische Meile = 1980 m = 20400 Meilen x 1980 = 40392 km. Bei italienischer Meile = 1480 m sind 20400 Meilen = 30192 km.
[224] Malcolm Letts Nendeln (Hrsg.), *Mandeville's Travels,* Hakluyt Society, London o. J.
[225] Kolumbus glaubte, der westliche Ozean sei nur 71 Grad breit. Ein Grad betrug seiner Ansicht nach 56 2/3 Meilen. Rechnung also: 71° x 56 2/3 Meilen (1 italienische Meile = 1480 m) = 5954 km. Bei Nunn, *Marinus of Tyre's place,* S. 33, die Vermutung des Kolumbus, daß es 750 Leguas westlich der Kanaren Land gebe: 750 Leguas (1 Legua = 6,3 km) = 4650 km.
[226] Die Portugiesen rechneten in den Angaben des Ptolemäus, also den berühmten 180000 Stadien Erdumfang. Da die ptolemäischen Stadien im

Anmerkungen

späten Mittelalter aber irrtümlich als römische Stadien verstanden wurden, resultierte daraus ein Erdumfang von 33 413 km (Prell, *Vorstellungen des Altertums*, S. 17, 63.). Der Erdumfang wurde demnach um ca. 16 % unterschätzt. Wahrscheinlich differierten die Vermutungen des Kolumbus und der Portugiesen über den Erdumfang um etwa 3000 km (Nunn, *Marinus of Tyre's place*, S. 33).

[227] Brief Toscanellis an Martins, 25.6.1474, in: Jacob (Hrsg.), *Kolumbus, Bordbuch*, S. 38–41: Lissabon–Quinsay 26 x 250 Meilen; 1 italienische Meile = 1480 m, nahezu ein Drittel des Erdumfangs (= 9620 km).

[228] Erdumfang nach Behaim: 20 690 statute miles = 33 296,83 km, in: Nunn, *Marine of Tyre's place*, S. 30; Behaim-Globus: 3 1/8 Abschnitte (von 12 Lissabon–Cipango = 8671 km. Nunn, *Marinus of Tyre's place*, S. 27: Behaim: 123 Grad zwischen Europa und Asien, macht auf dem Breitengrad von Rhodos (= ca. 80 % der Äquatorlänge) 9100 km aus; am Äquator 11 376 km.

[229] Die Quellen – 1. Die Briefe des italienischen Astronomen Toscanelli an den portugiesischen König und an Kolumbus. 2. Der vermutete Inhalt einer verlorengegangenen, von Toscanelli entworfenen Atlantikkarte, von der es glaubwürdige Rekonstruktionen gibt. 3. Der »Erdapfel«, nämlich der Globus des Nürnbergers Martin Behaim, der heute im Nationalmuseum in Nürnberg steht und das vorkolumbianische Weltbild widerspiegelt (Behaim war, nach Angabe des portugiesischen Chronisten Barros, Mitglied der »Junta dos Matematicos«) – sprechen übereinstimmend dafür, daß die Portugiesen den Umfang des Atlantik zwar ebenfalls falsch berechneten, aber richtiger als Kolumbus, da sie die Ausdehnung des eurasischen Kontinents richtiger einschätzten. Diese Quellen sind kritisiert worden. Dagegen wäre etwa vorzubringen, daß die überlieferten Zeugnisse von Behaim, den sein sehr kritischer Biograph Ravenstein als geographischen Dilettanten einschätzte, und die Briefe des Geographen Toscanelli nicht unbedingt den Kenntnisstand der »Junta dos Matematicos« widerspiegeln müssen, in der offenbar auch sehr versierte Astronomen saßen. Vielleicht waren ihnen, so könnte eingewendet werden, die arabischen Berechnungen des Erdumfangs bekannt und damit die Fehler der Berechnungen des Kolumbus und auch des Toscanelli, der im übrigen weit eher als Kolumbus dem Bild des Renaissancegelehrten entsprach.

[230] Madariaga, *Kolumbus*, S. 142.

[231] Richard Hennig, *Kolumbus und seine Tat. Eine kritische Studie über die Vorgeschichte der Fahrt von 1492*, Bremen 1940 (Abhandlungen und Vorträge, herausgegeben von der Bremer Wissenschaftlichen Gesellschaft, Band 13, Heft 4, Dezember 1940), S. 142, nach einem Zitat von Bartholome de Las Casas, *Historia de las Indias*, lib. I, cap. LXXIV.

[232] Jacob (Hrsg.), *Kolumbus, Bordbuch*, S. 208.

[233] Ebd.

[234] Jacob (Hrsg.), *Kolumbus, Bordbuch*, S. 222.

Anmerkungen

235 Ebd.
236 Jacob (Hrsg.), *Kolumbus, Bordbuch,* S. 278, 279.
237 Zitiert bei Ravenstein, *Behaim,* S. 33; Hennig, *Kolumbus,* S. 159: Petrus Martyr an Ascanius Sforza, 1.11.1493, bezeichnete Kolumbus als »novi orbis repertor«. Martyr an Pomponius Laetus, 29.12.1493 (»novus orbis«). Petrus Martyr Anglerius (Pietro Martire d'Anghiera) (1457–1526), italienisch/spanischer Historiker, *Dekaden: De rebus oceanis et orbe novo* (1516–1530); *Opus epistolarum* (1530).
238 Schmitt, *Dokumente* 2, Nr. 3, S, 17.
239 Hennig, *Terrae Incognitae* IV, S. 308.
240 Antonio Pigafetta, *Die erste Reise um die Erde. Ein Augenzeugenbericht von der Weltumsegelung Magellans 1519–1522,* hrsg. und übersetzt von Robert Grün, Stuttgart 1983, S. 7.
241 Schmitt, *Dokumente* 2, S. 386–388.
242 »Das Tagebuch des Fray Gaspar de Carvajal: Die Fahrt des Orellana über den Amazonas«, in: Robert und Evamaria Grün (Hrsg.), *Mit Pizarro in Peru,* Tübingen/Basel 1973, S. 235–284.
243 Jacob (Hrsg.), *Kolumbus, Bordbuch,* S. 297.
244 Reinhard 2, S. 259
245 Schnurmann, S. 197–198.
246 Alexander Meurer, *Seekriegsgeschichte in Umrissen. Seemacht und Seekriege vornehmlich vom 16. Jahrhundert ab,* Leipzig (4) 1943, S. 179.
247 Meurer, S. 178.
248 Meurer, S. 190.
249 Siehe dazu das Tagebuch des Jesuitenpaters Samuel Fritz, in: Robert und Evamaria Grün (Hrsg.), *Mit Pizarro in Peru,* Tübingen/Basel 1973, S. 285–334; der Protest gegen das widerrechtliche Vordringen der Portugiesen auf S. 331–334.
250 Reinhard 2, S. 47.
251 Alexandre Olivier Exquemelin, *Das Piratenbuch von 1678. Nach alten Übersetzungen des Buches ›Die amerikanischen Seeräuber‹ neu bearbeitet und herausgegeben von Reinhard Federmann. Mit einer Einleitung von Hermann Schreiber: Kurze Geschichte der Seeräuberei,* Tübingen, Basel 1968, S. 163.
252 Exquemelin, *Piratenbuch,* S. 161.
253 K. G. Davies, *The North Atlantic World in the Seventeenth Century,* Minneapolis 1974 (Europe and the World in the Age of Expansion, ed. by Boyd C. Shafer, Vol. IV.), S. 26.
254 Schmitt, *Dokumente* 4, S. 69; allein zwischen 1500 und 1531 verloren die Portugiesen durch Seeräuberei über 300 Schiffe.
255 Meurer, S. 171.
256 Meurer, S. 190.
257 Schmitt, *Dokumente* 4, S. 51.
258 John Campbell 1747, wiedergegeben bei Schmitt 4, S. 64–68.
259 Dazu Schmitt, *Dokumente* 4, S. 47–51.

Anmerkungen

²⁶⁰ Zitiert bei Schmitt, *Dokumente* 4, S. 50f.
²⁶¹ Nach Chaunu fuhren von 1504 bis 1650 10635 Schiffe Waren im Gesamtgewicht von 2116700 t von Spanien nach Amerika. In umgekehrter Richtung fuhren aber nur 7332 Schiffe mit 1613400 t Waren. Von 1650 bis 1699 waren es dann nochmals 1052 Schiffe mit 217780 Tonnen hin und 783 Schiffe mit 95185 Tonenn zurück. Dazu Reinhard 2, S. 101.
²⁶² Schmitt, *Dokumente* 4, S. 49.
²⁶³ Siehe Campbell, wiedergegeben bei Schmitt 4, S. 64–68.
²⁶⁴ Davies, S. 32.
²⁶⁵ Schmitt, *Dokumente* 4, S. 68.
²⁶⁶ Reinhard 2, S. 107.
²⁶⁷ Ebd.
²⁶⁸ Reinhard 2, S. 108.
²⁶⁹ Ebd.
²⁷⁰ Angaben, Zahlen und Quellen aus Schmitt, *Dokumente* 4, Nr. 45 (S. 460–471).
²⁷¹ Jacob (Hrsg.), *Kolumbus, Bordbuch*, S. 304–305.
²⁷² Reinhard 2, S. 108.
²⁷³ Reinhard 2, S. 108–109.
²⁷⁴ Schmitt 4, S. 17, schätzt die Sterblichkeit auf 40 %.
²⁷⁵ Einige Angaben bei Reinhard 2, S. 62f.
²⁷⁵ᵃ Zum Ausbruch der Syphilis in Europa siehe auch Philip D. Curtin, *Migration and Mortality in Africa and the Alantic World, 1700–1900*, Aldershot u.a. 2001, besonders S. 334–339.
²⁷⁶ Schnurmann, S. 138.
²⁷⁷ Jack Weatherford, *Das Erbe der Indianer. Wie die Neue Welt Europa verändert hat*, München 1995, besonders S. 77–97.
²⁷⁸ Weatherford, S. 86.
²⁷⁹ Weatherford, S. 93–94.
²⁸⁰ Schmitt, *Dokumente* 3, Nr. 100, S. 489.
²⁸¹ Dazu Pieter Emmer, *The Dutch in the Atlantic economy: 1580–1880; trade, slavery and emancipation*, Aldershot 1998; Postma, *The Dutch in the Atlantic slave trade: 1600–1815*, Cambridge 1992.
²⁸² Schmitt, *Dokumente* 4, S. 563–568.
²⁸³ Nach Hugh Thomas, *The slave trade: The story of the Atlantic slave trade 1440–1870*, New York 1997, S. 804f., wurden elf Millionen afrikanische Sklaven nach Amerika (und 200000 nach Europa) gebracht. Auch Herbert S. Klein, *The Atlantic Slave Trade*, Cambridge 1999, S. 128, schätzt die Zahl auf elf Millionen. Bei Schmitt, *Dokumente* 3, S. 268, findet sich als Schätzung »wenigstens 10 Millionen Negersklaven«, die insgesamt nach Amerika gebracht worden seien.
²⁸³ᵃ Siehe Philip D. Curtin (Hrsg.), *Africa remembered. Narratives by West Africans from the Era of the Slave Trade*, Madison u. a. 1967, S. 60–98.
²⁸⁴ Thomas, S. 455.

[285] Klein, *Atlantic Slave Trade*, S. 152f.
[286] Klein, *Atlantic Slave Trade*, S. 126.
[287] Klein, *Atlantic Slave Trade*, S. 128.
[288] Klein, *Atlantic Slave Trade*, S. 131.
[289] Klein, *Atlantic Slave Trade*, S. 132.
[290] Klein, *Atlantic Slave Trade*, S. 98.
[291] Klein, *Atlantic Slave Trade*, S. 97.
[292] Schmitt, *Dokumente 3*, S. 268. Hier wird auch die – etwas erstaunliche – Zahl von 1,5 Millionen polnischen Auswanderern erwähnt.
[293] Schmitt, *Dokumente 3*, S. 268.
[294] Schmitt, *Dokumente 3*, S. 187–190, mit einem Beispiel einer gescheiterten französische Ansiedlung in Kanada 1604/05; über ein katastophales Scheitern eines Großsiedlungsversuchs in Französisch-Guayana 1764–1774, der über 3000 Siedler das Leben kostete, ebd., S. 366–374.
[295] Gottlieb Mittelberger, *Reise nach Pennsylvania im Jahr 1750 und Rückreise nach Deutschland 1754*, Sigmaringen 1997, S. 25.
[296] Mittelberger, S. 26.
[297] Schmitt, *Dokumente 3*, Nr. 66 (1653) und Nr. 70 (1670) über die Verpflichtung französischer Einwanderer als »Engagés«.
[298] Mittelberger, S. 28.
[299] Mittelberger, passim.
[300] Schmitt, *Dokumente 3*, S. 269.
[301] Schmitt, *Dokumente 3*, S. 427.
[302] Schmitt, *Dokumente 3*, S. 268.
[303] Ebenda, S. 189.
[304] Dava Sobel, *Längengrad. Die wahre Geschichte eines einsamen Genies, welches das größte wissenschaftliche Problem seiner Zeit löste*, 6. Auflage, 1998, S. 81.
[305] Sobel, S. 74.
[306] Sobel, S. 195.
[307] Schott, S. 18–20.
[308] Sir Ernest Shackleton, *Mit der Endurance ins ewige Eis. Die Antarktisexpedition 1914–1917*, München 2000, passim.
[309] Owen Beatty/John Geiger, *Der eisige Schlaf. Das Schicksal der Franklin-Expedition*, München (4.) 1998, S. 41–42.
[310] Beatty/Geiger, S. 71.
[311] Beatty/Geiger, S. 60.
[312] Beatty/Geiger, S. 40.
[313] Beatty/Geiger, S. 36.
[314] Beatty/Geiger, S. 25.
[314a] Einzelheiten und aktuelle Informationen auf der gut gemachten Homepage von Russel A. Potter: www.ric.edu/rpotter/ SJFranklin.html.
[315] Schmitt, *Dokumente 2*, S. 275.
[316] Schmitt, *Dokumente 2*, Nr. 62 (S. 293–301).
[317] Middelberger, S. 26f., mit Literaturangaben.

Anmerkungen

[318] »The only encouragements we hold out to strangers are – a good climate, fertile soil, wholesome air and water, plenty of provisions, good pay for labour, kind neighbours, good laws, a free government, and a hearty welcome.« Zitiert bei Terry Coleman, *Passage to America. A History of emigrants from Great Britain and Ireland to America in the mid-nineteenth century*, London 1972, S. 22.

[319] Ebd.

[320] Coleman, S. 21.

[321] Coleman, S. 25.

[322] Zahlen nach: *Immigrants by Country (1820–1970), Historical Statistics (1975)*, Band 1, S. 105f.; zitiert bei Arnim Reese, *»Alle Menschen sind dort gleich«: Die deutsche Amerika-Auswanderung im 19. und 20. Jahrhundert*, Düsseldorf 1988, S. 152f.

[323] Reese, S. 25.

[324] Reese, S. 22. Zu den Preisen – die im Verlauf des 19. Jahrhunderts gewaltig abnahmen – siehe Butel, *Atlantique*, S. 259.

[325] Wolfgang Knabe, *Aufbruch in die Ferne. Deutsche Auswanderungen zwischen 1803 und 1914 am Beispiel Bayerisch-Schwaben*, Berlin/Bonn 1992 (Schriften des Zentralinstituts für deutsche Auswanderungsforschung, Reihe I, Band 1), S. 338.

[326] Reese, S. 66–67.

[327] Zitiert bei Reese, S. 62.

[328] Knabe, S. 302, mit den Angaben des Auswanderungsagenten Finley, er habe zwei Millionen Auswanderern eine Passage verkauft.

[329] Knabe, S. 316.

[330] Knabe, S. 308.

[331] Knabe, S. 300.

[332] Knabe, S. 305.

[333] Knabe, S. 313.

[334] Knabe, S. 324; Charnitzky (Einleitung Mittelberger, S. 25), nennt die Maße 183 x 46 cm.

[335] Knabe, S. 324.

[336] Knabe, S. 305, 321.

[337] Knabe, S. 322.

[338] Knabe, S. 322–323.

[339] Knabe, S. 329–330.

[340] Knabe, S. 325

[341] Knabe, S. 334. Es handelte sich um die »Howard« der Sloman-Linie; nach Richard J. Evans, *Tod in Hamburg. Stadt, Gesellschaft und Politik in den Cholera-Jahren 1830–1910*, Reinbek 1990, S. 57, betrug die Zahl der Todesopfer 38.

[342] Knabe, S. 335.

[343] Knabe, S. 336.

[344] Evans, Tod, S. 57, mit Beispielen auf Schiffen der Sloman-Linie.

[345] Coleman, S. 101.

Anmerkungen

[346] Coleman, S. 85ff.; 100ff.
[347] Knabe, S. 333–341, nennt zwar keine allgemeingültigen Verlustzahlen, läßt aber den Eindruck entstehen, als seien infolge der katastrophalen Bedingungen an Bord um die Mitte des 19. Jahrhunderts Verluste von über 10 % normal gewesen. So heißt es auf S. 333: »Hohe Todesraten waren die Folge.«
[348] Raymond L. Cohn, »Mortality on Immigrant Voyages to New York, 1836–1853«, in: *Journal of Economic History,* Vol. XLIV, No. 2 (June 1984), S. 289–300, S. 292.
[349] Günter Moltmann, »Das Risiko der Seereise. Auswanderungsbedingungen im Europa-Amerika-Verkehr um die Mitte des 19. Jahrhunderts«, in: Heinz Duchhardt/Manfred Schlenke (Hrsg.), *Festschrift für Eberhard Kessel zum 75. Geburtstag,* München 1982, S. 182–211, passim.
[350] Günter Moltmann, »Steamship Transport of Emigrants from Europe to the United States, 1850–1914: Social, Commercial and Legislative Aspects«, in: Klaus Friedland (Hrsg.), *Maritime Aspects of Migration,* Köln/Wien 1989 (Quellen und Darstellungen zur Hansischen Geschichte, Neue Folge, Band XXXIV), S. 309–320, hier S. 312.
[351] Charles Robert Vernon Gibbs, *Passenger liners of the Western Ocean: a record of the North Atlantic steam and motor passenger vessels from 1838 to the present day,* London/New York 1952, S. 29–30. Moltmann, »Steamship Transport«, S. 312, nennt als durchschnittliche Passagezeit von Europa nach New York 1872 etwas über 44 Tage für Segler, für Dampfer etwas unter 14 Tagen. Die Differenz könnte darauf zurückzuführen sein, daß Fahrten von kontinentalen Häfen aus natürlich länger dauerten und damit den Durchschnitt erhöhten, während Gibbs als Basis die kürzere Abfahrt aus Großbritannien rechnete.
[352] Zu der – nur einen groben Näherungswert darstellenden – Zahl: Cohn, *Mortality,* S. 294.
[353] Gibbs, S. 29f.
[354] Richard Hennig, »Zur Vorgeschichte des Dampfschiffs«, in: ders., *Abhandlungen zur Geschichte der Seefahrt,* Jena 1928, S. 150–163, passim.
[355] Gibbs, S. 35.
[356] Gibbs, S. 36.
[357] Parallel dazu setzte die Gesellschaft noch drei weitere Dampfschiffe und die »Sirius«, einen gecharterten Kanaldampfer, im Nordatlantikverkehr ein. Die »Sirius« hatte sogar einen Kondensator, der den Einsatz von Frischwasser in den Kesseln ermöglichte; der Vorteil lag in der Möglichkeit konstanten Betriebs, der Nachteil im exorbitanten Treibstoffverbrauch.
[358] Heide Gerstenberger/Ulrich Welke, *Vom Wind zum Dampf. Sozialgeschichte der deutschen Handelsschiffahrt im Zeitalter der Industrialisierung,* Münster 1996, S. 166.
[359] Ein weiteres Beispiel für die Anfälligkeit der frühen Dampfmaschinen: Die Ross-Expedition in die kanadische Arktis hatte auf ihrem Schiff »Victory« eine Dampfmaschine, die aber erst dann 1829 über 24 Stunden

ohne Störung lief, als sie auf dem Eis vollständig zerlegt und wieder zusammengesetzt worden war, siehe Gerstenberger, S. 206–207.
[360] Gerstenberger, S. 207–208.
[361] Gerstenberger, S. 219.
[362] Gerstenberger, S. 166.
[363] Gerstenberger, S. 216.
[364] Gibbs, S. 31.
[365] Zahlen bei Karel Veraghtert, »The Infrastructure and equipment of the Harbours in Western Europe around 1880«, in: Klaus Friedland (Hrsg.), *Maritime Aspects of Migration,* Köln/Wien 1989 (Quellen und Darstellungen zur Hansischen Geschichte, Neue Folge, Band XXXIV), S. 165–177, hier S. 167. Veraghtert hat vor allem den Hafen von Antwerpen untersucht.
[366] Moltmann, »Steamship Navigation«, S. 311.
[367] Veraghtert, S. 166.
[368] Zitiert bei Melvin Maddocks, *Die großen Passagierschiffe,* Eltville am Rhein 1992, S. 26.
[369] Zitiert bei Gerstenberger, S. 208.
[370] Die Compagnie Générale Transatlantique besaß vor 1914 zehn Schiffe mit 112606 BRT.
[371] Cunard besaß 1914 16 Schiffe mit 257780 BRT.
[372] 1914 verfügte sie über 24 Schiffe mit 384880 BRT.
[373] Der Norddeutsche Lloyd besaß zu diesem Zeitpunkt 29 Schiffe mit 313812 BRT.
[374] Angaben bei Gibbs, S. 120–121, 233f.
[375] Gibbs, S. 183–184.
[376] Gibbs, S. 278–279.
[377] Robert D. Ballard, *Lost Liners. Von der Titanic zur Andrea Doria. Glanz und Untergang der großen Luxusliner. Mit Illustrationen von Ken Marschall,* München 1997, S. 28.
[378] Knabe, S. 335–336.
[379] Dazu sehr detailverliebt: *Ocean liners of the past: the White Star triple screw Atlantic liners,* Olympic and Titanic Edition: 2nd ed Publisher: Cambridge 1983.
[380] Dazu Robert D. Ballard, *Das Geheimnis der Titanic. 3800 m unter Wasser,* Berlin/Frankfurt a. M. 1987.
[381] Robin Gardiner/Dan van der Vat, *Die Titanic-Verschwörung. Die Geschichte eines gigantischen Versicherungsbetrugs,* München: Wilhelm Goldmann Verlag, 1997.
[382] Heineken (NDL) an Tirpitz, 5.5.1912, in: BA/MA Freiburg, Nachlaß Tirpitz (N 253, 27a.). Dort heißt es wörtlich: »Unsere bewährtesten Schiffsführer, wie Kapitän Högemann und Kapitän Polack, stehen entschieden auf dem Standpunkt, dass bei klarer Nacht und sichtigem Wetter, so lange keine Eisberge zu sehen waren, trotz der gemeldeten Eisgefahr keine Veranlassung vorlag, reduziert zu fahren, dass im Gegenteil

Anmerkungen

eine derartige Reduzierung der Geschwindigkeit Gefahr für das Schiff involviert haben würde.«
383 Gibbs, S. 81.
384 Dazu David Zeni, *Der Untergang der »Empress of Ireland«. Die vergessene Tragödie,* München 1999.
385 Gibbs, S. 81.
386 Gibbs, S. 275.
387 Gibbs, S. 239.
388 Gibbs, S. 237.
389 John Maxtone-Graham, *Der Weg über den Atlantik: die einzige Verbindung zwischen Europa und Amerika. Die goldene Ära der großen Luxusliner. Mit einem Vorwort von Walter Lord.* Aus dem Amerikanischen von Antoinette Gittinger, München 1999, S. 122.
390 Gibbs, S. 81, nennt für die »Imperator« folgende Zahlen: 908 Passagiere der 1. Klasse, + 592 der 2. Klasse, + 963 der 3. Klasse, + 1772 Zwischendeck = 4235 Passagiere insgesamt.
391 Zahlen nach einer Aufstellung des *landing agent* W. M. C Moore vom 1.1.1914, zitiert bei: Maddocks, S. 59. Die Zahlen lauteten: 152416 Passagiere der Ersten Klasse, 230437 der Zweiten Klasse und 955363 Zwischendeckpassagiere.
392 Pieter C. Emmer, *Europas Expansion im Atlantik: wirtschaftliche Misse- oder Wohltat?,* Bamberg 1995 (Kleine Beiträge zur europäischen Überseegeschichte, Heft 26), S. 18f.
393 Angaben nach Siegfried Breyer, *Schlachtschiffe und Schlachtkreuzer 1905–1970,* München 1970.
394 Die beiderseitigen Verluste waren: 6094 Gefallene, drei Linienschiffe, drei Schlachtkreuzer, acht Zerstörer mit 115025 Tonnen auf britischer, 2551 Gefallene, ein Linienschiff, ein Schlachtkreuzer, vier Kreuzer und fünf Torpedoboote mit 61180 Tonnen auf deutscher Seite. Angabe aus: Fritz Klein u. a., *Deutschland im Ersten Weltkrieg,* 3 Bände, Berlin 1968, hier Band 2, S. 334.
395 Klein, *Deutschland im Ersten Weltkrieg* 1, S. 345.
396 Klein, *Deutschland im Ersten Weltkrieg* 2, S. 331.
397 Wie sah das typische deutsche U-Boot des Ersten Weltkriegs aus? Je nach Einsatzzweck gab es verschiedene Typen: das kleine Küsten-U-Boot von 200 bis 300 t mit geringer Reichweite und Geschwindigkeit, der Standardtyp für die ozeanische Kriegführung und schließlich das große U-Boot, der sogenannte U-Kreuzer; zusätzlich sind noch U-Minenleger und U-Handelsschiffe zu erwähnen. Als Beispiel für den Standardtyp soll hier die 1916 in Dienst gestellte »U 81« mit ihren technischen Daten geschildert werden: Sie hatte 808/949 t Wasserverdrängung, 35 Mann Besatzung (davon vier Offiziere), lief über Wasser mit den 2 x 1200 PS leistenden Dieseln 16,8 kn und unter Wasser mit zwei Elektromotoren mit je 600 PS 9,1 kn. Bei 8 kn Fahrt hatte sie eine – im Atlantik ausreichende – Reichweite von 8100 sm. Die Bewaffnung bestand aus sechs Torpedo-

Anmerkungen

rohren, 16 Torpedos und zwei Geschützen (1 x 10,5, 1 x 8,8), die fest auf dem Deck montiert waren.

398 Klein, *Deutschland im Ersten Weltkrieg* 1, S. 344.
399 Klein, *Deutschland im Ersten Weltkrieg* 1, S. 345.
400 Ballard, *Lost Liners,* S. 57.
401 Darin in Abkehr von der älteren Literatur, wie etwa Colin Simpson: *Die Lusitania. Amerikas Eintritt in den Ersten Weltkrieg,* Frankfurt a. M. 1987, die noch von detonierender Munition als Ursache des raschen Untergangs ausging, Ballard, *Lost Liners,* besonders S. 66. Ballard hat, anders als die Autoren vor ihm, das in 93 Meter Tiefe liegende, sehr schlecht erhaltene Wrack der »Lusitania« untersucht. Siehe auch speziell dazu: Robert Ballard/Spencer Dunmore, *Das Geheimnis der Lusitania. Eine Schiffskatastrophe verändert die Welt. Mit Illustrationen von Ken Marschall,* Berlin/Frankfurt a. M. 1995.
402 Zitiert bei Torsten Oppelland, *Reichstag und Außenpolitik im Ersten Weltkrieg. Die deutschen Parteien und die Politik der USA 1914–1918,* Düsseldorf 1995 (Beiträge zur Geschichte des Parlamentarismus und der politischen Parteien, Band 103), S. 60.
403 Der Chef des Militärkabinetts, von Lyncker, schrieb am 9.5.1915 beim Eintreffen der Nachricht von der Versenkung: »Der große Englische Personen Dampfer Lusitania ist gesunken. Mine oder U-Boot? 1300 Menschen sollen ertrunken sein; Reisende keine Soldaten. Was für ein Krieg ist das?!« In: *Kaiser Wilhelm II. als Oberster Kriegsherr 1914–1918,* hrsg. von Holger Afflerbach, erscheint voraussichtlich München 2003.
404 Klein, *Deutschland im Ersten Weltkrieg* 2, S. 592. Antony Preston/John Batchelor, *Das U-Boot 1578–1919,* München 1975, S. 55, nennen für April 1917 sogar eine Versenkungsziffer von 881 000 BRT. Einzelne U-Boot-Kommandanten wie Walter Forstmann, Max Valentiner, Otto Steinbrinck oder Hans Rose erreichten geradezu unwahrscheinliche Versenkungsziffern von weit über 200 000 BRT; allen voran Lothar von Arnauld de la Perière (1886–1941), der während des Krieges in 16 Einsätzen 194 Schiffe mit über 450 000 BRT versenkte und dazu noch zwei Kanonenboote.
405 Preston/Batchelor, *U-Boot,* S. 55.
406 Klein, *Deutschland im Ersten Weltkrieg* 2, S. 597. Preston/Batchelor, *U-Boot,* S. 55, nennen folgende Verlustziffern (für den gesamten Krieg!): 178 Boote gingen im Einsatz verloren, das waren 47 % der U-Boote. 515 Offiziere und 4849 Unteroffiziere und Mannschaften fielen – und damit ca. 40 % des gesamten Personalbestands.
407 Klein, *Deutschland im Ersten Weltkrieg* 2, S. 598.
408 Stephen Wentworth Roskill, *The War at Sea 1939–1945,* 3 Bände, London (4. Auflage) 1960/61, schreibt in Band 1, S. 356, Dönitz habe vor dem Krieg die Zahl von 300 U-Booten für notwendig erachtet.
409 Die deutschen und italienischen Versenkungen erreichten ihren Höhepunkt mit 126 versenkten Schiffen mit über 800 000 BRT im November

Anmerkungen

1942; allein im Atlantik wurden über 500000 BRT versenkt. Zahlen nach Clay Blair, *Der U-Boot-Krieg. Bd 1: Die Jäger, 1939–1942*, München 1998, S. 884.

[410] Es gibt zahlreiche Varianten innerhalb dieser Klasse, die in vielen Details voneinander abweichen. Die nachfolgenden Daten beziehen sich auf das U-Boot vom Typ VII C: Es hatte eine Verdrängung von 769 t über und 871 t unter Wasser, eine Länge von 66,5 m und eine Breite von maximal 6,20 m, einen Dieselmotor von 3200 PS und einen Elektromotor von 750 PS, eine Höchstgeschwindigkeit von 17,6 kn über und 7,6 kn unter Wasser, eine Reichweite von 8500 sm bei 10 kn über und 80 sm bei 4 kn unter Wasser sowie eine Bestückung mit 14 Torpedos. Angaben nach Bagnasco, S. 66.

[411] Dazu Jochen Brennecke, *Die Wende im U-Boot-Krieg. Ursachen und Folgen 1939–1943*, München 1991, und Clay Blair, *Der U-Boot-Krieg. Bd. 2: Die Gejagten, 1943–1945*, München 1999, sowie Ronald Lewin, *Ultra Goes to War. The Secret Story*, London 2001.

[412] Angaben nach Bagnasco, S. 61: 2840 Handelsschiffe mit insgesamt 14 333 082 BRT; hinzu kamen auch noch 150 Kriegsschiffe. Die Zahlen stimmen in der Tendenz, wenn auch nicht in der genauen Ziffer überein mit: Michael Gannon, *Operation Paukenschlag. Der deutsche U-Boot-Krieg gegen die USA*, Augsburg 1997: 2775 Schiffe mit 14 573 000 BRT. Nach Blair, *Jäger*, S. 884, und ders., *Gejagte*, S. 944, waren es 2919 Schiffe mit 14 593 987 BRT.

[413] Bagnasco, S. 9, beziffert den gesamten zerstörten Schiffsraum im Zweiten Weltkrieg auf 33 Millionen BRT, wovon die U-Boote aller Nationen mehr als 23 Millionen versenkt haben.

[414] Die Zahlen differieren immer, stimmen aber meist in der ungefähren Größenordnung. Nach Bagnasco, S. 62, gingen durch Kampf oder Selbstversenkung 1060 Boote verloren, 27 491 Seeleute fielen, ca. 5000 gerieten in Gefangenschaft. Nach Gannon, S. 433, waren 754 U-Boote versenkt oder selbst versenkt worden, 27 491 (27 082) Seeleute gefallen, ca. 5000 gerieten in Gefangenschaft. Von den in Verlust geratenen U-Boote sanken 75 % im Kampf, davon 43 % durch Flugzeugangriffe, dazu Bagnasco, S. 62.

[415] Bagnasco, S. 34–35.

[416] Dazu Butel, S. 280; 1924 wurden die Beschränkungen weiter verschärft.

[417] Die »Imperator« setzte ihre Karriere als »Berengaria« der Cunard Line fort, die »Vaterland« als »Leviathan« der United States Line und die »Bismarck« nach Fertigstellung als »Majestic« der White Star Line; sie trug bis in die dreißiger Jahre hinein den stolzen Titel des größten Schiffs der Welt. Die von den Alliierten beschlagnahmten Schiffe des Norddeutschen Lloyd fanden nach dem Krieg keine Verwendung; sie wurden aufgelegt, rosteten bis 1940 in der Cheasepeake-Bai vor sich hin und wurden schließlich abgewrackt.

[418] Gibbs, S. 403, gibt die Größe mit 51 650 BRT an.

[419] Nach Gibbs, S. 404, hatte die »Europa« 49 750 BRT.

Anmerkungen

[420] Maxtone-Graham, S. 300.

[421] Nach Gibbs, S. 86–88, hatte die »Queen Mary« 80750 BRT und ca. 30 kn Geschwindigkeit; Stapellauf im September 1934, Indienststellung im Mai 1936.

[422] Nach Gibbs, S. 89–90, hatte die »Queen Elizabeth« 83650 BRT, Stapellauf 1938, Geschwindigkeit ca. 30 kn. Ihre Indienststellung als Passagierschiff erfolgte aber erst 1946, vorher wurde sie als Truppentransporter eingesetzt.

[423] Auch während des Zweiten Weltkriegs haben die großen Passagierschiffe als Truppentransporter eine wichtige Rolle gespielt. Die »Queen Elizabeth« hat 10000, die »Queen Mary« bis zu 15000 Soldaten auf einmal befördert. Die »Queen Mary« transportierte während des Krieges fast 800000 Soldaten zu den verschiedenen Fronten und legte dabei 600000 Meilen zurück, die meisten davon im Nordatlantik. Ihr Schwesterschiff stand ihr nur geringfügig nach und transportierte 750000 Mann; sie legte insgesamt 500000 Meilen zurück. Oft wird die Ansicht geäußert, diese enorme Transportleistung der beiden »Queens« habe eine nicht unwesentliche Rolle für den Sieg der Alliierten gespielt. Nach dem Krieg wurden sie, nach gründlicher Renovierung, bis in die sechziger Jahre hinein gewinnbringend im Nordatlantikverkehr genutzt. Und dieser nahm nach 1945, parallel zum Wachstum der Weltwirtschaft, immer weiter zu.

[424] Maxtone-Graham, S. 313.

[425] Siehe beispielsweise: Hans Otto von Borcke/Hugo Heeckt, *Entwicklung und Aussichten der deutschen Passagierschiffahrt auf dem Nordatlantik*, Kiel 1956.

[426] Für Kreuzfahrten waren viele Schiffe allerdings nicht geeignet, wie zum Beispiel die Cunard-»Queens«, die dafür viel zu groß, viel zu teuer vom Kraftstoffverbrauch her und inzwischen auch technisch veraltet waren. Die »Queen Elizabeth« wurde 1968 stillgelegt, später nach Hongkong verkauft und dort zur Universität umgebaut; sie brannte aber vor der Indienststellung völlig aus und wurde verschrottet. Die »Queen Mary« wurde nach ihrer Außerdienststellung nach Los Angeles gebracht und liegt dort bis heute als Museumsschiff und Hotel. Die »France« wurde 1974 stillgelegt und später dann zum Kreuzfahrtschiff »Norway« umgebaut; sie fährt bis heute. Auch die »United States« wurde 1969 aufgelegt und nach langer Liegezeit schließlich an eine Kreuzfahrtreederei veräußert. Die »Leonardo da Vinci« brannte aus und wurde verschrottet. Und die »Michelangelo« und »Raffaello« wurden nach nur zehnjähriger Dienstzeit als Hotelschiffe in den Iran verkauft; auch sie wurden inzwischen abgewrackt. Derzeit ist die »Queen Elizabeth II« der einzige Ozeanliner im Nordatlantikverkehr, und auch das nur noch saisonal. Die Cunard Line hat aber derzeit (2001) nun ein neues, gewaltiges Schiff der Superlative im Bau, die »Queen Mary II«, das 2003 in Dienst gestellt werden soll. Sie soll 345 Meter lang und 40 m breit sein, etwa 150000 Tonnen verdrängen und wird 2800 Passagieren ein sehr komfortables Reisen ermöglichen. Die gewaltige Maschinenanlage von 140000 PS wird eine Geschwindigkeit von 30 kn ermöglichen; das ist viel mehr,

als für einen normalen Kreuzfahrer erforderlich ist, und läßt vermuten, daß Cunard das Riesenschiff zumindest saisonal auf der klassischen Nordatlantikroute einsetzen will. Aber auch bei solchen Fahrten handelt es sich heutzutage eher um eine spezielle Form des Kreuzfahrtgeschäfts, um eine Vergnügungsreise, als um eine Ozeanüberquerung, die in Konkurrenz zum Flugzeug treten könnte oder wollte.

[427] Basil Clarke, *Atlantic Adventure. A complete History of the Transatlantic Flight*, London 1958, S. 21f.
[428] Clarke, S. 24.
[429] *Propyläen Technikgeschichte* 5, S. 136.
[430] Schott, S. 394.
[431] *Propyläen Technikgeschichte* 5, S. 441.
[432] Schott, S. 396f.
[433] Clarke, S. 129.
[434] *Propyläen Technikgeschichte* 5, S. 441.
[435] Zahlen über den Personenverkehr im Nordatlantik (in Tausend):

	Ges.	See	in %	Luft	in %
1953:	1399	892	64	507	36
1954:	1488	938	63	550	37
1955:	1616	964	60	652	40
1956:	1803	1018	56	785	44
1957:	2004	1036	52	968	48
1958:	2150	957	45	1193	55
1959:	2247	880	39	1367	61
1960:	2625	865	33	1760	67
1961:	2701	782	29	1919	71
1962:	3086	814	26	2272	74

Quelle: *Weltwirtschaft*, Kiel, 1963, S. 33; *OECD, Seeverkehr 1962*
Weitere Zahlen: 1963: 810 (See): 2587 (Flug); 1969: 338 (See): 6776 (Flug); Zahlen nur zum Flugtransport: 1978: 13710; 1979: 15857. Quelle: jeweils *Weltwirtschaft*, Kiel.

[436] Fritz E. Giese, *Kleine Geschichte der deutschen Handelsschiffahrt*, Berlin 1967, S. 131.
[437] Giese, S. 152.
[438] Cay Rademacher, »Mayday! This is Mu..hen«, in: DIE ZEIT Nr. 51, 10.12.1998.
[439] Schott, S. 399
[440] Das waren 1967 ca. 500 Mio. t; siehe *Brockhaus in 20 Bänden*, 17. Auflage, Wiesbaden 1967, Band 2, Stichwort: »Atlantischer Ozean«.
[441] Ebenda, Band 2, Stichwort: Atlantische Wirtschaftsgemeinschaft«; Daniel Piazolo, »Die Pläne für eine Transatlantische Freihandelszone: Chancen, Risiken und Alternativen«, in: *Weltwirtschaft 1996*, S. 103–116.
[442] Schott, S. 407–408.

Bildnachweis

∽∽∽

Der Verlag hat sich bemüht, sämtliche Rechteinhaber ausfindig zu machen. Leider ist dies nicht immer gelungen. Über Hinweise jeder Art sind wir dankbar.

S. 17: Archiv Gerstenberg · S. 19: ullstein bild · S. 23: Aus: Gerhard Schott, Geographie des Atlantischen Ozeans · S. 23: Eckehard Radehose, Holzkirchen · S. 25: akg-images · S. 41: Aus: Olaf Höckmann, Antike Seefahrt, C.H.Beck Verlag, München 1985 · S. 45: Aus: Großer Historischer Weltatlas, Erster Teil, Vorgeschichte und Altertum. Bayerischer Schulbuchverlag, München 1978 · S. 12: Aus: Wawrik, Kartographische Zimelien der Österreichischen Nationalbibliothek; © Ingrid Oentrich, Wien 1995 · S. 62: ullstein bild · S. 63: ullstein bild · S. 73: Aus: Helge Ingstad, Die erste Entdeckung Amerikas, Ullstein Verlag, Berlin 1966 · S. 77: ullstein bild · S. 80: Aus: Helge Ingstad, Die erste Entdeckung Amerikas, Ullstein Verlag, Berlin 1966 · S. 95 oben: Centraal Museum Utrecht · Mitte: Fitzwilliam Museum, Cambridge · unten: Aus: Propyläen Technikgeschichte, Band 2, Propyläen Verlag, Berlin 1990–92 · S. 99: La Galleria delle Carte Geografiche Vaticano/Scala, Florenz · S. 101: The »Mary Rose« Trust · S. 103: Aus: Wawrik, Kartographische Zimelien der Österreichischen Nationalbibliothek; © Ingrid Oentrich, Wien 1995 · S. 104: Biblioteca Estense Universitaria, Modena · S. 111: The British Library · S. 112: akg-images · S. 120: CESA-Diaarchiv · S. 125: Museu Nacional de Arte Antigua, Lissabon; © José Pessoa/Divisão Documentaçao Fotográfia Instituto Portugués de Museus · S. 144: akg-images · S. 146: akg-images · S. 148: Blick auf Lissabon im 16. Jahrhundert – Crónica de D. Afonso Henriques by Duarte Galvão. Museu Condes de Castro Guimarães, Câmara Municipal de Cascais · S. 152: ullstein bild · S. 160:

Bildnachweis

akg-images · S. 163: Aus: Salvador de Madariaga, Cristóbal Colón, Espasa Calpe· S. 168: Germanisches Nationalmuseum · S. 172: akg-images · S. 179: Uffizien, Florenz · S. 183: akg-images · S. 186: akg-images · S. 199: akg-images · S. 217: ullstein bild · S. 219: Aus: Herbert S. Klein, The Atlantik Slave Trade, Cambridge UP 1999 · S. 230: ullstein bild · S. 236: © Frank Hurley · S. 241: ullstein bild · S. 242: Aus: Beattie/Geiger, Der eisige Schlaf, © Neil Hyslop · S. 248: ullstein bild · S. 261: ullstein bild · S. 265: ullstein bild · S. 269: Staatsarchiv Bremen · S. 276: HAPAG-Lloyd-Archiv, Hamburg · S. 282: ullstein bild · S. 283: ullstein bild · S. 286: Privatsammlung Stephen Brooks · S. 287: © C.F. Hudson · S. 296: Aus: Max Valentiner, U38, Vikingerfahrten eines deutschen U-Boots · S. 300: Foto von Lothar-Günther Buchheim, aus: Lothar-Günther Buchheim, Die U-Boot-Fahrer, Piper, München 2001 · S. 304: Scherl/SV-Bilderdienst · S. 306: Aus: A Guide to the upper decks of the Queen Mary · S. 308: Harry Trask/The Mariner's Museum, Newport News, VA · S. 310: ullstein bild · S. 314: ullstein bild · S. 316: Scherl/SV-Bilderdienst · S. 319: ullstein bild · S. 320: ullstein bild

Danksagung

Für die gute Zusammenarbeit und ihr Engagement danke ich Herrn Ulrich Wank, Frau Berrit Barlet und besonders meiner Lektorin, Frau Renate Dörner.

Personenregister

Abd'Allah al-Ma'mun ar-Rashid 92
Abraham, Cresques 102
Adam von Bremen 81, 87
Adams, John Quincy 251, 265
Aguirre 186
Al-Idrisi 92–93, 117
Albuquerque 156
Alcock, John 312
Alexander der Große 36, 113
Alexander VI. 194
Alfons V. 158
Almagro 186
Almeida, Francisco de 155
Amundsen, Roald 237, 246
Anaximander von Milet 44, 45
Anaximenes von Milet 46
Andrée, Salomon 238
Angelo, Jacopo 159
Ariovist 39
Aristarch von Samos 47
Aristoteles 44, 46–48, 51–52, 58, 114, 214
Arnarson, Ingolfr 68
Arngrim, Jönssön 86
Atahualpa 185
Augustus 31

Bacon, Roger 114
Baffin, William 240
Balboa, Fernan de 182
Ballard, Robert 284
Ballin, Albert 275, 311
Barents, Willem 247
Barlow, Roger 247
Barros, João de 119, 129, 143, 150, 154, 162, 169
Bart, Jean 196
Beattie, Owen 245
Beck, Fritz 262
Beck, Katharina 281
Behaim, Martin 140, 168
Benavides, Juan de 205
Bergerac, Jean de 97
Bering, Vitus 248
Bethmann-Hollweg, Theobald von 295
Blériot, Louis 311
Blüthgen, Joachim 72
Bompard, Alain 18
Bourgogne, Jean du 114
Braudel, Fernand 9, 12–15, 29, 89, 93, 156, 189, 192, 224
Brecht, Bertolt 326
Brendan 110
Bruggey, Martin 262

354

Personenregister

Brunel, Isambart K.   268–269, 275, 278
Budomel   135
Burckhardt, Jacob   121
Button, Thomas   240
Byrd, Richard Evelyn   249

Cabot, Sebastian   181, 239
Caboto, Giovanni   180–181, 184
Cabral, Pedro Alvarez   119, 124, 153–156, 181
Cadamosto, Alvise   133, 139
Caesar, Gaius Julius   30–31, 39
Calixtus III.   138
Cameron, James   284
Camões, Luis de   154
Campbell, John   203
Cão, Diego   119, 140–141
Carnegie, Andrew   253
Cartier, Jacques   184
Cervantes, Miguel de   97
Chancellor, Richard   247
Chaunu, Pierre   9, 202
Churchill, Winston S.   301
Cicero   52
Claudius   31, 39
Cook, James   241, 49, 234–235
Cook, Thomas   154, 246
Coronado, Vásques de   186
Cortes, Hernando   176, 184–185, 210
Covilha, Pero de   140
Cunard, Samuel   273–275, 279
Cunliffe, Barry   29
Cunliffe, Thomas   30

d'Abbans, Claude Jouffroy   267
d'Ailly, Pierre   114, 149, 164–165
Dalrymple, Alexander   49
Davis, John   240
De Soto, Hernando   186
Demokrit von Abdera   46
Dias, Bartholomeu   119, 141, 143, 145–146, 148–150, 153–154, 167

Dias, Dinis   133
Dias, Pero   141, 153
Dickens, Charles   244, 273
Dönitz, Karl   298–299
Drake, Francis   196, 197–198
Duarte, Eduard   119, 122

Eanes, Gil   119, 128, 131
Einhard   60
Eratosthenes   22, 32, 44, 49, 52–53, 55, 161
Erik der Rote   65, 68, 69–70
Erikson, Leif   76–78, 82–83, 86
Eudoxos von Kyzikos   36, 44

Ferdinand   175
Fernandes, João   183
Finnbogi   82
Fitch, Jonathan   267
Fra Mauro   102, 187
François I.   195
Franklin, Benjamin   251
Franklin, John   243–246
Franz I.   184
Freydis   65
Friedrich Barbarossa   115
Frobisher, Martin   240
Fuentes, Garcia   202
Fulton, Robert   267

Galilei, Galileo   233
Galvão, Antonio   146
Gama, Vasco da   9, 57, 118–119, 124, 128, 144, 146–147, 151, 153–154, 156–157, 177
Gnupson, Eirik   85
Góis, Damião de   119, 124
Gomara   187
Gomes, Fernão   139
Gomez, Diogo   123
Gomez, Estévan   184
Grieve, Mackenzie   312
Grotius, Hugo   195
Gunnbjörn   69
Gutrid   82, 85

Personenregister

Haffner, Sebastian 297
Halley, Edmund 22
Hamann, Günther 124, 150
Hanno 35–37, 44
Harrison, John 234
Hawker, Harry 312
Hawkins, Jack 196
Hein, Piet 205
Heine, Heinrich 257
Heinrich der Seefahrer 118, 119, 122–124, 127–128, 130–133, 137–138
Heinrich VIII. 231
Hekataios 44, 46, 49
Helgi 82
Hennig, Richard 21, 126
Heraklides Ponticus 46
Heraklit von Ephesos 46
Herjolffson, Bjarni 74–76, 82
Herjulf 75
Herodot 33–35, 50
Heuss, Theodor 294
Heyerdahl, Thor 13
Himilkon 37
Hitler, Adolf 298
Homer 21, 31–33, 42, 49, , 324
Hudson, Henry 240
Humboldt, Alexander von 92, 108

Ingstad, Helge 81
Isabel 166
Isabella 175, 181
Ismay, Thomas 275

James, Henry 288
João I. 119
João II. 119, 143, 145, 150–151, 167, 169, 175

Karlsefni, Thorfinn 82, 84–85
Karl V. 184
Knut der Große 66
Kolaios 30
Kolumbus, Christoph 9, 11, 40, 45, 55, 57–58, 73, 86–87, 114, 117–118, 126, 144, 149–150, 154, 158, 161–162, 164–171, 173–178, 180–182, 187, 200, 206, 210, 212, 232
Konrad II. 115
König Afonso V. 102, 122
König Johann II. 126
König Manuel I. 126

Las Casas, Bartolomé de 162, 165–166, 193, 215
Lindbergh, Charles 312
L'Olonnois, François 197
Ludwig der Fromme 65

Madariaga, Salvador de 161, 163, 167
Magellan, Fernando 11, 106, 144, 147, 154, 182, 195
Magister Jakobus 127
Mansvelt, Edward 197
Marconi, Guglielmo 323
Marinus von Tyros 44, 50, 53–54, 58
Martins, Fernão 158
Marx, Karl 189
Maskelyne, Nevil 234
Maximilianus Transilvanus 182
May, Jan Cornelisz 247
Mc Clure, Robert 246
Melville, Hermann 264
Mercator, Gerhard 22, 180
Middleton, Christopher 240
Mittelberger, Gottlieb 227
Montanus 86
Montesinos, Antón 214
Morgan, Henry 197
Mowat, Farley 82

Nansen, Fridtjof 78, 237–238
Napoleon I. 157, 267
Necho (Pharao) 34
Nelson, Horatio 231
Newton, Isaac 233
Nikolaus V. 138

Personenregister

Nikolaus von Cues 158
Noli, Antonio de 137
Nordenskjöld, Adolf Erik 248
Northcliffe, Alfred Charles 311–312

Ortiz, Diego 167
Ottar 88
Otto von Freising 115
Oviedo 177

Parmenides 47–48
Parry, William 243
Parsons, Charles 271
Peary, Robert Edwin 238
Pedro 119, 122
Pegolotti, Balducci 106
Penn, William 228
Petrus Martyr 178
Petrus Plancius 247
Philipp II. 9, 12, 190
Philolaos von Kroton 46
Piccolominis, Aenaeas 114
Pinchon 184
Pinzon, Martin Alonso 171
Pius II. 164
Pizarro, Francisco 184–186, 206
Platon 16–17
Plinius 35, 37, 46, 56–59, 164, 246
Plutarch 164
Poe, Edgar Allen 115
Polo, Marco 57, 97, 106, 113, 115, 122, 164, 168–169, 173–174
Polybios 49
Pomponius Mela 35
Poo, Fernão do 139
Poseidonius von Apamea 53–54
Prell, Heinrich 52
Priuli, Girolamo 156
Ptolemäus 44, 50, 54, 59, 102–103, 123, 159, 164, 168, 178
Pythagoras von Samos 49
Pytheas 38–39, 44, 59

Rafn 79
Raleigh, Walter 191, 212
Ranke, Leopold von 181
Real, Gaspar Corte 184
Reinhard, Wolfgang 204
Ringmann, Matthias 179, 187
Rock der Brasilianer 197
Roosevelt, Franklin D. 298
Ross, James C. 243–244

Santagel, Luis de 166
Sataspes 36
Schnurmann, Claudia 211
Schott, Gerhard 326
Schwieger, Walther 293
Scott, Robert F. 237
Seneca 28, 47, 55–56, 58–59
Severin, Timothy 110
Shackleton, Ernest 237
Shovell, Admiral 233
Sintas, Pedro de 139
Smith Adam 188–189, 283, 325–326
Soares, Jacques de 198
Sobel, Dava 234
Sokrates 10, 44, 46
Stevens, John 267
Strabo 38–39, 49, 54–56, 58, 160
Svavarsson, Gardar 68
Symington, William 267

Tacitus 29, 60
Teles, Fernão 161
Thomson, James 218
Thorbrandssohn, Snorri 83, 85
Thorhall 84
Thorne, Robert 247
Thorstein 82
Thorvald 82
Tirpitz, Alfred von 290
Torfaeus, Thormod 79, 86
Torres, Luis de 171
Toscanelli, Paolo 158–159, 161, 168–169, 176
Tristão, Nuno 119, 133

Personenregister

Tryggvasson, Olaf 65
Tsch'eng Hwo 90
Tyrkir 76, 78, 81

Urdaneta, Andrés de 182
Usodimare, Antonietto 126

Valignano 137
Varen, Bernhard (Varenius) 22–23
Velho, Alvaro 153
Velho, Frei Gonçalo 138
Verazzano, Giovanni da 184, 239
Verne, Jules 115, 277
Vespucci, Amerigo 160, 176, 178–179, 180
Vilgerdarson, Floki 68
Vitoria, Francisco de 214
Vivaldi, Ugolino 107
Vivaldi, Vadino 107

Waldseemüller, Martin 160, 179–180
Weddigen, Otto 292
Wegener, Alfred 24
Weyprecht, Carl 248
Whitten-Brown, Arthur 312
Wilhelm II. 275, 285, 290, 295
Wilhelm von Rubruk 113, 115
William von Ockham 108
Willoughby, Hugh 247
Wulfstan 88

Xerxes 36

Yeliutashi 116

Zurara, Gomes Eanes de 119, 130, 132
Zweig, Stefan 106, 323

MALIK

Victoria Bruce
Vulkan des Todes

Die wahre Geschichte der Katastrophen von Galeras und Nevado del Ruiz. Aus dem Amerikanischen von Renate Weitbrecht und Helmut Dierlamm. 315 Seiten mit 8 Seiten Bildteil. Gebunden

Am 14. Januar 1993, acht Jahre nach dem verheerenden Ausbruch des kolumbianischen Vulkans Nevado del Ruiz im November 1985, dem 23000 Menschen zum Opfer fielen, führt der renommierte amerikanische Vulkanologe Stanley Williams eine Expedition in den Krater des Vulkans Galeras, deren Ziel es ist, einer weiteren Katastrophe vorzubeugen. Stunden später sind neun Menschen tot; ein plötzlicher Ausbruch des Vulkans wird ihnen zum Verhängnis. Ausgerechnet der Leiter der Expedition kann sich retten – und behauptet, das Unglück sei unabwendbar und nicht vorhersehbar gewesen. Victoria Bruce, Wissenschaftsautorin und Journalistin, hält diese Darstellung für falsch. Minutiös hat sie das Schicksal der Expedition recherchiert, mit Augenzeugen gesprochen und kann so die ganze Geschichte erzählen: Eine atemberaubende Geschichte von wissenschaftlicher Selbstüberschätzung und menschlicher Tragik, wie sie seit Krakauers
»In eisige Höhen« nicht mehr geschrieben wurde.

SERIE PIPER

Joachim Feyerabend
Das Jahrtausend der Orkane und Fluten
Entfesselte Stürme bedrohen unsere Zukunft. 306 Seiten mit 28 Abbildungen. Serie Piper

Orkane und Fluten gehören zu den Naturgewalten, die der Mensch nicht zähmen kann. Wenn ein Hurrikan seine Schneise der Zerstörung schlägt, bleibt nur die Flucht. Joachim Feyerabend beschreibt als ausgewiesener Kenner der Materie äußerst lebendig das Wüten der Stürme auf unserem Globus. Er erzählt von Jahrhundertorkanen und Jahrtausendfluten und erklärt, welche Arten von Stürmen es gibt, wo sie auftreten und wie sie entstehen. In seinem fesselnden und informativen Buch blickt Feyerabend auch in die Zukunft: Denn die Zahl der Stürme wird noch dramatischer zunehmen – Europa steht vor einem Jahrtausend der Orkane.

»Feyerabends Buch ist eine Warnung – mit deutlicher Botschaft.«
Die Presse, Wien

Philip Ball
H_2O
Biographie des Wassers. Aus dem Englischen von Helmut Reuter. 476 Seiten mit 32 Abbildungen. Serie Piper

Was ist Wasser? Es ist allgegenwärtig auf der Erde und im Universum, es ist das lebenswichtigste Element – und steckt doch voller Geheimnisse. Philip Ball, Chemiker, Physiker und Publizist, erzählt herrlich unkonventionell die Biographie des Wassers, die beim Urknall beginnt und bei der modernsten Wissenschaft endet. Nach der Lektüre werden Sie das nächste Glas Wasser garantiert mit völlig verändertem Bewußtsein trinken.

»In klarer Sprache und mit anschaulichen Vergleichen hat Ball einen breiten Strom des Wissens in ein überschaubares Flußbett geleitet, so daß der Leser nur hineinzutauchen braucht.«
Frankfurter Allgemeine Zeitung

Ambros P. Speiser
Regenbogen, Licht und Schall
*Naturphänomenen auf der Spur.
231 Seiten mit 42 Abbildungen.
Serie Piper*

Warum stehen wir nie dort, wo der schillernd bunte Regenbogen die Erde berührt? Was bedeutet die Zeit für uns? Wie kommt es, daß wir im Fernsehen bewegte Bilder sehen, die offensichtlich aus der Steckdose kommen? Tagtäglich sind wir von erstaunlichen physikalischen Phänomenen umgeben, deren Hintergründe wir nur selten kennen. Doch das muß nicht sein: Leicht verständlich, auch für all diejenigen, die im Physikunterricht nicht aufgepaßt haben, erklärt Ambros P. Speiser wichtige Naturerscheinungen und technische Errungenschaften. Mit Hilfe zahlreicher Abbildungen gelingt es ihm, verblüffende und interessante Alltagsphänomene anschaulich zu machen.

Peter D'Epiro, Mary Desmond Pinkowish
Sieben Weltwunder, drei Furien
Und 64 andere Fragen, auf die Sie keine Antwort wissen. Aus dem Amerikanischen von Thorsten Schmidt. 443 Seiten mit 8 Abbildungen. Serie Piper

Kennen Sie die 3 Hauptsätze der Thermodynamik, die 3 Instanzen der Psyche und die 3 Furien? Wer sind die 4 apokalyptischen Reiter, und was sind die 5 Säulen des Islam? Können Sie die 10 Gebote aufsagen und die Namen der 12 Ritter der Tafelrunde nennen? Dieses Lexikon gibt, nach der Zahl geordnet, unterhaltsam und fundiert Antwort auf 66 Fragen, die man einmal wußte, inzwischen wieder vergessen hat – und nun in diesem Buch nachschlagen kann.

»Eine amüsante Tour de force durch den klassischen Bildungsfundus.«
Die Presse Wien

SERIE PIPER

SERIE PIPER

Wilfred Thesiger
Die Brunnen der Wüste

Mit den Beduinen durch das unbekannte Arabien. Aus dem Englischen von Peter Stadelmayer. 357 Seiten mit 25 Abbildungen und 2 Karten. Serie Piper

»Wer heute nach dem Leben suchen wollte, das ich in der arabischen Wüste geführt habe, wird es nicht finden; denn nach mir kamen die Ingenieure und die Ölsucher. Heute ist die Wüste, durch die ich reiste, von den Spuren der Lastkraftwagen gekerbt und von den Abfällen der Importe aus Europa und Amerika übersät«, schreibt Thesiger im Vorwort seines fesselnden Expeditionsberichts. In den Jahren 1947 bis 1950 hatte er sich den Wunsch seines Lebens erfüllt: Er durchquerte die Wüste Rub al Khali in Saudi-Arabien, das »Leere Viertel«, und lebte mit den Beduinen. Was er über diese unberührte Welt des Schweigens, die es heute so nicht mehr gibt, aufgezeichnet hat, ist ein bedeutendes Dokument.

Nicolas Vanier
Die weiße Odyssee

Aus dem Französischen von Reiner Pfleiderer. 318 Seiten mit 42 Farbfotos. Serie Piper

Nicolas Vanier hat sich seinen Traum erfüllt, als erster allein mit seinen Schlittenhunden vom Pazifik bis zum Atlantik zu fahren: 8600 Kilometer quer über den Kontinent. Sein Bericht ist nicht nur ein packendes Leseabenteuer – es ist auch die Geschichte einer unerschütterlichen Freundschaft zwischen einem Menschen und seinen Hunden, die sich in der Auseinandersetzung mit einer gnadenlosen Natur bewährt.

»Von den Strapazen der Fahrt berichtet Vanier in seinem Buch, von ihrem beinahe fatalen Ausgang, aber auch von der Weite und Schönheit der Landschaft im Norden. Vanier ist mehr als ein Draufgänger, er kann blendend erzählen. Ein moderner Jack London.«
Focus

Reinhold Messner
Der nackte Berg
Nanga Parbat – Bruder, Tod und Einsamkeit. 320 Seiten mit zahlreichen Farb- und Schwarzweißabbildungen. Serie Piper

Über 8000 Meter ist er hoch, der magische Nanga Parbat. Seine mächtige Rupalwand, die mehr als vier Kilometer in die Tiefe fällt, hat Reinhold Messner als erster durchstiegen. Doch bis heute ruft sie die Erinnerungen an das Jahr 1970 wach, an die dramatischen Geschehnisse, die den Extrembergsteiger nicht loslassen, denn damals mußte er fassungslos und ohnmächtig den schrecklichen Tod seines Bruders durch eine Lawine erleben. Drei Jahrzehnte später erinnert er sich – an den Bruder, an das schreckliche Erlebnis am Nanga Parbat, an eine Tragödie, die am Anfang von Messners Identität als Grenzgänger steht.

»Ein großartiges, sein weitaus bestes Buch. Wer den Mythos Messner verstehen will, muß dieses Buch lesen, und er wird auch etwas vom Menschen Messner verstehen. Und von sich selbst.«
Die Zeit

Jon Krakauer
In die Wildnis
Allein nach Alaska. Aus dem Amerikanischen von Stephan Steeger. 302 Seiten. Serie Piper

Im August 1992 wurde die Leiche von Chris McCandless im Eis von Alaska gefunden. Wer war dieser junge Mann, und was hat ihn in die gottverlassene Wildnis getrieben? Jon Krakauer hat sein Leben erforscht, seine Reise in den Tod rekonstruiert und ein traurig-schönes Buch geschrieben über die Sehnsucht, die diesen Mann veranlaßte, die Zivilisation hinter sich zu lassen, um tief in die wilde und einsame Schönheit der Natur einzutauchen.

»Ein zutiefst bewegendes, ganz unsentimentales Abenteuerbuch.«
Die Woche

SERIE PIPER

S.O.S. im Nordmeer
Dramen, die die Welt bewegten. Ein GEO-Buch. Herausgegeben von Peter-Matthias Gaede. 367 Seiten mit sechs Karten. Serie Piper

Eine sternklare Nacht am 15. April 1912 im Nordmeer: Die Titanic, das angeblich unsinkbare Schiff, füllt sich lautlos mit Wasser. Nichts hat als Zeichen und Mahnruf die Menschen im noch jungen 20. Jahrhundert so sehr bewegt wie der Untergang der Titanic. Viele Dramen, die die Welt bewegten, sind bis heute nicht vergessen – wie die Tragödie des Luftschiffes Hindenburg, die Odyssee von Apollo 13 im Weltraum oder das Bergsteigerdrama in der Eiger-Nordwand. Mythen, Legenden und Anekdoten ranken sich um solche Ereignisse – denn immer handeln sie auch von Grenzerfahrungen des Menschen. Namhafte Journalisten haben für die Zeitschrift GEO sachlich und kompetent sechzehn Dramen der Weltgeschichte in spannenden Reportagen nachgezeichnet.

Pam Houston
Wildnis im Herzen
Aus dem Amerikanischen von Ulrike Wasel und Klaus Timmermann. 284 Seiten. Serie Piper

Pam Houston ist süchtig nach Abenteuern. Kein Fluß ist ihr zu reißend und kein Berg zu hoch auf ihrer Suche nach den extremen Seiten des Lebens. Stets zieht es sie in die entlegensten und unberührtesten Gegenden der Erde: in die Berge Colorados, auf die Stromschnellen wilder Flüsse oder in die Einsamkeit Alaskas. Sie fühlt sich dort am wohlsten, wo nur noch Steinböcke, Bären, Kojoten und Krokodile leben. Packend, unerschrocken und voller Humor erzählt sie von der Faszination der Wildnis, die sie in ihrem Herzen trägt.

»Das Buch liefert tiefenscharfe Erkundungen einer passionierten Beobachterin. Es sind Botschaften aus dem Herzen einer romantisierten Wildnis, die sich unterm Strich als kaum verstellte Liebesgeschichten einer Erotikerin des Natürlichen offenbaren.«
Facts

Robert Levine

Eine Landkarte der Zeit

Wie Kulturen mit Zeit umgehen.
Aus dem Amerikanischen von
Christa Broermann und
Karin Schuler. 320 Seiten.
Serie Piper

Um herauszufinden, wie Menschen in verschiedenen Kulturen mit der Zeit umgehen, hat Levine mit Hilfe von ungewöhnlichen Experimenten das Lebenstempo in 31 verschiedenen Ländern berechnet. Das Ergebnis ist eine höchst lebendige Theorie der verschiedenen Zeitformen und eine Antwort auf die Frage, ob ein geruhsames Leben glücklich macht.

Levine beschreibt die »Uhr-Zeit« im Gegensatz zur »Natur-Zeit« – dem natürlichen Rhythmus von Sonne und Jahreszeiten – und zur »Ereignis-Zeit« – der Strukturierung der Zeit nach Ereignissen. Robert Levine glückte ein anschauliches und eindrucksvolles Porträt der Zeit, das dazu anregt, unser alltägliches Leben aus einer anderen Perspektive zu betrachten und ganz neu zu überdenken.

Deborah Copaken Kogan

Das Abenteuer leben

Mit der Kamera um die Welt. Aus
dem Amerikanischen von Andrea
Fischer und Antje Kaiser. 397
Seiten mit 26 Fotos. Serie Piper

Deborah Kogan lebt und liebt das Abenteuer. Und so findet sie sich auf der Spur von Wilderern im afrikanischen Dschungel wieder, zwischen brennenden Barrikaden in Moskau oder in Gesellschaft von islamischen Kriegern im Hinterland Afghanistans. Sie ist immer auf der Suche nach dem richtigen Motiv – und der großen Liebe. Leidenschaftlich, selbstironisch und erfrischend direkt erzählt sie von ihren Erfahrungen als Fotojournalistin: von Kriegsverletzungen und Waisenkindern, von Enttäuschungen, aber auch von der Liebe und von ihren Träumen.

»Die faszinierende Reportage einer jungen Frau und ihrer Reisen durch die Minenfelder der Liebe und des Fotojournalismus.«
Time

SERIE PIPER